JIAOYU XUE

十二五规划教材

教 育 学

梅宪宾　主　编

王海燕　孟景舟　刘　刚　史志明　高普梅

马艳红　苗文燕　副主编

人 民 出 版 社

前　　言

　　教育学是教师教育的核心课程，是师范类专业学生的公共基础课。进入 21 世纪以来，我国基础教育的大力发展和改革需要，对教师队伍的建设有了更高的要求和期待。我国现行的师范院校及涉及教师培养与培训的各类高校和教育机构，需要更加契合时代需求的教师素质培养的课程及教材，作为教师教育的公共课程，教育学的教材建设自然成为实施教师教育的各类高校关注的重点。

　　当前，教育问题已成为社会关注的焦点，特别是随着素质教育的进行和新课程改革的推进，来自教育实践的问题对教师的素质培养提出了更高的要求，对教育学的学科和教材建设也提出了新的挑战。所以，本教材在遵循教育学基本理论框架的前提下，同时表达出对教育实践问题的关注。我们组织了长期从事教育理论研究和教学实践的中青年学者，以权威教材为参考，在吸收以往教育学理论和实践优秀成果的基础上，结合我们的教育教学实践，编写了这本《教育学》。

　　本书共分十章，共计 35 万字左右，内容包括教育及教育学概述、教育功能、教育目的、教育制度、课程、教学、教育内容、教育要素、班主任工作、当代教育的改革与发展等内容。在编写过程中，我们力求体现以下特色：

　　1. 综合考虑教育学的理论性和公共性。教育学作为教师教育的核心课程教材,是师范生学习教育理论的基础读物。通过对教材的学习,使未来的教师形成一种理论指导下的教育观念和教育意识,具备一种教师这种特殊职业所必需的教育精神和教育思维方式。

2. 从当前教育的发展和现实需要出发,面向基础教育改革实践,突出教育学知识的时代性和应用性。教育学教材存在的一个普遍问题就是过于理论和抽象,这直接影响到了学生对教育学乃至教育本身的兴趣。因此,本书在教育学理论论述的基础上,加入了生动的案例和拓展阅读资料,以便给师生提供更生动、更形象的课程资源。

3. 积极吸纳融合教育发展的新理念和新成果,体现学科发展的现代性和前沿性。本书坚持在不违背基本原则的前提下,选取更能体现现代教育理念和教育思想的知识作为教材内容,使学习者可以具有更加宽泛的学习视野和批判创新精神。

本书面向高等院校学生,结合教学实践,结构合理,语言生动,针对性强。本书不仅可以作为高等院校师范类专业学生的教材,也可以供接受继续教育的中小学教师,以及接受教育学函授培训的学员使用,同时,还可作为教育理论研究人员的参考书。

本书在编写过程中参阅和借鉴了诸多国内外学者的著作和研究成果,并且得到了人民出版社的大力支持和帮助,在此一并致以衷心的感谢!

由于编者水平有限,不足之处在所难免,恳请专家、读者和使用者批评指正。

编 者

2012 年 7 月

目　录

第一章　教育与教育学

◉ **内容提要**

　　教育是在人的生产实践中发展起来的一种培养人的社会活动,是人类传承文化、推进文明的重要途径。教育随着人类社会的发展而变化,在不同的历史阶段呈现出了不同的社会特征。教育者、学习者是教育中的主体,和教育影响一起构成了教育的基本要素。

　　人们对教育现象、教育问题的关注和研究,逐渐形成了一定的理论认识和成果,并在此基础上形成了一门独立的学科——教育学。教育学的发展大致经历了孕育期、独立期和发展期三个阶段,出现过多种教育流派,并在当代有了新的发展。教育学有着鲜明的学科特色和独特的学科价值,学习教育学对于教育者有着重要的意义。

第一节　教 育 概 述

一、教育的概念

(一)"教育"概念的发展

自古以来,中外学者对"教育"一词都作过不同角度的解释和探讨。即使在日常生活中,人们也都对"教育"有着自己常识性的理解。但"教育"在作为一种日常性概念存在的同时,必须还要具有一种理论性的研究和分析。

在西方,现代英语中,教育是"education";在法语中,教育是"éducation";在德语中,教育是"erziehung"。这三词都来源于拉丁文"educěre"。"educěre"是由前缀"e"与词根"ducěre"合成的。前缀"e"有"出"的意思,词根"ducěre"有"引导"的意思,合起来可以理解为"引出"的意思。教育就可以理解成是借助一定的办法手段,把潜藏于学习者内心的知识、智慧等引导出来。著名的古希腊学者苏格拉底所提倡的"产婆术",就是以启发引导为主要特点的教育思想。

在中国,一般认为"教育"一词最早出现于《孟子·尽心上》中的"得天下英才而教育之,三乐也"这句话。但实际上在 20 世纪以前,"教"和"育"很少合在一起使用,大多都使用"教"这个词来表示与教育有关的事情。东汉许慎所著的《说文解字》中说"教,上所施,下所效也";"育,养子使作善也"。所以这里的"教育"主要指"教"或"育"。实际上,在我国古代的教育论述中,与"教"同时出现的字多为"学",与"学"相关的教育论述也更丰富。"教"与"学"只是从不同角度描述了与教育相关的活动。

《中庸》中说"天命之谓性,率性之谓道,修道之谓教",《滕文公上》中说"设庠、序、学、校以教之",《学记》中说"教也者,长善而救其失也",这些古文献中的"教"都有一种引导或影响人,促使人向更好的方向发展的含义。

至 19 世纪末 20 世纪初,中国社会面临严重的社会危机和民族危机,基于内忧外患,清政府不得不兴学育人,培养新型人才。甲午战争以后,去日本留学的一些人开始翻译日文教育学书籍。因为日文中有"教育"和"教育学"一词,故翻译过来的有关"兴学"活动和理论就被称为"教育"和"教育学"。在学术界的影响下,"教育"一词频繁出现,逐渐代替了传统的"教"和"学",成为了我国教育学的一个基本概念。

(二)教育的定义

什么是教育?这个问题看似简单,但实际上却是一个很难回答的问题。纵观教育的发展研究历史,中外的教育家们都从不同的角度对教育的定义进行过界定。

比如西方的教育家裴斯泰洛奇认为:"教育是人的一切知能和才性的自然的、循序的、和谐的发展。"杜威认为:"教育是一种通过使未成熟者参与其所属团体的生活而引导并确保其发展的社会功能。"蒙台梭利认为："教育就是激发生命,充实生命,协助孩子们用自己的力量生存下去,并帮助他们发展这种精神。"雅斯贝尔斯认为："教育是人的灵魂的教育,而非理性知识的堆积。"中国近代著名的教育家蔡元培认为："教育是帮助被教育的人给他能发展自己的能力,完成他的人格,于人类文化上能尽一分子的责任,不是把被教育的人造成一种特别器具。"陶行知认为："教育是依据生活、为了生活的生活教育,培养有行动能力、思考能力和创造力的人。"历史上对教育的定义还有很多,这里不再一一列举。

虽然关于教育的定义有很多,但从"教育"一词在不同语境中的使用,可以分为四种含义:一是作为机构的教育,如学校教育、教育事业;二是作为活动的教育,如教育评价、普及教育;三是作为内容的教育,教育目的、道德教育;四是作为结果的教育,如素质教育、公民教育。① 但从中外教育家对教育的定义来看,教育更多的是被看成是一种活动形态的存在。教育的核心含义就是教育是一种有目的的培养人的社会活动。

从广义上说,教育泛指一切增进人的知识技能、影响人们思想观念、道德品质的活动。狭义的教育主要指学校教育,是指由专门机构即学校根据一定的社会要求和受教育者的身心发展规律,有目的、有计划、有组织地对受教育者的身心施加影响,促使受教育者发生期望变化的活动。人们通常所说的教育,大多是指狭义意义上的教育。

二、教育的要素

事物总是由有一定联系的要素构成,教育也不例外。但对教育的构成要素,人们的看法并不尽相同。教育作为一种相对独立的有特殊意义的社会实践活动,大家比较认同的基本构成要素有教育者、学习者以及教育影响。其中教育者和学习者是教育的主体因素。

(一)教育主体

1. 教育者

从广义的教育来理解,凡是一切增进人们知识技能、影响人们思想观念

---

① 李师军主编:《教育学》,北京师范大学出版社2011年版,第3页。

和道德品质的活动都可以认为是教育,那么,"教育者"就可以理解为一切从事广义教育活动的人,在这种前提下,教育者既包括学校的管理者和教师,也可以包括父母以及社会上各行各业与之相关的人。因为在日常生活中,每个人都有可能通过各种途径接受他人的知识、技能、思想等各方面的影响。在这个意义上,父母、邻居、朋友、同学、同事等都会在不同的阶段对我们产生一种广义教育的影响。

如果从狭义的教育来理解,即"学校教育"的角度理解,"教育者"主要是指那些拥有专业教育知识和技能,专门从事学校工作的人。教育有一个典型的特征就是目的性,只有在学校教育中才能更好地体现这一点。学校教育者们有明确的教育目的,能充分结合教育的专业知识实现教育的目标和使命,而在日常生活中则很难实现这一点,因为无论父母还是其他人,对学生的影响都带有极大的偶发性和随意性。即便是拥有教育专业知识的父母,也无法在孩子的成长中,完全贯彻教育的这一根本特征。因为作为"抚养者"和"教育者",这两种角色的责任和心理定位有很大的不同,所占有的教育资源也不同。作为"教育者"中的主体——教师,是经过专门训练的专业教育人员,有着明确的教育目的,会采用适当的教育方法和教育手段,实现既定的教育目标。

所以,从这个角度来讲,"教育者"意味着一种职业身份和职业资格。在教育活动中,虽然学习者也是教育的主体之一,但教育者是教育活动的主导者,是顺利完成教育活动的重要因素。教育者必须依据教学规律,承担着实现教育目的、调控教育过程,管理教育对象等一系列任务。

当前,随着科学技术的发展,多媒体教学、网络教学等新兴教育手段不断发展,给教育活动带来了很大的便利,因此有人认为未来的教育活动可以完全脱离"教育者"来进行,但教育者本身的专业性和能动性决定了这一想法的不切实际,离开了教育者,教育活动将会因丧失一种支撑性的因素而无法存在。

2. 学习者

"学习者"是相对于"教育者"而言的,也是教育的一个主体要素。但这里我们要将"学习者"与传统的"受教育者"的概念区分开。现代教育的发展和理念,早已摒弃那种将学习者视为完全被动的教育对象的观点,认为学习者同样也是教育的主体。在教育活动中,学习者并不是纯粹接受教育者教育的人,学习者具有独立自主的思维,任何一种教育活动,都需要学习者积极主动的参与,否则,就很难获得真正的教育效果。所以学习者是作为主体性的教育因素存在的,而非传统认为的作为客体存在。

另外,"学习者"与"学生"的概念也有所不同。当代世界教育思潮中,终身教育的影响已遍布全球,并在实践中发挥着巨大的作用。教育的对象早已不仅仅局限于青少年,范围已扩大到成人乃至整个社会的公民。所以选用"学习者"的概念更能体现当今教育的发展和特点。

虽然同样作为教育的主体,相对于"教育者","学习者"有着一些自己的特征:

第一,学习者的个性不同,学习的方式与风格不同。每个学习者都有自己兴趣爱好,有着不同学习基础和背景,所以,在学习中,学习者就会表现出个性化的学习风格。

第二,学习者的动机与目的不同。虽然学习者有时会表现出相似的学习状态和结果,但每个人的出发点和学习的理由却未必相同。比如有人为了将来更好的生活而学习,有人为了提高自身素质而学习,有人迫于父母和教师的压力而学习等等。

第三,学习者在学习中的需要不同。不同的学习者在面对相同的学习困难时,会有不同的帮助需要。有的学习者善于与同伴沟通,也有的学习者喜欢找老师寻求帮助。

第四,学习者的学习效率不同。学习者即便具有相同的智力水平,但每个人的自我认知和自我管理能力不同,从而会影响到学习者的学习质量和效率。

针对学习者的这些特征,教育者就需要在把握教育共同规律的同时,用心研究学习者的个性,给学习者创造条件,最大限度地实现教育的有效性。

◉ 案例一

给孩子一片自主的天空①

1998 年 9 月,一个名叫胡怡的女孩转到我们的班级。她的学习成绩不怎么好,也不善于言谈,对于身边的人和事的态度让人觉得她似乎对什么都不关心,在我的眼里她无疑就是一个差生。我在教学中也一直未找到解开胡怡症结的那把钥匙,直到学校开展综

———

① 转引自钟启泉、崔允漷主编:《新课程的理念与创新》,高等教育出版社 2003 年版,第 224 页。

合实践活动后,才真正使胡怡有所改变。

开展综合实践活动时胡怡刚上三年级,当我第一次做宣传和动员时,胡怡表现了前所未有的热情,我感到教育的契机到来了,便问她:"胡怡,你要研究什么呢?""我,我,我想研究中国。"胡怡的声音轻极了。我没有否定她的想法,与她商量后希望她能从一个角度去研究中国。最后她告诉我她很想知道中国西藏的情况,于是我便和她共同想方案,找资料。在我的鼓励下,胡怡完成了她生平的第一份调查报告。当我告诉胡怡学校准备在学期结束的结业典礼上请她为全校师生介绍自己的调查报告时,她先是一怔,满脸疑惑地看着我,随后一边摆手一边摇头连声说道:"我不行、不行,我真的不行!"在我的多次鼓励下,胡怡始终没有鼓起这个勇气。这次介绍,胡怡只是举着那份调查报告,所有讲解是请一位班干部协助胡怡完成的。当她们汇报完毕,孩子那亮晶晶的眼神告诉我:我寻找到了开启孩子心灵的钥匙。

这以后,胡怡像变了一个人似的。在第二个课题中,胡怡不再坚持一个人研究课题,而是主动和其他同学合作。她还被小组成员推选为小组长,在研究中胡怡带领着大家找资料、作调查、发倡议,小伙伴们对她佩服极了。胡怡也越来越开朗,她经常和同学们交流对问题的看法。第二次课题汇报时,只见胡怡不慌不忙地走上讲台,十分流畅地给全班同学和老师讲解她们小组的调查结果和发现,她自信、开朗、幽默,和半个学期前简直判若两人。由于自信心的树立,胡怡的学习成绩也不断提高。在学期结束时,胡怡被同学们一致推选为校"雏鹰进步奖"的获得者。

(二)教育影响

教育影响包含了教育活动中主体与客体间的全部信息,既包括了信息的内容,也包括了信息的传递反馈方式和手段,以及信息传递反馈的途径和环境。

1. 教育目的

教育目的是依据一定社会发展的需要和人的发展的需要,期望学习者在教育活动中达到某种标准的预期设想和规定。这其中可从两个方面来讲,一是教育者的教育目的,主要代表着一定社会发展的要求,期望学习者通过这种教育活动满足社会对人的素质要求,对学习者而言是一种外在的要求。二是学习者的教育目的,这一方面代表着自身发展的需要,代表着学习者对自己的期望,表明学习者希望通过教育实现什么样的发展。

教育目的对教育活动的方向和性质有着指引性和规定性的作用,教育者的工作和教育活动的安排都要围绕教育目的来进行。而教育目的具有典型的历史性特征。比如我国历史上对教育目的的界定和认识在不同历史阶段就有着一定的差异，从培养"劳动者"、"人才"、"建设者和接班人"、"公民"到"人"，体现出了教育价值取向的变迁。

2. 教育内容

教育内容是依据教育目的选择出来的知识、经验等，是教育者和学习者共同认识的客体，教育内容是在人类已有文化知识宝库中精心选择的结果，反映着一个社会文化发展的水平和方向，所以教育内容具有历史性和变化性的特征。教育内容的选择不仅要符合一定的教育目的和目标，也要符合学习者的身心发展规律。在学校教育中，主要体现为课程和教科书，在教育活动中，教育者以及学习者主要以此为媒介进行互动。

在各级各类学校中，课程的设置和结构是体现教育目的一个重要标准。课程的设置是否科学合理，决定了人才培养的质量。共同的社会要求会体现在各个教育阶段的课程中，比如我国的思想政治课程，在从小学到大学的各个阶段都有设置。但从人自身发展需要的要求出发，不同的教育阶段，课程的种类和难度又各有特点。社会在不断地发展，对人的素质要求也不断变化，所以在教育实践中，课程改革也在不断地推进。像我国自新中国成立以来，就进行了多次的课程改革。

教科书是课程内容的具体体现，是更为具象的教育媒介，也是我们通常意义上所说的教材。教科书的编写和选取必须从学习者的实际出发，体现科学性和针对性。

3. 教育方法

教育方法是教育者根据教育目的，为完成教育任务，在教育活动中采用的特定方法和措施，比如教授法、实验法、讨论法、自学法等，是教育影响中的方法性因素。

教育方法除了体现教育目的的要求之外，一定程度上，还受教育内容的制约。教育内容涉及不同的学科领域，不同学科体系有着不同的学习特点和要求。要想将教育内容内化到学习者自己的知识体系，必须借助于一定的教育方法。在实践中，教育者必须根据实际情况灵活地运用不同的教育方法。比如低年级的学习者多采用直观的方法，高年级的学习者可增加自学法的使用频率。当然，教育者也可以根据教育内容，结合自己的教育风格,选择最适合自己的教育方法。

4. 教育技术

教育技术是指教育活动中的物质载体和使用方式,也是通常我们所说的教育手段。从传统的黑板、标本、挂图、幻灯到今天的多媒体技术、网络技术,教育技术的改变极大地提高了知识的传播质量和效率,随着信息化社会的发展,这一改变仍在继续。以多媒体技术与网络技术为代表的信息技术,具有将语言文字、声音、图形、动画、视频等多种媒体信息集于一体的功能,所以现代教育技术呈现出多媒体技术与计算机技术的综合化,教学过程的智能化等特征。掌握多媒体与网络技术已成为对当代教育者的基本要求。2004 年 12 月 25 日,中国颁布了第一个有关中小学教师的专业能力标准——《中小学教师教育技术能力标准(试行)》,该标准对教育技术作出了如下的定义:运用各种理论及技术,通过对教与学过程及相关资源的设计、开发、利用、管理和评价,实现教育教学优化的理论与实践。

随着现代科学技术的发展以及在教育领域的广泛应用,教育技术已经从教育研究的边缘移向中心,教育技术在教育系统中的地位和作用呈现出了前所未有的重要性。

5. 教育途径

要在教育活动中实现教育目的,不仅需要先进的教育技术,也要通过合适的渠道。教育途径就是教育者与学习者通过一定的渠道和平台进行互动,实现教育目的的形式。

教育的基本途径有教学、课外活动、社会实践活动等。教学是最基本的教育途径,也是教育者和学习者的主要互动平台。学习者的知识、能力以及思想品德的培养主要都是通过教学来实现。所以,在教育活动中,教学是非常重要的工作。

课外活动是课堂教学的延伸和补充,对于发展学习者的个性和专长,丰富学习者的生活有着重要作用。而社会实践活动,可以使学习者更好地将理论知识与生活实践相结合,对学习者综合能力的培养也有着重要作用。

6. 教育环境

教育环境是教育活动发生的时空,包括教育的物质环境,也包括教育的人文环境。

教育的物质环境主要指学校的场地设施、环境布置等。比如校园的地理位置、周边的自然环境、校园布局、教室陈设等都属于教育的物质环境。而校园文化、政策制度、人际关系等则属于教育的人文环境。无论教育的物质环境还是人文环境,同样都是教育活动顺利实施的重要因素。著名的儿童教育家蒙台梭利认为:要"把头等重要性归结于环境,这形成了我们教育方法的特点……成为我们整个体系的中心[①]"。中国古代著名的历史故事"孟母三迁",讲的也是教育环境的重要性。

三、教育的历史发展

随着人类的出现和人类社会的形成,教育也应运而生,并且随着人类社会的发展而发展,逐渐成为人类特有的而且非常重要的一种社会实践活动。随着人类文明的不断发展以及文化载体的丰富,古代学校逐渐出现,教育也随之发展起来。

(一)古代教育

1. 古代中国教育

作为世界文明古国之一,中国有着悠久的教育历史和传统。

据历史记载,早在我国的夏朝,就已经有了学校教育的形态。《孟子》中记载有我国古代夏、商、周时期"设庠、序、学、校以教之,庠者养也,校者教也,序者射也。夏曰校,殷曰序,周曰庠,学则三代共之,皆所以明人伦也"。我国第一部教育学专著《礼记·学记》中也有类似的记载:"古之教者,家有塾,党有庠,术有序,国有学。"在这些著作里,不仅记载了古代学校的形式,还记载了当时的教育内容和方法。

西周时期,学校制度较之夏商时期已比较完善,建立了典型的政教合一的官学体系,并分别在王都和地方设立了"国学"和"乡学"。在继承前朝教育的基础上,形成了以礼、乐、射、御、书、术为内容的六艺教育,以培养文武兼备的人才。

春秋战国时期,官学衰废,私学兴起。打破了"学在官府"的文化垄断,

---

① 田本娜主编:《外国教学思想史》,人民教育出版社2001年版,第385页。

促进了文化知识在民间的传播,也促使了学派的分立,形成了历史上著名的"百家争鸣"。春秋战国时期私学的发展是我国教育史上一个重要的里程碑,大家可以自由办学、讲学、竞争,大大促进了教育事业的发展。也正是在此时期,出现了伟大的思想家和教育家孔子。

秦王朝统一六国后,在教育政策上奉行法家的教育思想,"以法为教","以吏为师",推行残酷的教育专制制度,禁私学、限争鸣、复官师,是我国古代教育发展史上的一次倒退。

时至汉朝,汉武帝采纳了董仲舒"罢黜百家,独尊儒术"的建议,并以此为基础建立了选举取士的教育制度,对后世影响深远。从此,就确立了儒学在中国古代社会教育中独尊的地位。产生于隋朝、发展于唐朝的科举制度,是中国古代教育史上持续时间最长、影响范围最广的选士制度。虽然在教育历史上,科举制曾起到过积极的作用,但对知识分子思想和性格却增加了很多限制。宋代以后,程朱理学发展为国学,学不出四书、五经。明代以后,八股文成为科举考试的固定格式,人的思想和创造性已被严重束缚,及至清朝末年,科举制被彻底废除。

2. 古代印度教育

古代印度的宗教权利至高无上,所以古印度的教育主要控制在当时的婆罗门教和佛教手中。婆罗门教育主要以维持种姓利益和压迫为核心任务。当时的印度种姓制度分为四等,处于最高等级的婆罗门即僧侣祭司可享有最完备和最高级的教育,同时僧侣也是当时的老师,而婆罗门教的经典《吠陀》是当时最主要的教育内容。第二等级的刹帝利即军事贵族则可以接受较为简单的教育。再次是吠舍,所受的教育又大为减少。最低的等级是首陀罗,完全没有受教育的权利,如果读书识字甚至会被处死。

佛教教育相对来说,则带有平民性,教育对象较为广泛,常依傍于寺院的教育,由佛教僧侣担任教师,这种特色一直延续到英殖民时期。

3. 古代埃及教育

古代埃及文字在公元前4000年就已产生,古代埃及的教育也较为发达,较之其他国家,教育制度更完备,学校种类也更多。

据古代埃及文献记载,埃及在古王国时期就已经出现了宫廷学校,它是教育法老王子王孙和朝臣子弟的地方。中王国以后,还设立有僧侣学校、职官学校和文士学校。其中设置最多的就是文士学校。主要培养善于书写和计算工作的人,招收人数较多,招收条件也较为宽泛。当时的教师主要也是以僧为师、以吏为师,农民和奴隶是没有受教育的权利的。

4. 古代希腊、罗马教育

古希腊罗马是欧洲文明的发源地,古希腊罗马的教育也具有非常强的典型性。

斯巴达和雅典是古希腊两个最具代表性的城邦,所以古希腊的教育往往也以这两个城邦的教育为代表。斯巴达是一个以军事教育为主的国家。这与斯巴达的阶级构成有关,为了对付人数较多的奴隶的反抗,斯巴达教育唯一目的就是通过严格的军事体育训练培养体格强壮意志坚强的战士。男孩子从七岁到十八岁都要住在国家场所,教育的内容就是"五项竞技",即赛跑、跳跃、角力、掷铁饼、投标枪,此外也学习骑马、游泳、击剑,唱战歌也是学习内容。军营就是教育场所,管理制度严格,教育内容枯燥,睡觉不能用被褥、冬天赤脚、与野兽搏斗、受伤不可以哭。经过残酷考验合格的人,年满十八岁就转入高一级的军事训练团,进行正规军事训练。年满二十岁的要开始实战训练,直至三十岁,才能成为一个正式的军人,教育过程才算结束。

雅典的教育是希腊文明的重要内容。雅典的教育主要是培养体力、智力、美感、品德和谐发展的人,教育内容比较丰富,教育方法也比较灵活。雅典的男孩从七岁开始就要上文法学校和音乐学校,学习儿童文学和弹唱。十二三岁的少年除了继续在文法学校和音乐学校学习外,还要进入体操学校学习,进行体操训练。到了十五六岁时,大多数人不再继续上学,只有少数显贵子弟可以进入国家体育馆学习,体育是教育的主要内容;同时也接受文化和艺术教育。正式公民的后代,在十八至二十岁时可以进入国家军事训练团接受军事训练。雅典的和谐教育不仅在当时有着重要的作用,对后世也产生了很大的影响。

5. 西欧中世纪教育

西欧发展史上,一般把从公元5世纪末到14世纪这段时期称为是中世纪,是西欧封建社会形成和发展的时期。这个时期的教育主要由教会控制,僧侣们处于对知识的垄断地位,教会学校是最主要的教育场所,教育内容就是宗教教育,奉行禁欲主义,实行严格的管理和体罚,学生只能盲目服从,对异教学说更是残酷打击。

当时在教会教育之外的世俗教育还有宫廷学校和骑士教育。骑士教育其实是一种特殊的家庭教育。主要是培养骑士效忠主人的品质以及军事征战的本领,也会有一些附庸风雅的学习,比如吟诗、弹琴等。

6. 古代教育的主要特征

古代东西方的教育虽然在教育形式和内容上存在着差异,但都与古代农业社会的基本特征相符合,也表现出了一些共同的特点,主要有以下几个方面:

一是教育权利的专制性。古代社会大都等级森严,不同阶级、阶层的人享有不同的教育权利。王公贵族或僧侣掌握有教育资源和权利,平民或奴隶很少有受教育权。

二是教育内容的局限性。古代教育的内容与社会实践联系较少,与生产劳动相关的内容不被重视,自然科学知识处于从属地位,自然科学教育发展缓慢。

三是教育方法的刻板性。古代教育中的受教育者往往是非常被动的,对于教育者只能绝对地服从,不允许有自己的思想。这种教育者权威之上的教育模式也导致了教育方法的单一和刻板。

(二)近代教育

14 世纪欧洲开始了文艺复兴运动,这是一场针对封建主义和宗教神学发起的文化革命运动,在当时的政治、经济、文化领域产生了巨大影响。文艺复兴倡导的新文化被称为人文主义文化,反对封建专制和神学至上,肯定人本身的价值和尊严,宣扬思想解放和个性自由,提倡学术理性,重视现实生活。促进了古代社会向近代社会的转变,所倡导的人文主义教育也成为近代教育的先声。

随着英国资产阶级革命的进行和资产阶级社会地位的确立,以及科学技术的发展,促使了新兴教育思潮的产生。教育逐渐从书本走向实际,科学实践受到了很大的重视。近代教育的发展是随着整个社会的变革而进行的,虽然欧美各个国家的教育各具特色,但从总体来说,近代教育有着如下的一些特点:

1. 国家对教育的关注不断增长

工业革命的发展对劳动者的文化素质要求逐渐增强,科学技术对社会经济的作用越来越突出,对国家公共教育事业的发展提出了时代的要求。这促使国家开始重视教育事业,提高教育事务在国家事务的地位。进入19世纪后,欧洲的很多国家开始建立公共教育系统,加强了对教育的投入和管理。

2. 教育的民主意识得到了发展

机器大工业的发展,要求普通劳动者也必须要具备一定的文化技术知识,劳动者的教育问题直接关系到资本主义经济的发展。接受教育的权利扩大到了普通人。19世纪,英国开办了初等学校,颁布"初等教育法",随后建立义务教育制度,并不断延长义务教育的年限。德国首先以法律的形式保障义务教育。19世纪中叶以后,世界上很多工业化国家也都逐渐建立起了义务教育制度。

3. 教育的功用价值得到重视

随着科学技术的发展,教育的功用价值凸显。自然科学及职业教育得到了很大的发展。18世纪初出现的实科中学就是与传统的文科中学相对应,主要进行职业技术教育。19世纪,实科中学在更多的国家开始建立,职业教育不断发展。

4. 新型大学的建立

从文艺复兴以来,古典大学的教育内容和教育方法就不断遭受质疑,古典大学的教育已无法满足社会对高等教育的需求,新型大学应运而生。1810年,德国建立起柏林大学,其创建者洪堡提出的学术自由、教育科研相结合的办学思想,对近代高等教育产生了很大影响。德国的大学也成为了当时的学术中心。同时,其他欧美国家也纷纷建立起了新型大学,这是近代教育一个重要特征。

5. 教育制度的系统化、完备化

近代社会教育得到了大力发展,学校教育逐渐系统化、制度化。形成了由初等教育、中等教育、高等教育组成的比较完备的教育体系。不同教育阶段有不同的教育内容和修业年限。同一层次也有着不同类型的划分,比如初等教育中有初级小学教育和高级小学教育,中等教育也有初级和高级的划分。教育制度的系统和完备对教育起到了很大的促进作用。

(三)现代教育

19 世纪末,欧美各个国家的工业和经济迅速发展,科学技术不断推陈出新,促使了整个社会的进步和变革。19 世纪末 20 世纪初,欧美一些国家开始出现各种新的教育思潮,并形成了一场教育革新运动,对现代教育产生了深远影响。进入 20 世纪 50 年代后,科技技术更是飞速发展,科技竞争、人才竞争已成为现代社会竞争的核心,教育也成为世界各个国家发展的重要基础。

现代教育在教育形式、教育制度、教育内容、教育理念上有着深刻的变化和发展,主要呈现出以下一些特征:

1. 教育的民主化

民主化是现代教育的一个基本特征,这是社会进步、教育进步的一个重要标志。现代教育体系已将学前教育纳入了国家教育系统,并且非常注重学前教育与小学教育的衔接。义务教育法已成为现代许多国家的基本法律制度之一,进一步延长了义务教育年限,将义务教育的年限延伸至初中甚至高中阶段。全民教育思潮在当今世界不仅得到了认同,也得到了实践和发展,各个国际组织和国家都在全力推进全民教育。

现代教育的民主化不仅体现在教育机会均等上,也体现在教育过程中。现代教育理念突出学习者的主体地位,从学习者的个性和实际需求出发,重视学习者的全面发展,反对传统的教师专制思想。

2. 教育的多样化

现代教育的形式已不再局限于学校教育,出现了越来越多的由社会、团体、个人等其他非学校组织开办的教育机构或组织。这些非学校教育组织弥补了学校教育的局限性,更大程度上扩大了教育对象的范围,满足了现代人不同阶段的教育诉求。现代的终身教育思想认为教育包括了从儿童至老年的所有教育,也包括学校和非学校教育,职前教育和在职教育等,这一教育思想不仅是世界上认可的教育理念,在各个国家也都有不同程度的教育实践。

3. 教育的实践化

现代教育提倡人的全面发展,与生活生产实践相结合是现代教育又一重要特征。进入20世纪中叶以来,职业教育得到进一步发展,并呈现与普通教育相结合的趋势。各国综合中学的设置比例在增加,职业教育的层次也在丰富,中等与高等职业教育都有了长足发展。

4. 教育的国际化

现代教育非常重视各个国家之间的交流与合作,国家之间的学术交流与教育交流日益频繁,访问学者、留学生的人数在逐年上升。除了人员交流,还有财政援助、技术援助、联合研究等。各个国家都在教育制度和教育结构上进行着改革和发展,以增进国际间的教育交往和合作。1946年,联合国成立了教科文组织,专门推动各国在教育方面的国际合作。

5. 教育的现代化

现代科学技术的发展,大大促进了现代社会的政治、经济、文化发展,同时也推动了教育的现代化进程。多媒体、网络已成为现代常用的教育技术手段。现代化的教育技术增强了教育的功能,促进了教育的普及,降低了教育的时空局限性,给教育的发展带来了很多的便利。

第二节　教育学的产生与发展

每个时代的教育都有着自己的时代特征,相应地也产生了不同的教育思想和理念,这些教育理论又无不对后世的教育理论和实践产生着影响。追溯这些教育理论的形成轨迹,梳理这些教育思想的发展过程,对我们今天的教育者们具有重要的意义和作用。

一、教育学的孕育阶段

自从有了人类社会,就逐渐产生了教育实践活动,也逐步有了对教育活动的认识和反思。但是作为研究教育的教育学,却是在社会发展到了一定的阶段才产生的。在古代社会,由于生产力水平低下,人们对教育活动的认识主要停留在经验的习俗水平,这时的教育认识还比较零散,不够系统和完善。大多的教育思想包含在哲学和政治学等学科中,没有形成独立的理论体系。我们把这一阶段的教育认识活动称为教育学的孕育阶段。

在漫长的古代社会中,随着专门的教育机构——学校的出现,人们逐渐积累了丰富的教育活动经验,一些哲学家和思想家开始关注和研究教育问题,对这些教育经验进行了总结和概括,其成果主要体现在他们的哲学和思想著作中。比如我国古代的孔子、孟子、荀子以及后来的董仲舒、韩愈、朱熹等。同时在古代西方也出现了像苏格拉底、柏拉图、亚里士多德、昆体良等对教育作出深入探讨的思想家。

在中国的古代,在一些古籍比如《尚书》、《周易》、《道德经》、《礼记》记载了一些古代的教育思想。春秋战国以后直至明末清初,也有不少关于教育的认识成果留于后世。但在中国乃至世界的整个古代教育史上,最具影响力的教育家就是孔子,孔子不仅是中国古代伟大教育家、思想家,在世界上也是久负盛名。孔子的教育思想集中体现在《论语》中。在这部著作中,记载了孔子的教育思想和教育言论,比如他提出的"有教无类"的教育主张,因材施教、启发诱导、循序渐进、诲人不倦的教育态度与方法,"文、行、忠、信"的教育内容,"学而不思则罔,思而不学则殆"的学思结合等,都对后世的教育产生了深远影响,形成了中国独具特色的儒家教育思想。

在战国后期形成的《学记》是我国乃至世界上最早的教育专著。《学记》全文只有 1229 个字,但却对我国古代的教育思想和经验作了全面的概括和总结。文中不仅论述了教育的目的和作用,对古代学校的教育制度、教育过程、教育教学原则和方法、教师的地位和作用、师生关系等也都作了精辟的阐述。比如"学然后知不足,教然后知困"、"道而弗牵,强而弗抑,开而弗达"、"不陵节而施"、"记问之学,不足以为师"等一系列宝贵的教育思想,都在一定程度上体现了对教育本质的探寻,对今天的教育者仍然有学习和研究价值。

在古代西方的教育发展中,也积累了丰富的教育经验和教育思想。古希腊的三贤苏格拉底、柏拉图和亚里士多德,都对教育有着研究和探讨。比如苏格拉底提出了启发式的教育方法"产婆术"。柏拉图在其著作《理想国》中总结了古希腊城邦斯巴达和雅典的教育经验,提出了适合奴隶社会的教育制度,认为不同阶级的人应该接受不同的教育。亚里士多德强调教育必须要遵循儿童的天性,对儿童进行德智体多方面的教育,以发展儿童天性中潜在的能力,可以认为是开启了后世资产阶级自然教育思想的先河。亚里士多德还将教育分为"文雅的"和"有用的",认为"有用的"教育是以实用性为目的的,不够高尚。而"文雅的"的教育是服务于人的精神世界的,才是高尚的。这种教育思想对后世的欧美教育产生了深远的影响。古罗马的教育家昆体良在其著作《论演说家的教育》中非常系统地论述了有关儿童教育的问题,被认为是世界上第一部研究教学法的书。

古代的思想家对教育的研究大多混杂在他们的哲学、政治学和伦理学等著作中,多是对教育经验的总结和认识,缺少深入的理论研究和严谨的逻辑探索,此时的教育学尚未形成独立的科学体系。尽管这些古代教育思想在理论范畴内不够科学和完善,但很多思想观点对后世教育学的发展产生了深远的影响。

二、教育学的独立阶段

从欧洲的文艺复兴运动之后,教育学的发展逐渐进入了一个新的时期。特别是 17 世纪后,资本主义的产生和发展,对社会人才的培养提出了新的要求。出现了一些新兴的自然科学、社会科学知识,传统的学校制度和教育方法已无法满足社会生产力发展的要求,发展新的学校教育,培养新型教师和学生成为了当时急需的社会要求。在这种情况下,师范教育也开始受到重视和发展,这些促使了教育学的形成。另外,近代以来,人类在各个领域的认识和研究已日益丰富,提出很多新问题,积累了很多新经验,许多学科都从哲学的母体中逐渐分离出来,采用科学的研究方法,成为独立的学科。

一门学科成为独立的体系必须具备以下几方面的特点:第一以专门的问题为研究对象;第二形成了专门的理论范畴和体系;第三有科学的研究方法;第四出现了专门的著作和研究成果。正是在这一时期,教育学学科出现了上述几个特征。

在文艺复兴时期,就已产生了不少教育思想家,如维多利诺、伊拉斯谟等,他们的教育思想都为后来教育学的真正独立提供了精神养分。至1623 年,英国科学家弗兰西斯·培根在《论科学的价值和发展》一书中,提出了"教育学"的概念,将教育学作为一门独立的学科罗列出来。

　　具有系统理论体系的教育学著作是教育学独立的一个重要标志,在教育史上最早的代表性著作就是捷克夸美纽斯(1592—1670)的《大教学论》。夸美纽斯被称为是"教育史上的哥白尼",1657年发表的《大教学论》是教育史上第一部以教育为专门研究对象的教育学著作,成为教育史上的里程碑。夸美纽斯认为教育"把一切事物教给一切人类的全部艺术",并以此作为理论基础,在书中提出了普及初等教育的教育主张,论证了建立适应学生发展的学校教育制度,提出了直观、量力的教育教学方法和原则,论述了课程的设置、教科书的编写原则、教师的作用等。同时对道德教育、宗教教育、艺术教育、体育等也进行了论述。初步勾勒出了教育学的研究范围和框架体系,开启了教育学的独立研究之门,为近代教育学的发展起到了重要的奠基作用。

　　在教育学的独立发展过程中,还有很多的教育家作出了自己的贡献。德国著名哲学家康德(1724—1804)从1776年开始先后四次在德国格尼斯堡大学的哲学讲座中讲授了教育学。并在1803年出版了《康德论教育》。康德认为"教育一定要成为一种学业,否则无所希望","教育的方法必须成为一种科学",否则决不能成为一种有系统的学问。①

　　这一时期出现的教育学著作还有英国哲学家洛克(1632—1704)1693年出版的《教育漫话》,书中提出了完整的绅士教育理论体系。法国思想家卢梭(1712—1778)出版了著名的《爱弥尔》,表达了自然教育的思想,对后来一些教育家的教育思想有着重要的影响。瑞士教育家裴斯泰洛奇(1746—1827)的《林哈德与葛笃德》是其众多教育学著作中最著名的一部,明确提出"教育心理学化"的主张,认为教育要全面、和谐地发展人的天赋和能力,教育要与生产实际相结合,要符合人的本性。这些都是教育学形成时期出现的有重要影响的教育家和著作。

　　对教育学独立作出杰出贡献的另一个教育家就是德国的赫尔巴特(1776—1841),赫尔巴特早年继承康德的哲学教席,一直在大学讲授教育学,第一个提出要使教育成为科学,强调必须有一门"教育者自身所需要的科学"这门科学必须"自身的概念",提出"普通教育学必须把论述概念放在

---

　　①　全国十二所重点师范大学联合编写:《教育学基础》,教育科学出版社2002年版,第17页。

一切论述之前"。① 第一个将教育学与心理学结合起来,明确以心理学和哲学作为教育学的学科基础。并在讲学期间,创办了教育科学研究所和实验学校。在 1806 年出版的《普通教育学》被认为是第一本现代教育学著作,也是规范教育学的标志。赫尔巴特在教育史上被誉为"现代教育学之父"和"科学教育学的奠基人"。

三、教育学的发展阶段

进入 19 世纪,随着科学技术的进一步发展,人类社会的变革日益加剧,对教育的改革与发展也提出了迫切的要求。一方面教育自身的变革促使了教育学研究的科学化。另一方面知识的积累和学科的分化,产生了新的研究方法和技术,对教育学的研究和发展也起到了促进作用。19 世纪末到 20 世纪 70 年代以来,教育学呈现出了多样化发展的新趋势。

随着各国教育实践的不断发展及教育学学科本身研究的推进,产生了不同形态和流派的教育学。

(一)实验教育学

19 世纪末 20 世纪初,自然科学的迅猛发展和实验心理学的产生很快影响到了教育理论和实践的研究。欧美的教育家开始借鉴自然科学的研究方法,利用实验、统计等方法来研究教育问题,称为"实验教育学"。其主要的代表人物是德国的拉伊(1862—1926)和梅伊曼(1862—1915)。梅伊曼是心理学家冯特的学生,认为一切教育都应该心理学化,应该在理解儿童生理、心理规律的基础上研究教育学。对教育学的研究不能只停留在概念水平,不能只用思辨的方式来研究,要把实验心理学的研究成果应用在教育学的研究当中,实现教育学的"科学化"。分别于 1907 年和 1914 年出版了两本很有影响力的书《实验教育学入门讲义》和《实验教育学纲要》。拉伊长时间在师范学校任教,主张教育实验要在真正的教育实践活动中进行,重视行动在教育中的意义,主张用实验、统计和比较的方法来研究儿童的心理发展特点和智力水平,用实验数据作为教学的依据。出版了《实验教育学》一书,系

① 全国十二所重点师范大学联合编写:《教育学基础》,教育科学出版社 2002 年版,第 17 页。

统地对实验教育学作了论述。

实验教育学反对传统的"主知主义",注重定量研究,对20世纪教育学的研究有很大的影响,推动了教育科学的发展。

(二)实用主义教育学

实用主义教育理论诞生于美国,对20世纪整个世界的教育理论研究和实践都产生了重要影响。实用主义教育流派与当时西欧的进步教育运动一样把矛头指向了传统教育。反对传统教育的三中心,即"以教师为中心"、"以教材为中心"、"以课堂为中心"。提倡新的三中心,"以学生为中心"、"以活动为中心"、"以经验为中心"。批判传统教育脱离学生生活实际,不顾学生兴趣和需要等。其代表人物就是美国的教育家杜威(1859—1952),提出了"教育即生活"、"学校即社会"、"教育即经验持续不断的改造"等教育理念。认为教育的过程与生活的过程是一致的,不应将二者分隔开。学校就是一个小型的社会,要教授给学生现实社会中使用的知识和技能。教学过程中,要以学生为中心来组织教学,尊重学生的差异性和独立发现,教师只是一个帮助者,而非领导者。杜威的教育思想集中体现在他的代表作《民主主义与教育》一书中,对20世纪的教育学有着深远影响。从此,在教育学领域就出现了以杜威为代表的"现代教育"和以赫尔巴特为代表的"传统教育"的对峙。

(三)马克思主义教育学

从19世纪40年代,马克思、恩格斯创立了马克思主义,成为人类历史上最重要的思想之一。马克思主义思想的产生为教育学的发展奠定新的理论基础,产生了马克思主义教育学。这其中有马克思及其他马克思主义经典作家的教育思想,也有现代教育家们根据马克思主义的基本原理对教育问题的研究成果。

马克思教育学认为教育是一种社会历史现象,无法脱离社会的影响而存在,在阶级社会中具有鲜明的阶级性。在教育与政治、经济、文化的关系上认为,教育既受它们的影响和制约,反过来又会作用于它们,对社会的发展和变革具有重要的促进作用。认为现代教育的根本目的就是促进人的全面发展,深刻阐释了人实施全面发展的意义。

马克思主义思想传入我国后,在新民主主义时期,杨贤江撰写了一部马克思主义教育学著作《新教育大纲》。新中国成立后，苏联教育家们的著作介绍到中国，对当时我国的教育产生了巨大影响。其中苏联教育家凯洛夫主编的《教育学》被认为是马克思教育学的代表性著作。

(四)批判教育学

20 世纪 70 年代之后，批判教育学逐渐兴起，成为西方教育理论中一个有重要影响的教育思潮。研究者借助于各种学科资源对近现代以来的教育进行了全面的批判和反思。其代表人物有美国的鲍尔斯、金蒂斯、阿普尔、吉鲁，法国的布迪厄等，其中代表性的著作有鲍尔斯与金蒂斯的《资本主义美国的学校教育》(1976)、布迪厄的《教育、社会和文化的再生产》(1979)、阿普尔的《教育与权利》(1982)、吉鲁的《批判教育学、国家与文化斗争》(1989)等。①

批判教育学的研究者认为当代的资本主义教育并不是一种真正民主化的教育，而这种制度下的教育也无法成为推进社会公平的途径或手段。教育反映着社会意识形态和经济状态，在很大程度上被这些因素所制约。处于低阶层的儿童无法享有与高阶层平等的教育资源和机会。批判教育学认为要在学校体系里，对教师和学生进行意识启蒙，以认识隐藏起来的事实上的不公正。进入 21 世纪，批判教育学对当代的教育理论依然有着相当的影响。

(五)其他一些教育流派

在近现代的教育发展史上，还有一些典型的教育流派，他们都分别从自己的角度阐释了对教育和教育学的理解。比如凯兴斯泰纳的公民教育，蒙台梭利的幼儿教育思想，以及改造主义、要素主义、永恒主义、新托马斯主义、存在主义、新行为主义、结构主义、人本主义等，都是近现代有一定影响的教育流派。其中一些教育家的思想在今天的教育实践中依然有着很大的影响。像蒙台梭利的幼儿教育思想，认为童年教育是最重要的教育阶段，要极其重视儿童的教育，要有良好自由的教育环境，要给予儿童符合生活实际的教育内容，允许儿童个性的发展。而 20 世纪 70 年代兴起的人本主义教育

---

① 全国十二所重点师范大学联合编写：《教育学基础》，教育出版社 2008 年版，第 21 页。

主张以人为中心的教育,要求教育要遵循人的本性,以学习者为中心,尊重学习者的个性,发展人的创造力,成为当代非常有影响力的教育思潮。

四、当代教育学的新发展

进入 20 世纪中期以来,教育学发展迅速,不断拓宽研究视角,出现了很多的分支学科,大大拓展了传统教育学的研究范围,出现了一些新的特点和发展态势。

(一)教育学的研究基础和研究范围不断扩大

教育学传统的研究主要以哲学和心理学为基础,这与教育学脱胎于哲学的母体有关。进入现代,学科的发展更加丰富,为教育学的研究提供了更为广阔的视角,当代教育学的研究基础已经扩展到了社会学、政治学、经济学、人类学、文化学、管理学、法学、技术学等领域。出现了一系列新的教育思想和观点,并在发展的过程中相互借鉴、相互融合,推动了教育学的进一步发展。

时代的进步,社会的发展,促使教育学将研究范围从学校教育扩展到了整个社会体系。非正规教育、终身教育、特殊儿童的教育、成人教育等,教育关注的问题和对象范围大大增加,从微观到宏观,内部到外部,形成了一个全方位的教育研究覆盖网络。

(二)教育学的学科体系不断分化

教育学学科体系的分化是当代教育学又一显著特征,进入 20 世纪中叶以来,教育学的学科内部发生了剧烈的分化,形成了一个又一个的独立学科,比如课程论、教学论、德育论、学校管理论等。同时,教育学与其他学科的综合研究加强,又产生了许多边缘学科和交叉学科,像教育哲学、教育伦理学、教育社会学、教育心理学、教育统计学、教育测量学、教育卫生学等。随着人类社会的发展和进步,还出现了教育生态学、教育未来学、教育政策学等。这些新兴学科的出现,打破了传统的学科界限,丰富了研究内容,代表着教育学研究广度和深度的增加。

(三)关注教育现实问题和教育实践研究

教育学初期的研究主要是一种纯理论的研究,研究者从各自的哲学或政治学的观点出发,对教育问题进行阐述,提出自己的教育主张,对教育实践的关注不够。进入现代以来,人们对于教育对社会发展作用的认识日益深刻,尤其是第二次世界大战以后,科技的迅猛发展,促进了教育改革的加剧。人们更加关注教育实践研究,关注教育实践中的现实问题,并力图从理论的角度进行研究和探讨,来更好地培养当代的人才。

当代的教育理论研究者们非常关心教育实践中的问题和解决途径,他们走进实践,与教育实践者相合作,将教育理论与实践更紧密地结合在一起,使教育理论的应用价值更加突出。

(四)以"人"为出发点,进行研究

教育学是一门研究人的学问,但在传统的教育学研究领域,常常过于重视教育理论本身的科学性,而忽略了人本身的需求。现代的教育家们关注到了这一点,并把教育学的人学特征提到了首要的位置。

以人为本的教育思想关注学习者个人的主动性和创造性,重视人性本身的培养,尊重学习者的独立人格。在教育教学过程中要建立平等的师生关系,以学习者为中心,发展学习者的潜能。进入 21 世纪,以人为本的教育理念更是深入人心。教育学的根本任务是培养人,教育理论研究必须以教育主体"人"为出发点来进行研究,才能显示出真正的研究意义和价值。

(五)教育学的元理论研究加强

教育学的元研究就是对教育学自身的反思,很多的学科在发展到了一定的阶段,就会对这种研究活动本身进行反思,反思该种研究活动的性质、价值、知识结构等。没有这种理论反思的自觉性,就无法提高研究的科学性。

教育学元理论的研究通过对已有的教育研究进行反思和考量,会提升教育研究者的理论水平和实践洞察力,形成关于教育学学科本身的理论体系。教育学的元理论研究主要涉及教育学的研究对象、逻辑起点、发展历史、知识构成、研究方法等方面的内容。当代的教育学元研究正在不断深化,推动着教育学的理论发展和教育改革。

第三节　教育学的学科特征和学习价值

一、教育学的学科特征

教育学是一门以教育现象和教育问题为研究对象,揭示教育规律的科学。在社会科学体系中,教育学是一门有着独特特征的学科。

(一)教育学是一门科学

虽然在学术界对教育学概念并没有一个统一的界定,但教育学的研究对象是"教育现象",研究目的是"揭示教育规律",这是得到共识的。"研究现象—揭示规律"是科学的一般研究过程,从这个层面讲,教育学是符合科学的基本特征的。

教育学通过对教育现象的研究,揭示教育规律。这其中要研究解释教育的很多理论问题,比如教育的概念,教育的产生和发展,教育的构成要素,教育的社会和个体功能等,这一系列基本的理论问题都要求教育学的研究必须具有缜密的科学逻辑,区分教育现象和非教育现象的区别,分析教育现象产生的原因,以及教育现象内部各种教育因素之间的联系,采取规范的科学的方法来完成对教育理论大厦的构建。

(二)教育学是一门应用学科

教育学研究的目的除了从理论上来发展教育科学,另一个重要的作用就是指导教育实践,为学校教育实践提供理论和规范的指导。比如如何理解教学与课程,如何组织教学,如何认识和处理教育者与学习者的关系,如何进行因材施教等。

综观各高等院校,教育学都是师范类专业学生的必修课程。现行教育学课程的内容通常会分为两大部分,一部分是从理论上对"教育"、"教育学"等概念进行阐释,陈述教育和教育学的产生和发展过程,阐述教育的社会功能,在抽象的层面上阐述教育目的以及教育与人的关系,等等。另一部分主要在中小学学校范围内探讨教育和教学问题,如教育与教学的关系,教学规律,教学过程,智育、德育、体育的教学原则,教学方法,教学组织形式,班主任工作,学校管理等。前一部分的主要目的在于提高学习者的教育理论素养;后一部分的主要目的则在于使学生了解教育和教学的实践规范,以便对教育教学实践有所指导和遵循。① 所以,教育学必须以教育实践为基础,既要反映教育实践,又要指导教育实践。

(三)教育学是一门艺术

教育学的独特性就在于,教育学既是一门科学,又是一门艺术。教育教学从来就不是一种纯粹的理论活动。教育来自实践,又应用于实践。教育的研究和实施对象是具有鲜明个性的人。任何知识、技能、品德的培养与发展,都离不开教育者与学习者的情感投入。教育的本质就是培养人,用什么样的方法培养人,如何培养人才能实现教育效果的最优化,每一个教育者在理论知识的基础上,都有自己的教育风格和理解。即便是同样的教育内容和教育对象,实践中都会有不同的教育演绎。教育实践中教育者声情并茂的讲解、与学习者情景交融的互动,无不充盈着彼此的情感。在严谨理性的教育过程中,教育者与学习者将彼此的情感、智慧融入其中,让教育教学充满了美感。

近代教育理论的奠基者夸美纽斯说:"教育就是把一切事物教给一切人员的艺术。"②俄国教育家乌申斯基甚至认为:"教育学不是一门科学,而是一门艺术,是一切艺术中最广泛、最复杂、最崇高和最必要的一种艺术;因为教育学作为一种艺术,它追求的是永远要求达到而从来没有充分达到的一种理想,即追求一个完人的理想。"③

二、教育学的学习价值

教育学的学习价值,表面上看是一个理论认识的问题,但在实践中人们有更多的经验、认同和体会。从教育者的职业特点以及教育的目的出发,教育学的学习价值主要有以下几个方面:

---

① 扈中平主编:《现代教育理论》,高等教育出版社2005年版,第12页。
② [捷]夸美纽斯著,傅任敢译:《大教学论》,人民教育出版社1984年版,第1页。
③ 张焕庭主编:《西方资产阶级教育论著选》,人民教育出版社1979年版,第506页。

（一）启发教育者的教育自觉，领会教育的真谛

教育是以培养人为目的的活动，尽管许多职业都需要与人交往和沟通，但教育者工作的对象有着不同于其他职业的特殊性。教育者无法像工人那样计件衡量工效，也无法像医生那样药到病除，教育者面对的是人的精神世界，是许许多多有思想有主见的人。而每一个人的精神世界都是独特的，并且会随着环境的变化而变化。所以，作为一个教育者，必须有高度的教育自觉，能够在教育过程中把握每一个学习者的特点，运用适当的方法，实现教育的最大价值。

但高度的教育自觉并非生而有之，也不是死背教育规则。它需要严谨的理论学习和内在反省，从而形成一种内化的动力，深刻理解教育活动的意义，不管这教育活动有多微小。比如教育者如何理解教育的性质、教育对人的发展的意义、教育的社会功能、教育对人的道德养成作用、如何做到因材施教等，在深刻领会这些问题的基础上，教育者才能在实践中对自身的教育活动有合理性的认知。

● 案例二

左手和右手的故事①

著名教育家霍懋征老师的故事：她教小学四年级的时候，班级转来一个女孩。每次上课提问，女孩都举手，每次提问都答不上来。霍老师课下找这个女孩谈话，问她是怎么回事。女孩回答说自己不会，所以答不上。老师说，不会是不能举手的，会才能举手啊。女孩说，老师，我不举手同学们会说我学习不好，该看不起我了。霍老师很震动，就对女孩说，老师知道了。我们这样你看好不好，你会的时候举右手，不会的时候举左手，老师好知道什么时候提问你。就这样一个简单的左手和右手的师生约定，使这个女孩很快在学习上追了上来。

（二）培养坚定的教育信仰，树立正确的教育理念

教育信仰代表着教育者对自身职业的认同程度，直接影响着教育者的工作成效。拥有坚定的教育信仰是所有伟大教育家的共同人格特征，他们

---

① 杨兆山主编：《教育学——培养人的科学与艺术》，东北师范大学出版社 2006 年版，第 22 页。

以其对教育的热爱和执著,谱写了教育史上一个又一个优美的篇章。这种人格本身就已经具有了强烈的教育意义。一张文凭、一个证书不能代表教育者本身的教育信仰,如果缺少了对教育事业的热情和理想,不愿意在教育事业中投入自己全部精力,即使学富五车,也不可能做好教育工作。

教育活动的质量受制于教育者的教育理念,正确的教育理念可以给教学和学习者带来有效的促进,会使教育活动取得更好的效果。教育者不仅要知道教什么,也要知道怎么教,这是做一个优秀的教育者的基本条件。所以,作为未来的教育者,必须要学习系统的教育知识,形成对教育的科学认识和正确理解,增强对教育事业的荣誉感和使命感。

(三)增强对教育问题的反思能力

教育者的工作是一项极具创造性的工作,教育对象的不断变化和教育理论的更新,会使教育者不断地遇到新问题和新情况。作为教育者,必须理性地分析和思考教育过程中的问题,带着一种批判意识反思自己的教育行为,总结新的教育经验。教育者在教育过程中,要养成一种对教育活动的自我反思习惯,不断地对自己的教育行为的合理性和合法性进行追问,以达到更高的教育境界。

培养良好的自我的反思能力,并不能完全从经验中获得,这需要教育者具有良好的教育理论素养,并在实践中不断地提升。只有拥有了系统的教育理论知识,才能在教育实践中,超越问题本身,抓住问题的关键所在;才能在不断的反思中,发展自我,完善自我。

(四)加快教师的专业成长

随着时代的进步,教育的发展也日新月异。对教育者的素质有了更高的要求,对教育者的角色也有了新的定位。传统的教育理念认为教育者只是知识的传递者,对于设置的课程和教学只能被动地理解。但现代教育理念要求教育者成为一个研究者,在面对复杂的教育实践时,能够发展性地运用学过的理论知识,创造性地解决问题。学习教育学有助于形成良好的教育理论素养,能够在实践中用正确的理论来分析问题,总结经验,提高教育工作的质量。所以深入学习教育理论,是教育者提高自身专业素质的必由之路。

学习教育学知识,可以了解教育及教育学的发展历史,教育历史上各种流派的主要观点和思想,这些思想都是从不同的角度来阐述自己对教育的理解,从不同方面来阐释对同一问题的解答。这些不同观点的探讨恰恰证明了教育问题的复杂性和影响因素的多样性。作为教育工作者,仅靠自身经验的积累是很难了解教育问题的复杂性的,必须善于从教育史和不断发展的教育理论中汲取教育智慧,加快自己的专业成长速度。

(五)培育教育改革的创新精神

现代社会是一个不断改革和创新的社会,教育也要应时而变,才能更好地发展。终身教育和终身学习的理念早已深入人心,作为教育者,更要不断地学习和探索,寻求符合当代学习者特点的教育方法,开发每个学习者的潜能,给每个学习者适合的学习指导与帮助。

所以教育工作,不仅仅是一种知识的传承,而是一种不断的创造,它会因时代而异,因学习者而变,在不断更新自己的同时带给学习者更多的帮助。教育学知识体系中包含着对教育实践中成功失败经验的总结和理论概括,对培养教育者的教育创新精神有很重要的作用。

三、教育学的学习方法

教育学作为师范类专业的公共基础课,是一门概括性和理论性很强的学科,它同社会科学和自然科学的联系都非常紧密,要学好教育学,必须要有理性的态度和认识。

(一)坚持广泛涉猎知识,提升教育理论素养

教育是一种复杂的社会活动,教育对象的多变性、教育现象的多因性都要求教育者具有扎实的理论知识。研究教育需要多种学科知识做基础。要了解教育的产生和发展,就要知道一些哲学的知识;要理解教育对人的发展的重要作用,就必须和心理学的知识相联系;要明白教育对社会的作用,就需要了解社会学、政治学、经济学等学科的知识;而要学习德育理论,就必须结合伦理学的知识。所以教育学的发展是与很多相关学科的发展联系在一起的。所以,我们不能就教育而论教育,而要广泛涉猎,多了解一些相关学科的知识,拓宽自己的学术视野。

学习教育学,不仅要学习教育学课程本身包含的内容,还要多阅读一些

教育名著,比如中外著名教育家的著作,对这些教育家教育思想要进行梳理,汲取其教育思想的精华。另外,要关注最新的教育研究成果,保证教育理念的先进性和前沿性,不断提升自己的教育理论素养。

(二)坚持在实践中思考,反思日常教育经验

教育的形式古已有之,但早期的教育大都是日常经验的积累,只是人们对生活中教育问题的一些看法和态度。教育学科学体系的形成是在近代才建立的,它必须要超越习俗式的教育经验,用一种专门的方法,对教育问题作出深入和系统的分析。

教育者的日常教育经验是非常重要的,教育的理论体系也正是产生于此。但教育者在大量的教育实践中,得到的更多是一种直接的和感性的认识,如果没有积极的深入的思考,就很难提炼出有用的教育指导意见。当代教育结构和范围日益扩大,教育内容日益丰富,日常性的教育经验很难满足教育改革的需要。这要求教育者要在日常教育经验的基础上不断进行反思,对教育实践中的问题认真分析,形成理性的教育认识。

(三)坚持教育教学研究,培育教育教学智慧

教育教学研究是教育者的一个基本能力,是教育者专业素质的要求。有人认为教育教学研究与学习者关系不大,认为学习期间主要是学习现成的经验和知识,不需要搞研究。对教育学的理解局限于课堂和书本知识。但这些知识如果没有经过学习者仔细的梳理和思考,也很难形成清晰的脉络和深入的认识。这样得来的教育学知识依然是模糊的,无法完全转换成学习者自己的东西。任何一种知识,只有经过学习者主动的思考和研究,才能沉淀下来。当今世界教育的改革和发展迅速,各个国家的课程改革已成为常态,进行教育教学研究是衡量今天的教育者们工作的一个重要方面。

教育是一门以心灵启迪心灵,以智慧开启智慧的学问。学习教育学绝不是空背理论,要善于汲取前人教育智慧,用心领悟,发展自己的教育潜能。

(四)坚持关注教育现实,联系教育理论与实践

教育学从研究对象和目的上来说,是一门关于"人"的学问,其本质就是促进人的成长和发展。在教育的世界里,充满着对人性的关注。历史上的教育理论和学说,都渗透着对人性的分析和假设。有的教育家认为人需要

外界的教育刺激才能成长;有的教育家则认为人本身就有成长的本能。无论是教育理论还是教育实践,对人性认识的不同,就会有不同的教育理念和方式。人性是复杂且多变的,社会是发展和变化的,学习教育学不仅要关注自己的教育生活和实践,也要多了解其他地区的教育现实,关心社会教育问题,多观察和分析教育现象以及与社会现实的联系。

任何一种教育理论最终都要落脚到实践,进行教育理论研究的主要目的就是为了更好地开展教育实践。教育理论是对教育实践的理性思考,教育实践是对教育理论的践行和检验。教育者要关注教育现实,将教育理论与实践相联系,既要在教育实践之前学习教育理论,又要将教育理论应用于教育实践。

● **拓展阅读**

什么是教育①

所谓教育,不过是人对人的主体间灵肉交流活动(尤其是老一代对年轻一代),包括知识内容的传授、生命内涵的领悟、意志行为的规范,并通过文化传递功能,将文化遗产教给年轻一代,使他们自由地生成,并启迪其自由天性。因此教育的原则,是通过现存世界的全部文化导向人的灵魂觉醒之本源和根基,而不是导向由原初派生出来的东西和平庸的知识(当然,作为教育基础的能力、语言、记忆内容除外)。真正的教育绝不容许死记硬背,也从不奢望每个人都成为有真知灼见、深谋远虑的思想家。教育的过程是让受教育者在实践中自我练习、自我学习和成长,而实践的特性是自由游戏和不断尝试。这样,手工课以劳作方式发展学生的灵巧性;体育课则以学生身体素质的锻炼以及身体的健美来表现自我生命;哲理课发展思想和精神的敏锐和透明,培养说话的清晰和简明、表达的严格与简洁、把握事物的形式、特征,以及了解思想论争双方的焦点所在,以及如何运"思"而使问题得以澄清。通过接触伟大作品而对人类本真精神内涵进行把握,而历史课的教学则是发展学生对古代文化萌生虔敬爱戴之心,启发他们为了人类更高的目标而奋斗,并形成对现实批判的清醒历史观。自然科学课的开设,则是掌握自然科学认识的基本方法论。

在我看来,全部教育的关键在于选择完美的教育内容和尽可能使学生之"思"不误入歧途,而是导向事物的本源。教育活动关注的是,人的潜力如何最大限度地调动起来并加以实现,以及人的内部灵性与可能性如何充分生成,质言之,教育是人的灵魂的教育,而非理智知识和认识的堆积。通过教育使具有天资的人,自己选择决定成为什么样的人

---

① 节选自[德]雅斯贝尔斯著,邹进译:《什么是教育》,生活·读书·新知三联书店1991年版。

以及自己把握安身立命之根。谁要是把自己单纯地局限于学习和认知上，即便他的学习能力非常强，那他的灵魂也是匮乏而不健全的。如果人要想从感性生活转入精神生活，那么他就必须学习和获知，但就爱、智慧和寻找精神之根而言，所有的学习和知识对他来说却是次要的。教育只能是强迫学习这种观点，常常占据统治地位，因为人们相信，受教育者当时获得他并不理解的知识，但终有一天他会理解这些知识，并将它赋予灵性之中，逐渐接近循迹于知识背后的精义，就如人们初读路德的宗教小册子时，并不理解其深意所在，然而久而久之，耳濡目染，心驰神往，不知不觉地转化为信仰内容。但这种对强迫的盲目信任是一种自欺欺人的说法。只有导向教育的自我强迫，才会对教育产生效用，而其他所有外在强迫都具有教育作用，相反，对学生精神害处极大，最终会将学生引向对有用性世俗的追求。在学习中，只有被灵魂所接受的东西才会成为精神瑰宝，而其他含混晦暗的东西则根本不能进入灵魂中而被理解。

◉ **思考题**

1. 什么是教育？并结合教育实际谈谈对"教育"的理解。
2. 教育的构成要素有哪些？
3. 教育在不同的历史阶段分别具有哪些不同的特征？
4. 教育学的发展经历了哪些阶段？有哪些代表性的教育家和著作？
5. 结合实际谈谈学习教育学的价值和方法。

第二章 教育功能

◉ 内容提要

本章重点分析了教育对个体和社会的正向功能。教育对个体发展的正向功能包括促进个体发展的功能,以及个体谋生与享用功能。教育对社会发展的正向功能表现在对社会各个子系统,即政治、经济、文化、环境的促进作用。但是,现实的教育并非总是具有正向功能,它也经常会产生与教育愿望不相吻合甚至完全相悖的作用。这是在教育过程中不能忽视的一个重要方面。只有正确认识教育功能问题,不断提高教育的正向功能,减少教育的负向功能,才能最大限度地促进个体和社会的发展。

在对教育的个体功能和社会功能进行静态分析之后,还对教育功能作了动态考察。不仅考察了教育功能的形成过程和释放过程,而且分析了影响教育功能形成和释放的因素和条件。

教育功能是教育学中的一个基本理论问题,是指教育活动和教育系统对个体和社会发展所产生的各种实际作用和影响。教育功能与教育本质息息相关,前者阐述"教育是什么"的问题,后者则探讨"教育干什么"的问题。对教育功能的正确认识,有利于对教育本质问题的正确理解。

第一节　教育功能概述

一、教育功能的含义

自从有了人类社会,就有了教育。原始社会的教育是在生产和生活中向年轻一代传授生存所需要的知识和技能。这是一种非正式的教育,也是教育的主要功能和原始功能。原始社会末期学校的出现使教育从生活过程中剥离出来,形成了相对独立的形态。教育功能随之也发生了明显的分化。整体而言,在奴隶社会和封建社会,教育功能主要是为统治阶级的政治需要服务的。随着资本主义大工业生产的发展,教育的经济功能才日益凸显。

功能(Function)是个多学科研究的概念,它是指由特定结构的事物或系统在内部和外部的联系中所表现出来的作用。[1] 从教育发展的历史可以看出,教育与个体发展和社会发展密不可分。因此,教育功能(Educational Function)就是指教育活动和教育系统对个体和社会发展所产生的各种实际的作用和影响。教育功能在教育系统内部表现为教育对个体发展的影响和作用,在整个社会系统中则表现为教育对社会发展的影响和作用。

教育作为培养人的社会实践活动,既是一个相对对立的系统,又是一个复杂开放的系统。就微观而言,教育活动是由教育者、受教育者、教育内容和教育手段等要素构成,这些要素之间的相互作用构成了教育活动的内部结构,而内部结构的运行是通过教育者借助教育内容和教育手段作用于受教育者,从而影响受教育者的发展;就宏观而言,教育作为社会系统中的一个子系统,它与政治、经济、文化等其他系统共同构成完整的社会结构,教育在其中通过对社会生产力和生产关系的作用而表现出影响社会发展的功能。

教育功能不同于教育价值。教育价值是教育的"应然"表现,而教育功能则是教育的"实然"表现。教育功能具有客观性和必然性,同时也具有方

---

[1] 全国十二所重点师范大学联合编写:《教育学基础》,教育科学出版社2002年版,第30页。

向性和多方面性。

二、教育功能的类型

教育功能复杂多样，根据不同的标准和视角，可以表现出不同的类型。

（一）从作用的对象看，教育功能可分为个体功能和社会功能

教育的个体功能即教育的育人功能、本体功能，是教育对个体发展的促进作用。促进人的全面发展是教育目的和价值的追求，这种理想追求在教育实践中运行的实际表现，就是教育的个体功能。教育的个体功能是由教育活动的内部结构决定的，如师资水平、课程设置与内容的新旧、教育教学手段的现代化水平及其运用，都构成影响个体发展方向和水平的重要因素。除此之外，教育的发展也离不开社会外部条件和环境，社会的稳定与繁荣无疑为个体的发展提供了有利时机。

教育的社会功能即教育的工具功能，是教育对社会发展所产生的各种影响和作用。教育作为社会中的一个重要的子系统，它通过培养人进而影响社会的存在和发展，这构成了教育的社会功能。教育的社会功能是教育的本体功能在社会结构中的衍生。教育对社会的作用不是无限的，在很大程度上受到社会结构、社会发展规律和社会性质的制约。在不同的社会，教育所表现出来的社会功能的重点不尽相同。古代社会教育发挥的社会功能主要是政治功能，维护统治阶级的既有利益。现代社会教育功能的重点转向经济功能，通过"科技兴国"促进社会的繁荣和发展，成为教育社会功能的基本方向。

（二）从作用的方向看，教育功能可分为正向功能和负向功能

这是美国社会学家默顿 20 世纪 50 年代末提出的功能分析的一个维度。默顿认为，以帕森斯为代表的传统功能主义的功能概念存在严重缺陷，他们将社会学的观察局限于事项对它所从属的社会系统的正面贡献上。为此，默顿提出了与"正向功能"（function）相对的"负向功能"（Dysfunction）概念。正如他所指出的那样，"社会功能系指可见的客观结果，而不是主观意向（目标、动机、目的），若不能区分客观社会后果与主观意向，

则必然导致功能分析上的混乱"①。既然是客观后果,就必然存在正向功能和负向功能两种情况,前者有助于一个系统的适应或顺应,后者则削弱系统的适应或顺应。

按照默顿的思想,教育功能也可以分为正向功能和负向功能。正向教育功能是指有助于社会进步和个体发展的积极影响和作用,负向教育功能是指阻碍社会进步和个体发展的消极影响和作用。对任何社会、任何时期的教育来说,正向和负向的功能都存在,只不过比重不同。多数时期的教育以正向功能为主,但历史上也有某些时期,如欧洲中世纪教育、法西斯教育、军国主义教育等,不仅扼杀了人的个性发展,而且也阻碍着社会的发展。②

(三)从作用的呈现方式看,教育功能可分为显性功能和隐性功能

显性功能和隐性功能也是默顿分析功能的一个维度。显性功能(Manifest Function)是主观目标与客观后果相符的情况,"隐性功能(Latent Function)与显性功能相对应,这种后果既非事先筹划,亦未被察觉到"。③ 也就是说,显性功能是目的实现的功能,而隐性功能是一种潜在功能,是主观愿望之外的意外结果。

根据默顿的这一思想,教育功能同样可以分为显性功能和隐性功能两类。教育的显性功能是依据教育目的,在实际运行中所出现的与之相符合的结果。如促进人的全面和谐发展、促进社会的进步,就是显性教育功能的表现。教育的隐性功能是伴随显性功能所出现的教育的非预期的功能,如教育对现有社会关系的复制再现了社会的不平等,这是教育隐性功能的表现。值得注意的是,隐性功能与显性功能是相对的,只要隐性功能得到有意识的开发和利用,就会转化为显性功能。

---

① 罗伯特·金·默顿著,何凡星等译:《论理论社会学》,华夏出版社 1990 年版,第104—105 页。

② 全国十二所重点师范大学联合编写:《教育学基础》,教育科学出版社 2002 年版,第31 页。

③ 罗伯特·金·默顿著,何凡星等译:《论理论社会学》,华夏出版社 1990 年版,第140 页。

(四)多维角度的复合分类

从多角度的复合情况来划分,教育功能又可以产生更为复杂的类型。日本学者柴野昌山以默顿的"正向功能与负向功能"及"显性功能与隐形功能"这两对功能为基轴,提出了关于学校教育功能的理论分析框架。据此框架,学校教育的功能被分为四大类,即:A 类,显性正向功能;B 类,隐形正向功能;C 类,隐形负向功能;D 类,显性负向功能。柴野昌山举例予以说明,如考试作为教师评价学习效果、强化学生学习欲望的工具,具有显性正向功能,但若教师仅凭考试成绩来评价学生,便会导致学生产生书呆子型成就中心的偏向,此可谓隐性负向功能。[1]

柴野昌山的四类功能是把方向和形式结合起来进行划分的。此外,把对象和性质结合起来,也可以从四个方面对教育功能加以分析。这四个方面分别是:A 类,表示教育对人的正向功能;B 类,表示教育对社会的正向功能;C 类,表示教育对人的负向功能;D 类,表示教育对社会的负向功能。

教育功能多维视角分类表[2]

分类依据	类别	
从作用的对象分	个体功能:即教育的育人功能,教育对个体发展的影响和作用。	
	社会功能:即教育对社会发展的影响和作用。	
从作用的方向或性质分	正向功能:教育对个体和社会发展的积极影响和促进作用。	
	负向功能:教育对个体和社会发展的不良影响和消极阻碍作用。	
从作用的呈现方式分	显性功能:依照教育目的,教育在实际运行中所出现的与之相符合的结果。	
	隐性功能:伴随显性功能所出现的教育的非预期的功能。	
从多角度的复合情况分	把方向和形式结合来分	正向显性功能;正向隐性功能;负向显性功能;负向隐性功能。
	把对象和性质结合来分	教育对人的正向功能;教育对社会的正向功能;教育对人的负向功能;教育对社会的负向功能。

---

[1] 吴康宁著:《教育社会学》,人民教育出版社 1998 年版,第 384—385 页。

[2] 王彦才、郭翠菊主编:《教育学》,北京师范大学出版社 2010 年版,第 27 页。

第二节　教育的个体功能

一、教育对个体发展的促进功能

个体发展是指个体从出生到生命的终结,其身心诸方面所发生的一切变化。这是个体的各方面潜能不断转化为现实个性的过程。个体发展包括身体和心理两方面的内容,前者指有机体的自然形态和组织器官及其机能的发展、完善,后者指人的心理过程和个性心理的发展,包括认知、情感、意志等各种高级社会性的发展。个体身心发展具有不平衡性、顺序性、阶段性、互补性、个别差异性等一般规律。教育就是在遵循个体发展一般规律的前提下,通过其独特的形式和丰富的内容来促进个体身心的全面和谐发展。

人作为社会中的存在之物,是社会性和个体性的矛盾统一。个体发展的本质就包含着这两个方面的变化和发展过程。因此,在教育上,一方面要促进个体独特性的发展,另一方面要使个体社会化,追求个体的共性。

(一)教育促进个体社会化功能

婴儿从一出生的软弱无能的生物体,依靠后天的学习逐渐地成为一个能有效地参与社会生活的主体,这个过程就是个体社会化的过程。个体在社会化的过程中要不断学习所在社会的生活方式、价值观和行为规范,获得社会生活所必需的知识和技能,以适应社会需要。如果个体脱离了社会和生活环境,就丧失了获得人之为人的思维、意识和能力,如"狼孩"在被隔离的情况也能长大,具备健全的体格,却不具有社会性。因此,社会化是个体存在和发展的根本。

● 案例一

狼孩故事①

1920 年,在印度加尔各答东北的一个名叫米德纳波尔的小城,人们常见到有一种"神秘的生物"出没于附近森林,往往是一到晚上,就有两个用四肢走路的"像人的怪物"尾随在三只大狼后面。后来人们打死了大狼,在狼窝里终于发现这两个"怪物",原来是

_____

① http://baike.baidu.com/view/884.html.

两个裸体的女孩。其中大的年约七八岁,小的约两岁。这两个小女孩被送到米德纳波尔的孤儿院去抚养,还给她们取了名字,大的叫卡玛拉,小的叫阿玛拉。到了第二年阿玛拉死了,而卡玛拉一直活到1929年。这就是曾经轰动一时的"狼孩"一事。

狼孩刚被发现时,生活习性与狼一样:用四肢行走;白天睡觉,晚上出来活动,怕火、光和水;只知道饿了找吃的,吃饱了就睡;不吃素食而要吃肉(不用手拿,放在地上用牙齿撕开吃);不会讲话,每到午夜像狼似的引颈长嚎。卡玛拉经过七年的教育,才掌握45个词,勉强地学几句话,开始朝人的生活习性迈进。她死时估计已有十六岁左右,但其智力只相当三四岁的孩子。

狼孩结论

如果狼孩在出生时不属于先天缺陷,则这一事例说明:人类的知识与才能不是天赋的,直立行走和言语也并非天生的本能。所有这些都是后天社会实践和劳动的产物。从出生到上小学以前这个年龄阶段,对人的身心发展极为重要。因为在这个阶段,人脑的发育有不同的年龄特点,言语的发展可能有一个关键期(发音系统逐渐形成比较稳定的神经通路,以后要重新改变,非常困难)。错过这个关键期,会给人的心理发展带来无法挽回的损失。因此长期脱离人类社会环境的幼童,就不会产生人所具有的脑的功能,也不可能产生与语言相联系的抽象思维和人的意识。成人如果由于某种原因长期离开人类社会后又重新返回时,则不会出现上述情况。这就从正反两个方面证明了人类社会环境对婴幼儿身心发展所起的决定性作用。

社会化的过程是一个持续终身的过程。个体在从出生到生命的终结之前,必须不断地调整自己的观念和行为,以适应社会发展变化的需要。社会化的内容大致包括四个方面:1. 接受一定社会的文化价值与社会规范;2. 使个人追求的目标与社会要求相一致;3. 掌握个人获得社会成员资格和追求目标所必须的技能;4. 学会认同身份和在每一个场合下自己所处的角色。① 影响个体社会化的因素有许多,包括家庭、学校、同伴群体、大众传媒、社区等等。在不同的年龄阶段,社会化的主导因素也不相同。

学校作为学生个体社会化的主要场所,教育是个体实现社会化的有效途径。

1. 教育促进个体思想意识的社会化

人的行为是一种有意识的行为,而支配人行为的内在力量就是思想意

① 全国十二所重点师范大学联合编写:《教育学基础》,教育科学出版社2002年版,第34页。

识。思想意识虽为个体所拥有,但却是社会的产物,个体意识必须反映并符合社会的规范和要求。就本质而言,个体的思想意识是一定的社会价值观在人脑中的反映。

教育作为培养人的实践活动,首先就要依据一定的社会要求来传播社会中的主流文化和价值观念,从而影响学生形成与之相适应的思想意识。而且,由于教育所传播的文化价值观念的系统性和深刻性,教育活动的计划性和严密性、教育形式的活泼性和多样性,非常易于学生接受这种价值观念,并形成完整的思想观念体系。

2. 教育促进个体行为的社会化

教育通过传递社会规范,使个体认识到社会规范的内容和意义,知道应做与不应做之事,防止个体行为偏离社会的轨道。此外,教育还具有生活指导的功能。它在向个体传授知识的同时,还授予人在社会中所必需的生存技能和人际交往的技能,有助于人们正确处理和协调理想与现实、个体与群体之间的冲突,教会个体学会生活、适应生活。

3. 培养个体的职业意识和角色

个体是社会的人,人必须通过一定的职业来谋求生存与发展,人生理想和抱负也必须通过相应的职业来实现。教育从古至今就担负着为生活做准备这一重要功能,教育可以促进个体的职业化。基础教育虽是一种全面的素质教育,但也承担了为学生进行职业指导和职业定向的职责,这种指导主要是根据学生个体的兴趣和爱好,结合国家的需要,帮助他们确定和实现人生的理想。对于职业教育、高等教育和成人教育而言,培养人的职业角色意识和职业技能更是其核心要求。

(二)教育促进个体个性化功能

人是社会性和个体性的统一体。社会性是人与人之间相同的一面,人与人之间不同的一面就是其个体性。前者表现为个体对社会的适应,是社会化的结果。后者则是个体在具体的社会实践过程中所形成的独特性,是个体个性化的结果。尊重个体的差异性不仅是个体发展的需要,也是社会在继承基础上有所创造和发展的需要。如此,社会才会多姿多彩,才会不断地发展进步。

1. 教育促进个体的主体意识的形成和主体能力的发展

主体意识是人作为认识和实践活动的主体的自觉意识,它包括主体的自我意识和对象意识。主体能力是主体认识和改造外部对象世界的能力。主体意识和主体能力是人主体性的表现,一是主体性的观念表现,一是主体性的外在表征。人的主体意识的形成和主体能力的发展都离不开教育,人只有通过恰当的教育才能获得相应的知识、能力,从而达到变革客观世界和提高自身素质和能力的目的。

2. 教育促进个体差异的充分发展,形成人的独特性

个体差异是人与生具有的特征,遗传以及后天的影响均能造成人与人之间在个性心理上的不同,诸如兴趣、爱好、理想、信念、世界观、能力、性格、气质等。教育虽然承载着向年轻一代传授知识经验和道德观念等的重任,但不谋求造就千篇一律的人,也不可能得到这样的结果。尊重个体的差异性,因材施教,是教育开展的起点,从古至今无数的教育家就这一命题都进行了不遗余力的论证。实践证明,教育不仅要注重学生个体心理特征和差异性,而且通过教育,可以使这种差异性得到极大的发展,从而形成个体的独特性。

3. 教育开发人的创造性,促进个体价值的实现

创造性是个体在创造活动中所表现出来的自主、独特的心理品质。它不仅是个体自我意识的体现,同时也符合社会价值的要求,具有社会性。因此,创造性是自我性和社会性的连接,它是个人才能的最高体现,也受到社会的制约,要以对社会的贡献来衡量。

二、教育的个体谋生和享用功能

(一)教育的个体谋生功能

教育的个体谋生功能,是把教育作为一种生存手段和工具,着眼于社会生产和生活对人的知识技能的要求,是"成才"的教育,是"人才"的教育;教育的个体发展功能,是"成人"的教育,着眼于主体人自身发展的需要,促进

人身心和谐完善地发展。①

教育在传授知识的同时,也使人获得了谋生的本领。古代社会,生产力水平低下,劳动者需要的劳动技能不多,主要是靠师徒式的模仿获得。随着工业革命的到来,对劳动者的素质要求也越来越高,人们要为"圆满的生活作准备"就必须具备一定的生产生活的本领。在现代社会,教育的个体谋生功能进一步加强,人们在谋求一种职业之前必须接受相关的教育和职业训练,而且对教育程度的要求也越来越高,尤其在信息时代,高等教育日益大众化,接受高等专门训练已经成为一种不可避免的发展趋势。

教育的个体谋生本领,一方面表现为通过教育使个体习得相应的社会角色规范和意识,以便于他们在进入社会生活时能尽快地适应新的环境;另一方面表现为通过教育使个体获得"何以为生"和"学会生存"的本领。教育,尤其是普通教育基础之上的职业教育、高等教育和成人教育更是要造就适应社会大发展需要的劳动者和建设者,使其充分发挥人力资源的优势。

(二)教育的个体享用功能

教育的个体享用功能,强调个体受教育的过程是个体需要满足的过程,在满足需要的过程中,个体可以获得自由和幸福。② 它不同于教育的个体谋生功能,并非指向外在的社会要求。

从人类发展史可以看出,在原始社会人受制于自然,如何生存下来是第一要义。随着学校教育的日益发达,教育促进人自身发展的功能日益重要,受教育过程成为一个通过促进个体发展不断自由的过程。这个自由的过程虽然要受到种种的客观因素的制约,必须遵循一定的客观规律,但是更反映了人的主观意志。教育不仅仅传授知识技能,使人获得生存的本领,更在于这个过程始终是促进人知情意、德智体的全面发展,它更是教人"成为人",即拥有自由的人格的过程。教育通过使受教育者人格的提升和完善,使他们体验到精神上的幸福。

"知识的外在价值在于转化为一种力量(知识就是力量)或一种生产力,成为谋生的手段。知识的内在价值则在于促进人的身心和谐发展,造就完

---

① 王彦才、郭翠菊主编:《教育学》,北京师范大学出版社 2010 年版,第 29 页。
② 王彦才、郭翠菊主编:《教育学》,北京师范大学出版社 2010 年版,第 29 页。

满的自由人格,使人成为自由之人,幸福之人。"①

无论是教育对个体的促进功能,还是教育的个体谋生和享用功能,都是着眼于教育的正向功能。但并非所有的教育对个体发展都能发挥正向的促进作用,这种正向功能或作用的发挥是有条件的。正如《学会生存》所言,"教育既有培养创造精神的力量,也有压抑创造精神的力量"②。甚至有的教育成为摧残儿童身心的罪魁祸首。如欧洲中世纪的"黑暗时期",教育具有浓厚的宗教色彩,学校体罚盛行,教育不仅不能促进个性的发展,反而走向其反面。再如某些学校片面追求升学率,忽视学生的身心特点和发展规律,过度强调教学和考试的规范化和标准化,从而束缚了人的想象力和创造性。因此,克服教育的负向功能,关键在于树立"以人为本"的教育理念,把学生看作具体的、能动的人,尊重他们的人格和生命,以积极的善意的眼光看待他们,赏识他们。

◉ 教育负向功能之案例一③

有一位教师在给学生讲《孙悟空三打白骨精》的过程中,就无形地融进了自己的价值观,从中体现出教育功能的不同性质。

师:课文中有三个主要人物——唐僧、孙悟空、白骨精。大家对这个故事都很熟悉,我们就不多讲情节了。这节课我们主要来研究一下这三个人物的性格特点。请同学们选择其中一个人物,找找有关的描写内容,想一想,然后说说他是怎样的人。

(学生自学,然后讨论)

生1:我想评价一下白骨精。就像课文里说的,她诡计多端,残害百姓……(接下来列举了不少文中的内容来加以证明)不过我觉得白骨精也有好的地方,至少她很孝顺嘛。你看,她抓到了唐僧之后,就派人去请自己的母亲一起来吃,这不是很有孝心的表现吗?

师:其他同学认为呢?

(许多同学愕然。有人在微微点头)

案例分析:通过以上案例,可以看出教师旨在培养学生多元化个性解读的意识和能力,但得出的结论却让人瞠目结舌。因此,教师在传授知识和进行价值观教育时,一定要确保它的正确性,错误的价值观将会导致学生身心发展的障碍,而且,也违背了教师教书

---

① 全国十二所重点师范大学联合编写:《教育学基础》,教育科学出版社2002年版,第37页。

② 联合国教科文组织国家教育发展委员会著,华东师大比较教育研究所译:《学会生存——教育世界的今天和明天》,教育科学出版社1996年版,第188页。

③ 王彦才、郭翠菊主编:《教育学》,北京师范大学出版社2010年版,第33—34页。

育人的应有本义。由此可见，教育应充分发挥对个体发展的促进功能，克服其负向功能，以免误人子弟。

◉ **教育负向功能之案例二**

标准化的语文教学①

有一次，女儿的语文作业出了两处错误。这两处错误是这样的："题目要求，根据句子意思写成语"。一个题是："思想一致，共同努力"，女儿填了"齐心协力"，老师判错。老师的标准答案是"同心协力"。另一个题是："刻画描摹得非常逼真"，女儿填"栩栩如生"，老师又判错。老师的标准答案是"惟妙惟肖"。真可怕，不知曾几何时，具有丰富词汇的中国语言，竟变得比数字还精确。这种情况在教学中可以说随处可见。如"看图写话"。图上画的是：一个小朋友在金黄色的麦田里捉蝴蝶。老师的答案是"小朋友捉蝴蝶"，若有同学的答案是"庄稼丰收了"，老师就判错。语文教学中，全国数以万计的老师在教同一篇课文、一样的段落大意、一样的中心思想，这一思想，不是每个教师的思想，也不是每个学生的思想，而是编写教参的人的思想。语文教学变得如此僵化和教条，语言和文学的"神"怎么能存在呢？

案例分析：上面的案例向我们传达的思想是：在应试教育下，为了追求高分，特别强调标准化教学。标准化教学和考试方便了教师教课和批改试卷，但它带给学生的戕害却是极其严重的，而且这种戕害一旦造成，便很难弥补过来。应试教育在追求客观化、规范化的同时，扼杀了学生丰富的想象力和创造力。这是我国当前推行素质教育中极难逾越的一个重要障碍。

第三节　教育的社会功能

教育的社会功能表现在教育对其他社会子系统的作用，包括政治、经济、文化、生态等方面。教育从产生之日起，就不是孤立地存在，而是与社会的方方面面有着千丝万缕的联系，它既要受到来自政治、经济、文化等各方面的制约，同时又反过来对它们发挥重要的影响。尤其在社会现代化的过程中，教育的社会功能逐渐由单一功能发展到综合的多样化的功能，全方位地发挥着作用。

---

① 转引自全国十二所重点师范大学联合编写：《教育学基础》，教育科学出版社2002年版，第38页。

一、教育的政治功能

教育在民主化的发展过程中,与政治民主化的发展历程是惊人的一致。可以说,后者规范了前者的发展方向和内容,即教育民主化。

古代社会的教育是融于政治之中,教育活动从属于政治。中国古代就非常重视发挥教育的社会政治功能。《学记》指出:"新中国成立君民,教学为先。""欲化民成俗,其必由学乎。"汉代教育家董仲舒在其《对贤良策》中,总结中国教育发展的历史经验,向汉武帝提出建议:"古之王者明于此,是故南面而治天下,莫不以教化为大务。"欧洲文明的源头始于古希腊罗马时期,城邦国家的兴起赋予了政治生活以勃勃生机。柏拉图在《理想国》中对政治和教育之间的内在联系作了详尽的描述,教育即培养国家需要的统治者、军人和劳动者。他们各司其职,共同推动城邦的发展和进步。随着希腊城邦生活的崩溃,人们受教育不再是为了公众的利益,而是为了个人生活的需要。漫长的中世纪,教会权力达到了鼎盛时期,国家世俗权力衰落,宗教教育成为主旋律。然而,教育为统治阶级政治服务的功能始终占据着重要的地位。到了文艺复兴时期,"中世纪城堡的政治意义渐次低落,取而代之的是城市生活的政治重要性的崛起"①。体现希腊、罗马文化的文雅教育得到复兴。随着民族国家的蓬勃发展,到了 19 世纪后半期,启蒙时代将教育作为解放人的手段逐渐转变为国家发展其目标的手段。教育为统治阶级所垄断的状况不复存在,各个国家纷纷颁布了义务教育法,初等教育得到普及,中等教育和高等教育也有了相应的发展。教育民主化的趋势不可阻挡,特别是到了 20 世纪"教育机会均等"、"教育民主化"在一定程度上实现教育先哲们的伟大教育理想。

由此可见,民主问题是现代社会教育与政治关系的核心。教育的政治功能最主要就是促进政治的民主化。

(一)教育传播科学和科学精神,启迪人的民主观念

在欧洲中世纪和中国古代社会,教育具有阶级性和等级性,成为统治阶

---

① [美]约翰·S. 布鲁帕克著,吴元训主译:《教育问题史》,安徽教育出版社 1991 年版,第 32 页。

级实行专制统治的工具。统治阶级垄断教育，剥夺人民受教育的权利，让人民长期生活在愚昧无知之中。文艺复兴使人性得以解放，启蒙运动对理性的推崇以及资产阶级革命所倡导的"自由、平等、博爱"的民主思想给人类社会的发展带来了曙光。在现代社会，教育不再是统治阶级愚昧人民的精神鸦片，而是传播科学真理和提高民主观念的有力武器，甚至成为社会变革的内在动力。只有具有民主意识的公民，才能建立民主的社会和民主的政体。

（二）教育民主化本身是政治民主化的重要组成部分

"教育民主化"的概念出现于 20 世纪 60 年代。它是面向大众的教育，而不是"精英教育"。教育民主化是整个社会民主化的一个重要组成部分，是现代教育改革的目标，即实现教育权力的平等和教育机会的均等。教育平等是指在教育配置、利用及教育关系的建构方面，所有的人，不论其肤色、种族、性别、财富、地位、智力等，都应享有同样的机会、权利，或受到同样的对待，反对任何形式的特权、歧视或排斥。[①] 教育平等是政治民主化的重要标志，也是推动社会政治变革的重要力量。全民教育作为教育民主化的重要体现，越来越受到国际社会的重视。

（三）民主的教育是政治民主化的加速器

民主的教育不仅可以通过向青少年一代传播民主思想，培养他们健全的民主意识和态度，帮助他们掌握合理的民主知识结构，引导他们在民主实践中形成一定的民主生活能力和民主信念，推动他们参与政治的热情和能力，还可以通过提高领导阶层的文化素质来促进管理科学化和民主化。尤为重要的是，民主教育本身的实践影响每个学生的心灵，使他们在民主教育中增强民主的意识，使民主在一代又一代人的心中开花、结果。[②]

二、教育的经济功能

历史地看，教育与经济的关系既简单又错综复杂。说它简单，是指在一

---

① 石中英著：《教育哲学导论》，北京师范大学出版社 2004 年版，第 328 页。

② 全国十二所重点师范大学联合编写：《教育学基础》，北京师范大学出版社 2010 年版，第 46 页。

般意义上,教育和经济是一种互相促进的关系;说它复杂,是因为经济的繁荣并不一定就意味着教育发挥了正向的功能,教育经济功能的发挥还受到社会其他因素的影响。如近代德国的发展就说明了这一问题。19 世纪后半期德意志实现了国家统一之后,经济得到了极大的发展,到 19 世纪末已跃居世界强国的地位。伴随着经济的繁荣,教育受到空前重视,这一传统奠基于德国民族意识的觉醒时期,但德意志帝国经济的飞速发展无疑是造成德国成为教育强国的重要因素。这种优势随着德意志帝国扩张领土野心的膨胀而迅速走向其反面。教育逐渐成为军国主义和大国沙文主义的牺牲品和帮凶,诚然,政治因素是影响第一的,但这说明了教育与经济发展并不总是呈现正相关,在某些时期或者局部地会出现相悖的情况,因而,教育此时所发挥的经济功能是脱离正常轨道的。

当今社会,教育的经济功能在诸多功能中占据着中心地位,这是不容置疑的。事实上,经济发展已俨然由依靠物质、资金的物力增长模式转变为依靠人力和知识资本增长的模式,教育在经济增长中的作用日益显著。但教育的经济功能主要不是表现为创造利润或者物质财富,而是表现为对人的培养和对科学技术发展的积极作用。

(一)教育通过提高国民的人力资本,促进国民收入和经济增长

人力资本是近年来颇受教育界和社会学界关注的一个问题。现代社会经济的增长也证明了:人力资本是经济增长的关键,教育是形成人力资本的重要因素。这就是美国经济学家舒尔茨(T. W. Schultz)的"人力资源理论"。

人的劳动能力不是与生俱来的,它必须通过后天的教育或培训而获得。古代社会,生产比较简单,生产过程中的技术含量也相当少,因此对劳动者的文化素质和技术水平要求不高。工业革命之后,随着机器大生产的发展和劳动复杂程度的提高,对劳动者具有科学知识和劳动技能的要求也相应提高。教育通过提高民族文化素质,不仅为大工业生产提供合格的劳动者,而且为经济的发展提供良好的发展潜能和人力支持。美国经济学家丹尼森(E. F. Denison)通过对西方九国战后经济增长率快慢的比较得出的结论是:在 1900—1962 年间,英国因重视教育,提高了劳动质量,由此所得到的经济增长率高于其他一些国家。[①] 由此而知,教育通过培养劳动力而产生经济功

---

① 厉以宁著:《教育经济学》,北京出版社 1984 年版,第 222 页。

能,从而给社会带来更多的经济效益。

我国是一个人口大国,在当前的知识经济时代,如果不能将其转变为人力资本优势,势必会成为经济发展的沉重负担。因为经济的发展越来越依赖于科学技术、知识、智力的积累与发展,越来越强调人口质量。义务教育是提高我国民族素质的基础工程,具有国家之本、民族之本和人生之本的重要地位。全面实施素质教育,提高国民的人力资本,是促进国民收入增加和国家经济增长的根本途径。

人力资本

　　所谓人力资本,其经济属性是什么?它为何对解释经济增长关系至关重要?我对这些问题曾做如下的回答:人们需要有益的技能和知识,这是显而易见的,但是人们却不完全知道技能和知识是一种资本,这种资本实质说来是一种计划投资的产物;这种投资在西方社会按着一种比传统的(非人力)投资大得多的速度增长,而且这种增长恰好是该经济体系最为突出的特点。……如果根据一种把人力资本、物力资本都包括进去的全面的资本概念去考虑问题,并认为所有资本都是由投资的方式产生的,那么这种想法既颇有裨益又妥帖正当。长期以来,人们就抱有一种顽固的偏见,认为资本只包括物质设备、建筑物和物资库存等等。这种偏见在很大程度上成为政府贬低人力资本投资,提高物力资本投资的固执态度的原因。

　　[资料来源]舒尔茨:《高等教育的经济价值——国际展望》。《教育的经济价值》中译本,吉林人民出版社1996年版,第117—309页。

(二)教育通过生产科学技术,促进经济的发展

科学技术是第一生产力,也是教育的重要内容。科学技术是人类整个历史发展过程的结晶,是人类不断积累、继承和创造的结果。但是,科学技术只是一种潜在的生产力,将其转化为现实的生产力即把科学技术应用到实际的生产中,需要被劳动者所掌握。教育是培养人的实践活动,它能把科学技术知识内化为人的劳动能力和本领,当这些掌握了科学技术知识的人进入物质生产领域,就可以把科学技术转化成为现实的生产力,进而促进经济的发展。

在科学技术不发达的早期社会,教育的经济功能居于次要地位,不如政治功能那么重要。世界各国经济发展史表明,国力的强盛是由经济基础决定的。而只有到了近代,科学技术在生产和生活中才日益显示出强大的威力,从而成为经济赖以发展的必不可少的重要工具。教育和经济携手共进,科学技术遂

成为重要的教育内容。尤其在现代社会,高等教育注重教学与科研、生产相结合,使高等教育成为加速现代社会生产技术更新中的重要因素。教育与生产劳动的有机结合,必然有助于提高科学技术在生产部门的普及和更新的速度,缩短科学技术从发明到应用的更新周期,为经济增长作出贡献。

三、教育的文化功能

"文化"是一个使用十分普遍因而有无数定义的概念。广义的文化是指人类后天获得的并为一定社会群体所共有的一切事物。它使人区别于动物,是人类社会对生活环境的进行加工改造的结果。一般来说,它包括紧密相连的三个层面:物质层面、制度层面和精神层面。① 在探讨教育与文化的关系时,大多是就狭义文化而言。狭义文化是指一定社会群体习得且共有的一切观念和行为。

自古至今,文化与教育关系密切,这种关系从学校产生之初就存在了。到了现代社会,文化的内容和形态都极大的丰富,出现了多种文化形态并存的现象,它对教育的作用也丰富与复杂起来。文化对教育的作用不同于政经济对教育的作用,而是一种相互作用、相互交融的关系状态。文化与教育的发展又都受到政治、经济的制约,有着比经济、政治之间更为直接、密切的联系。文化虽然不是对教育产生某种决定性影响的因素,但对教育有着不容忽视的特殊意义。可以说,文化是在教育活动中将社会的要求和个体的发展联系起来的因素,这种特殊的地位和作用是政治与经济不能替代的。文化与教育的相互依赖关系主要表现在:其一,教育是文化的表现形式,是文化中的一个重要组成部分;其二,文化的流变制约着教育发展的历程。

教育的进行必须以文化(或潜在的文化)为前提,而文化的形成和发展也依赖于教育。教育对文化的保存与发展作用,构成了教育的文化功能。具体而言,表现在:

(一)教育具有文化传递和保存的功能

教育是保存文化的有效手段。对于物质文化和制度文化,可以通过借助于物质实体,如名胜古迹、语言符号等把人类精神以外在化的方式保存。

---

① 郑金洲著:《教育文化学》,人民教育出版社 2000 年版,第 4 页。

但是,只有这种保存还远远不够。如果没有理解这些文物和文字的意义和价值,那么它们将不具备任何文化意义,再好的精品也会失去光泽。而对于民族的文化传统、思维方式等不能通过物化形式体现的部分,则离不开教育这一传递文化的主渠道。特别是随着现代社会文化品种的增多,更需要通过教育对文化进行过滤、重组,使那些对人类社会发展更具价值的东西得到高质量和高效率的传递。教育的文化保存和延续功能有两种方式:其一是纵向的文化传承,表现为文化在时间上的延续;其二是横向的文化传播,表现为文化在空间上的流动。① 教育的文化传承和文化普及作用,使得人类积累的文化才得以代代相传。

(二)教育具有活化文化的功能

文化的存在形式有两种:存储形态的文化和现实活跃形态的文化。存储形态的文化依附于实物、符号等载体,虽然可以避免因个体的死亡而带来的流失,达到保存文化的目的,但它仅仅起到保存的目的,却将文化当作"死"的东西来看待。活跃形态的文化,不仅依附于实物、符号等载体,而且依附于人的载体。文化体现在人身上,就是思想,把"死"的文物变成了"活"的文化。教育把从存储形态的文化转变为现实活跃形态的文化就是文化活化的过程。

(三)教育具有文化选择的功能

教育虽是传递文化的手段,但教育又不等同于文化传递,它不是对所有的文化进行传播,而是有所选择,这就是文化的选择功能。教育的文化选择功能有两个标准:一是按照统治阶级的需要选择主流文化;二是按照学生身心发展的需要选择系统的、科学的、基本的文化。在选择形式上,教育总体上有吸收和排斥两种情况。吸收是对与教育同向的文化因子的肯定性选择;排斥是对与教育异向文化的否定选择。在浩瀚的文化中做出适合社会和个体需要的选择,是教育的应有之义。教育的文化选择功能不仅可以促进文化的变迁和发展,而且可以提高受教育者的文化选择能力,促进社会的和谐和人的全面发展。

---

① 全国十二所重点师范大学联合编写:《教育学基础》,北京师范大学出版社2010年版,第41页。

(四)教育具有文化批判的功能

教育的文化批判功能是指教育按照其价值目标和理想,对社会现实的文化状况进行分析,作出肯定或者否定的评价,引导社会文化朝健康的方向发展。教育的文化批判与选择紧密相连,批判的过程也是一个选择的过程,是选择功能的进一步深化。如中国文化传统中"引人为善"就是一种被认可、被选择的方面。"善"作为人类的价值追求,它是一种"应然"的状态,教育中"善"的最高理想就是人的自由而全面的发展。教育的文化批判功能有利于个体培养健全的品格和崇高的理想,也有利于社会形成积极向上的良好风气。

(五)教育具有文化交流和融合的功能

文化是一定时期不同地域的人们的思想和行为的共同方式,具有地域性。现代社会生产力的发展和市场经济的建立,开阔了人们的视野和活动方式、交往方式,在经济、政治、文化各个领域打破了原有封闭或者狭隘的地域性限制,从而走向一个开放而广阔的世界。现在的世界已然是一个"地球村",各种交流和合作蔚然成风,文化更不例外。文化交流成为必然,文化融合是文化交流的产物,它表现为不同文化之间的相互吸收、相互结合,趋于一体化的过程。

教育具有促进文化交流和融合的功能,表现在:一方面是通过教育的交流活动,如互派留学生、教育者出国访学、国际性的教育研究和学术会议等,都在很大程度上促进了异域文化之间的交流和相互吸收;另一方面是教育过程本身通过对不同文化的学习,对文化进行选择和创造,变革、整合旧文化从而形成新的文化,促进文化的不断丰富和发展。教育的过程就是文化学习的过程,这种学习既不是简单的复制和移植,更不是全盘接受,而是对文化选择、重构和创造,最终实现文化融合的一个过程。文化融合就是以某种文化为主吸收其他文化的有益成分,引起原质文化的变化。在促进文化交流和融合方式中,教育无疑是最为有效、最为积极的一种方式。

(六)教育具有文化更新与创造的功能

没有文化的更新与创造,就不会有文化的真正发展。教育激活文化的功能,最根本的体现就是对文化的创新。社会要求教育内容顺应时代发展,加强科研,加强对学生创造意识和创造能力的培养,这一要求不仅集中反映在高等教育领域,而且已逐渐下移到基础教育领域。

教育的文化更新和创造功能主要体现在两个方面:一方面,教育不仅要传递文化,还要承担创造新文化的部分任务。教育对文化进行选择时应着眼于"古为今用"、"洋为中用",做到取其精华,弃去糟粕,使新的文化体系和文化特质能适应社会发展变化的需要。也就是说,通过对文化的不断更新和创造,使富有生命力的、对人类的认识和行为具有积极意义的新文化得以生长。另一方面,教育要培养学生对已有文化批判性思考的能力和创造新文化的能力。这是实现教育更新文化功能的最根本的方面。教师在教育活动中,不仅是知识的传播者,而且是知识的创造者,他们与知识的联系不只限于将知识转化为学生易于接受的形式,而且通过科学研究创造知识,并通过培养人将这种创新意识和创造能力在新生一代身上得以延续与发展。当这些创造型人才被输送到社会的各行各业中去的时候,他们就成为各自岗位上文化创造的源泉而起到"辐射"之功效。

四、教育的生态功能

生态系统是指一定地域(或空间)内生存的所有生物与环境相互作用的具有能量转换、物质循环代谢和信息传递功能的统一体。生态平衡是一种动态的平衡,正是这种由平衡到不平衡到新的平衡的反复过程中,才推动了生态系统和各组成部分的发展和进化。①

随着科学技术的加速发展和人口急剧增加,生态问题成为一个全球性的问题。1968 年,美国教育学者菲利普·库姆斯(P. H. Coombs)在其著名的《世界教育危机:系统分析》(*The World Crisis in Education*:*Systematic Analysis*)中指出,"自 1945 年以来,由于世界范围内同时发生了一系列变革——科学和技术,经济和政治,人口及社会结构方面——使所有国家都经历了异常迅速的环境变化"②。埃德加·富尔在《学会生存》中也表示了类似的观点:技术已经危害着,并且仍然在破坏着人与他的环境之间、自然与社会结

① 范国睿著:《教育生态学》,人民教育出版社 2000 年版,第 21—22 页。
② [美]菲利普·库姆斯著,赵宝恒等译:《世界教育危机——八十年代的观点》,人民教育出版社 1990 年版,第 3 页。

构之间、人的生理组织与他的个性之间的平衡状态。人类生存环境的日益恶化,严重地威胁着人类和地球的未来生存。

学校与环境息息相关,教育对改善生态环境担负着义不容辞的责任。通过教育让人掌握生态文明知识,提高生态保护意识就是教育的生态功能。

(一)教育具有影响人口控制、质量提高和结构合理化的功能

现在人口增长率给学校教育带来了人口压力。从我国的实际情况来看,人口对学校教育的压力首先表现在受教育的适龄青少年身上(7—16 岁)以及文盲的人口数上。这是由新中国成立后人口的高增长率带来的。自1949 年至 1990 年,我国人口总数增加 6 亿多,在现有的人口结构中,23 岁以下的人口占 5 亿以上。这对学校教育的规模、结构都将产生直接影响。人口增长的高峰与低峰脉冲式地推进,也给学校系统总体结构的稳定性带来冲击。就世界范围而言,发展中国家普遍面临着人口增长过快对教育造成的压力问题。据联合国 1968 年统计,发达国家入学儿童人数占世界人口数的22%;发达国家用于教育的经费比发展中国家多出 10 倍;发展中国家儿童的文盲数占了世界文盲数的绝大部分。①

国内外人口学家的研究表明:国民受教育程度与人口出生率呈负相关。教育水平的提高,使人们日益认识到现代社会控制人口数量对社会、家庭和个人的重要意义。以高质量来代替多数量已经成为现代社会对人口要求的普遍观念,而开发人口资源的关键也在于提高人口质量,其中包括优生优育。而且,教育还是使人口结构合理化的重要手段。教育能改变人口的文化结构。虽然从总体上来看,我国目前人口的文化结构还偏低,但文盲、半文盲占全国人口的比重已有大幅度改变,从新中国成立前的 80% 降到了 15%。教育在改变人口职业结构方面表现在教育可以提高就业人口的文化、技术水平,不仅为社会提供了高素质人才,而且也为社会职业结构性的转化提供了教育保证。

(二)通过环境教育改变人与环境的关系

在工业化的进程中,人类不注意自然环境的生态保护,只一味地利用科学、技术去"征服"自然,掠夺性地向自然索取。工业的增长又产生各种污染,工业废气、废水、废物的大量排放已经使人类生存的环境不堪重负。改

---

① 叶澜主编:《新编教育学教程》,华东师范大学出版社 2006 年版,第 49 页。

变原有的人与环境的关系,合理利用资源,最大限度地减少污染,使人类与环境和谐共处成为了一个富有时代特色而又迫在眉睫的教育研究课题。

通过环境教育,可以形成人对人与周围环境关系的正确的、科学的认识。改变近代科学发展以来逐渐得到强化的仅把人看作自然征服者的观念,重新认识人与自然相互依存的关系,树立起合理利用环境资源和保护环境资源的新观念。为此,学校教育中需要开设加强自然法则和生态平衡等方面的内容,不仅要设置相关课程,而且要渗透到校内外生活中去。此外,通过教育还可以培养学生解决目前生态不平衡状态问题的参与意识和技能技巧,使学生成为恢复生态平衡方面的一支积极的力量。教育的生态功能是现代社会对教育提出的一个新要求,它的重要性随着社会发展程度而提高。目前我国已开始重视环境教育,一些师范大学已经设立了环境保护学院,培养有关学科的师资。在基础教育阶段也加强了环境保护知识的宣传和学习,学校甚至组织学生走向社会开展环境保护活动。因为生态环境的严峻现实已经告诫人们,谁忽视这个问题,谁将会受到历史的严厉惩罚。

教育对社会发展也有负向功能,不仅仅具有促进功能。教育对社会发展的负向功能,是教育活动或者教育系统出现的偏移和失调状态,也是教育内部和教育外部的异常条件使教育正向功能的实现受到阻碍后所派生出来的多种偏离行为,产生许多期望之外的不良功能。[1] 教育的社会负向功能与社会的性质密切相关,表现为:1. 社会发展出现负向时,教育对社会出现整体的负向功能;2. 社会发展处于正向时,教育对社会发展总体上是正向的,但也不排除由于某种原因,使得教育与社会的外部关系失调,出现局部的负向功能。正如《教育——财富蕴藏其中》一书所言:"教育不仅仅是为了给经济界提供人才:它不是把人作为经济工具而是作为发展的目的加以对待的。使每个人的潜在的才干和能力得到充分发展,这既符合教育从根本上来说是人道主义的使命,又符合应成为任何教育政策指导原则的公正的需要,也符合既尊重人文环境和自然环境又尊重传统和文化多样性的内涵发展的真正需要。"[2]尊重教育规律,最大限度地减少教育的负向功能,增强其正向功能,是教育促进个体和社会发展的根本所在。

---

① 全国十二所重点师范大学联合编写:《教育学基础》,北京师范大学出版社 2010 年版,第 47 页。

② 国际 21 世纪教育委员会著,联合国教科文组织总部中文科译:《教育——财富蕴藏其中》,教育科学出版社 1996 年版,第 70 页。

第四节　教育功能的实现

在对教育的个体功能和社会功能进行静态的分析之后,需要对这些功能的形成和释放进一步做动态的分析,才能明了教育功能是如何实现的。

教育的个体功能和社会功能具有内在联系,并在活动中同时发挥作用。教育的社会功能通过对人的培养实现,而对人的培养又必须考虑到社会的需要和可能。能使两种功能在正方向上达到协调的教育是最优的教育。能否做到这一点,与社会发展水平密切相关,也有赖于教育系统整体结构的合理性。①

一、教育功能的形成

社会和个体发展对教育的期待是教育功能形成的起点,教育结果的出现是其终点。由此可见,教育的形成是发生在教育过程中的。它大体上经过三个阶段:教育功能取向的确立、教育功能行动的发生和教育功能结果的产生。

教育功能的形成过程图

社会发展的期待↘
个体发展的期待↗ (选择)→功能取向 –(转化)→功能行动 –(产生)→ 直接的
功能结果

(一)教育功能取向的确立

从教育系统承受社会和个体的功能期待到确立自己的功能取向,这是教育功能形成所必须经历的第一个阶段。虽然教育的个体功能和社会功能是教育系统作用于个体和社会的一种客观结果,但这种客观结果来自于社会和个体发展的愿望和要求,即功能期待。社会功能代表着统治阶层的利益,是社会的主流价值;个体功能是个体对自身发展的一种特殊要求。个体和社会对教育的功能期待并不总是一致的。在权衡两者的功能期待并作出功能取向的选择时,往往会出现两种情况:一种是当个体发展和社会发展和谐一致,且社会中的各组成部分也处于和谐状态时,即社会各构成部分的功

---

① 叶澜著:《教育概论》,人民教育出版社 1999 年版,第 34 页。

能需求以及个体的功能需求一致,那么,教育功能价值取向的确立就是对社会各组成部分和个体功能需求的认同过程。另一种情况是当个体发展和社会发展发生冲突和对立时,就会衍生出两种不同的功能取向,即个人本位和社会本位。个人本位认为,个人的价值高于社会的价值,教育要根据个体身心发展的需要,促进个体自由和谐的发展;社会本位则认为,社会价值高于个人价值,教育要根据社会的要求,培养社会需要的人才。此外,在不同的历史时期,社会本位对教育功能的取向又可能偏重于社会的某个构成部分,如经济或者政治等。

在功能期待和教育功能取向的确立之间存在一个功能选择的问题。教育系统在确立功能取向时虽然遇到来自个体和社会的双重压力,但这并不意味着教育系统的功能取向便是盲目的、机械的认同并内化个体或统治阶层的功能期待的结果。在现代社会,教育系统作为一个理性的社会主体,一方面接受来自于社会和个体的功能期待,另一方面也对两者的功能期待进行着选择。古代社会,个人不被重视,教育的功能取向只有社会本位。西方文艺复兴运动唤醒了个人的主体意识,教育在功能取向上主张个人本位。直到 19 世纪后半期,随着近代自由资本主义向垄断资本主义的过渡,社会本位得到极大的推崇,德国、美国、法国等是社会本位的代表。我国儒家文化也力主社会本位,尤其侧重于教育的政治功能取向。改革开放以来,教育的经济功能成为教育功能取向的重要内容。在现代社会,社会的要求和人的发展表现出一致性,培养人的全面素质和创新能力不仅是社会发展的需要,也是个体发展的需要,此时的教育功能兼顾个体和社会两方面,注重"以人为本",通过人才的培养从而发挥教育的社会功能。

(二)教育功能行动的发生

从功能取向的确立到功能行动的发生是教育功能形成所经历的第二个阶段。教育功能行动是指可能导致产生一定功能结果的所有教育行动,具体包括教育制度的建立、教育结构的确立、教育目标的设定、教育内容的编制以及教育手段的选择等。① 通过教育功能行动可以将功能期待转变为现实的可能。

---

① 转引自全国十二所重点师范大学联合编写:《教育学基础》,北京师范大学出版社 2010 年版,第 50 页。

在功能取向的确立与功能行动的发生之间存在着一个隐形的、但却不可或缺的"转换"过程。这一转换过程同时受到社会和教育两方面因素的制约。对功能取向转化为功能行动的过程起制约作用的社会因素主要是社会对教育的实际投入,尤其是"物质投入"。这是因为,在多数情况下,教育功能行动的发生有赖于一定的物质前提,包括资金、设施、设备及场所等。在教育实践中由于缺乏必需的物质前提而使功能取向无法转化为功能行动的现象屡见不鲜。因此,社会的教育投入状况对于功能取向转化为功能行动起着促进或延缓的作用。① 教育方面的制约因素是教育系统自身的素质,主要表现为各种具体的教育观念和教育专门知识与技能。在功能取向已定、具体教育观念并行的前提下,功能取向向功能行动的转化过程实际上是教育系统自身"能力素质"的一种展示过程。因此,在社会和教育双重制约下,教育功能取向向功能行动的转化存在着三种可能:教育的正向功能、教育的负向功能及不发生相应的功能行动。

(三)教育功能结果的产生

教育功能形成中的第三个阶段是从功能行为的发生到功能结果的产生。这个阶段包括两个过程:一对受教育者个体的"影响"过程;二是对社会各要素的直接影响与改变过程。前者形成了受教育者的文化特性,培养了符合社会要求的人。后者形成了教育社会功能的直接结果,如政治舆论、文化传播、经济增长等。教育功能的主要直接结果是培养人,即教育的本体功能。

教育的本体功能的结果取决于教育功能的取向。个人本位的教育功能取向主张培养"自然人",社会本位的教育功能取向主张培养"社会人"。18世纪法国教育家卢梭(J. J. Rousseau,1712—1778)在其《爱弥尔》开篇就讲:"出自造物主之手的东西,都是好的,而一到了人的手里,就全变坏了。"他的自然主义教育理论的核心是"归于自然",教育的目的就是要培养"自然人"。因而卢梭被认为是个人本位的极端代表。19世纪后期德国教育家凯兴斯泰纳(G. Kerschensteiner,1854—1932)的公民教育理论则认为通过劳作学校培养有用的国家公民是教育的目的。他把社会本位发展为国家本位,可谓是社会本位极端主义者。我国的教育功能是以社会发展和个人发展相统一,

---

① 吴康宁著:《教育社会学》,人民教育出版社 1998 年版,第 405 页。

培养德智体全面发展的社会主义建设者和接班人。

二、教育功能的释放

　　教育功能的结果除了直接发生功能之外,更多的是以凝固形态储存起来,表现为人才和文化产品。当这些人才和文化产品作用于社会体制与传统时,对社会各个结构的改造和发展就会起到相应的作用。严格地说,这已经不属于教育功能的形成过程,它超越了教育自身的范围,是教育功能结果的释放。因此,教育功能的释放不同于在教育活动之中的教育功能的形成,它是发生在社会系统之中,通过教育功能的结果参与社会活动而实现。[①]

　　教育功能的释放包括两个环节:产品的输入和产品的利用。教育生成的产品,包括毕业生和精神文化产品。教育社会功能的发挥,首先是这些教育产品走向社会,走到相应的工作岗位上,去发挥作用。因此,对社会而言,能否给毕业生提供适当的工作岗位,能否为新产品的应用提供实验、实施和传播、推广的条件是至关重要的,这是教育功能释放的前提条件。如果毕业生无法就业,科技成果得不到应有的推广和应用,教育功能的释放就无从谈起。当教育产品走入社会并进入到相应的工作岗位时,还要面临着教育功能的第二个环节,即产品的利用。当产品(包括毕业生和文化产品)走上岗位时,社会为其提供了相应的条件、待遇和良好的发展前景,那么,就会使教育功能得到应有的释放。反之,如果人才没有流动到相应的岗位,社会也没有为其提供应有的条件和机会,就会阻滞人才身上所蕴涵能量的充分发挥。如人才跳槽和流失就属于这种情况。同样,文化产品也存在着推广、利用的重视程度、物质条件的充足与否等问题,这也影响它们功能的发挥。

　　教育功能的释放除受到外部社会因素的影响之外,还受到教育产品自身的影响。如果教育所培养的人才不适应社会的需要,出现学非所用、用所非学的现象,不仅是对教育和人才的浪费,最终使教育功能也无法得到真正的释放。因此,教育系统自身在功能形成的过程中,要结合社会的现实需要,不断调整教育内容,充分反映新的科技成果。调整教育的层次和类别结构,以适应产业结构变化的需要,培养社会所需要的人才,不出现结构性人

---

　　① 全国十二所重点师范大学联合编写:《教育学基础》,教育科学出版社 2002 年版,第 51 页。

才奇缺或过剩的现象。就精神文化产品而言,产品自身的科学性和创新性的程度,以及产品应用的价值也制约着教育功能的释放。

　　总之,教育功能能否得到释放以及释放的程度取决于两个条件,一是要提高教育产品自身的素质,二是要创造良好的外部环境。协调两者的关系,最大限度地实现教育功能。

● **思考题**

1. 请结合当下的教育实际,谈谈你对教育功能含义的理解。
2. 教育的个体功能表现在哪些方面? 如何正确认识?
3. 教育的社会功能表现在哪些方面? 如何正确认识?
4. 如何正确理解和认识教育的负向功能? 试举例说明。

第三章 教育目的

● **内容提要**

　　本章分析了教育目的的概念、层次结构和确立的依据，介绍了主要的教育目的观，动态呈现了我国教育目的的历史沿革，对我国教育目的的理论基础、具体内容和实施等进行了重点介绍，并论述了培养目标等相关内容。

　　教育目的是根据一定的社会政治、经济、生产、科学技术、文化等多重因素的要求和受教育者身心发展的年龄特征确定的，它反映了社会对受教育者的要求。从教育的产生来看，教育发端于劳动。人类要生存繁衍下去，就必须找到一种保存经验的方法，这个方法就是有目的的教育活动。从教育的作用来看，培养人是教育的最基本职能，培养人总是体现为一定的计划性和目的性。因此说，教育是一种有意识、有目的、有计划的培养人的社会实践活动。教育目的与培养目标是教育学研究的基本范畴。

第一节　教育目的概述

一、教育目的的概念

(一)教育目的的定义

教育目的有广义和狭义之分。广义的教育目的是指人们对受教育者的期望,即人们希望受教育者通过教育在身心等各方面发生什么样的变化,或者产生什么样的结果。人们之所以进行教育活动,就是要引起受教育者的身心发生预期的变化,使其个性得到发展的同时,也使其成为符合社会发展需求的人。人们在进行教育活动之前,对于要把受教育者培养成什么样的人,已经设计了某种预期的结果或理想的形象,实现这种预期的结果或理想的形象就是教育的目的。学生家长及亲友、学校的领导和教师、国家和社会的教育机构等都对年轻一代寄予这样或那样的期望,这些期望都可以理解为广义的教育目的。

狭义的教育目的是指一个国家根据社会发展的需要和人身心发展的需要,对教育所要造就的社会个体的质量规格的总设想或规定。在我国,狭义的教育目的一般是指国家正式颁布的教育目的,即国家教育目的,是对人才培养质量规格的总的设想或规定,它指向教育培养什么样的人。教育目的在教育工作中具有十分重要的意义与作用。它是整个教育工作的方向,它为教育对象提供明确的发展方向和预定的发展结果,既控制也引导教育对象的发展。它是教育活动的第一要素与前提,是教育实践活动的起点也是教育实践活动的归宿。

"制定教育目标是要把生活现实同已确立的和理想的价值联系起来,这是一项艰巨的任务。"①教育目的是一个体系,它与上位层次的教育方针和下位层次的培养目标等是自上而下的相互制约与自下而上的逐级达成关系。因此,作为中观概念的教育目的,既要遵循相应的教育方针,还要为培养目标等预设空间。教育目的在教育改革和发展中处于关键地位。

---

① 瞿葆奎主编:《教育学文集·教育目的》,人民教育出版社 1989 年版,第 194 页。

（二）教育目的与教育方针的关系

教育目的与教育方针的联系表现为,教育目的是教育方针的重要组成部分,教育目的的确立及其内容必须符合教育方针的规定。有的时候,教育方针一身二任,既是方针,又是目的。但是,教育方针与教育目的又有区别。在层次上,教育方针是一个国家教育发展和人才培养的最高行动指针,是目的体系中的最高层次,一定时期一个国家(特别是中央集权制国家)只能有一个教育方针;教育目的则是不同层次的教育关于人才培养规格与标准的具体规定,是目的体系中的下位层次,是可分层的,如高等教育目的、中等教育目的、基础教育目的等。在具体内涵上,方针是从最宏观、最根本的方面规定了一个国家的教育性质和教育方向、人才发展的内容和质量要求以及实现方针要求的途径,如我国现行的教育方针"教育必须为社会主义现代建设服务"是对教育性质和方向的规定;"使受教育者在德、智、体、美等方面全面发展,成为社会主义事业建设者和接班人"是教育内容和质量要求。教育目的则是在方针的规定下或依据方针而对某一层次所要培养的人才规格作出的具体规定,它往往有着不同层次、不同类别教育的具体性和特殊性。

（三）教育目的的特点

1. 教育目的是主观与客观的统一

人们提出目的、实现目的,必须以客观存在的现实世界为前提和依据。从教育发展的历史来看,不同社会、不同国家的教育目的各不相同,甚至有本质的差别。这些不同的教育目的,又往往是由这个社会的教育家或政府提出的,体现着某个人或某个集团的主观意志。然而,教育目的无论如何也不是纯粹自由意志的产物,它必须由客观的社会、经济、文化等为前提和依据,必须由社会对人的发展和对教育的要求来规定,是社会客观需要在人们观念中的反映。

2. 教育目的是理想与现实的结合

教育目的是理想的,是人们对受教育者的一种期望,希望受教育者通过教育在身心等各方面发生什么样的变化。同时教育目的又必须是现实的,是通过受教育者的努力可以达到的,不可以超出受教育者的能力范围,教育目的应该是理想与现实的有效结合。如果理想的教育目的通过受教育者努力达不到,那么,这个理想的教育目的就变成了空想,是不切合实际的教育目的。

3. 教育目的是社会需要和学生身心发展的结合

确定教育目的的科学依据应是社会需要与学生身心发展的结合。从教育的基本规律来说,一个国家的教育目的一要符合社会发展的需要和可能;二要符合人的身心发展的需要和可能,应是上述两种需要与两种可能的有机统一,单方面强调其中任何一方的需要与可能,都是违背客观规律的行为。

4. 教育目的是理论上的规定性与实践上的操作性的统一

教育目的是集多方需求之大成的一种理论规定,这种规定应尽可能地反映社会现实和未来发展的需求。与此同时,这种理论规定还应具有实践的可操作性,使实践工作者能够将其付诸实践,并通过实践达到理论规定。如果理论规定过于抽象化,那么在实践中就很难将其具体地实施和运用。

二、教育目的的层次结构

教育目的含有不同层次的预期实现的目标,其结构层次有上下位次之分。依次为:教育目的(国家或思想家理想中的)——培养目标(各级各类学校的)——课程目标——教学目标。各层次目标的含义及所产生的作用既有相同性,又有各自的独特性。

(一)教育目的

国家的教育目的是国家对培养什么样的人的质量和规格的规定,它处于教育目的结构的上位,所以应被各类教育所遵循。但是,由于这个层面的教育目的是高度概括化、抽象化的,与教育实践存在着较大差距,还不能代替各级各类学校对所培养人的特殊要求,因此,必须把它具体化。

(二)培养目标

培养目标是依据总的教育目的的普遍要求,从各级各类学校的具体任务出发,结合各级各类学校的性质和专业特点,针对青少年身心发展特点而制定的,它由特定的社会领域和特定的社会层次的需要所决定,也因受教育对象所处的学校级别而变化。教育目的是制定培养目标的依据,培养目标是教育目的的具体体现。培养目标在人才培养规格上属中观层次。

(三)课程目标

课程目标则是根据国家的教育方针、相应学龄段教育的性质和任务及学生的身心发展规律所确定的,是学生通过完成规定的课程教学内容和任务所应达到的学习结果,也就是预先设定的要求学生通过某门课程的学习而在相关素质或特征方面所应呈现的状态。它受教育目的和国家为基础教育规定的培养目标所制约,是总的人才培养目标在某个阶段的某个方面的具体体现。

(四)教学目标

在教学和教育的过程中,教育者在完成某个阶段的工作时希望受教育者达到的要求或产生的变化结果,称之为教学目标。教学目标是教育目的和培养目标在教学活动中的具体化。教学是学校的中心工作,是实现教育目的的基本途径。教学目标受教育目的制约,它必须依据教育目的来设计,反映教育目的对人才的要求;教育目的与培养目标又必须通过制定教学目标和落实教学目标来实现。

课程目标和教学目标同属微观层次。一般说来,课程目标概括性强、较为抽象、适应面较广,适用于整个课程建设和管理过程,而教学目标较为具体,适应面较小,仅限于微观的教学过程;课程目标的实施主体涉及面广,如涉及国家各级教育行政部门、教师培养与培训机构、广大中小学教师和学生、课程研究与指导机构及中小学教材编制出版部门等,而教学目标一般仅涉及教学过程中的教师和学生及教辅人员等;课程目标有较高的原则性和稳定性,而教学目标有较高的针对性和一定的灵活性。当然,课程目标和教学目标也有紧密的联系,课程目标指导着教学目标的制定,教学目标是课程目标的具体化,是课程目标实现的基础。

三、教育目的确立的依据

教育是一种社会活动,是社会系统中的一个子系统,它不是孤立地存在的。教育目的要受到构成社会系统的各个子系统的制约,如一个国家的政治经济制度、生产力发展水平、社会意识、民族传统等都对教育目的有着深刻的影响。

(一)物质生产水平

物质生产是人类社会存在和发展的基础,人类一旦停止了物质生产,人类社会存在的物质基础就会崩溃,人类社会关系的纽带就会瓦解,作为人类基本活动的教育活动也就失去了其存在和发展的基础。生产力是人类从事物质资料生产的能力。生产力是由物的因素(劳动资料、劳动对象)和人的因素(劳动者)组成的。人的因素,不仅是生产力的必要因素,而且是诸因素中最重要、最活跃的能动因素。劳动者的劳动能力是由体力、智力、劳动经验和技术熟练程度等因素共同构成的。一定的生产力总是要根据自己的发展水平,对劳动者的培养提出自己的要求。同时,生产力水平的高低直接决定了社会能够提供给教育的物质条件以及个人受教育时间的多寡,从而就从根本上决定了社会成员发展的可能性。在原始社会,教育只是将狩猎、捕鱼、采集等人类生存需要的劳动经验和部落的伦理传统传递给下一代。在古代社会,学校教育被统治阶级所把持,生产力水平较低,学校同生产劳动仍是分离的,学校只培养统治方面的人才,而不培养劳动者。大工业生产兴起后,现代化生产本身要求生产工人受到一定程度的教育,以适应大工业生产的需要。这时的教育目的开始扩大,即不仅要培养统治人才,也要培养能为资本家创造更多财富和利润的能干的生产工人。资本主义这一阶段的教育一般都是"双轨制","一轨"培养统治者,"一轨"培养劳动者。今天,随着科学技术的迅速发展,现代生产已完全是科技的应用。教育的重要目的之一就是培养人的劳动素质、劳动观念等,教育同生产劳动的结合已是教育的普遍规律。

(二)生产关系以及由此产生的物质关系和思想关系

一定社会的社会关系及社会中的物质关系和思想关系,对教育目的起着直接的决定性的影响。一个社会需要什么样的人,具有什么样的政治倾向和思想意识,需要哪些类型与规格的劳动力,都集中反映在所制定的教育目的上。任何一个社会对教育的要求总是在一定的社会关系中产生并受这种关系制约。在阶级社会里,学校为统治阶级所垄断,教育目的也主要是统治阶级的经济利益、政治利益的反映。社会不同,时代不同,教育目的便会有所不同。奴隶社会、封建社会的教育目的,都反映着各自的政治经济要求。他们的教育目的都是以培养本阶级的继承人、教化百姓、维护统治阶级的根本利益为宗旨。资本主义倡导教育的民主与公平,仅教育中渗透的资本主义伦理精神亦明显地体现为教育要为培养心甘情愿为资本主义发展奉献终生的人服务。所有这些都是社会关系对教育目的直接制约的结果。

(三)受教育者身心发展的特点与水平

从教育的基本规律来说,一个国家的教育目的的制定一要符合社会发展的需要,二要符合个体身心发展的特点与水平。教育目的的制定应是上述两种需要的有机统一。教育总是指向处于一定发展阶段的受教育者个体,为了使受教育者身心发展达到预期的目标,教育目的的制定者也必须考虑个体身心发展的特点和规律。

人的身心发展具有一定的顺序性、阶段性、不平衡性、稳定性、可变性和个体差异性。教育目的的确立主要应符合教育对象的身心发展规律,具体体现在:第一,教育目的的确立要符合教育对象的身心发展程度。教育目的作为对人才发展的指向,必须考虑教育对象能够发展的可能性,既不能超出学生发展的能力范围,又要在学生最近发展区内使学生获得最大的发展空间。第二,教育目的的制定还要符合教育对象的身心发展变化。教育目的应根据学生身心发展的不平衡性和可变性,尽可能将教育目的制定得更灵活,变更的速度更快,可以随着科学技术的发展,根据学生不同的特点和发展程度,使学生得到更完全的发展。第三,教育目的的制定,尤其具体培养目标的确立也要符合教育对象的不同阶段的身心需要。小学生、中学生、高中生、大学生等,他们的需要不同,教育目的便应有所不同。

(四)民族的历史文化传统

东方的文化传统比较重视个人对于集体的义务感,所规定的教育目的和培养目标无不强调对社会和国家的义务和忠诚。比如,我国自古强调"格物、致知、诚意、正心、修身、齐家、治国、平天下"为教育目的。而西方的文化传统比较重视个人,所规定的教育目的和培养目标往往突出个人的自由发展。比如,英国向往"绅士",教育目的强调陶冶学生的情操,注重培养有教养的人;德国是后起的资本主义国家,强调依靠科学技术来增强国力,注重科学技术教育,要求培养出来的人具有创新意识和开拓精神。

四、教育目的的功能

教育目的的功能是指教育目的对实际教育活动所具有的作用。教育目的是教育活动的出发点和归宿,具有多种功能和作用。它对于教育任务的确定,教育制度的建立,教育内容的选择,以及全部教育过程的组织,都具有导向、调控、激励和评价的功能。

(一)导向功能

教育目的规定了教育活动所应培养的人的质量和规格,实际上就是规定了教育活动的大方向。教育制度的建立、教育内容的确定、教育活动的形式及教育方法的选择等都必须以教育目的为最高准则。同时,幼儿园、小学、中学以及大学、大学后教育,学校、家庭和社会教育等也都应互相配合,以教育目的的达成为整体和最高的目标。

(二)调控功能

一定的教育目的,是社会根据自身或人的发展需要对教育活动进行调节、控制的一种手段,以便达到其自身发展的目的。教育目的对教育活动的调控作用一般借助以下三种方式来进行:

1. 通过确定价值的方式来进行调控

这一点主要体现在对教育价值取向的把握上。教育的产生和发展既是社会的需要,也受社会制约,社会在利用教育满足自身或人的发展时,无不赋予它特有的价值取向。因此,教育目的带有一定价值实现的要求,并成为衡量教育价值意义的内在根据,进而调控实际教育活动,使其对"价值不可违背"。

2. 通过标准的方式进行调控

教育目的总是含有"培养什么样的人"的标准要求,这些标准对实际教育活动的影响是多方面的,是教育活动"培养什么样的人"的基本依据,使教育者根据这样的标准调节和控制对教育内容或教学方式的选择等。

3. 通过目标的方式来进行调控

一种教育目的的实现会使它自身衍生出系列的短期、中期或长期的目标，正是这样一些目标，铺开了教育目的可以实现的操作路线，并具体调节和控制教育的各种活动。

（三）激励功能

目的是一种结果指向。人类的活动既是有目的、有意识、有计划的，那么也就应该是有着明确的方向和目标的。教育活动因为有可以达成的最终目标，最终目标就可反过来成为一种激励的力量。因为有目标的存在，教育者便可动用自己的智慧力量，发挥创造的能力去设计活动的计划、组织、过程、方法、保证条件等，在竞争心理的驱使下去多快好省地达到目标。因而，人类的教育活动，目的越是明确、越是具体，达成的可能性就越大，就越能调动更多人的积极性。相反，目的越是模糊、越是抽象，达成的困难就越大，达成的可能性就越小，激励的作用也就越差。

（四）评价功能

教育活动既然以教育目的为出发点和归宿，那么，检验教育活动成功与否的最根本标准也应是教育目的。教育目的是整合所有具体的教育评价标准的精神内核，也是教育评价的最高准则。当具体评价标准有违教育目的时，就需要对具体评价标准作出修正。

教育活动的上述功能是相互联系、综合体现的。每一种功能的作用，都不是单一表现出来的。导向功能是伴随评价功能、调控功能和激励功能而发挥的，没有评价、调控和激励功能，导向功能难以发挥更大的作用；而调控功能的发挥需要以导向功能和评价功能作为依据；评价功能的发挥也离不开导向功能。在现实教育活动中，应重视和发挥教育目的的这些功能，对其合理地把握，在于对教育目的理解的深刻性和全面性。①。

---

① 全国十二所大学联合编写:《教育学基础》,教育科学出版社 2002 年版,第 61 页。

第二节 教育目的观概览

社会、教育及人们的价值观念是非常复杂的,人们的教育目的观自然也是非常多元化的。通过对几种比较重要的教育目的观的比较与分析,希望能对当代教育目的观的确立有所启示。

一、历史上比较著名的教育目的观

由于教育流派纷呈,教育思潮跌宕起伏,梳理主要的教育目的价值取向并非易事。一般来说,对于教育发展史上先后出现的诸多有关教育目的的主张,比较著名的有三种:个人本位论、社会本位论、生活本位论。

(一)个人本位论

个人本位论的教育目的观一般认为教育目的应当从个体自身的发展出发来规定教育目的,认为教育应当把促进个体个性的发展作为教育的目的。他们认为,教育的根本目的就在于促使学生成为自己,帮助他们去形成自己的个性;增进受教育者的个人价值,个人价值高于社会价值,评价教育的价值应以其对个人的发展所起的作用来衡量。

个人本位论的主要代表人物是卢梭,他把个人与社会对立起来,主张培养隔离社会的自然人。在卢梭看来,教育的目的,"它不是别的,它就是自然的目标"①。"自然人"与"公民"不同,"'自然人'完全是为他自己而生活的,他是整数的单位,是绝对的统一体,只同他自己和他的同胞才有关系。'公民'只不过是一个分数的单位,是依赖于分母的,它的价值在于他同总体,即同社会的关系"②。卢梭强调,"自然人"具有独立人格,具有自爱、自主、自立、自律的人格特点。(1)自爱:只考虑自己而不管别人,对谁都没有要求,不对别人承担义务,也不要求别人为他尽义务。他在人类社会中的生活是独立的,所依赖的只是自己。(2)自主:运用自己的理智作出判

---

① [法]卢梭著,李平沤译:《爱弥儿》,人民出版社1985年版,第4页。
② [法]卢梭著,李平沤译:《爱弥儿》,人民出版社1985年版,第5页。

断,不以别人的理智代替自己的理智。(3)自立:从小锻炼自己的独立性,凡是自己能做的事,自己去做,从小养成不依赖别人的习惯。(4)自律:他有独立活动的自由,只想自己能够得到的东西,只想自己喜欢做的事情。把生活限制在自己的能力内,且这种自由以不妨碍他人的自由为限度。与此同时,卢梭指出,这种"自然人"不是纯粹的生物性的人,也不是倒退到原始社会的原始人。一个生活在自然中的自然人与一个生活在社会中的自然人,两者完全不同,他知道应该怎样在城市中谋求生存,如何与他人相处。要培养这样的"自然人",就必须"遵循自然",①即教育要遵循儿童自然生长的秩序。

个人本位论主张以个体自我发展的内在需要为依据提出教育目的。个人本位论以其提倡的人性解放、对人的价值尊重,成为了剥削阶级占统治地位的社会中一股强大的摧残力量,在历史上是有一定进步意义的。但是,它对社会价值的忽略也是不现实的,致使"人"在某种程度上更多的成为生物学意义上的"人"。

(二)社会本位论

所谓的社会本位论,大体上说,是主张以社会为本体,强调根据社会发展需要来制定教育目的和构建教育活动的一种教育理论。② 社会本位论的教育目的观,认为教育目的要根据社会需要来确定,个人只是教育加工的原料,个人发展必须服从社会的需要;教育目的在于把受教育者培养成符合社会准则的公民,使受教育者社会化,保证社会生活的稳定与延续;社会价值高于个人价值,评价教育的价值只能以其对社会的效益来衡量。

在社会本位论的教育目的观中,德国教育家凯兴斯泰纳是极端的国家主义者。他批评学校过于培养学生的个人利益和个人主义,以及学校对知识的自私追求使学生的发展几乎不带有社会的性质。在他看来,国家的利益高于一切,不仅高于个人利益,而且高于他国的利益。因此,教育的目的,就是造就对国家有用的公民。为此,他指出:"我认为国家公立学校的目的——也就是一切教育的目的——是教育有用的国家公民。"③教育的第一

① [法]卢梭著,李平沤译:《爱弥儿》,人民出版社1985年版,第18页。
② 顾明远主编:《教育大辞典(第六卷)》,上海教育出版社1990年版,第107页。
③ 扈中平、刘朝晖著:《挑战与应答——20世纪的教育目的观》,山东教育出版社1995年版,第323页。

目的,"是要使他们热爱劳动、提高工作效率";教育的第二目的是要"培养明智而健康的生活方式",即"必须使学生深刻体会个人之间以及个人与国家之间的关系",并最终使学生成为服务于军事的国民。

社会本位论的观点充分地重视了社会价值与社会需要,主张教育目的应依据其社会发展的需要来确定。社会本位论强调社会条件对教育的制约性,突出社会对人的发展的制约性,在一定程度上看到了教育发展的客观规律性。但是,它没有看到,不管在什么社会中,教育都是发展人的一种手段,教育目的直接指向的是人的发展,离开了人自身的发展,教育也无法促进社会的发展。

个体本位论和社会本位论由于不能正确认识社会和个人的关系而走向不同的极端。实际上,人是社会的人,一个人只有成为社会的人,才能获得生存和发展的手段和条件;而社会也是人的社会,离开人的发展谈社会的发展是空话。教育的责任是在社会发展所允许的范围内尽可能地促进人的发展,从而实现社会发展。

(三)生活本位论

生活本位论的教育目的观,将教育与儿童的生活紧密联系起来,或者强调为儿童的未来完满生活作准备,或者关注儿童现在的生活。主要代表人物是斯宾塞和杜威。

19世纪中期,英国哲学家、社会学家、教育家斯宾塞针对古典人文主义教育的痼疾,提出了具有功利主义色彩的"个人完满生活预备"的教育目的观。在斯宾塞看来,"怎样生活?这是我们的最重要的问题。"①怎样生活,不仅限于物质方面,而且具有很广泛的目的。因此,"如何经营完美的生活?这是我们需要学习的一件大事,也就是教育所应教导的一件大事。为我们的完美生活做准备,乃是教育所应完成的功能;一种教育课程是否合理的判断,就要看这种功能的完成程度如何为准"。在此基础上,斯宾塞将人生的主要活动分为五类:(1)与维持自己生存有直接关系的活动;(2)为获得生活上的必需品,与维持自己的生存有间接关系的活动;(3)以教养后嗣为目的的活动;(4)关于维持正常社会和政治关系的活动;(5)当闲暇时,为满足爱

① 张焕庭编著:《西方资产阶级教育论著选》,人民教育出版社1979年版,第419页。

好和情感的一切活动。

杜威认为,儿童的教育不是为他今后的成人生活作准备,而教育本身就是生活,"教育即生活","教育即生长","教育即经验的不断改造"。对于生活而言,教育就是生活本身,是对生活经验的不断改造,所以,教育就是生活过程的不断变化与发展。因而,"教育的过程,在他自身以外没有目的;它就是它自己的目的①"。在杜威看来,我们在传统意义上谈及的教育目的并不是教育的真正目的,是教育过程之外的"教育目的"。真正的教育目的就是教育过程。他认为,目的在活动过程之中,使得活动过程同时成为达到目的的手段,从而可以克服一切"外在目的"的盲目性与机械性。杜威强调教育目的的内在性和教育目的的实然状态:教育过程中参与者的目的才是真正的教育目的。

二、20 世纪以来比较重要的教育目的观

20 世纪以来,随着哲学和其他科学的发展以及人们价值观念的变化,出现了不同的教育目的观,主要有人文主义教育目的观、科学主义教育目的观、科学人文主义教育目的观和马克思主义关于人的全面发展学说等。

(一)人文主义教育目的观

人文主义教育目的观是以永恒主义和存在主义等哲学为基础,是以人为中心和以人自身的完善与发展为出发点和归宿的教育目的观。它的基本点主要如下:

1. 追求永恒化的教育目的

人性是永恒不变的,教育目的也是永恒不变的,即培养人性、弘扬理性。在教育内容上重人文轻科学,认为科学只能帮助人们决定事实,而只有人文精神才能帮助人们决定如何处理这些事实。所以,课程的中心只能是人文学科,而不能是经验学科。

---

① [美]约翰·杜威著,王承绪译:《民主主义与教育》,人民教育出版社 1990 年版,第 54 页。

2. 追求理想化的教育目的

人生最重要和最有价值的追求是精神而不是物质,精神往往就是一种超现实的理想存在。一味追求现实和物质的人太世俗,所以教育目的应尽量地离现实远一些,离理想近一些。他们还主张教育应为个人今后的谋生和承担一定的社会责任作一些准备,但具有功利性的谋生教育只能在实施好人文教育的基础上进行。

3. 追求人性化的教育目的

他们认为提高人性存在的价值是教育的核心,应对学生开展人文教育、生活教育、情感教育和自由与责任教育等,课程的中心也需要由事物世界转移到人格世界。

(二)科学主义教育目的观

科学主义教育目的观是以实用主义哲学为基础,以社会性需要为出发点和归宿、以科学为中心的功利性教育目的观。基本观点如下:

1. 强调教育的社会适应性

他们认为,教育应该尽量地适应社会的变化,只有把教育同社会变化联系起来,才能消除以往教育与社会隔离的特点。

2. 重视教育目的的社会功利性

科学主义重视的是现实的人,而不是抽象的人,他们反对抽象地谈论教育目的和人的自我实现,认为离开了社会现实教育目的就不存在任何意义。

3. 重视科学教育

他们认为,教育的根本目的应该是科学人才的培养。科学学科是课程的主要内容,数学和自然科学应是课程的核心。科学主义同时对科学教育进行了改革,反对强调基础知识的掌握、反对掌握烦琐的事实材料,而是更加重视让学生掌握比较抽象的基础理论和科学原理。

(三)科学人文主义教育目的观

科学人文主义教育目的观是以科学精神为基础,以人文精神为价值方

向的教育目的观,它是教育目的的一种发展趋势。科学人文主义教育目的
强调科学和人文的相互协调和相互补充以促进人和社会在物质与精神方面
的和谐发展,并在此基础上实现人的解放与发展。它的基本观点如下:

1. 科学精神是教育目的的基础

今天,科学的进步不仅影响着经济发展,同时还深刻地影响着人们的生
产方式、生活方式以及思维方式和价值观念等,而且人类共同面临的灾难性
问题的解决都离不开科学技术。因此,科学教育应是教育目的的基础。

2. 人文精神是教育目的的价值方向

科学重要,但科学不能直接解决价值问题。如何利用好科学这把双刃
剑需要有人文精神做指引。

(四)马克思主义关于人的全面发展学说

马克思主义关于人的全面发展学说是马克思主义理论中一个很重要的
命题,是在新的历史条件下科学教育与人文教育融合的基础,也是我国当代
教育目的确立的理论基础。

关注人的发展问题,关注的就是发展什么和发展到什么程度的问题。
马克思提出了"人的全面发展"主题,对"人的发展"的目的、内容、途径等进
行了全面的阐述。

关于"人的全面发展"的含义,马克思在他的著作中并未对其做明确
的内涵界定,在他的论著中,他对"人的全面发展"的认识是多维的,而且
自始至终都在与"人的片面发展"相比较来谈"人的全面发展"。但是,综
合他在论著中的观点,可以认为马克思所谓的"人的全面发展","首先是
指人能够适应不同的劳动需求,把不同的社会职能当作互相交替的活动方
式"①,同时也意味着人从自然、社会和自身中争取的自由的程度,以及社会
对个人的政治、经济、文化、交往等主体需要的满足程度。概括地讲,可从以
下三个方面来理解:第一,人的全面发展是自由的发展;第二,人的全面发展
是充分的发展;第三,人的全面发展是主动的发展。

马克思主义的个人全面发展学说,并不是教育学的命题。它是从马克

---

① 黄济、王策三主编:《现代教育论》,人民教育出版社1996年版,第232页。

思主义哲学出发,经政治经济学的论证,在工人革命实践过程中总结出来,并运用于科学社会主义的关于劳动者全面发展的理论。马克思主义的个人全面发展学说是社会主义教育目的的重要理论基础。

全面教育的目的,就是为了培养全面发展的一代新人,这种新人应当是劳动者,是全面发展的劳动者。马克思、恩格斯指出,在未来社会,人人都应该是劳动者,"任何人都不能把自己在生产劳动这个人类生存的自然条件中所应参加的部分推到别人身上"。只有人人都成为劳动者,社会才能不断地发展进步,而且生产劳动可以使每一个人在体力和脑力上都得到发展,避免发展的片面性,从而成为全面发展的人。马克思关于"人的全面发展"学说的实质是人的自由、充分、和谐、全面的发展,是全社会成员的普遍发展。

科学主义教育与人文主义教育融合的根本在于解决人的全面发展问题。蕴涵于科学主义教育与人文主义教育之中的科学精神和人文精神是具有内在的统一性的,它们都依赖于人的主动性、积极性和创造性。科学精神与人文精神同样是人在发展中的共同需求。人的发展应该是这样一种状况:人文中有科学的基础,科学中有人文的内涵。马克思的"人的全面发展"学说系统地分析了个人全面发展的要素,从本质上体现了科学与人文融合的趋势;科学教育与人文教育的融合也同样是人的全面发展的必然要求和结果,它体现了真理与价值的统一。

而且,马克思对"人的全面发展"的论述也辩证地看待了社会发展与人的发展的关系,即离开社会发展的"人的全面发展"是不可能的,而不顾"人的发展"的社会发展也同样是一句空话。所以,我们应该在经济和社会发展的基础上最大限度地发展人的潜能,既要进行科学教育以提高人的社会服务能力,又要进行人文教育以增进人的主体意识,从而促进人的全面发展。

第三节　我国的教育目的

一、我国教育目的的历史沿革

(一)古代社会的教育目的

在中国漫长的古代社会中,教育的主要功能是政治伦理功能,这也意味着教育的根本目的是培养维护政治秩序和伦理秩序的人才。"学则三代共之,皆所以明人伦也。"①这可视为中国上古社会的教育目的。这一目的表明,上古社会的教育主要是为明确人际分野即明确等级差别服务的。中国中古社会是以儒家思想为统治地位的,教育目的也深深烙下了儒家思想的印记。关于封建社会教育目的的文字表述主要有二:一是"大学之道,在明明德,在亲民,在止于至善"。二是"格物、致知、诚意、正心、修身、齐家、治国、平天下"。② 这两种表述都同样突出地反映出教育的政治教化、道德教化的宗旨。

(二)清末时期的教育目的

中国近代史上由国家制定的教育目的,始于 1904 年的《奏定学堂章程》。《奏定学堂章程》中规定:"至于立学宗旨,无论何等学堂,均以忠孝为本,以中国经史之学为基,俾学生心术一归于纯正,而后以西学论其知识,练其艺能,务期他日成材,各适实用,以仰副国家造就通才,慎防流弊之意。"该章程坚持"中体西用"的方针,中学以忠孝为本,以中国经史之学为基;西学以西方近代科学知识和艺能为主,以造就国家所需的各种实用的通才为目的。1906 年的教育宗旨为"忠君、尊孔、尚公、尚武、尚实"。

(三)民国时期的教育目的

1912 年,教育部所颁布的教育宗旨指出:"注重道德教育,以实利教育、军国民教育辅之,更以美感教育完成其道德。"该教育宗旨否定了清末的"尊孔"、"忠君"等内容,是历史上的一大进步。

1929 年,国民党把中华民国的教育宗旨确定为:"中华民国之教育,根据三民主义,以充实人民生活,扶植社会生存,发展国民生计,延续国民生命为目的;务期民族独立,民权普遍发展,以促进世界大同。"

1936 年,国民政府公布了《中华民国宪法草案》,规定:"中华民国之教育宗旨,在发扬民族精神,培养国民道德,训练自治能力,增进生活知能,以造成健全国民。"

(四)新中国成立以来的教育目的

新中国成立初,教育目的在《中国人民政治协商会议共同纲领》中得以

---

① 《孟子·滕文公上》。
② 《礼记·大学》。

规定:"人民政府的文化教育工作,应以提高人民文化水平,培养国家建设人才,肃清封建的、买办的、法西斯主义的思想,发展为人民服务的思想为主要任务。"①

1957年,在生产资料所有制的社会主义改造基本完成以后,毛泽东在最高国务会议上提出:"我们的教育方针,应该使受教育者在德育、智育、体育几方面都得到发展,成为有社会主义觉悟的有文化的劳动者。"②1958年,中共中央、国务院《关于教育工作的指示》中提出了社会主义教育方针,即"教育为无产阶级政治服务,教育与生产劳动相结合,要实现这个方针,教育工作必须由党来领导"。

"文化大革命"的"十年动乱"期间,教育事业依然以毛泽东提出的教育目的为指导,但在极左思潮的影响下,教育目的的贯彻与执行受到严重的歪曲。

结束"文化大革命"后,中国进入改革开放的新时代。1982年,第五届全国人民代表大会第五次会议通过了修订后的《中华人民共和国宪法》。《宪法》规定:"国家培养青年、少年、儿童在品德、智力、体质方面全面发展。"1985年,《中共中央关于教育体制改革的决定》中提出,所有人才"都应该有理想、有道德、有文化、有纪律、热爱社会主义祖国和社会主义事业,具有为国家富强和人民富裕而艰苦奋斗的献身精神,都应该不断追求新知,具有实事求是、独立思考、勇于创造的科学精神"。1993年,中共中央、国务院印发的《中国教育改革和发展纲要》重申:"各级各类学校要认真贯彻教育必须为社会主义现代化服务,必须与生产劳动相结合,培养德、智、体全面发展的建设者和接班人的方针。"1995年《中华人民共和国教育法》规定:"教育必须为社会主义现代化建设服务,必须同生产劳动相结合,培养德、智、体等方面全面发展的社会主义事业的建设者和接班人。"1999年6月,《中共中央国务院关于深化教育改革全面推进素质教育的决定》指出:"实施素质教育,就是全面贯彻党的教育方针,以提高民族素质为根本宗旨,以培养学生的创新精神和实践能力为重点,造就'有理想、有道德、有文化、有纪律'德智体美等全面发展的社会主义事业的建设者和接班人。"2006年9月1日新修订的《中华人民共和国义务教育法》第三条规定:"义务教育必须贯彻国家教育方针,

---

① 瞿葆奎主编:《中国教育改革》,人民教育出版社1991年版,第3页。

② 毛泽东:《论教育革命》,人民出版社1967年12月版。

实施素质教育,提高教育质量,使适龄儿童、少年在品德、智力、体质等方面全面发展,为培养'有理想、有道德、有文化、有纪律'的社会主义建设者和接班人奠定基础。"新时期的教育目的具有历史继承性,也反映了新时期社会发展的特点及对教育的新的思考和探索。

◉ 拓展阅读

美国的教育目的

美国追求民主、平等,美国教育协会教育政策委员会于1938年提出的《美国民主教育之目的》就具有代表性。他们将民主主义的教育目的分为四个目标,其中每个目标又包括具体细目和说明。

1. 自我实现的目标——求知欲、说话、阅读、书写、计算、视听能力、保健知识、保健习惯、公共卫生、娱乐、理智兴趣、审美兴趣、品格。

2. 人际关系的目标——尊重人道、友谊、合作、礼节、重视家庭、爱护家庭、家事处理、家庭中民主。

3. 经济效率的目标——工作、职业知识、职业选择、职业效率、职业赏识、个人经济、消费者的判断、购买效率、消费利益的维护。

4. 公民责任的目标——社会正义、社会活动、社会理解、审慎的判断、宽容、保护公共资源、科学的社会应用、世界公民、遵守法律、经济知识、政治责任、笃信民主。

日本的教育目的

日本学者认为,基于《教育基本法》精神,21世纪的教育目标概括起来有如下几点:

1. 培养宽广的胸怀与丰富的创造能力

宽广的胸怀指德、智、体协调发展过程中追求真、善、美;丰富的创造能力指艺术、科学和技术各个领域的创造性能力。

2. 培养自主、自律精神

在形成稳定的自我性格时,要具有自主地思考判断问题的能力,尽职尽责、严于律己、积极主动等精神;在确立自主、自律精神的同时,要培养助人为乐、宽容心和指导他人的能力。

3. 培养在国际事务中能干的日本人

要在和平、国际协调这种相互依存的关系中生存下去,培养深刻理解多种异国文化,具有国际性人际交流能力,即具有能充分沟通彼此思想的能力的国际型人是非常重要的。在广泛的国际交流中,应当首先培养作为日本人的自觉意识。

二、我国教育目的的理论基础

(一)马克思主义关于人的全面发展学说

当代中国教育目的的理论基础首先是马克思主义关于人的全面发展学说。

马克思主义关于人的全面发展学说的基本观点是什么？它有怎样的内涵？了解这些问题对于正确认识与把握当代中国的教育目的具有十分重要的意义。

马克思是在科学地考察人类发展史的基础上提出人的全面发展学说的,其基本观点如下:

1. 人的发展同社会生产的发展相一致

人怎样发展,能发展到什么程度,这取决于社会条件,其中最重要的是取决于社会物质条件,取决于社会生产力的发展状况与水平。个人是什么样的人,这既和他生产什么相一致,又和他怎样生产相一致。当然从广义而言,这里的生产既包含物质生产,也包含精神生产。人的发展首先是同社会分工相联系的,受社会分工所制约。

在马克思看来,物质劳动和精神劳动的最大一次分工,就是城市与乡村的分离。随着城市的出现,居民第一次被划分为两大类,即体力劳动者与脑力劳动者。这种分工是直接以生产工具的发展与变革为基础的。生产的发展,使个体手工业发展为工场手工业。工场手工业使手工业工人向畸形的方向发展,即形成人的片面发展。所以在马克思看来,人的片面发展是工场手工业分工造成的。

2. 现代工业要求人的全面发展

马克思认为:"现代工业从来不把某一生产过程的现存形式看成或当作最后的形式。因此,现代工业的技术基础是革命的,而以往的生产方式的技术基础本质上是保守的。现代工业通过机器、化学过程和其他方法,使工人的职能和劳动过程的社会结合不断地随着生产的技术基础发生变革。这样,它也同样不断地使社会内部的分工发生革命,不断地把大量资本和大批工人从一个生产部门投到另一个生产部门。因此大工业的本性决定了劳动的变换,职能的更动和工人的全面流动性。"①

由此可见,正是现代工业把人的全面发展问题当作现代生产的普遍要求而提出来。由于现代生产的发展,尤其是现代科学技术的广泛应用,客观上要求逐步打破传统的脑力劳动和体力劳动的分工,并趋向于体脑的结合。这种结合使人的全面发展具有了可能。

在现代工业条件下,人的全面发展是一种历史要求,又是一种动态的发展过程。人的全面发展除了取决于社会生产力的高度发展,也取决于社会关系的高度先进化。与此同时,任何个体的发展也取决于其他一切人的发展。

3. 教育是人的发展的重要条件

马克思十分肯定教育对人的全面发展起着重要作用。马克思预测在未来的社会里,"教育可使年轻人很快就能够熟悉整个生产系统,它可使他们根据社会的需要或他们自己的爱好,轮流从一个生产部门转到另一个生产部门。因此,教育就会使他们摆脱现代这种分工为每个人造成的片面性"。

现代工业为人的全面发展提供了必要条件与可能性,教育则是使人的全面发展由可能性变为现实性的必不可少的桥梁。

(二)中国特色的社会主义理论

当代中国教育目的的另一理论基础是中国特色的社会主义理论。

中国特色的社会主义理论是马克思主义同当代中国实践和时代特征结合起来的理论,是当代中国的马克思主义,是马克思主义在中国发展的新阶段。中国特色的社会主义理论对于把握与实施当代中国教育的目的具有强烈的指导意义。

1. 邓小平理论的指导意义

邓小平的教育思想是邓小平理论的重要内容与组成部分,它对我们正确认识与实施中国当代教育目的具有重要意义。

其一,邓小平关于教育事业必须同国民经济发展要求相适应的论述。

---

① 上海师范大学教育系编:《马克思恩格斯论教育》,人民教育出版社 1979 年版,第 72 页。

邓小平关于用发展的眼光看待教育与生产劳动相结合的论述对深入认识当代中国的教育方针与教育目的具有指导意义。邓小平指出,发展教育事业不但要看到近期的需要,而且必须预见到远期的需要;不但要依据生产建设发展的要求,而且必须充分估计到现代科学技术的发展趋势。与此同时,他又指出:现代经济和技术的迅速发展,要求教育质量和教育效率的迅速提高,要求我们在教育与生产劳动结合的内容上、方法上不断有新的发展。邓小平的这些论述从更高的立意上阐释了教育必须为现代化建设服务的宗旨,提出了新时期实施教育与生产劳动相结合的更高要求。

其二,邓小平关于培养"四有新人"的思想丰富了当代中国教育目的的内涵。邓小平创立的建设有中国特色社会主义理论鲜明地指出,我国的社会主义,不仅要建设高度的物质文明,还要建设高度的精神文明,要把我国建设成为富强、民主、文明的社会主义现代化国家,最重要的是培养有理想、有道德、有文化、有纪律的社会主义新人。培养"四有新人"的思想丰富了当代中国教育目的中关于"培养德、智、体等方面全面发展的社会主义事业的建设者和接班人"的内涵,这对更深入地认识与把握教育目标亦具有指导意义。

其三,邓小平关于"三个面向"的思想开拓出我国当代教育方针与教育目标的新境界。邓小平于 1985 年给北京景山学校题词:"教育要面向现代化,面向世界,面向未来。"这一题词用高度概括的语言提出了当代中国教育改革和发展的指导思想和战略方针。"面向现代化",既说明了现代化建设对教育的依靠关系,又说明了教育要主动适应现代化建设的需要;"面向世界",就是说教育改革和发展,不仅要着眼于中国,还要放眼世界,中国教育应向世界开放,并且在开放中追求发展;"面向未来"重申了教育必须从长远目标出发,从未来经济、科技发展的可能需求出发,统筹规划当前的教育发展与改革,"面向未来"也意味着要不断提高我国教育的效益与质量。"三个面向"是邓小平教育思想的精髓,它将当代中国的教育方针与教育目的提升到一个更新的层面,开拓出一种更高的境界。

2. "三个代表"重要思想的指导意义

"三个代表"重要思想是马克思主义在中国的发展,是中国特色社会主义理论的重要内容。其基本内涵是,中国共产党始终代表中国先进生产力的发展要求,代表中国先进文化的前进方向,代表中国最广大人民的根本利益。"三个代表"重要思想也是现阶段我国教育改革发展的重要指导思想，对我们深入理解与实施我国教育目的具有重要的指导意义。

其一，教育为促进中国先进生产力发展服务。教育为现代化建设服务与为促进先进生产力发展服务相一致。只有使教育更好地为促进先进生产力的发展服务才能使教育更好地为现代化建设服务，才能使教育更好地与生产劳动相结合。教育不仅要造就数以亿计的高素质劳动者，数以千万计的专门人才和大批拔尖创新人才，而且要积极传授、传播科学技术，并不断创新科学技术。

其二，教育为促进中国先进文化建设服务。教育为现代化建设服务还需要深切地体现为促进中国文化建设服务。教育继承和发展着人类的文明成果，传播、保存、融合和发展民族文化，对国民的社会心理、风俗习惯、道德规范、文化传统有着至关重要的影响，成为整个文化建设的基础。中国现代化需要大力发展先进文化，这也构成教育发展的重要目标。

其三，教育为满足最广大人民的根本利益服务。教育事业是一种公益性事业。发展教育归根结底是为了人的发展，实现社会的安康、和谐与幸福。教育的目的是培养人，也是为了人，是着眼于最广大人民的根本利益。这是教育发展的根本指向。

3. 科学发展观的指导意义

科学发展观与邓小平理论、"三个代表"重要思想一脉相承，是马克思主义在中国发展的新成果，是中国特色社会主义理论的新内容。科学发展观是进入新世纪中国全面建设小康社会和全面构建社会主义和谐社会的根本指导方针。科学发展观对进一步深入认识和实施当代中国教育目的，对促进教育事业的持续健康发展具有新的指导意义。

其一，坚持科学发展观与进一步优先发展教育事业。科学发展观的完整表述是："坚持以人为本，树立全面、协调、可持续发展观，促进经济社会和人的全面发展。"坚持以人为本是科学发展观的核心，由此凸显着教育发展的先导性、基础性的地位，也彰显着教育极端重要的价值与作用。社会全面、协调、可持续发展既包含教育发展于其中，也紧紧依赖于教育的发展。教育是促进经济社会和人的全面发展的重要推动力。所以，坚持科学发展观需要将教育事业进一步置于优先发展的战略地位，必须继续坚持与落实"科教兴国"的战略方针。

其二,坚持科学发展观与深入理解全面发展的教育目的。科学发展观为我们深入理解当代中国教育目的提供了方法论。教育为现代化建设服务,教育与生产劳动相结合在今天正是着眼于全面、协调、可持续的社会发展,着眼于促进经济社会和人的全面发展。科学发展观的提出,帮助我们深化对教育目的的认识,使中国当代教育目的获得新的阐释与解读。

其三,坚持科学发展观与促进教育的科学发展。坚持科学发展观,要求我们深化对教育目的的认识,以此促进教育的科学发展。教育的科学发展同样具有丰富的含义与要求,它包含各种类别各种层次的教育的协调发展,包含城乡教育、区域教育的均衡发展,包含教育规模、数量与教育质量的共同发展。归根结底,教育的科学发展是指向人的全面发展。所以坚持科学发展观就是要使教育事业能更好地为实现人的全面发展服务。

三、对我国教育目的的正确理解

(一)教育必须为社会主义现代化建设服务

首先,这一"必须"是当代中国教育改革与发展的经验、教训的深刻总结。"必须"含有一种绝对律令。如果教育不为社会主义现代化建设服务,则教育的发展就迷失了方向,就失去了应有的价值与意义;如果现代化建设不依靠教育提供服务,现代化建设本身就会失去源泉与动力,就会失去应有的支撑,这样现代化建设本身便不可能得到健康的发展,不可能走向成功。其次,"为现代化建设服务"中的"现代化建设"是一个综合概念。它既包含现代经济建设,也包含现代文化建设,既包含现代物质文明建设,也包含现代精神文明建设,还包含现代民主、法制建设等等。教育为现代化建设服务是一种多方面的全方位的服务。教育为现代化建设服务需要处理好服务的各个方面、各个环节的关系,使之促进现代化各项事业的协调发展。

(二)教育必须与生产劳动相结合

这是现代经济建设与教育发展必须共同遵循的要求,也是培养现代化建设人才的根本途径。在现代社会中,教育与生产劳动的结合是一种必然趋势与要求。教育与生产劳动相结合的现代含义表现为,一方面,这种生产劳动是现代生产劳动,是以科学技术为第一生产力的劳动,是赋有高科技含量的劳动,也是一种体力与脑力高度结合的劳动;另一方面,这种教育也自然应是适应现代生产劳动,并能有效促进现代生产劳动的教育。教育不能游离现代生产劳动,现代生产劳动同样不能游离现代教育,只有这两者的有机结合才是教育发展的正确途径,也才是社会生产发展的正确途径。

(三)培养德、智、体等方面全面发展的社会主义事业的建设者和接班人

这里一方面强调教育要着眼于人的全面发展,即强调人的道德品质、知识、能力与身体素质等方面的协调并进,和谐发展。全面发展仍然是相对于片面发展而言,即指教育培养人不能在德、智、体等方面中只注重某一方面的发展而忽视其他方面的发展,例如"重德轻智"或"重智轻德"的教育都是全面发展教育所应予摒弃的;另一方面强调了社会主义事业的建设者和接班人的统一。培养建设者,即培养劳动者,是指培养的人才是能将社会主义事业建设好的人才,是一种有实用本领的善于劳动、善于创造的人才。培养接班人,则着重指培养的人才能将社会主义事业继承下去,贯彻到底。这种人才因而是具有鲜明的社会制度要求和时代特征的人才。

以上三大方面是紧密相连,不可分割的。教育坚持两个"必须"乃是着眼于培养德智体等方面全面发展的人才。换言之,教育要致力于培养全面发展人才就必须始终坚持为现代化建设服务、坚持与生产劳动相结合。前者是后者之因,后者是前者之果。

● 案例一

感受道德的力量①

在苏联著名教育家苏霍姆林斯基当校长时曾发生过这样一个感人的故事:校园里开出了几朵很大的玫瑰花,每天都吸引了很多学生来看。一天早晨,苏霍姆林斯基看见一个小女孩摘下了一朵玫瑰花,他便问小女孩是什么原因。小女孩羞愧地告诉他,奶奶病得很严重,她不相信校园里有这么大的玫瑰花,摘下来想让奶奶看看自己说的没错。听了小女孩的回答,苏霍姆林斯基的心颤动了,他立即又摘下两朵玫瑰花。对孩子说:"这一朵是奖给你的,因为你是一个懂得爱的孩子;这一朵是送给你奶奶的,感谢她养育了你这样好的孩子。"

---

① 唐汉卫、张茂聪编著:《中外道德教育经典案例评析》,山东人民出版社 2005 年版。

本案例告诉我们,应该如何对学生进行道德教育。伟大的教育家苏霍姆林斯基面对一位摘花的小女孩,没有粗暴地批评制止,而是温和耐心地询问原因,从小姑娘的回答中他惊异地发现了孩子纯真的心灵,金子般的爱心,他摘下另外两朵玫瑰花肯定、鼓励羞愧的小女孩,读到此处,一幅熠熠生辉的画面在脑中定格:一株破土而出的嫩芽披着一身朝露挺立在蓝天下,温暖的阳光洒遍它的全身,细心地呵护着它,关怀着它……是呀,光明的引导能冲破任何黑暗的束缚,具有无穷的生命力。苏霍姆林斯基对孩子真善美的细心呵护,充分体现出一位教育家对生命的尊重、爱护和关怀,折射出人本主义教育家所具有的诱人的魅力和光芒。

我们的道德教育要成功,就必须尊重学生的情感,不要用自己所谓的权威来强迫学生接受自己的价值观,忽视学生的主体地位,抹杀道德教育本身的人本性。德育的目的不是灌输给学生道德教育的教条,而是使他们在成长的过程中真正养成良好的品德。德育是一种真善美的教育,而这种教育不是通过灌输的力量进行的,它需要我们在具体的教育情景中,以适当的方法对学生进行潜移默化的影响。这种教育不仅可以在课堂中进行,而且要在日常生活中让学生感受这种道德的力量,真正做到尊重学生、爱护学生,像苏霍姆林斯基那样做光明的使者,把阳光洒遍每个受教育者的心灵。

四、我国教育目的的落实

(一)我国教育目的的落实

1. 坚持全面发展教育

教育,尤其是基础教育,应该要促进和实现学生的德智体美全面发展,为学生的终身发展打下基础。绝不能把"全面发展"理解为单纯"智育"中的"全科发展",似乎语文、数学、政治、外语等各个学科学好了,就是全面发展了。

2. 培养学生的创新精神和能力

创新精神不仅是经济发展的巨大动力,也是推动社会主义精神文明与政治文明建设的巨大动力。在 21 世纪的今天,我国开展的基础教育课程改革,就十分重视学生的创新精神与创新能力的培养。培养学生的创新性,除了必须培养学生具有一般人才所具有的知识、能力外,最主要的是必须培养学生的创新品格,使学生具有丰富活跃的想象力、敏感锐利的思维能力、鲜明开放的个性特征以及敢于直面批评、勇于开拓进取的自信精神。

3. 培养学生的实践能力

实践能力是指学以致用、解决实际问题的能力,也包括直接的生产劳动和社会实践的能力。学以致用不仅是巩固知识学习的需要,更是学习的根本目的。参加适度的生产劳动和社会实践是培养一代新人的重要途径。

4. 充分发展学生的优良个性

培养学生的优良个性,也就是要使学生的个性自由发展,增强学生的主体意识,培养学生的开拓精神、创造才能,提高学生的个人价值。一个追求主宰自己命运的人,才能富有理想、懂得自尊、自立、自强、自制,对自己的言行负责;才能具有对社会、对人民的使命感,充分实现自我的价值;一个具有开拓精神、创造才能的人,才能不囿于传统、不安于现状、不盲从,才能面向未来、求实进取、充分发挥自己的潜能,表现出较强的应变能力和适应能力。

(二)落实我国教育目的必须正确处理的几个关系

1. 德、智、体、美诸育之间的关系

教育目的,从内容结构上可以理解为应当进行德育、智育、体育和美育等几个方面的全面教育。在诸育关系认识上,有两点需要明确:一是各育均有相对的独立性,应根据不同的教育内容或领域的特点实施合乎规律的教育,有重点地完成整体教育目标,同时使德、智、体、美诸育相互配合、相互促进;二是现实或真正的教育应是一体的,在实际工作中虽有分工,但所有从事教育工作的人,都兼有德、智、体、美诸育的任务,都应是德育兼智育、体育和美育工作者。只有这样,全面发展的教育目的才可能真正实现。

2. 全面发展与因材施教的关系

这是全面发展与有个性发展相统一的问题。全面发展不仅不排斥个性发展,而且是以个人合乎本性的自由发展为条件的。全面发展不等于平均或平面的发展。不同个体由于所处环境不同,具有的自身素质和客观条件不同,因而会形成不同的个性、兴趣和特长。所以,必须根据学生的特殊性因材施教,在充分发挥每个人的长处的同时求得全面发展。

3. 全面发展教育与素质教育的关系

全面发展教育是一种理想化的目标,以追求人类的最高理想和最大限度发展为目的。素质教育追求现实化的目标,以促进每一个人发展现状的改善为目的。在实践中,素质教育侧重使每个人在自己的基础上有所发展。在实践中处理好全面发展教育各部分的关系,有利于素质教育的进行,并防止片面发展。因而,从教育终极目的来看,素质教育是全面发展教育的深化、补充和完善;从素质教育的时代背景来看,素质教育是全面发展教育在历史进程中的一种逻辑的、现实的、动态的体现。

4. 全面发展与职业定向的关系

在义务教育阶段,个性发展的一个重要意义就在于使有特殊个性和才干的受教育者更有可能适应未来社会不同工作的需要。在义务教育完成之后,各学段的教育则都直接具有职业定向的性质。全面发展的人才终究要在一定的社会中生活,要满足社会发展的需要,教育就必须为不同的社会岗位培养人才。如果不顾不同教育的性质和实际,一味片面强调划一的全面发展,反而会葬送全面发展的教育目的。

第四节　培养目标

培养目标指引着学校工作的具体方向,是教育活动的出发点和归宿。它对教育制度的建立、教育内容的确定和教育方法的选择以及教育效果的检查与评价都具有重要的意义。

一、培养目标的概念

(一)培养目标的定义

培养目标是各级各类学校对受教育者身心发展所提出的具体标准和要求。它是教育目的在各级各类学校中的具体体现,同时是学校课程和教学目标的直接依据。

确立具体、科学、合理的学校培养目标,用来指导学校的整个教育过程,这是学校教育工作者的一项重要任务。确立培养目标是一项具有创造性的工作,而不是对"培养德、智、体、美、劳全面发展的人"的一种简单推衍。学校制定的培养目标是为学生、家庭、甚至整个社会服务的,因此要根据学校、学生和社会的实际需求,根据学校的历史传统,以及所处地区的状况来确立具体的培养目标。学校设置的培养目标也并不尽全然一致,各个学校具有了独具特色的培养目标,就可以形成自己的办学特色。

(二)制定培养目标的依据

由于教育目标的设定受到诸多因素制约,因此设定科学、合理的培养目标并非易事。这些因素具体包括以下方面:

1. 国家教育目的

教育目的就是一个国家对教育活动提出的整体教育目标,它包括的范围较广。教育目的是各级各类学校确立培养目标的依据。"在国家教育总目的的指导下,确立各级各类学校的培养目标,这是实现教育目的具体化的第一步。"[①]学校培养目标在本质内容上必须服从于国家教育目的,教育目的是制定各级各类学校培养目标的依据。教育目的用简单的语言表达丰富的内涵,以说明教育应满足社会、国家的哪些要求和应培养学生的哪些素质。而学校培养目标在文字表达上则比较复杂,它所要说明的是某类学校或某个学校从本体特点出发,满足学生哪些具体的需求。

虽然学校的培养目标受到了教育目的的限制,但是我们在制定学校的培养目标时,不必一味地仿效国家的教育目的,只要它能遵循国家教育目的的精神实质即可。如果每一所学校的培养目标都定位于学生的德、智、体、美、劳的"全面发展",那么学校也就失去了自己的特色,使得"全面发展"变成了"一致发展"、"平均发展",而这恰恰是背离全面发展的教育实质的。

2. 学生的年龄特征和发展的身心特点

因为培养目标是各级各类学校对受教育者身心发展所提出的具体标准和要求,因此本学校的受教育者的年龄特征和身心发展特点,应成为制定学

---

① 李秉德主编:《教学论》,人民教育出版社 1999 年版,第 58 页。

校培养目标的重要依据。

学校培养目标的制定应该适应学生的身心发展,而学生的身心发展存在年龄特征和个性差异。青少年儿童在不同年龄阶段表现的特征也是不一样的。小学年龄段的孩子,自信心不高,自觉、自理能力较差,主要靠别人,特别是家长和教师的帮助。因为这个阶段的孩子心智发育处在初级阶段,还没有自控、辨别、认识事情的能力,遇到一点困难,孩子就会产生恐惧畏缩的情绪。而随着年龄的增长,智力发育的逐渐完善,认识能力的大幅提高,中学生已经逐渐养成以自我意识为主来提高自信心,能够发现并改正自身存在的缺点,并有了一定的自理能力。因此小学阶段学校的培养目标就要和中学阶段的学校培养目标有所区别,侧重点也应该有所不同。

随着社会的变迁,学校的培养目标也应该有所变化。未来社会是一个复杂的、充满危机和挑战的社会,要求未来人要有正确的生活理念和生活态度来迎接它。因此,学校的培养目标也不可能是一成不变的,而应该是立足于当代社会,按照学生的兴趣、爱好、个性特征,以及现时学生的需要、发展潜力确定的培养目标,由此才可能促进学生在个性发展的基础之上,实现个人素质的全面提升。

3. 学校的条件

学校的历史与传统、校长的素质与教育理念、学校所拥有的教育资源、学校所处社区的状况等都可能成为制约学校培养目标的因素。这些因素在培养目标的设定上发挥着至关重要的作用。当前,很多学校进行了相应的"标准化"建设。然而,各个学校的历史与传统使得当下学校人才培养的模式不同,各个学校的校长具有不同的办学理念和行为方式,各个学校所拥有的教育资源也不尽相同,而学校所面临的社区微观环境也影响着学校人才培养的过程进而制约着培养目标的设定。因此,学校的条件是培养目标的重要基础和设定前提。

二、我国中小学的任务和培养目标

(一)我国中小学的性质与任务

培养全面发展的具有独立个性的社会主义现代化的建设者,作为我国总的教育目的,是各种形式的教育和各级各类学校都必须贯彻的。由于社会主义建设事业需要多层次、多类别的人才,而且各级教育对象的身心发展水平又有差异,所以各级各类教育在实现教育目的时也各有自己的特点。要在中小学实现教育目的,首先就要明确这种教育的性质和任务。中小学教育的性质是基础教育,它的任务是培养全体学生的基本素质,为他们学习、做人和进一步接受专业(职业)教育打好基础,为提高全民族素质打好基础。

(二)我国中小学的培养目标

基础教育的培养目标在教育目标体系中处于中间层次,比较详细地规定了各级教育所应达到的人才培养的具体要求。

1. 小学教育的培养目标

(1)德育:使学生初步具有爱祖国、爱人民、爱劳动、爱科学、爱社会主义和爱中国共产党的思想感情,初步具有关心他人、关心集体、诚实、勤俭、不怕困难等良好品德,以及分辨是非的能力,养成讲文明、懂礼貌、守纪律的行为习惯。

(2)智育:使学生具有阅读、书写、表达、计算的基础知识和基本技能,掌握一些自然、社会和生活常识,培养观察、思维、动手操作和自学能力,以及具有广泛的兴趣和爱好,养成良好的学习习惯。

(3)体育:培养学生锻炼身体和讲究卫生的习惯,具有健康的体魄。

(4)美育:培养学生爱美的情趣,具有初步的审美能力。

(5)劳动技术教育:培养学生良好的劳动习惯,学会使用几种简单的劳动工具,具有初步的生活自理能力。

小学教育的培养目标是根据我国社会主义教育目的的任务和学龄初期学生身心发展的特点提出来的。小学教育是基础教育的基础,因此,在这个阶段为学生今后全面充分地发展打下初步基础,是小学教育培养目标的重要特征。

2. 初中教育的培养目标

(1)德育:使学生具有爱祖国、爱社会主义、爱中国共产党的思想感情,初步树立辩证唯物主义、历史唯物主义的基本观点,初步具有为人民服务的思想和集体主义观点,具有良好的品德,以及一定的分辨是非和抵制不良影响的能力,养成文明礼貌、遵纪守法的行为习惯。

(2)智育:掌握必需的科学文化基础知识和基本技能,具有一定的自学能力、运用所学知识分析问题、解决问题的能力和动手操作能力,培养学生实事求是的科学态度和不断追求新知识的精神。

(3)体育:初步掌握锻炼身体的基础知识和正确方法,养成讲卫生的习惯,具有健康的体魄。

(4)美育:具有一定的审美能力,初步形成健康的志趣和爱好。

(5)劳动技术教育:掌握一定生产劳动的基础知识和基本技能,了解择业的一般常识,具有正确的劳动观点、劳动态度和良好的劳动习惯。

初中教育是小学教育的继续,又是为普通高中、职业高中打基础的教育。初中教育阶段的学生处于学龄中期(少年期)。学龄中期是从儿童到少年又由少年走向青年的过渡时期,是人的成长、发展过程中非常重要的一个转折时期,因而也是为学生全面发展、全面提高素质打基础的最关键时期。初中教育的培养目标,要使学生在小学阶段初步得到全面发展的基础上,为促进他们的身心健康、和谐发展打好坚实的基础。初中教育是最重要,但目前又是最薄弱的一环。因此,教育界和全社会都十分关注初中教育目标的全面实现。

3. 高中教育的培养目标

高中教育在义务教育的基础上进一步提高学生的思想道德素质、科学文化素质、身体素质、心理素质,并且使学生的个性得到健康的发展,为培养社会主义建设者和接班人奠定良好的基础。其主要目标如下:

(1)德育:使学生具有社会主义和共产主义理想,热爱社会主义祖国和社会主义事业,热爱中国共产党,具有为国家富强和人民富裕而艰苦奋斗的献身精神,树立辩证唯物主义和历史唯物主义的观点,具有社会主义和共产主义道德品质,具有道德思维和道德评价能力,具有自我教育的能力和习惯,养成遵纪守法、文明礼貌的行为习惯。

(2)智育:使学生在初中教育的基础上进一步掌握必需的科学文化知识和基本技能,特别要打好语文、数学、外语的基础,要发展学生的志趣、特长,培养学生具有不断追求新知识的热忱以及自学能力和分析问题、解决问题的能力,具有实事求是、独立思考、勇于创造的科学精神。

(3)体育:掌握锻炼身体的基础知识和技能、技巧,学会科学锻炼身体的方法,逐步养成自觉锻炼的习惯,使学生的身体素质全面发展,具有健康的体魄和从事生活、生产所需的身体活动能力,养成良好的卫生习惯。

(4)美育:培养学生正确的审美观,使他们具有感受美、鉴赏美和创造美的能力。

(5)劳动技术教育:使学生具有劳动观点、劳动习惯和学习生产技术的兴趣,掌握现代生产技术的一些基础知识和基本技能,学会使用一般的生产工具,掌握组织生产和管理生产的初步知识和技能。

高中教育阶段的学生处于青春早期,身体和心理的发展将达到基本成熟。他们在已有的文化科学知识、生活经验和思想道德水平的基础上,初步形成了一定的世界观、人生观和道德观。这个阶段也是学生立志择业,为走向生活、走向独立作准备的时期。因此,培养目标要体现出上述各项特点。

培养目标具有导向性、规范性和一定的可操作性。上述所列中小学各阶段的培养目标,体现了中小学教育在不同阶段培养德智体美全面发展的人的不同基本要求。

(三)学校制定培养目标的特点

现代社会,不同地区经济与社会发展对不同层次、不同规格、不同类型的人才提出了不同的社会需求,因此,各级各类学校需要在正确的教育思想(包括国家确定的教育方针与教育目的)的指导下,对学校和学生的培养目标进行恰当的定位。学校培养目标必须要根据当地实际,结合所在学校所拥有的教育资源,依据所在学校目前学生的发展特点,制定自己学校的培养目标。科学、合理、规范的学校培养目标应该具有地域性、多样性、创新性的特点。

1. 地域性

在我国由于长期的历史原因、社会原因、文化原因,东中西部和城乡之间存在着较大的教育差距。不仅全国有东部、中部、西部的差异,各省内也有东部、中部、西部的差异,省内教育差距要大于省际教育差距。在各教育阶段都存在着将有限的资金集中于带有各种招牌的"重点"学校的现象。城市和农村的学校、发达地区和贫困地区的学校在教育环境、教育资源上存在巨大区别;学校的固有资产、文化传统等方面也都存在着差异。对于历史形成的地区之间、城乡之间的巨大发展差距,在新课程的改革中必须注意兼顾。所以为了促进所有学校的发展,缩小地区之间的教育差距,学校制定的有特色的培养目标必须要有地域性,要在适当现实需要的基础上,迎合当地人们的需要、适应当地经济的发展,体现本地区的特点。

2. 多样性

确立学校培养目标的直接目的是为了促进受教育者能够全面发展。因此,各个学校制定的学校培养目标一定要从学生实际出发,能够满足受教育者个性化的要求。培养目标包含的内容应该是多种多样的,向受教育者提供有特色的培养目标,给受教育者以更大的自主权。因此,学校要充分利用社会资源来办学,采取各种形式灵活多样的途径与措施,使学校内部的培养目标呈现出多样性,允许不同培养目标在一个学校内并存。培养目标给学生提供了充分的选择机会,在学习过程中,当受教育者找到了适合自己的明确的培养目标时,这种目标就像一盏明灯一样激发他们的学习自觉性、积极性,使受教育者的学习变为自主学习,而学校则更多地提供学习的条件和服务。

3. 创新性

学校培养目标的前提就是要能体现学校的特色,因此它必须具有创新性。一所学校要想发展,就必须有自己的特色。在当前课程改革的过程中,一些名校在自己特色培养目标的指导下,各项成绩都特别显著。学生能够自由、健康、全面发展;教师的专业能力有了极大提高,教学成绩优秀;校长具有很强的决策能力,学校发展迅速,等等。这些学校在长期的办学过程中都形成了学校的办学特色,有独特的培养目标作指导。学校只有制定了独特的培养目标,在实践中才有可能形成独特的学校传统,给学校创造良好的发展前景。

学校培养目标的"创新性"是指学校整体中的个性。它是学校整体中最具典型意义的个性风格或个性风貌。各个学校有了独特的培养目标作指导,就能形成自己的办学特色。但是学校在制定特色性的培养目标时,应从学校、学生的长远发展考虑。

就我们目前的状况看,已经制定了具有地域性、多样性、创新性的科学、规范的培养目标的学校,在我国所有的学校中只占极小的比例。尽管有些名校根据自身特点制定了特色的培养目标,但现在我们对学校培养目标的研究还只是停留在表面。我国中小学制定培养目标的过程中仍然存在着诸多问题。没有真正的把国外制定学校培养目标的好的做法与我们的具体实际结合起来;也没有把学校培养目标制定的具体操作过程、经验及方法系统地记录下来,集合汇编成一套可操作的理论,以便其他学校借鉴、效仿。现在许多学校的培养目标仍局限于双重培养任务的规范要求,即将自身定位于升学教育,而其升学教育目标也是局限在普通高校的上线率上。学生在学校接受的教育面极窄,缺乏对未来社会职业转换的适应能力。多数人都用"多少学生考上普通高校为主"来定位学校的培养目标。学校之间虽然存在着地域、发展程度上的差异,但它们却无一例外地重视学生的成绩,使"既有扎实的基本功,又有较强的对职业转换的适应能力"的理想的培养目标遭受到挫折。因此,新时期对学校培养目标的研究应该成为一个重点研究课题。

● 案例二

少儿磨刀为哪般?①

据某报报道,1998 年秋,年仅 13 岁的小 N 以 620 多分的优秀成绩考进了武汉市的一所重点大学。顿时,小 N 成了一个小名人。小 N 的成名,并不是因为他年龄小就考上了名牌大学,而是他的成才之路十分引人关注。1993 年,由于家境贫寒,正读小学三年级的小 N,被他的父亲老 N 从学校带回家来,老 N 开始在家中单独辅导小 N。当时,老 N 发誓要通过这种现代私塾的教育方式把小 N 送上大学。四年半之后,老 N 的誓言终于实现了,小 N 被一所全国重点大学交通学院录取。

有记者采访了老 N,让他谈谈现代私塾的独特教育方式。老 N 告诉记者,他让小 N 主攻高考必考的语文、数学、英语、物理和化学 5 门课程,把 12 年的课程浓缩在 4 年内完成。每天,他让儿子大段大段地背课文,不厌其烦地做课后练习题,一题多解,举一反三。

小 N 的具有传奇色彩的教育经历被媒体披露之后,在小 N 就读的学校和学校所在地武汉,引起了强烈的反响。不少望子成龙的家长都想把自己的孩子交给老 N 带。有的家长表示,老 N 如果愿意到武汉来举办现代私塾,他愿意把自己价值 20 万元的私房免费提供给老 N 使用。还有的私立学校校长愿意以年薪 50 万元的高价聘请老 N。与许多狂热的家长和一些求贤若渴的私立学校校长相比,教育界对此却显得比较冷静,保持着一种低调。有些教育专家认为,老 N 的现代私塾只是个别教学制的一个特例,并没有普遍意义,更不可能在我国进行大面积的推广。而且,在现代社会,孩子的成长不可能脱离群体环境。

---

① 黄元棋、屠大华主编:《班主任工作新论》,湖北人民出版社 2003 年版。

也有一些记者采访过小 N。记者问小 N 是否感谢他的父亲,他说,我恨他。据小 N 的母亲讲,她曾看见过儿子磨刀,问他磨刀干什么,儿子说,杀父亲。

这个少年高考天才的事例引起了人们的许多思考。我们的教育究竟是为了什么?是培养内心充满仇恨的高考天才,还是要培养心智健全、充满爱心的人? 说到底,这个问题涉及对教育目的的深入思考。

◉ 思考题

1. 教育目的的内涵、功能各是什么?
2. 我国教育目的的理论基础是什么?
3. 如何理解我国的教育目的?
4. 我国中小学的培养目标是什么?

第四章 教育制度

● **内容提要**

　　本章分析了教育制度的内涵和构成体系,对其核心部分——学校教育制度的内涵,确立的依据等进行了重点介绍,动态呈现了我国学制产生与发展的基本历程,介绍了我国学制的改革与发展方向,并对义务教育的概念、历史发展及我国义务教育的实施进行了探讨。

　　教育制度是一个国家或地区教育活动的必要条件,科学而完备的教育制度不仅对教育方针和教育目的的贯彻、对整个教育事业的发展起着重要的保证作用,而且对青少年身心发展乃至整个国民素质和社会发展都具有非常重要的意义。因此,在现代社会,一个国家总是通过建立和不断改进教育制度的方式来实现教育目的,使教育培养的人才在类型、数量和质量上全面满足社会的多方面需要,促进社会的稳定发展。

第一节　教育制度概述

一、教育制度的含义及特征

(一)教育制度的含义

要理解教育制度,我们需要弄清"制度"的含义。现代汉语中,对"制度"有两种解释:"一是要求成员共同遵守的、按一定规程办事的规则,如工作制度、学习制度等;二是在一定的条件下形成的政治、经济、文化等的体系,如资本主义制度、社会主义制度等。"英语中,表示"制度"的词有两个:一个是system,另一个是institution。system有系统、体系、制度、体制等含义。institution有建立、制定、设立、制度、公共机构等含义。因此,无论是从现代汉语还是从英语来看,"制度"一词都包括两方面的内容:一是机构或组织的系统;二是机构或组织系统运行的规则。这两个方面是不可分的,一个机构或组织系统之所以能够成为一个系统,就因为它有一套明确的、具有约束力的运行和协调规则。这套规则为系统的每个要素所理解和遵守。反过来,一定的制度或规则总是以一定的组织或机构系统为对象的,起到制约和协调机构或组织之间及其内部的各种关系的作用,不存在没有规则的机构或组织,就像不存在没有实施对象的规则一样。

那么,什么是教育制度?《中国大百科全书·教育》给出的解释是:一是指"根据国家的性质制定的教育目的、方针和设施的总称",二是指"各种教育的机构系统"。而《教育大辞典》则把教育制度定义为"一个国家各类教育机构的体系"。因此,所谓的教育制度,主要是指一个国家在一定历史条件下形成的教育体系,以及为保证该体系的正常运行而确立的种种规范或规定。这里,教育体系是一个国家各种教育机构有机构成的整体,它包括学前教育机构、学校教育机构、业余教育机构、社会教育机构等。

(二)教育制度的特征

教育制度相对于其他社会制度而言,既有共性又有其独特性。具体表现如下:

1. 客观性

客观性是指教育制度作为一种制度化的东西,不是从来就有的,而是一定时代的人们根据社会发展的需要制定的。教育制度的制定虽然反映着人们的一些主观愿望和特殊的价值需求,但是,人们并不是也不可能随心所欲地制定或废止教育制度,某种教育制度的制定或废止,有它客观的基础,是有规律可循的。这个客观基础和规律性主要是由社会生产力水平决定的。例如,近代以来普及义务教育的提出,虽然与个别机构或个别人的提倡有关,且不同国家提出的时间和普及的年限也有所不同,但是归根结底反映了现代大机器生产对劳动者文化素质的要求,反映了大工业时代初期体力劳动和脑力劳动由分离走向结合的趋势,这些都是客观的,不以个人意志为转移的。

2. 强制性

强制性是指教育制度作为教育系统活动的规范是面向整个教育系统的。在某种意义上说,它独立于个体之外,对个体的行为具有一定的强制作用。只要是制度,在没有被废除之前,个体都要无条件地遵守,违反制度就要受到不同形式的惩罚。例如,学校的考试制度规定,任何学生和教师在考试过程中不能有舞弊行为,否则,一经查实,就要给予适当的处分。考试制度对于学生和教师个人都有一种强制性。又如教育制度里的义务教育制度,因其具有一定的法律性(《义务教育法》),所以在其实施过程中就有一定的强制性。

3. 取向性

取向性是指任何教育制度都是其制定者根据自己的需要制定的,是具有一定的价值取向的。任何教育制度的制定和变革都可以说是对教育取向的一种选择。在阶级社会中,教育制度的取向性主要表现为其阶级性,即教育制度总是体现着某一阶级的价值取向,总是为某一阶级的利益服务。近代西方的双轨制,就体现了资本主义社会的阶级性和等级性。社会主义的教育制度应该为广大人民的利益服务,应该最大限度地保障和满足广大人民日益增长的文化教育需要,从而体现社会主义教育的价值特性。

4. 历史性

历史性是指教育制度既是对客观现实的反映,同时又要随着社会的变化而变化。因此,在不同的历史时期和不同的文化背景下,就会有不同的教育需求,就需要建立不同的教育制度。教育制度是随着时代和文化背景的变化而不断创新的。教育制度创新是教育改革的一个重要内容,也是教育实践得以深化的一个重要条件。

二、教育制度的分类

教育机构与组织的多层次性、多类型性,教育机构中体系及规则的多样性,决定了教育制度具有多样性。根据不同的标准把教育制度可以划分为不同的类型,根据教育形式的不同,有学校教育、家庭教育和社会教育;根据受教育的时间划分不同,有全日制学校、半日制学校和业余制学校。根据受教育方式不同,有面授教育、函授教育、远距离教育、自学考试等。根据教育阶段的不同,有学前教育、学龄教育和继续教育。

(一)按教育形式来分有:学校教育、家庭教育和社会教育

1. 学校教育

学校教育是教育者根据一定社会的要求和受教育者身心发展的规律,在专门的教育机构——学校中进行的一种有目的、有计划、有组织的培养人的社会活动。它不仅包括全日制的学校教育,也包括半日制的、业余的学校教育、函授教育、广播电视学校等。

学校教育是最主要的教育形式,它具有如下的基本特征:有明确的目的,即培养目标;有确定的教育内容,学生的学和教师的教都是围绕稳固的教育内容来进行的;有固定的教育组织形式,以班级为基本教学单位;有精心组织的教育活动,无论是课堂教学,还是课余教育,都是经过教育者精心策划和组织的活动;有专门的教育者和适龄的教育对象;有固定的教育场地和基本教育设施;有稳定的教育周期,对于学习时间和作息时间、上课时间和放假时间都有相对明确的规定。

2. 家庭教育

家庭教育是指父母或其他年长者在家庭内通过言传身教或其他有意识的教育形式和方法对子女及其他家庭成员实施的各种影响。

家庭教育有着启蒙性的特点。"父母是孩子的第一任教师",在正式接受学校教育之前,儿童性格的养成和对周围世界的认识主要是通过家庭教育的影响,家庭教育对人的影响将持续人的一生。

3. 社会教育

广义的社会教育是指整个社会生活、社会环境对人身心发展的影响。狭义的社会教育则是指通过学校或家庭以外的社会文化教育机构,以及有关的社会团体或组织对社会成员,特别是青少年所进行的培养思想品德、增进知识、发展智能、健全体魄的教育活动。

社会上的青少年宫、科技站、文化馆、博物馆、纪念馆、图书馆、俱乐部、电影院、电视台都在对人的发展起着举足轻重的影响。近年来,随着网络的普及,人的生活实现了向虚拟世界的延伸,网络几乎成为现代人学习和娱乐的重要工具,网络世界是丰富和复杂的,对人产生着越来越重要的影响。

(二)按受教育的时间来分有:全日制学校、半日制学校和业余制学校

全日制学校包括全日制大、中、小学和中等专业学校,是我国学校教育的主体。它有完备的课程,以教学为主,学生一周五天全日在校学习。

半日制学校,又称半工半读学校或半农半读学校,学生一面参加劳动,一面接受学校教育,教学与生产劳动时间安排比较灵活,可通过不同的方式进行,一般是教学与劳动并重。

业余制学校是指学生接受学校教育完全是在业余时间内进行。此类学校学习年限一般较长,课程设置和教学方式都很灵活。

(三)按受教育方式来分有:面授教育、函授教育、远距离教育、自学考试等

1. 面授教育

面授教育是教育者按照确定的教学计划,在一定的时间内,按照一定的进度,对受教育者实施的教育。它是我国教育形式结构中一种最主要、最普遍的方式。小学、中学、全日制大学、全脱产的成人教育,以及各级各类的半工半读学校、业余学校,都以面授教育的方式为主。

面授教育是随学校教育的产生而产生的,同其他教育方式相比,具有突出的特点:第一,这种教育方式是教师当面讲授,可以充分发挥教师的主导作用,增强师生间的互动与交流。第二,在教育过程中,教师和学生可以直接地、及时地得到反馈信息,教师可以根据教学反馈情况,及时调节教学方法、调整教育进度、增强教育效果。第三,面授教育是师生共同参与的双边活动,师生的思想、品德、个性都可以直接地相互影响。这是面授教育的一个主要特点,是其他教育方式所不可能具有的特点。

2. 函授教育

函授教育是运用通讯方式进行的教育。其实施机构是函授学校或全日制高等、中等专业学校的函授部。学院利用业余时间,以自学函授教材为主,由函授学校给予辅导和考核,并在一定时间进行短期的集中面授辅导。

函授教育的特点是:第一,学院可以充分利用业余时间,在教师书面指导下,按照函授学校相应专业的教学计划和教学大纲进行自学。第二,专业设置针对性强,实用性较强,学员不需要脱产学习,收效快。第三,学习形式灵活机动,受时间、地域等方面的限制较少,学习方式灵活,以业余、自学为主,可以适应许多部门职工学习。第四,函授教育投资少,不需新建校舍,可以充分利用现有师资和各种教育设施。

3. 远距离教育

远距离教育是凭借网络、广播电视等多种媒体,在较远的距离范围内进行教学的一种开放型教育形式。

进入 20 世纪以来,现代电子信息技术迅速发展,全球网络化、信息化的大趋势为远距离教育的发展创造了条件。尤其是网络普及以来,在正规教育和非正规教育中都得到了广泛的技术应用。远距离教育不受时间、空间、校舍、师资等的限制。充分利用远距离教育的形式,在人口众多、幅员辽阔、教育待普及的我国,更有其现实性和必要性。远距离教育可以覆盖我国的大部分城市和农村,便于我国教育的普及。

4. 自学考试

自学是人们根据主观的需要,在自我计划、自我制约下,有目标、有系统地进行的学习活动。自学,尤其是在团体或专人指导下的自学,在任何教育体系中都具有无可替代的价值。

在我国,自学活动发展得越来越普遍,特别是1981年高等教育考试制度的建立,使无组织的自学活动发展成为有组织、有领导的自学,得到国家的承认,并把自学作为一种接受教育的方式纳入教育结构之中。高等教育自学考试制度是通过群众自学高等学校一定专业的有关课程,然后经国家考试,借以选拔专门人才的方法。它是个人自学、社会助学和国家考试相结合的一种新的教育形式。

三、教育制度的历史发展

教育制度是人类社会发展到一定历史阶段的产物,它伴随着学校的出现而产生。由于受到各种社会因素和人的身心发展规律的制约,教育制度必然会随着社会的发展变化而变化。在不同的社会历史时期,教育制度表现出不同的时代特点。

原始社会处于未分化状态,其教育还未从社会生产和生活中完全分化成为独立的社会活动,主要表现为:没有专门从事教育的人员和相对固定的教育对象,没有专门为教育所用的内容和场所,教育活动渗透在生产和生活之中,因此,也不可能有什么教育制度可言。

古代社会,由于社会的分化,教育从社会生产和社会生活中第一次分离,产生了古代学校。随着学校的发展,就有了简单的学校系统,因此产生了古代教育制度。我国古代学校教育制度萌发于夏、商、周,形成于春秋,鼎盛于唐代。西方古代学校教育制度的源头一直可追溯到闻名于世的斯巴达和雅典教育,形成于古罗马,鼎盛于中世纪。

现代教育制度的历史发展与工业化的进程紧密相联,它为现代教育制度的产生与发展提供了动力和条件。18世纪下半叶英国发生了工业革命,这使得英国经济出现了根本性变革。随后,工业革命迅速波及美国、法国、德国等西方国家。教育制度开始萌发出现代化的嫩芽——普及义务教育提到了议事日程,教育各阶段、各类型的衔接受到了关注,教育开始摆脱中世纪宗教的"梦魇",科学开始在课堂上占据一席之地。

19 世纪中期以后,随着工业革命的发展,社会劳动生产率的迅速增长,教育对国家利益的重要意义被越来越多的工业化国家所认识。这一时期,西方各主要国家都先后建立起了自己的学制系统,初等、中等和高等教育的衔接已在相当程度上形成,并由此出现了三种在当代仍有代表性的学制系统:双轨制、单轨制及介于两者之间的分支型学制。到第二次世界大战时期,一些主要发达国家的教育无论是就其学制、管理制度,还是就其民主化、世俗化来讲,都粗具制度化的规模,这种制度化在第二次世界大战后得到了进一步的发展。

随着社会的不断发展和进步,人们对不同层次、不同类型教育的需求也越来越大,现代教育制度逐渐得到不断发展和完善。它已由过去单一的学校教育系统,发展为一个包括校内儿童教育机构系统、校外儿童教育机构系统和成人教育机构系统的庞大的教育体系,它的发展方向是终身教育制度。当前,教育制度向终身教育方向发展的趋势在发达国家表现得尤为明显,许多发达国家已经制定了相关的法律和政策,以保障终身教育制度的有效实施。

第二节　现代学校教育制度

教育制度是由多形式、多层次的教育构成的完整体系。其中,学校教育制度构成了教育制度的核心,是一个国家教育制度的代表。学校教育制度的设立受社会特定发展阶段的政治、经济和文化等因素的影响,更要考虑到受教育者身心发展的顺序性和规律。可以认为学校教育制度是在多因素的影响下而形成的复杂系统。学校教育制度还可呈现明显的历史性特点,即使同一社会的不同发展阶段,学制也在不断作出调整和变化。

一、学校教育制度的概念

学校教育制度简称学制,是指一个国家各级各类学校的系统及其管理规则,它规定着各级各类学校的性质、任务、入学条件、修业年限以及它们之间的关系。它是教育制度中最重要的组成部分,集中体现了整个教育制度的精神实质。它包括两个层面:一是学校行政制度,主要涉及学校与国家和地方政府的关系;二是学校管理制度,主要涉及学校内部管理的一些关系,如考试制度、教学制度、评估制度、奖励制度、升留级制度等。各级学校,指学前教育机构、初等学校、中等学校、高等学校。各类学校,按学校任务来划分,有普通学校、专业学校等;按教育对象的特点来划分,有为正常儿童开设的学校和应特殊儿童教育需要而开设的特殊学校;按学校的组织形式来划分,有全日制学校、半工半读学校、函授和业余学校等。各级各类学校之间从关系而言并非是独立的、不相干的。这些学校在学校系统中所处的地位和比重,受到特定社会发展阶段的政治、经济、文化传统以及教育已有发展水平的制约。

二、学校教育制度建立的依据

世界各国学制,种类各异,各有其发展历史,各有其优劣短长。然而,学制的制定不是主观、随意的,它受一定社会的经济、政治、文化以及青少年发展规律的制约。

(一)学校教育制度受生产力和科技发展水平的制约

古代社会,生产力发展水平低,科技不发达,劳动力并不需要具备一定的知识水平,学校系统也非常不完备。此时,并没有完善的、相互衔接的学制系统。随着生产力水平的提高,社会分工越来越细致,社会需要越来越多的不同领域的专门人才,对学校教育的需求也逐渐多样化和层次化,于是,此时学校类型逐渐增多。资本主义大工业生产的兴起,使科学技术在生产中得到广泛应用,需要的高层次专门人才的数量越来越多,这种社会发展形势对学校教育提出三个方面的新要求:一是要求工人普遍接受一定的学校教育,掌握适应大工业生产的文化科学知识和技能,反映到学制上,要求实行义务教育制度;二是要求少数人承担起发展新的科学技术的责任,起到技术创新的作用,因此,必须实现各学校系统之间在层次上的衔接;三是要求大工业生产需要不同层次的各种专业技术人才,必须建立适应生产与科技发展的职业教育系统。进入现代社会,为了提高民族素质,增强国家软实力,义务教育的基础地位逐渐凸显,职业技术教育迅猛发展,这种发展形势都体现在了学制的变化上。究其缘由,均是由生产力和科学技术发展的客观需要决定的。

（二）社会的政治、经济制度是影响学制产生和发展的重要因素

教育机构的确立与调整，学制的颁布与实施都是由国家政权机关控制的。国家的各项教育决策均以适应本国政治、经济制度为准则。古今中外，无不如此。古代社会的教育结构简单，形式单一，中心是培养统治阶级的继承人；现代资本主义制度下，由于对劳动力的知识素质要求提高，逐渐确立了复杂的教育机构，学制也日趋完备，它显然是受资本主义的政治、经济因素制约，为特定社会和阶级服务的。

每个国家要自觉地按照本国政治、经济制度的要求，调整教育结构，改革学制，使整个学校教育系统培养出来的人才，在数量、质量、层次结构和专业结构等方面符合国家经济和社会发展的需要。

（三）学校教育制度受儿童身心发展规律的制约

学制的制定，不仅要适应政治、经济发展的需要，同时还必须考虑到儿童身心发展的特点。人的成长是具有内在规律的，关系到人的身心成长的教育活动在规定入学年龄、修业年限以及确定教育的层次结构时，不可避免地要以人的身心成长的阶段性规律为依据。心理学、脑科学的研究证明：一般人在 6 岁时大脑重量已达成人的 90%，余下的 10% 是在其后十年中长成的，六到十六七岁是可能接受系统科学知识、身心迅速成长的重要时期，一般被称为学龄时期。关于我国学龄人口的年龄划分虽然现在还没有一致的意见，而且随着儿童身心发展的变化以后还会有变动。但是根据目前较为一致的看法，一般分成下面三个时期：

童年期，又称学龄初期，六七岁到十一二岁。

少年期，又称学龄中期，十二三岁到十四岁。是一个人心理和生理发生巨大变化的时期，是从童年过渡到青年的时期。此时的儿童兴趣广泛，情感丰富，自我意识增强，渴望独立自主。

青年初期，又称学龄晚期，十四五岁到十七八岁。[①]

制定学制、规定入学年限与修业年限、确定各类学校的分段与衔接、特殊学校的设立等都必须考虑学生的身心发展规律。学生的身心发展规律是

---

① 瞿葆奎主编：《教育学文集·教育制度》，人民教育出版社 1990 年版，第 37—38 页。

调整教育结构和建立学制的重要依据之一。

(四)学校教育制度的确立,吸取原有学制的合理成分,借鉴外国学制建设中的有益经验

中外教育历史表明,一个国家改革学制时,一方面是根据统治阶级的需要和本国具体国情,另一方面也经常借鉴国外学制中的有益经验。历史表明,任何一个国家的学制都有它建立和发展的过程,既不能脱离本国学制发展的历史,又不能忽视外国学制的有益经验。

三、现代学校教育制度的类型

学校教育是制度化程度最高的教育形式,被称作正规教育,是现代教育的主体部分。学校教育制度是现代教育制度的核心。现代学校教育制度是现代学校不断发展、组织日趋严密的产物。历史上,学校教育制度呈现出三种形态:双轨制、单轨制和分支型学制。

(一)双轨制

双轨制出现最早,18 世纪已初露端倪,19 世纪开始定型,主要代表是第二次世界大战前的德、法、英等欧洲国家。它的学校系统分为两轨:一轨是下延型教育系统,是以中世纪发展起来的大学为起点,向下发展即为升大学做准备的中等学校教育。这类学校后来发展成专为资产阶级子女设立的,从小学、中学、直到大学,他们受到比较高深的、完备的学术教育,负责培养学术人才和管理人才,属于精英教育的范畴。另一轨是上延型教育系统,是为劳动人民子女设立的,学生读完初级小学后,不允许进入文法中学或公学,只能进入高等小学或初等、中等职业学校接受职业教育,这类学校负责培养熟练劳动力。两轨之间互不贯通,既与古代教育等级性有关,与资产阶级的自身利益有关,又与资本主义发展初期脑力劳动和体力劳动存在严重的分离有关。其特点是两轨学校系统之间分工明确,分别承担精英教育和大众教育的任务,但其背离了现代教育普及化、公平化的基本精神。

双轨学制的优点是在它的学术性一轨中保持了相对严格的教育目标、教育内容、学术标准。这对于培养社会高层次人才是有利的。但它的缺点也是明显的。首先,它从教育的起点开始,给不同的阶层、阶级的儿童享受

平等的受教育权利设置了人为的障碍,剥夺了中下层劳动子女接受高等教育的权利,减少了劳动阶级子女成为脑力劳动者、社会上层人士的机会。其次,双轨制的两轨之间互不相通,也不相接,这使社会丧失了从中下层劳动阶级子女中选拔出类拔萃的人才的机会。最后,双轨学制的最大缺点是不利于教育的逐级普及,特别是高等教育的普及。所以,今天世界上实行双轨学制的国家纷纷进行改革,向单轨制靠拢。

(二)单轨制

19世纪后期,体现教育民主的单轨学制最早在美国确立。其特点是各级各类学校互相衔接。美国是新兴资本主义国家,历史羁绊较少,以民主、自由、平等作为立国理念,这一点也反映在教育制度中。单轨制在形式上保证任何学生都可以由小学而中学直至升入大学。它最受称道之处在于其平等性,但在一定时期、一定程度上也往往存在着效益低下、发展失衡、质量悬殊等问题。应该说,单轨制、双轨制在产生发展之初,都是各国根据不同国情作出的历史抉择,具有相当的必然性和合理性。

单轨制从入学条件、教育目标来看,它没有明显的不公平之处,符合教育民主化的历史潮流。它的一贯制学校教育系统有利于教育的逐级普及,中学阶段的多种分段制既灵活且相通,这有利于人们根据社会劳动力市场需求的变化及自身条件、需求作出自由选择和调整,它符合现代社会生产与经济发展、产业结构迅速变化的形式,从而显示出勃勃生机。但单轨学制也有缺点,它在普及教育的同时,对如何提高教育的质量、如何培养出高质量有特色的人才缺乏有效措施。在像美国这样的资本主义国家,师资水平高、设备条件好的著名私立学校,同英、法、德一样学费昂贵,一般劳动阶层承担不起。

(三)分支型学制

帝俄时代的学制属欧洲双轨学制。十月革命后,苏俄建立了统一的社会主义劳动学校系统,后来随着经济建设的发展,又恢复了帝俄时代文科中学的某些传统和职业学校单设的做法,于是形成了既有单轨学制特点,又有双轨学制特点的苏联式的分支型学制。分支型学制前段是单轨,后段分叉,是介于双轨学制和单轨学制之间的一种学制。在起点不分轨,所有的孩子都进入公立幼儿园,然后进入初等教育机构,到了中学阶段便开始分流,学生们有的进入普通中学学习,有的进入职业学校,有的进入师范学校、医科学校等专业技术学校。无论哪种学校的优秀毕业生都能升入相应的高等学校学习。

苏联的分支型学制有其独特的特点:在教育的起点上是公平的,没有阶级、阶层歧视,充分体现了社会主义制度的优越性。从中等教育开始实行的多轨学制之间相连相通,这有利于人们根据需要和可能选择不同层次、不同类型的教育,有利于教育的普及。另一个优点是它保持了传统双轨制另一轨中的学校教育的学术性、高质量。但是,分支型学制中的不足体现为,国家对学校教育的管理体制过于集中、统一,教学计划、教学大纲、教科书等完全统一,学时过多,课程过多,学生负担过重,缺乏学习的积极性、主动性,不利于不同个性人才的自由发展。

四、学校教育制度变革

当前,世界各国都在积极调整和完善本国的学校教育制度,以适应社会发展的需要,培养富有创造力的新型人才,促进本国教育事业的发展,提高本国的综合国力。具体表现如下:

(一)幼儿教育

欧美发达国家纷纷重视早期教育,为使幼儿教育迅速走向普及,许多国家已经把幼儿教育列入学制。与此相联系,幼儿教育阶段主要有两个变化:一是幼儿教育的结束期普遍有所提前,原来7岁的提前到6岁,6岁的提前到5岁;二是幼儿教育和小学教育的联系加强,甚至使幼儿教育的大班和小学的低年级结合起来。如英国规定5—7岁儿童入幼儿学校,而幼儿学校又作为小学的一部分;法国从1970年起5岁儿童已经全部进入幼儿学校,把5—11岁的儿童划分为5—7岁,7—9岁和9—11岁三个教育阶段,使幼儿教育和小学教育有机结合起来。

(二)小学教育

以蒸汽机的广泛使用为标志的第一次工业革命要求劳动者有一定的自然和社会科学知识,这就推动了以劳动人民子女为对象的小学教育的广泛发展,英、德、法、美、日等国先后通过了普及初等教育的义务教育法。目前,发达国家的普及教育已发展到初中或高中,小学教育成为普及文化科学基础知识教育的起始阶段。而由于学生身心发展成熟期的提前,教师水平和小学教育质量的提高以及对儿童潜力的重新认识等原因,都促进了小学教育的变革。一是小学入学年龄提前,由原来的6—7岁入学,提前至5—6岁;二是普遍取消了小学的初高年级之分,初等教育阶段一般是指小学1—6年级;三是小学和初中共同构成基础教育阶段。

（三）初中教育

由于义务教育早已延长到了初中阶段,而且很多国家义务教育的年限仍在逐年延长,再加上当代初中阶段已成为科学基础教育的重要阶段,初中的科学基础教育对今后的职业教育和进一步的科学教育都有重要作用,因而导致了初中阶段教育结构的下列变化:一是初中学制延长;二是把初中阶段看作普通教育的中间阶段,中间学校即由此而来;三是把初中教育和小学连结起来,统一视为文化科学基础知识教育,取消小学和初中之间的考试,加强初中结束时的结业考试,把这整个阶段看作基础教育阶段,之后再进行分流,或进行进一步的文化科学知识教育,或进行职业教育。

（四）高中教育

高中本身是现代学制发展到一定阶段的产物。西欧双轨学制的中学过去没有严格的初、高中之分,美国单轨学制中最先有了高中,接着苏联学制中也有了高中,最后是欧洲双轨学制的中学在变革中也不得不分为两段,因而也才有了高中。高中阶段教育结构的多样化,是现代学制在当代发展中的一个重要特点。高中阶段教育因其所承担的任务不同主要分三种类型:仅仅肩负升入大学预备教育单项任务的——西欧高中;同时肩负大学预备教育和普及高中文化科学知识教育两项任务的——苏联高中;肩负大学预备教育、普及高中教育和进行职业教育的——美国综合高中。从目前的发展趋势可以预料,随着普及教育达到高中阶段,综合高中将成为发展的主流。

（五）高等教育

在12世纪,随着手工业、商业、城市的发展,意大利、法国、英国等国家出现了大学,现代大学就是在对中世纪大学进行改造的基础上,增加自然科学、人文科学的教学内容而形成的,如牛津大学、剑桥大学、巴黎大学。另一类大学则是在现代科技与生产力影响下创设的,如伦敦大学、巴黎高等师范学校。19 世纪到 20 世纪初的高等学校是文化和科学的金字塔。那时的大学和生产技术的联系并不是十分密切,主要进行 3—4 年的本科教育。其他层次或者没有,或者比例甚小。其后,特别是第二次世界大战以后,高等教育有了重大发展,和生产及技术的联系日益密切。现代社会、现代生产和现代科学技术向高等学校要求各级各类高级人才,于是推动了高等教育结构的变化:一是多层次,过去只有本科一个层次,而现在则由多个层次:大专、本科、硕士、博士;二是多类型,现代高等学校的院校、科系、专业类型十分繁多,有的注重学术性,有的侧重专业性,有的偏重职业性;三是多形式,不仅限于正规的全日制教育形式,还有非正规的高等教育形式,如英国的开放大学,加拿大的无围墙大学,德国的函授大学,日本的广播大学,等等;四是跨学科,高等教育正在打破传统学科界限、实行跨学科教育的改革。另外,高等学校和社会、生产、科学技术、社会生活的各个方面的联系越来越密切。

第三节　我国现行学校教育制度

一、我国近代学制的产生与发展

(一)1902—1904 年学制(癸卯学制)

我国近代以法令形式公布并在全国推行的学制,是 1902 年制定(壬寅学制)、1904 年修订并实施的学制(癸卯学制)。这是我国第一个在全国颁布实施的现代学制,直至辛亥革命时被废止。这个学制在形式上是照搬日本,同时保留了旧式教育(如读经、讲经、科举制度)的残余。该学制将学校系统分为三段七级:初等教育阶段分为蒙养院(4 年)、初等小学堂(5 年)、高等小学堂(4 年)三级;中学教育阶段仅中学堂一级(5 年);高等教育阶段分高等学堂或大学预科(3 年)、大学堂(3—4 年)、通儒院(5 年)三级。从横的方面看,还有与各段平行的各类学堂。学制还详细地规定了各级各类学堂必修课程、学时及达到的标准。

癸卯学制有三个主要特征:其一,该学制突出体现了"中学为体,西学为用"的指导思想;其二,该学制是我国学程最长的学制;其三,在课程设置上,特别注重读经,具有浓厚的封建性;其四,该学制排除了对女子的教育,是一个单纯男性教育的学制。

　　癸卯学制是中国废除科举制度后第一个正式颁布施行的新式学制,对中国学校教育制度在组织形式上影响是较大的。因而往往将它称为第一次"新学制"。

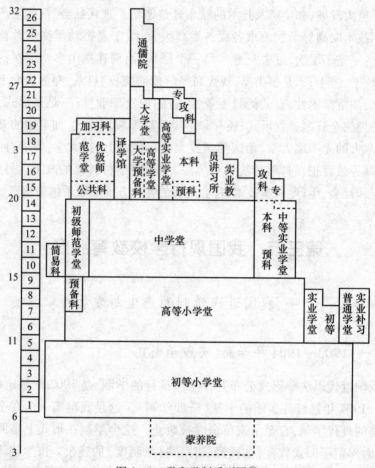

图 4 - 1　癸卯学制系列图①

(1904 年 1 月 13 日,光绪二十九年 11 月 26 日)

(二)1912—1913 年学制(壬子·癸丑学制)

　　1911 年辛亥革命的成功,彻底推翻了统治中国达两千多年的君主专制,

------

① 王道俊、王汉澜主编:《教育学(新编本)》,人民教育出版社 1989 年版,第 150 页。

建立了资产阶级的民主共和国。随着政治体制的变革,学制系统也作了相应的调整。1912—1913 年间民国政府废除了旧学制,逐步形成了一个新的学校系统,史称《壬子·癸丑学制》。该学制废除了清末学制的忠君尊孔思想,以"军国民教育"、"实利教育"、"公民道德教育"、"世界观教育"和"美育"作为教育的宗旨,以提升国民素质,培养新中国成立人才。

与癸卯学制相比,该学制是一个真正意义上的现代学制,它废除了中小学的读经科和大学的经学科,学制改学堂为学校,取消了进士出身奖励,反映了现代社会民族资本主义发展的要求;缩短了初等教育的年限,便于普及初等教育;确定了妇女的受教育权利和男女同校制度,同时筹办各级女子学校;同时强调对学生个性的培养等等都具有一定的进步意义。

(三)1922 年学制(壬戌学制)

该学制是 1922 年 11 月由当时的留美归国人员主持的全国教育联合会以美国学制为蓝本制定的。它把小学、初级中学、高级中学的修业年限分别规定为六年、三年、三年,所以人们又把该学制称为"六三三"学制。此学制

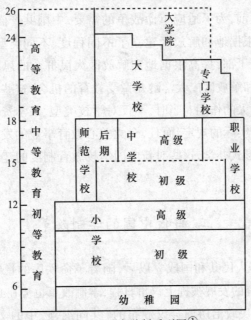

图 4-2　壬戌学制系列图①

---

① 黄济、王策三主编:《现代教育论》,人民教育出版社 1996 年版,第 296 页。

提出的教育目标是:(1)适应社会进化需要;(2)发扬平民教育精神;(3)谋个性之发展;(4)注意国民经济力;(5)注意生活教育;(6)使教育易于普及;(7)多留地方伸缩余地。很显然,壬戌学制在教育目标上深受美国教育家杜威的实用主义教育思想的影响,但该学制并不完全是美国学制的翻版,它在一定程度上反映了当时我国教育学者结合中国国情的一些思考,反映了发展中的中国民族资本主义的需要。

该学制有其自身的特点:首先,该学制采用六三三分段法,比较符合学龄儿童身心发展的规律。该学制小学分为两级,初级小学四年为义务教育阶段,高级小学二年,有利于初等教育的普及;中等教育阶段由四年一贯制改成三三制,克服了旧学制中中学只有四年而造成的基础知识浅的缺点,改善了中学与大学的衔接关系。其次,大学取消了预科,实行选科制。再次,新学制增强了职业教育,其最明显的特点,就是兼顾了升学和就业。最后,师范教育的种类增多,程度也相应提高,而设置也比较灵活。

(四)老解放区的学制

新中国诞生前,为了适应革命战争的需要,中国共产党从实际出发,因地制宜,在革命根据地和解放区建立了不同程度、不同类型的学校,以培养和造就大批优秀干部,提高根据地和解放区人民群众的思想觉悟和文化水平,保障根据地和解放区广大学龄儿童受教育的机会,这些举措对争取革命的胜利起到了重大的作用。当时,不仅对学校类型、入学资格和学习年限等方面进行了符合实际的规定,而且,全党关心教育事业的发展,从实际出发,依靠群众,多种形式办学,这些对新中国学校教育制度的建立都产生了重要的影响。

二、当代中国的学制改革

1949 年中华人民共和国成立以后,随着革命秩序的稳定和国民经济的恢复和发展,教育的发展被提上议事日程,学制改革也势在必行。

依据中国人民政治协商会议颁布的《共同纲领》中的文教政策,继承老解放区教育制度的优良传统,并结合当时的实际情况,政务院于 1951 年 11月 1 日颁布了《关于改革学制》的决定,它标志着我国教育制度的发展进入了一个新的阶段。

　　1951 年的学制组织系统,分为幼儿教育(幼儿园)、初等教育(包括小学和青年、成人的初等学校)、中等教育(包括中学、工农速成中学、业余中学、中等专业学校)、高等教育(包括大学、专门学院和研究部)以及各级政治学校、政治训练班等。此外,还有各级各类补习学校、函授学校及聋哑、盲人等特种学校。

　　1951 年学制的突出特点是:学校教育面向工农,让广大劳动人民及其子女都有受教育的权利与机会,教育重视培养工农业生产的各种建设人才。这个新学制从 1952 年起在全国推行,促进了国家教育事业的发展。

　　随着社会主义建设的发展,1958 年,中共中央、国务院于 9 月公布的《关于教育工作的指示》指出:"现行的学制是需要积极地和妥善地加以改革的,各省、市、自治区的党委和政府有权对新学制积极进行典型试验,并报告中央教育部。经过典型试验之后,应当规定全国通行的学制。"根据这一指示精神,1958 年以后,全国各地开展了中小学学制改革试验,大办半工(农)半读学校、业余学校。但是由于当时来自"左"的方面的干扰,教育事业发展的规模与速度超越了现实的可能性,学制改革也留下了深刻的教训。十年动乱中,中国的教育制度遭到严重摧残与破坏。及至拨乱反正之后,中国学制的改革重新步入健康发展的轨道。

三、中国现行的教育基本制度

　　1978 年以来,中国教育事业朝着改革、开放的方向发展,与此同时,中国的教育制度日臻完善。1995 年,《中华人民共和国教育法》得以颁布与实施,《教育法》对中国现行的教育基本制度作了明确的法律规定。中国现行的教育制度主要包含以下几个方面:

(一)学校教育制度

　　国家实行学前教育、初等教育、中等教育、高等教育的学校教育制度。

　　学前教育主要办学机构是幼儿园,招收 3—6 岁幼儿,向幼儿进行与他们年龄特征相适应的教育,促进其身心健康活泼地成长,为小学教育打好基础。

　　初等教育主要指全日制小学,招收 6—6 岁半的儿童入学,学制 5—6 年。初等教育的任务是给儿童以德、智、体全面的基础教育,为他们进一步接受中等教育打下良好的基础。

中等教育指全日制普通中学、职业中学、农业中学、中等专业学校、技工学校和业余中学、成人中专等。当前普通中学分初级中学与高级中学两个阶段,学制一般为"三三制"。中等教育的任务一方面是为社会培养劳动后备力量,一方面是为高校培养合格新生。

高等教育指普通高等本科、专科院校、成人高等院校、职业技术高等教育院校及其他各种类别的高等教育机构与学校。高等教育分专科、本科与研究生教育三种层次。专科教育修业年限为2—3年,本科教育修业年限为4—5年。研究生教育分硕士与博士两个阶段,修业年限一般均为3年。

(二)九年制义务教育制度

九年制义务教育制度是国家实行的一项基本教育制度。根据《中华人民共和国义务教育法》,义务教育是国家统一实施的所有适龄儿童、少年必须接受的教育,是国家必须予以保障的公益性事业。《义务教育法》明确了义务教育各类主体及其法律责任,建立了义务教育经费保障新机制,建立了一系列促进义务教育均衡发展的制度与机制,强调推进素质教育,提高义务教育、教学质量。实施九年制义务教育制度对提高全民族素质,促进中国现代化建设事业具有重大而深远的意义。

(三)职业教育与成人教育制度

职业教育是给学生从事某种职业或生产劳动所需要的知识和技能的教育。它包括职业学校教育、职业培训和职业预备教育。职业培训包括从业培训、转业培训、学徒培训、在岗培训、转岗培训及其他职业性培训。职业教育分为初等、中等、高等三级,和普通教育相互对应。

成人教育是通过业余、脱产或半脱产的途径,对成年人进行教育。它是学校教育的继续、补充和延伸,是终身教育的组成部分。成人教育的主要形式有:扫盲识字班、职业学校、农民学校、夜大学、广播电视教育、函授教育、各种短期培训班、各种知识和技术讲座、自学考试等等,构成从扫盲到高等教育的完整体系。

(四)国家教育考试制度

国家教育考试制度是国家授权批准的,由实施教育考试机构承办的一

种考试制度。目前,我国设立的国家教育考试主要有:普通高等学校和成人
高校的招生考试,研究生入学考试,中等、高等教育自学考试,中国汉语水平
考试,全国外国语水平考试,计算机等级考试,对社会力量举办的高等教育
进行的国家学历文凭考试以及教师资格证书考核等等。

(五)学业证书制度和学位制度

学业证书是指学校及其他教育机构颁发的、证明学生完成学业情况的
凭证。学业证书从学生完成学业的情况可分为毕业证书、结业证书、肄业证
书。从学历的有效性可分为学历证书、非学历证书。相应学校颁发的毕业
证书为学历证书。进修证明、资格证书等为非学历证书。学历包括小学学
历、初中学历、高中学历、中专学历、大学专科学历、大学本科学历、研究生
学历。

学位制度是国家或高等学校以学术水平为衡量标准,通过授予一定称
号来表明专门人才知识能力等级的制度。学位是评价学术水平的一种尺
度。我国学位分为学士、硕士、博士三个等级。学士学位学科门类分为哲
学、经济学、法学、教育学、文学、历史学、理学、工学、农学、医学、军事学11
类。国务院设学位委员会,负责领导全国的学位授予工作。学士学位由国
务院授权的高等学校授予;博士、硕士学位由国务院授权的高等学校和科研
机构授予。

(六)教育督导制度和评估制度

教育督导制度是县以上各级人民政府授权给所属的教育部门,对下级
人民政府及其教育部门的教育工作进行监督、指导的制度。现阶段教育督
导的范围主要是中小学教育和幼儿教育。教育督导的基本形式有综合型督
导、专项督导、经常性检查等。我国教育督导机构分为国家、省(自治区、直
辖市)、地(市、州、盟)、县(区、旗)四级设置。各级教育督导机构设专职和
兼职督导。督导机构完成督导任务,应向本级人民政府及其教育行政部门
及上级督导机构报告督导结果,提出意见和建议。

教育评估制度是依据一定的教育目标和标准,对学校的办学水平与教
育制度等方面进行评价和估量,以保证办学基本质量的一项制度。学校评
估主要有合格评估、办学水平评估和选优评估三种形式。合格评估是对新
设置学校的基本办学条件和教育质量的评估。办学水平评估,是上级人民

政府和学科主管部门对学校的办学水平进行的经常性评估。选优评估是在学校间进行的评比选拔活动，其目的是鼓励先进，鞭策后进，促进竞争，提高水平。教育评估制度的实施，对加强学校建设，提高办学水平起着良好的推动作用。

四、我国学校教育制度改革与发展

百年大计，教育为本。教育是民族振兴、社会进步的基石，是提高国民素质、促进人的全面发展的根本途径，寄托着亿万家庭对美好生活的期盼。强国必先强教。优先发展教育、提高教育现代化水平，对实现全面建设小康社会奋斗目标、建设富强、民主、文明、和谐的社会主义现代化国家具有决定性意义。按照科学发展观的要求和我国社会主义现代化建设的需要，我国目前学校教育制度还需要在如下方面进行改革：

(一)大力发展学前教育

学前教育对幼儿身心健康、习惯养成、智力发展具有重要意义。目前，发达国家学前教育有结束期提前、由高班到低班逐步普及、使学前教育与小学低年级教育加强联系和衔接的趋势。根据我国前不久颁布的《国家中长期教育改革和发展规划纲要(2010—2020)》，我国学前教育发展目标是：到2020年，普及学前一年教育，基本普及学前两年教育，有条件的地区普及学前三年教育。在学前教育改革中，应突出强调政府的责任和作用，建立政府主导、社会参与、公办民办并举的办园体制。加大政府投入，完善成本合理分担机制，对家庭经济困难幼儿入园给予补助。

(二)全面普及义务教育

现代教育的历史，就是不断普及和扩大教育的历史。义务教育是国家必须予以保障的公益性事业，是国家统一实施的所有适龄儿童、少年必须接受的教育。面对激烈的国际竞争和旺盛的教育需求，特别需要进一步普及义务教育并提高义务教育质量，推进义务教育均衡发展。

具体来说，一是应进一步提高义务教育质量，严格执行义务教育国家课程标准、教师资格标准，推进课程与教学方法改革，切实减轻中小学生的课业负担，提高义务教育学校教师的质量。二是推进义务教育均衡发展。现代教育不仅是经济建设的"发动机"、科技发展的"加速器",也是社会的"稳定器"和"平衡器"。当前特别值得重视的问题是如何通过有效的公共政策,促进义务教育均衡发展,努力缩小而非人为扩大客观存在的各种教育差距和社会差距。三是应切实保障义务教育阶段处境不利的群体平等接受义务教育的权利。目前,尽管各级政府从政策到实践都采取了诸多措施,但在义务教育阶段,一些贫困家庭的子女、进城务工就业农民子女等群体仍处于相对不利的地位,甚至是失学或辍学的境地。因此,各级政府应采取必要措施,确保适龄儿童、少年不因家庭经济困难、就学困难、学习困难等原因而失学,努力消除辍学现象。

(三)继续调整中等教育结构

中等教育结构改革的中心问题之一是处理普通教育与职业技术教育之间的关系。各国在教育制度改革中,在如何处理中等教育阶段普通教育与职业技术教育的关系问题上,采取的措施不尽相同,有的侧重发展和完善职业技术学校体系,有的在普通中学中增加职业技术课程或设立职业技术班,但是,两者相互渗透、趋于结合的方向是共同的。对于我国来说,为了满足青少年升学、就业的选择和社会发展的需要,义务教育后的学制应该多样化,即应有普通高中、职业高中、中等专业学校和技工学校等不同类型的学校,供学生选择。

此外,应根据经济社会发展需要,合理确定普通高中和中等职业学校招生比例,推动普通高中多样化发展。鼓励有条件的普通高中根据需要适当增加职业教育的教学内容,探索综合高中的发展模式,采取多种方式为在校生和未升学毕业生提供职业教育。

(四)大力发展高等教育

高等教育承担着培养高级专门人才、发展科学技术文化、促进社会主义现代化建设的重大任务。近十年来,我国的高等教育发展迅速,并日益走向开放化和大众化。2006年,全国普通高校招生540万人,是1998年的5倍;高等学校在校生人数2500万,毛入学率为22%,实现了从精英教育到大众化教育的跨越式发展。目前,我国高等教育改革的重要内容之一是要全面提高教育质量,特别是人才培养质量,着力培养信念执著、品德优良、知识丰富、本领过硬的高素质专门人才和拔尖创新人才。同时,应大力提升高等院校的科学研究水平,充分发挥高校在国家创新体系中的重要作用。促进高校、科研院所、企业科技教育资源共享,推动高校创新组织模式,培育跨学科、跨领域的科研与教学相结合的团队。促进科研与教学互动、与创新人才培养相结合。此外,应努力增强高等院校的社会服务能力,推进产学研用结合,加快科技成果转化,为社会成员提供继续教育服务。

◉ 拓展阅读

我国民办高等教育①

　　根据教育部统计,2005年纳入国家招生计划的民办高校有252所(本科25所,专科227所),在校生105.17万人;独立学院295所,在校生107.46万人;从事计划外招生、实行"宽进严出"的高等职业专修学院有1077所,在校生109.15万人。还有其他一些民办教育形式如远程教育、国际合作教育等,在校生19.51万人。以上几种民办高等教育形式在校生共计341.29万人,全国各类高等教育总规模达到2300万人,民办高等教育规模占高等教育总规模的14.84%。

　　据统计,2007年,四川省民办普通高等学校和独立学院共21所,在校生共12.576万人,占全省高等学校及机构的在校学生总数(131.4161万人)的9.57%。四川省民办高等教育在推动高等教育改革、扩大高等教育资源、提供多样化的教育选择等方面发挥着重要作用。总之,民办高等院校已成为四川省高等教育的重要组成部分,对四川省高等教育迈向大众化阶段发挥了积极的促进作用,对四川省的经济发展和社会进步亦作出了积极的贡献。

　　陕西民办高等教育经过近三十年的探索和发展,已成为全省高等教育事业的重要组成部分。目前全省共有民办高等教育机构20所,固定资产总值超过9.2亿元,在校生5.3万人。

　　上述材料告诉我们民办高等教育是我国高等教育体系的重要组成部分。我国正处在体制深刻转换、结构深刻调整、社会深刻变革的历史时期。在这样一个时期,我国教育事业发展面临的基本矛盾是人民群众对于优质教育的强烈需求和优质教育资源供给严重不足的矛盾。只靠国家增加教育投入解决不了这个日益尖锐的矛盾,必须拓宽教育投资渠道,广泛吸纳社会资金来弥补国家教育投入的不足,走多元化办学之路。

　　支持民办教育事业的健康发展,促进公办教育与民办教育共同发展格

---

　　① 李小娃:《民办高校发展的现实困境及路径选择》,《浙江树人大学学报》2009年版第5期,第16—22页。

局的形成,这是我国教育事业的发展大计。在国家法律法规的支持和各级
政府的高度重视下,民办教育具有更加广阔的发展空间。各国教育发展的
事实证明,公立私立并举是实现高等教育大众化的必由之路,这也是当前世
界高等教育发展的总趋势。按预测,未来十五年中国高等教育总规模扩大
到3000万人的艰巨任务,一半以上要由民办高等院校来完成,再过15—20
年,民办高等教育占半壁江山的局面将有可能形成。因此,民办教育的发展
前景是广阔的,构建公办教育与民办教育共同发展的办学新格局是我国教
育发展的必然趋势,民办高等院校定能在这样一个办学新格局中大有作为。

第四节 义 务 教 育

一、义务教育的含义

(一)义务教育概念的界定

义务教育是国家统一实施的,所有适龄儿童、少年必须接受的教育,是
国家必须予以保障的公益性事业。这是《中华人民共和国义务教育法》在修
订后总则第二条的规定,也是对义务教育含义的最确切概括。其要义主要
包括以下几点:

1. 国家有制定法律、保障儿童和青少年在学龄期受教育的义务

第一条规定:为了保障适龄儿童、少年接受义务教育的权利,保证义务
教育的实施,提高全民族素质,根据宪法和教育法,制定本法。第二条第三
款:国家建立义务教育经费保障机制,保证义务教育制度实施。

2. 国家有开办学校、任用教师、提供教材等方便儿童入学的义务

第六条规定:国务院和县级以上地方人民政府应当合理配置教育资源,
促进义务教育均衡发展,改善薄弱学校的办学条件,并采取措施,保障农村
地区、民族地区实施义务教育,保障家庭经济困难的和残疾的适龄儿童、少
年接受义务教育。

3. 儿童及少年在学龄期有入学受教育的权利和义务

第四条规定:凡具有中华人民共和国国籍的适龄儿童、少年,不分性别、民族、种族、家庭财产状况、宗教信仰等,依法享有平等接受义务教育的权利,并履行接受义务教育的义务。

4. 家长及其他监护人有送子女入学受教育的义务

第五条第二款规定:适龄儿童、少年的父母或者其他法定监护人应当依法保证其按时入学接受并完成义务教育。

5. 社会有交纳捐税或集资兴办学校、发展教育的义务

第四十八条规定:国家鼓励社会组织和个人向义务教育捐赠,鼓励按照国家有关基金会管理的规定设立义务教育基金。

(二)义务教育的特征

义务教育作为一项教育制度和法律制度,具有不同于其他教育制度和教育工作的独特属性。

1. 强制性

义务教育的国家强制性是义务教育的最本质特征。义务教育的英文表述为"compulsory education",直译为"强制教育",是依据法律的规定,由国家强制力保证其推行和实施的。适龄儿童和青少年,无论是否愿意,都必须接受义务教育。义务教育的国家强制性还表现在任何违反义务教育法律规定、阻碍或破坏义务教育实施的行为,都应依法承担法律责任,受到强制性处罚或制裁。

2. 普及性

义务教育施行的对象是全社会范围内的适龄儿童,同其他教育类型相比,它的普及性极为突出。我国新修订的《义务教育法》第四条规定:凡具有中华人民共和国国籍的适龄儿童、少年,不分性别、民族、种族、家庭财产状况、宗教信仰等,依法享有平等接受义务教育的权利,并履行接受义务教育的义务。

3. 免费性

免费性是义务教育的重要特征。所谓免费性是指国家对接受义务教育的适龄儿童、少年免除其部分或全部上学费用。这是世界各国实施义务教育的一个共同特点。免费教育不等于义务教育，但义务教育应当实行免费教育，因为只有国家、社会履行应尽的义务，创造免费的条件，才能强迫所有适龄儿童和少年接受教育。没有免费的强制是缺少充足理由的强制，因此，义务教育年限也应该视一个国家的国力而定。当然义务教育从免除部分费用到免除全部费用，从各国的条件出发，是一个逐步发展的过程。

二、义务教育的产生与发展

（一）世界义务教育的产生与发展

义务教育发端于德国。16 世纪欧洲宗教改革运动中，新教国家为推行宗教教育，提倡广设教育。1619 年，德意志魏玛邦公布的学校法令规定，父母应送其 6—12 岁的子女入学，否则政府得强迫其履行义务，并给父母以惩罚。一般认为，此为义务教育的开端。

19 世纪 70 年代出现的第二次工业技术革命给生产、科技和社会生活带来了巨变。这些变化不仅要求大大增加劳动者的数量，而且要求提供具备一定的文化科学知识的人才。这样，学校面临着扩大教育对象、更新教学内容、给劳动者以必要的文化科学教育等挑战，资本主义国家的统治阶级逐渐认识到义务教育的必要性。随着资本主义工业的发展，工人阶级也逐步壮大起来，他们要求得到受教育的权利。因此，英、法、美等国家大多在 19 世纪后半期实行义务教育，并先后颁布了义务教育法令。

进入 20 世纪 70 年代以后，世界上许多国家都非常重视普及义务教育，把普及义务教育作为一项基本国策直接写入国家的宪法之中。根据联合国教科文组织的有关统计资料，目前全世界有 181 个国家或地区宣布实施义务教育制度，其中有 127 个国家具有义务教育免费的法律保障。[1] 同时，为了提供机会均等的教育，各国纷纷延长其义务教育的年限，开始向普通教育的

---

① 改革开放 30 年中国教育改革与发展课题组著：《教育大国的崛起（1978—2008）》，教育科学出版社 2008 年版，第 123 页。

两头延伸,全世界义务教育的平均水准为 8.63 年。(见表 4－1)

表 4－1　世界各国和地区义务教育年限一览表①

年限 地域	4 年	5 年	6 年	7 年	8 年	9 年	10 年	11 年	12 年	不明	合计
全世界	1	11	38	13	34	34	38	18	12	23	222
非洲	1	2	18	8	9	8	6			6	57
美洲		1	11	5	4	2	15	6	3	2	49
亚洲		8	9		4	7	5	5	2	11	49
欧洲					15	15	9	4	4		47
大洋洲					2	2	3	3	3	4	20

(二)我国义务教育的产生与发展

我国义务教育的拟议和提出,可以追溯到 20 世纪初。1904 年,在《奏定学堂章程》中的《学务纲要》中最先出现了"义务教育"一词,原文是:"初等小学堂为养正始基,各国均任为国家之义务教育。东西各国政令,凡小儿及就学之年而不入小学者,罪其父母,名为强迫教育。"

1912 年,民国政府颁布的《学校系统令》明确规定初等小学 4 年为义务教育。1923 年颁布的《中华民国宪法》第四章明确规定了"中华民国人民依法理由受初等教育之义务"。义务教育首次被列入宪法。

新中国成立以后,对普及教育作出了许多规定,并大力发展教育事业保证公民受教育权利的实现,也曾一度致力于普及初等教育,但随着"文化大革命"的发展,使得这一进程遭到了破坏。

1982 年 12 月,第五届全国人民代表大会第五次会议通过的《中华人民共和国宪法》规定:"国家举办各种学校,普及初等义务教育。"这是新中国成立以来首次以法律形式确定在我国普及初等义务教育。

1986 年 4 月 12 日,第六届全国人民代表大会第四次会议通过的《中华人民共和国义务教育法》,是确立我国义务教育制度的重要法律,是促进和保证我国基础教育健康发展的基本法。它的颁布和实施,有力地推动着我国基础教育的普及和全民素质的提高。2006 年 6 月 29 日第十届全国人民

---

① 郑金洲著:《教育通论》,华东师范大学出版社 2000 年版,第 249 页。

代表大会常务委员会第二十二次会议对《中华人民共和国义务教育法》进行了修订并通过,它标志着我国基础教育进入了一个新的历史阶段。《义务教育法》对于学龄儿童入学的年龄,接受义务教育的年限、权利和义务都作了明文规定,同时也对于国家、社会、学校、家长执行《义务教育法》的权利、义务、责任提出了明确的规定。

三、我国《义务教育法》的主要内容

《中华人民共和国义务教育法》已由中华人民共和国第十届全国人民代表大会常务委员会第二十二次会议于 2006 年 6 月 29 日修订通过,于 2006 年 9 月 1 日开始实施。新的义务教育法对儿童入学的年龄,接受义务教育的年限、权利和义务进行了明确规定,并对国家、社会、学校、家长的权利、义务和责任给予明确规定。

(一)义务教育的年限与入学年龄

新《义务教育法》第二条规定:"国家实行九年义务教育制度。"第十一条规定:"凡年满六周岁的儿童,其父母或者其他法定监护人应当送其入学接受并完成义务教育;条件不具备的地区的儿童,可以推迟到七周岁。""适龄儿童、少年因身体状况需要延缓入学或者休学的,其父母或者其他法定监护人应当提出申请,由当地乡镇人民政府或者县级人民政府教育行政部门批准。"

(二)义务教育费用

免费是义务教育实施的一项重要措施,新的义务教育法在免费教育上又迈出了一大步,在 1986 年不收学费的基础上增加了不收杂费的内容。新的《义务教育法》第二条规定:"义务教育是国家统一实施的所有适龄儿童、少年必须接受的教育,是国家必须予以保障的公益性事业。""实施义务教育,不收学费、杂费。国家建立义务教育经费保障机制,保证义务教育制度实施。"

(三)义务教育经费保障

新《义务教育法》确立了义务教育经费保障机制。《义务教育法》第四十二条规定："国家将义务教育全面纳入财政保障范围,义务教育经费由国务院和地方各级人民政府依照本法规定予以保障。"同时,该法还再次明确义务教育经费的"三个增长",即"国务院和地方各级人民政府用于实施义务教育财政拨款的增长比例应当高于财政经常性收入的增长比例,保证按照在校学生人数平均的义务教育费用逐步增长,保证教职工工资和学生人均公用经费逐步增长"。此外,《义务教育法》第四十四条规定："义务教育经费投入实行国务院和地方各级人民政府根据职责共同负担,省、自治区、直辖市人民政府负责统筹落实的体制。农村义务教育所需经费,由各级人民政府根据国务院的规定分项目、按比例分担。"第四十五条规定："地方各级人民政府在财政预算中将义务教育经费单列","县级人民政府编制预算,除向农村地区学校和薄弱学校倾斜外,应当均衡安排义务教育经费"。与此同时,新的义务教育法还明确提出规范义务教育财政转移支付制度,加大一般性转移支付规模和规范义务教育专项转移支付,设立专项资金,扶持农村地区、民族地区实施义务教育。

(四)义务教育管理体制

此次新《义务教育法》一个很大的突破,就是在"以县为主"管理体制的基础上,进一步加大了省级政府的统筹和责任,实践着从"人民教育人民办"到"义务教育政府办"的转变。新的《义务教育法》第七条规定："义务教育实行国务院领导,省、自治区、直辖市人民政府统筹规划实施,县级人民政府为主管理的体制。""县级以上人民政府教育行政部门具体负责义务教育实施工作;县级以上人民政府其他有关部门在各自的职责范围内负责义务教育实施工作。"

(五)义务教育的强制性措施

为了保证义务教育的实现,就不能不规定必要的强制性措施。新《义务教育法》第十四条规定："禁止用人单位招用应当接受义务教育的适龄儿童、少年。"第五十八条规定："适龄儿童、少年的父母或者其他法定监护人无正当理由未依照本法规定送适龄儿童、少年入学接受义务教育的,由当地乡镇人民政府或者县级人民政府教育行政部门给予批评教育,责令限期改正。"第五十九条规定："有下列情形之一的,依照有关法律、行政法规的规定予以处罚:胁迫或者诱骗应当接受义务教育的适龄儿童、少年失学、辍学的;非法招用应当接受义务教育的适龄儿童、少年的;出版未经依法审定的教科书的。"

四、我国普及义务教育的成就与问题

(一)我国普及义务教育的成就

从 1986 年《中华人民共和国义务教育法》颁布起,我国的义务教育已经取得了全方位、多层面的突出历史成就。

1985 年全国小学在校生为 13370.2 万人,小学适龄儿童入学率为 95.9%;2000 年全国小学在校生为 13013.25 万人,适龄儿童入学率为 99.11%,小学毕业生升学率由 68.4% 上升到 94.89%,15 年间小学毕业生升学率提高了 26.49 个百分点。1985 年全国普通初中在校生 3964.83 万人,初中阶段毛入学率 36.76%;2000 年全国普通初中在校生 6167.7 万人,初中生毛入学率 88.6%,15 年中初中生毛入学率提高了 51.874 个百分点。[①]

2000 年以来,我国义务教育取得了新的突破。到 2006 年,全国小学在校生 10711.53 万人,小学净入学率保持在 99%;全国初中阶段在校生 5957.95 万人,初中毛入学率达到 97%。2007 年,全国"两基"人口覆盖率达到 99%,青壮年文盲率下降到 3.58%,高中阶段教育毛入学率达到 59.8%。目前,全国 15 岁以上人口平均受教育年限超过 8.5 年,比世界平均水平高出 1 年,新增劳动力平均受教育年限达到 11 年,其中大学以上文化程度的超出 7000 万人,位居世界第二,初中以上文化程度的劳动力在世界上遥遥领先。[②]

(二)义务教育存在的问题

毋庸置疑,到目前为止,我国普九义务教育已经取得了巨大的成就,并积累了丰富的经验。但是,受我国农业基础薄弱、国家财力不足、人口众多、人均资源相对不足以及地区经济和文化发展水平存在差异等多种因素的制

---

① 改革开放 30 年中国教育改革与发展课题组著:《教育大国的崛起(1978—2008)》,教育科学出版社 2008 年版,第 163 页。

② 教育部规划司编著:《中国教育统计年鉴(2007)》,人民教育出版社 2007 年版,第 182 页。

约,与发达国家相比,我国的义务教育还存在诸多问题。

1. 教育投入总量不足,义务教育资金严重短缺

虽然大多数地区在教育经费的投入上实现了"两个增长",但是由于教育经费内部分配不合理,义务教育经费比较低,再加上基础教育经费长期以来欠账太多,以及在经费的使用中管理不善,浪费严重,从而使义务教育经费十分拮据。在少数贫困地区,"温饱"问题至今未解决,义务教育更是难以保证。

2. 义务教育发展不平衡现象严重

城乡之间和地区之间经济发展程度、教育价值观念、办学条件以及人口发展状况等方面的差异,造成了城乡和地区在普及义务教育发展速度上的不平衡。农村义务教育投入不足,教育条件过于简陋,教育资源匮乏,教师工资不能保证,尤其是高辍学率和乱收费等问题十分突出;个别民族由于文化传统、宗教信仰、经济发展的差异,在义务教育发展上也不平衡,尤其在学生入学率上差别较大;又由于受封建传统的影响,男女儿童在接受义务教育方面发展不平衡,女童教育受到一定影响。

3. 义务教育质量有待提高

首先,从"普九"整体水平来看,尽管预定的"普九"教育目标基本实现,但是"普九"验收标准不统一,有的地区降低标准片面地追赶进度,甚至其中或多或少地存在着一些"水分"。其次,义务教育中"应试"倾向仍然严重,应试与升学在很大程度上依旧是学校追求的"唯一目标"和"终极目的",素质教育的观念并未能真正转化为具体的教育管理、教育教学行为,学生课业负担严重。再次,义务教育师资队伍质量不高,教师学历不达标情况依然较为严重。最后,由于教师的经济地位较低,造成教师队伍不稳定,教师流失严重。

● **拓展阅读**

农民工子女的教育①

改革开放以来,随着我国城市化进程和农村产业结构调整步伐的不断加快,大批农民涌入城市,形成了声势浩大的"民工潮"。"民工潮"肇始于 20 世纪 80 年代中期,此后规模

---

① 陈家斌:《进城农民工子女教育的回顾与思考》,载《内蒙古师范大学学报(教育科学版)》2009 年第 2 期,第 17—21 页。

逐渐扩大。2000 年第五次全国人口普查结果显示,我国流动人口的规模已超过 1.2 个亿。而随父母进城的农民工子女有近 2000 万,其中有近 100 万适龄儿童不能及时入学。

根据社科院流动人口教育与培训研究中心 2007 年开展的一项调查结果显示,北京地区外来流动人口中在京居住的外来人口已占全市户籍人口总数的 21.18%,其中 0—15 岁儿童 162030 人,占外来人口总数的 7.05%,6—15 岁适龄儿童 66392 人,占外来人口总数的 2.88%。这些适龄儿童绝大部分在农民工子弟学校上学,而许多农民工子弟学校提供的义务教育服务水平还有比较大的提升空间。

据不完全统计,南京约有 80 万外来流动人口,有义务教育的适龄儿童 6 万至 7 万人,这其中生存比较困难的农民工子女有 4 万多人。目前南京市大约有 40 所农民工子弟学校(其中经批准有办学许可证的有 22 所),其中包括可以接受农民工子女的公办学校、民办的合法农民工子弟学校,还有些无证非法办学的农民工子弟学校。由于经济原因,大多数农民工子女只能去民办的合法农民工子弟学校就读。他们的教育状况不太理想,值得我们关注。

截至 2008 年 12 月,青岛市义务教育阶段学校共接收农民工子女 73645 名,占全市义务教育阶段学生总数的 10.1%。其中,小学共接收 51344 名,占全市小学生总数的 10.9%;初中共接收 22301 名,占全市初中生总数的 8.7%。市内四区义务教育阶段学校共接收农民工子女 33023 名,占市内四区义务教育阶段学生总数的 24.1%,其中,市内四区小学共接收 23850 名,占市内四区小学生总数的 25.7%;市内四区初中共接收 9173 名,占市内四区初中生总数的 20.8%。

农民工子女的义务教育问题是我国在经济发展与城市化进程中所产生的特殊问题。妥善解决这一问题,不仅是贯彻教育公平理念、促进每一位儿童最优化发展的要求,也是推动农民工群体融入城市社会环境、更好地为城市建设服务的重要举措。

从根源上看,传统的城乡二元制度结构是导致农民工子女难以在城市接受义务教育的主要障碍。因此,城市农民工子女的义务教育问题首先是一个教育政策问题,破解这一难题必须从政策的制定和调整入手。自 1985 年以来,我国义务教育管理体制经过三次改革,始终保持"地方负责,分级管理"的原则。这种过于分散的管理体制直接造成了全国义务教育的非均衡发展,尤其是现实中当农民工子女离开农村时,并没有相应的教育经费随之流转,而其父母就业所在地也没有相应的经费预算。由此,农民工子女的义务教育缺乏有效保障。为了解决此类问题,应进一步完善和改革现行的义务教育管理体制,变"地方负责,分级管理"为"城乡统筹,协调发展"。

● 思考题

1. 什么是教育制度? 主要的教育制度的类型有哪些?

2. 什么是学校教育制度? 学校教育制度建立的依据有哪些?

3. 你认为我国学校教育制度改革的关键是什么? 并就此谈谈你的设想。

4. 你认为我国实施义务教育法的状况如何? 存在哪些问题? 如何进行改进?

第五章 课 程

● **内容提要**

　　课程规定着以什么样的内容来培养学生,它主要回答"教什么"的问题。课程在教育教学活动中处于核心地位,它是实现教育目的和培养目标的手段或工具。本章主要从课程的概念入手,介绍了课程的类型和表现形式,并从课程目标和课程内容的设计方面对课程设计进行了详细分析,在此基础上针对课程资源的分类和特点,探讨课程资源的开发问题,最后阐述了世界各国课程改革的趋势和我国新一轮基础教育课程改革的目标和基本理念。

　　课程是实现国家和学校教育目标的重要途径,是教师组织教育教学活动、完成教学任务的主要依据和基本保证。毋庸置疑,课程直接影响着国家和学校的教育教学水平和人才培养质量。20世纪80年代以来,在世界教育改革的大背景下,课程及课程改革问题日益成为人们普遍关注和研究的重要课题。

第一节 课程概述

一、课程的概念

课程的概念,即课程是什么的问题,是课程论的逻辑起点。在教育领域,"课程"是含义最复杂、争论较多的概念之一。为了更全面、深刻地理解和把握"课程"的概念,我们首先从词源上追溯课程的内涵。

(一)课程的词源分析

在我国,"课程"一词始见于唐代孔颖达为《诗经·小雅》所作的注疏中,但其中所提及的"课程"与我们今天所指"课程"一词的内涵和外延都有较大的不同。到了宋代,朱熹在《朱子全书·论学》中多次提到"课程",此处的"课程"是指功课及其进程。从我国古籍记载看,"课程"一词的含义,既包括学习内容的范围,又包括学习内容的顺序和进度安排。

在西方,"课程"(curriculum)一词最早用于教育科学的专门术语出现在英国教育家斯宾塞(1820—1903)所著的《什么知识最有价值?》(1859)一文中,意指"教学内容的系统组织"。在英语中,"课程"(curriculum)一词来源于拉丁文词根"currere",原意为"跑道"(race course)、"履历"等。根据这一词源,西方最常见的"课程"的定义是指"学习的进程",简称"学程",即引导学生学习,以达到一定的目标。近年来,也有不少学者认为"课程"(curriculum)的含义应突出"跑的过程",即强调学习者动态的经验和体验。

(二)课程的多元界说

近现代以来,伴随着学校教育的发展,"课程"逐渐成为一个使用广泛而具有多重含义的术语。在对"课程"进行定义时,人们往往根据自己的学术背景、理论框架、价值取向、教育实践等进行探讨。也正是因为如此,我国课程论专家施良方教授曾说,每一种课程定义都隐含着某种哲学假设和价值取向,隐含着某种意识形态以及对教育的某种信念,由于人们关注课程问题的视角不同,因而形成了各种课程理论流派。① 美国著名课程论专家斯考特也指出,课程是一个使用最普遍的教育术语,也是一个定义最差的术语。②

在已有的众多的课程定义中,经过仔细梳理与归类,关于人们对课程定义的界说,大致可以归纳为以下几种典型的观点:

1. 课程即教学科目

把课程界定为所教科目,是最早出现也是最普遍的课程定义。我国古代的课程有"六艺"(礼、乐、射、御、书、数)、"六经"(诗、书、礼、乐、易、春秋)、"四书"(《大学》、《论语》、《孟子》、《中庸》)。欧洲中世纪的课程有"七艺"(文法、修辞、辩证法、算术、几何、音乐、天文学)。现代学校广泛开设数学、语文、外语、自然科学、计算机等现代课程。这些都强调课程即教学科目。我国的《辞海》、《中国大百科全书》也认为课程即学科。如《中国大百科全书·教育》中对课程的定义是:课程是指所有学科(教学科目)的总和或学生在教师指导下各种活动的总和,这通常被称为广义的课程;狭义的课程则是指一门学科或一类活动。③

这种定义强调学校向学生传授学科的知识体系,在教学过程中过于重视教学科目或教学内容,其实质是"教程",而往往容易忽视学习者的个体经验和个性发展。这种定义的作用在于有助于强化学校向学生传授知识。但同时,这种定义的缺陷是把课程视为外在于学习者的静态的东西,在教学实践中不利于学生的心智发展和教师的有效教学。

2. 课程即有计划的教学或预期的学习结果

这种定义把有计划的教学活动和教学过程组合在一起,把课程视为教学过程要达到的目标、教学活动的预期结果、教学活动的预先计划等。如奥利沃认为课程是"一组行为目标";美国学者约翰逊认为课程是一系列有组织、有意识的预期的学习结果;美国的课程论专家比彻姆认为课程是书面文件,可包含许多成分,但它基本上是学生注册入学于某所学校期间受教育的

---

① 施良方著:《课程理论:课程的基础、原理与问题》,教育科学出版社 1996 年版,第 3—6 页。

② R. D. V. Scotter and Others, *Foundations of Education: Social Perspective*, New York: Macmillan, 1979:272.

③ 《中国大百科全书·教育》,中国大百科全书出版社 1985 年版,第 207 页。

计划。我国也有不少学者提出类似的观点:课程是指一定学科有目的、有计划的教学进程。这个进程有量、质方面的要求。它也泛指各级各类学校某级学生所应学习的学科总和及其进程和安排。

这种定义将课程视为有计划的教学活动或预期的学习结果,既注重教学内容的安排,又强调教学活动过程的预设。但是这种定义也存在缺陷,持这种观点的教育实践者在自己的教育教学过程中过于强调课程目标和计划,过于重视学习者的学习结果或目标,忽视了学习者的现实经验。

3. 课程即学习者的经验或体验

这种定义把课程视为学生在教师指导下所获得的经验或体验,以及学生自发获得的经验或体验。这种课程论的主要代表人物是美国教育家杜威(1859—1952)。杜威根据实用主义经验论,反对"课程是活动或预先决定的目的"的观点。认为手段与目的是同一过程不可分割的部分,课程,就是学生的学习经验。当前,西方的人本主义课程论者都趋向于这种观点,并在教育教学过程中把课程的重点从教材、学科中心转向儿童中心。

这种课程定义把学习者的直接经验置于课程的中心位置,使自然、社会和人成为课程的主要来源,并强调自然、社会和人在课程体系中的有机统一,有利于消除课程内容与过程、目标与手段的对立,提升了学习者的主体价值。从理论上讲,这一课程观具有较大的吸引力,但在具体的教育教学实践中有其局限性。这一观点把学生的个人经验都包含在课程范围之内,显得过于宽泛,同时,这种观点也忽视了系统知识对学习者发展的重要作用和价值。

通过以上对国内外学者和专家对课程概念的理解和界定的分析,我们得出结论,一般认为,课程有狭义和广义之分。狭义的课程是指各级各类学校为实现培养目标而选择的学科及其目的、内容、范围、活动、进程的总和。它主要体现在课程计划(或教学计划)、课程标准(或教学大纲)和教科书中。广义的课程是指学校教育中对实现教育目的和培养目标发生影响的活动、经验和文化的总和。具体来说,广义的课程既包括学校系统知识的教学,也包括整个学校教育活动中对学生的智力、情感、态度、价值观及行为方式等产生影响的所有因素。也就是说,广义的课程包括学科设置、教学活动、教学进程、课外活动以及学校环境等方面。从广义的视角界定课程,突破了以课堂、教材、教师为中心的界限,强调学生在学校和教师的指导下获取知识和经验,重视教师、学生、教材、环境之间的动态作用。在学校教育蓬勃发展的今天,人们更加倾向于从广义上理解课程的概念。

二、课程的类型

现代课程已呈现出多样化分类的发展趋势。纵观课程理论与实践的发展,人们倾向于依照不同的标准和视角对课程进行不同的分类,下面着重介绍几种常见的有代表性的课程类型。

(一)学科课程与活动课程

根据课程材料的基本来源或教学内容趋向于知识体系还是生活经验,可以将课程分为学科课程与活动课程。

学科课程,又称"分科课程",是指根据各级各类学校培养目标和学生的发展水平,从各门科学领域中选取适合一定年龄段学习的知识,根据教育教学需要分门别类地组织起来的课程。20 世纪 60 年代以来关于学科课程的理论主要有:美国教育心理学家布鲁纳(1915—)的结构主义课程论、德国教育学家瓦根舍因(1896—1988)的范例方式课程论、苏联教育家赞科夫(1901—1977)的发展主义课程论。

活动课程,是打破学科逻辑组织的界限,以学生的兴趣、动机、需要和能力为基础,通过引导学生自己组织的一系列活动而实施的课程。它常被称之为"经验课程"、"生活课程"、"儿童中心课程"等。

学科课程与活动课程是现代学校教育中的两种基本的课程类型。学科课程与活动课程各具特点,也有各自存在的问题。两者的区别如下表所示。①

表 5 - 1　学科课程与活动课程的比较

学科课程	活动课程
知识本位	儿童本位
教育为生活作准备	教育即生活
强调理论和间接经验的学习	强调实践和直接经验的学习
按照学科逻辑组织课程	按照儿童心理逻辑组织课程
主张分科设置课程	主张综合设置课程
只问结果,不问过程	只问过程,不问结果

---

① 王策三著:《教学论稿(第二版)》,人民教育出版社 2005 年版,第 177—180 页。

总体上说,学科课程的优点是将科学知识加以系统组织,使教材依一定的逻辑顺序排列,有利于学生掌握系统的科学文化知识,更有效地完善个人的知识结构和基本技能。学科课程的缺点表现在课程内容偏重理论,较为抽象,脱离学生的生活实际,不利于激发学生的兴趣,调动学生学习的积极性和主动性。而活动课程在一定程度上弥补了学科课程的这一缺失,同时,由于活动课程往往依据学生兴趣、需要来设定课程,因而缺乏严格的计划,不利于学生系统掌握的科学知识,对学生向科学领域更高层次发展极为不利。综上所述,在具体的教学实践中,两者之间应该是相互补充的关系。

(二)必修课程与选修课程

依据课程设置的形式或对学生的学习要求,可以将课程分为必修课程与选修课程。

必修课程,是指由国家、地方或学校根据课程计划,规定所有学生必须学习的课程。也就是说,必修课程是为保证所有学生的基本知识和技能而设计和实施的课程。因而,必修课程的内容主要包括基本理论、基本知识和基本技能类课程。从一定程度上说,必修课程体现了现代课程的大众化、公平化的价值取向,也是所有受教育者享有平等受教育权利的保证。

选修课程是相对于必修课程而言的,是指允许学生在一定范围内根据自己的兴趣、爱好和发展需要自由选择的课程。选修课程是为适应学生的个性差异而开发的课程。因而,选修课程的范围一般较为宽泛,内容五花八门。选修课程体现了现代课程对学生个体的兴趣、特长和需要等方面的尊重,为培养学生的良好个性和自由发展提供了载体和平台。同时,选修课程的有效设计和实施也有利于贯彻新课程改革下的基本教育理念,彰显了现代学校教育以人为本的价值取向和基本诉求。

必修课程与选修课程之间的关系可以从如下方面分析和理解。第一,两者在教育价值上具有等价性,两者之间不是主次关系,而是各自具有相对独立性的领域;第二,两者的侧重点不同,必修课程侧重于学生的共性问题和社会的基本需求,而选修课程侧重于学生的个性问题。换言之,必修课程与选修课程之间的关系也可以归结为"公平发展"与"个性发展"的关系。第三,两者之间是互为补充,相辅相成的。因此,如何合理地设置、协调必修课程与选修课程,已成为现代课程理论和课程改革实践领域共同关注的焦点问题。

(三)显性课程与隐性课程

根据课程的表现形式或影响学生的方式,可以将课程分为显性课程与隐性课程。

显性课程是指学校情境中以直接的、明显的方式呈现的课程,是教育者直接表现出来的,如课程表中的学科。通常情况下,显性课程是根据国家、地方教育行政部门颁布的课程标准或教学计划、教学大纲编制的,是学校教育中有计划、有组织地实施的正式课程,具有较强的预期性、计划性和正式性。

隐性课程,又称潜在课程或潜课程,是指学校情景中以间接的、内隐的方式呈现的课程,包括除正式课程计划之外的一切有利于学生发展的资源、环境、学校的文化建设等。隐性课程则更多地表现为非预期性、非计划性和非正式性。学习者通过这类课程主要习得一些非学术性的知识、技能和经验等。在现代教育教学的实践过程中,隐性课程对学生的智力、态度、价值观念等方面的发展发挥着举足轻重的作用。因而,在现代的学校教育中,隐性课程越来越受到人们的关注和重视。

一般而言,显性课程与隐性课程是相对应的一对范畴。两者之间是相伴相随的。一方面,显性课程的实施总是伴随着隐性课程。因为课程的实施主体主要是教师和学生,这两类主体具有鲜明的自主性、能动性、创新性等特征,这就决定了课程实施的过程必然伴随着不可预测的、非计划性的师生互动行为,也就是说在学校教育实施显性课程的过程中,必然存在着隐性课程。另一方面,隐性课程可以转化为显性课程。目前,尽管许多学者和专家普遍认同隐性课程在现代学校教育中的作用巨大,但同时他们也认为,有时隐性课程含有消极的效果。在学校的教育和教学实践中,隐性课程的这些非预期的消极效果会影响、制约教学的进展和教育者的行为。因而,人们在实施这些隐性课程的过程中,为尽可能减少隐性课程的消极效果,发挥隐性课程的积极作用,会有意识地对其进行控制和规划,使之转化为有计划、预期的显性课程。

(四)国家课程、地方课程与校本课程

根据课程设计、开发和管理主体的层次不同,可以将课程分为国家课程、地方课程与校本课程。

国家课程,亦称"国家统一课程",是自上而下由中央政府负责编制、实施和评价的课程。国家课程集中体现了国家的意志,是国家对学校教育的统一要求,是依据未来公民接受教育之后所要达到的共同素质而开发的课程,具有权威性、强制性等特点。它根据不同教育阶段的性质与培养目标,制定各个领域或学科的课程标准或教学大纲,编写教科书。它是一个国家基础教育课程计划框架中的主体部分,也是衡量一个国家基础教育质量的重要标志。国家课程的主导价值在于通过课程体现国家的意志和统治阶级的利益。

地方课程是指地方教育主管部门以国家课程标准为基础,在一定的教育思想和课程观念指导下,根据地方社会发展及其对学生发展的特殊需要而开发的课程。地方课程的特点集中表现在其能够充分利用地方的课程资源,满足学生多样化的发展需要,具有较强的针对性。地方课程的主导价值在于通过课程满足地方社会发展的需要。

校本课程,又称"学校本位课程"或"学校自编课程",是由学生所在学校教师编制、实施和评价的课程。具体说,校本课程是由学校的全体教师、部分教师或个别教师根据国家的教育目的,在分析本校的内部和外部环境的基础上看,针对本校、本年级或本班级学生的实际情况而编制、实施和评价的课程。但同时,我们也应该认识到,校本课程是相对国家课程而言的,它是一个比较笼统的和宽泛的概念,并不局限于本校教师编制的课程,可能还包括其他学校教师编制的课程或校际教师合作编制的课程,甚至包括某些地区学校教师合作编制的课程。校本课程的主导价值在于通过课程展示学校的办学宗旨和特色,照顾学生的个别差异。

国家课程、地方课程与校本课程作为我国三级课程管理体系的三个部分,它们之间应该呈现相辅相成、互为补充的关系。而在具体的教育教学实践中,如何把握这三种课程的结构和比例,普遍认为,应根据不同的教育阶段设置不同比例。一般来说,在中小学基础教育阶段,学校课程应以国家课程为主,适当设置地方课程和校本课程;在高中阶段,应在设置国家课程的基础上,适当加大地方课程和校本课程的比例;而在高等教育阶段,学校课程应以地方课程和校本课程为主,强化地方课程和校本课程的开发和建设,并不断在课程内容和课时安排上增加一定的弹性,以满足学生的多样化需要,体现学校的办学特色,同时,也有助于更好地服务于地方经济社会的发展。

　　除了按上述标准对学校课程进行分类外,在教育教学领域,也有一些较典型的课程分类。依据课程内容的组织方式或课程内容的涵盖范围,可以将课程分为分科课程与综合课程;依据课程学习的不同对象,课程又可分为核心课程与外围课程;依据课程的基本价值取向,课程分为知识本位课程、儿童本位课程和社会本位课程;依据课程实施的方式,可以把课程分为传授型课程和研究型(或探究型)课程。

三、课程的表现形式

　　课程的表现形式是课程实体研究的主要范畴之一。课程是学校教学内容、进程的安排,是实现学校教育目的和培养目标的重要载体。在教学内容及其进程安排从观念转化为行动的过程中,课程表现为多种形式,我们主要从课程的文本、实践、现代三类表现形式进行分析和探讨。

(一)文本形式的课程

　　文本形式的课程从宏观到微观,依次包括课程计划(或课程方案)、课程标准、教科书和其他教学材料。

1. 课程计划(或课程方案)

　　课程计划(或课程方案)是依据一定的教育目的和学校及其专业的性质,由教育行政部门或学校专门机构制定的关于学校教学和教育工作的宏观规划。课程计划是对培养目标、教学科目设置、学科顺序、课时分配、教学时间等进行的整体规划。它是学校组织和实施教学活动的基本纲领和重要依据,也是制定学科课程标准、编撰教科书和其他教学材料的主要依据。

2. 课程标准

　　通常情况下,人们把课程标准等同于"教学大纲"。实际上,两者之间不能简单等同。一般来说,课程标准既有总的学校课程标准,又有学科课程标准。其中,只有学科课程标准相当于"教学大纲"。

　　课程标准是根据课程计划,以纲要形式编定的各门学科的有关教学内容的指导性文件。课程标准具体规定了学科的性质与地位、教学目的与任务、教学内容的范围与深度、实施建议等方面的基本要求。它是编写教科书和教师进行教学的主要依据,也是评估学生的学习情况、进行课程评价的重要尺度。

在我国,目前正在实施的各科义务教育课程标准(2011 年版)一般分为前言、课程目标、内容标准、实施建议和附录。其中,"前言"一般分为课程性质、课程基本理念和课程设计思路。"课程目标"一般包括总目标和具体目标。"内容标准"一般呈现课程内容的大致范围及水平要求。"实施建议"一般包括教学建议、评价建议、教材编写建议和课程资源开发与利用建议等。

3. 教科书和其他教学材料

教科书,又称"教材"、"课本",是依据课程计划和课程标准编写的、用于课堂教学的主要材料和资源。教科书与一般书籍不同,通常按学年或学期分册,并划分单元或章节。它主要由目录、课文、习题、实验、图表、注释和附录等部分构成。其中,课文是教科书的主体部分。教科书是课程计划和课程标准的具体化,它规定了具体的教学内容和任务,是教师教学、学生学习以及学校实施教育活动的重要资源和依据。

除了教科书之外,还有一些辅助性的教学材料,如教科书配套练习册、教学参考书、课外读物等,都是教学过程中课程的具体表现形式。就其作用和功能而言,这些文本资料在具体的教学过程中发挥着重要作用,成为课堂教学活动的有益补充,它们不仅有利于教师有效地进行教学,而且有助于学生系统地掌握知识和技能。

(二)实践形式的课程

伴随着西方教育界对课程研究的重视和认识的深化,美国课程论专家古德莱德(1920—)提出了课程实施的五个层次,即理想的课程、正式的课程、领悟的课程、运作的课程和经验的课程。

古德莱德关于课程的这种观点和提法,我们把它概括为课程的实践形式,是课程在实施过程中逐步由抽象到具体的过程和形式。第一种形式是理想的课程,它是由一些研究机构、课程专家所倡导的课程。这种课程往往停留在观念层次,是最抽象的课程。第二种形式是正式的课程,它是由教育行政部门编制的被社会认可和使用的课程。第三种形式是领悟的课程,它是由教师所感知和理解的课程,这种课程比正式的课程更具体。第四种形式是运作的课程,即课堂教学过程中具体实施的课程。这是一种动态的课程形式。第五种形式是经验的课程,它是由学生实际体验的课程。

(三)课程的现代表现形式

随着科技和信息技术的不断发展,网络、计算机多媒体技术和手段日臻成熟和完善。在此背景下,学校课程的载体和表现形式更加多元化。从现代学校教育教学活动的组织和课程实施的具体实践看,幻灯片、影音资料、教学光盘以及建立在信息技术基础上的教学平台和课程指导等资源正在深刻地影响着教师的教学行为和学生的学习行为。现代课程载体的多样化、信息化、网络化、交互性等显著优势在一定程度上弥补了传统文本课程的不足。具体说,一方面有利于及时地反馈学生的学习情况,另一方面有利于营造良好的师生互动氛围,从而使课程资源在实现学校的教育目的和培养目标方面发挥更大的价值和功能。

第二节 课程设计

一、课程设计概述

课程设计是课程论的基本范畴之一,相对于课程的基本理论部分而言,课程设计更倾向于应用和实践层面。

(一)课程设计的概念

在《现代汉语词典》中,"设计"的解释是:"在正式做某项工作之前,根据一定的目的要求,预先制定方法、图样等。"简言之,设计就是人们在做某项工作之前的策划或安排。因而,设计具有预设性、创造性等特点。

关于课程设计的定义,大致分为方法技术和理论两大类。其中,具有广泛影响的是《简明国际教育百科全书·课程》中对课程设计的界定:"课程设计是指拟订一门课程的组织形式和组织结构。它决定于两种不同层次的课程编制的决策。广义的层次包括基本的价值选择,具体的层次包括技术上的安排和课程要素的实施。"

参照以往人们对课程设计的定义,我们从广义和狭义两种视角进行界定:广义上,课程设计(curriculum design),有时也被称为课程组织,是根据一定的教育目的确定课程目标、组织和实施课程内容、并进行课程评价的一系列过程。狭义上,课程设计以一定的课程观为指导,规划或制订课程标准、选择和组织课程内容、预设教育教学活动的具体化过程。

依据课程设计所承担的任务和产生的结果,可以把课程设计分为宏观、中观、微观三个层次。宏观层次的课程设计主要是解决课程的一些基本理念和导向问题,通常表现为课程计划;中观层次的课程设计以宏观的课程设计为前提和基础,一般而言,课程标准、教科书等属于这一层次;微观层次的课程设计,也被称为教学设计方案,是教师根据学生的已有知识基础及学习状态、教师的自身条件以及可以运用的课程资源等各种因素对课程进行的再设计。

(二)课程设计的理论模式

课程设计的理论模式又称课程设计的理论模型,是一种概括化的课程设计的思路,属于课程设计的方法论。在课程论的发展史上先后出现两种有代表性的课程设计理论模式,一种是目标模式,另一种是过程模式,此外,还有一种综合模式(即目标—过程模式)。

1. 目标模式

目标模式是围绕课程目标的确定及其实现、评价而进行课程设计的模式。在课程设计的理论模式中,目标模式被认为是课程设计的传统、经典模式。美国课程理论专家博比特、查特斯和拉尔夫·泰勒是这种模式的典型代表。尤其是泰勒,其所创立的"泰勒模式"成为影响最广泛、运用最普遍的课程设计理论之一。"泰勒模式"主要围绕四个基本问题展开:第一,学校试图达到哪些教育目标? 第二,提供哪些教育经验才能实现这些目标? 第三,怎样有效地组织这些经验? 第四,怎样才能确定是否达到目标? 众多的研究者将"泰勒模式"的四个基本问题进一步归纳为四段渐进式的课程设计模式:目标的确定(即目标)、经验的选择(即内容)、经验的组织(即组织)、结果的评价(即评价)。此后,塔巴、惠勒、凯尔等人在泰勒理论的基础上又对目标模式进行了修正和充实。

目标模式的特征主要有:一是以明确而具体的行为性目标作为课程设计的中心,其他设计步骤都要围绕所定行为目标进行。二是主张行为导向的教学目标。三是强调目标的结构和层次。即目标之间是分层的,上一层次的目标导出下一层次的目标。

目标模式的优点在于具体的行为目标便于操作和控制,但这种模式也存在着明显的弊端,如过于强调明确而具体的预设性目标,轻视课程的整体结构,忽视学生的主体性和自主性等。

2. 过程模式

过程模式实际上是针对目标模式提出的。过程模式是在课程设计中详细说明所要学习的内容,所要采取的方法以及应遵循的标准。过程模式认为目标是多变,因而课程设计要注重一般目标和课程的程序、原则和过程。其代表人物有美国的布鲁纳、英国的斯滕豪斯(1926—1982)、阿特金等。过程模式的设计程序是:一般目标→创造性的教学活动→收集有关课程的结果的材料→依据教学活动实施评价。

与目标模式相比,过程模式的主要特点是:第一,强调课程设计的开放性。过程模式设计者认为,学习不是直线的过程,目标和内容不必预先设定,因在教学过程中学习者的态度和行为会经常改变。第二,强调教育过程本身的价值。该设计模式认为,课程的设计应突出发展儿童的能力,应注重理解与思维的价值。第三,强调主动参与和探究学习。第四,根据学生的实际情况,相对灵活地选择和组织课程内容。

过程模式重视教育过程,强调教育和知识内在的本体价值、关注学生主体精神和创造性思维的培养,对提升学生的民主精神和人文精神具有较大的促进作用,但过程模式也存在明显的弊端:一是对学生的学习情况进行评价存在一定困难。二是对教师的能力要求太高,一般教师很难胜任。

3. 综合模式

综合模式在某种意义上是针对目标模式和过程模式存在的不足而提出的课程设计模式,主要有实践模式、情境模式、批判模式等。其中,实践模式具有较强的代表性,影响较大。美国课程论专家施瓦布是倡导实践模式的典型代表。施瓦布认为,课程本身是动态的、变化的,没有一个理论能完整地反映具体课程的全貌。因为理论会将具体的课程抽象化。因而,施瓦布主张,课程设计应立足于具体的课程实践状况。

综合模式的主要特征是把目标设计与过程设计有机结合起来,同时,又强调实践取向和课程实施过程的动态性。总体上看,综合模式具有显著的优势:第一,强调课程目标的统一性和灵活性,充分考虑国家制订的课程目标与地方、各学校的实际目标有机结合,重视课程与非正式课程目标的整合。第二,注重学校、教师、学生等课程相关主体的个性化和能动性。第三,综合模式将课程活动的主要部分(即课程目标、课程内容、学习活动方式等)有机地结合起来,强调课程活动各部分的整体构建,形成优化的整体结构。

二、课程目标的设计

课程目标是课程本身要实现的具体目标或任务,是一定教育阶段的学校课程促进学生身心素质发展所要达到的预期结果。课程目标是教育方针和教育目的的反映,是学校培养目标在教育教学过程的具体化。课程目标的设计是整个课程设计的首要工作。

(一)课程目标设计的依据

一般而言,课程目标设计的直接依据是教育目的和培养目标,但课程目标不是教育目的和培养目标的简单推演。人们普遍认为,课程目标设计的依据主要包括三大方面:学习者的身心发展、社会的发展和学科的发展。

1. 学习者的身心发展

课程的重要价值和功能在于促进学习者的身心发展和全面提升,因此,学习者的身心发展特点和需要是课程目标设计的首要依据。这也体现了当前素质教育和以人为本的教育理念。在教育活动和课程实施过程中,学习者的兴趣爱好、认知发展、社会化过程、学习行为和动机等方面存在较大的差异。如有些学生偏爱自然科学,善于运用分析和知觉方式获取知识信息,他们的学习动机往往以内在动机为主,而有些学生偏爱社会科学,倾向整体地感知和把握知识信息。这就要求课程目标的设计必须以学习者的身心特点和学习需要为出发点,尊重学习者的个性差异。

2. 社会的发展

社会因素是制约课程发展的主要因素。同时,学校课程又反映社会政治、经济、科技、文化等方面发展的需要。在课程目标设计的三个依据中,社会政治、经济、科技、文化的发展趋势、时代特征及其对人的各项素质和技能的要求是课程目标设计的现实依据。也就是说,课程目标的设计既要着眼于当代社会发展的实际需要,又要把握社会发展的未来趋势和需求。这就要求课程目标的设计必须紧密联系当代的社会生活,善于对社会生活的方方面面进行调查和分析,了解社会生活需求。

在具体操作层面,课程目标的设计要体现如下原则:一是民族性与国际性。在当今的经济全球化时代,课程目标的设计既要具有国际视野,又要坚持民族的个性特色,把本地区的、本民族的、本国家的需求与全人类的需求统一起来。二是民主性与公平性。当今时代,教育领域实现了从"精英主义"向"大众主义"的转型,课程目标的设计应体现民主和公平的原则。三是超前性或前瞻性。教育活动虽然受现实社会生活因素的影响和制约,但同时,它又具有相对独立性。因而,课程目标的设计不能被动地适应社会的需要,而应超越当前的社会现实,预示未来社会的状态和需求,以适应社会的不断发展变化。

3. 学科的发展

学校课程的目的之一是传授系统化的知识,而学科是知识的主要载体。无论从古代学校教育还是现代学校教育来看,人们正是通过学科获得系统的知识和技能。因而,学科知识及其发展是课程目标设计的内在依据。

以学科的发展作为课程目标设计的依据,主要有两层含义:第一,从学科知识传递与发展的需要中提炼课程目标。"学科知识即学科的逻辑体系,包括学科的基本概念和基本原理、学科的探究方式、该学科与相关学科的关系等。"[1]第二,以学科专家的已有观点和研究动态作为课程目标设计的依据之一。此外,在课程目标设计的具体过程中,应充分考虑和重视学科对社会和学习者的发展功能。

在现代学校,课程目标的设计应综合考虑学习者、社会、学科三方面的因素。过于强调其中的任何一个因素,都会使课程目标的设计步入学习者本位、社会本位、学科本位价值取向的误区,不利于现代学校教育功能的有效发挥。

---

[1]　王家奇主编:《教育学基础与应用》,哈尔滨工业大学出版社2004年版,第151页。

（二）课程目标设计的基本问题

课程目标设计，既是知识问题，也是技术问题。课程目标设计过程中有哪些具体要求？课程目标有哪些类型或表现形式？该如何表述？课程目标设计有哪些流程或步骤？这些都是课程目标设计的基本问题。

1. 课程目标设计的基本原则或要求

社会的发展与课程价值取向的日益多元化，使得课程目标的设计工作越来越复杂和困难。在这种情况下，课程目标设计过程中应遵循的一些基本原则或要求就显得尤为重要。一般认为，课程目标设计的基本原则或要求主要体现在以下方面。

（1）有效性与可行性兼顾

课程目标是为组织和实施课程提供指导和依据，以便更好地实现教育目的和培养目标。因而，课程目标的设计应遵循和体现有效性和可行性的原则和要求。

课程目标设计的有效性是课程目标对学生的认知、情感、动作技能等具有积极的指导和影响作用。课程目标设计的可行性是课程目标应能在学生已有的知识结构、学校的硬件和软件资源及一定的时间内顺利实现。有效性和可行性是课程目标设计的最基本要求，是体现课程目标和能否实现课程目标的价值所在。因而，课程目标的设计应体现两者的内在联系，实现两者的兼顾。

（2）具体化与抽象化适当平衡

早在1918年，美国课程理论家博比特在《课程》一书中就曾提出课程目标的科学化问题，认为课程目标必须具体化、标准化。美国教育心理学家桑代克（1874—1949）也曾为小学算术列举了3000项具体的课程目标。到20世纪70年代，泰勒明确指出，课程应关注学生学会一般的行为方式，"目标应该是清楚的，但不一定是具体的"①。

随着人们对课程理论和实践研究的深入，关于课程目标设计的具体化与抽象化问题的探讨更加趋向合理和科学。现代学术界普遍认为，课程目

①　[美]泰勒著，施良方译：《课程与教学的基本原理》，人民教育出版社1994年版，第137页。

标是教育目的和培养目标的具体化,但对于更为具体的教学目标来说,它又具有概括性和抽象性。因而,课程目标的设计既不能过于具体,也不能过于概括和抽象,应使二者保持适当平衡。

(3)层次性与整体性统一

课程目标设计的层次性与整体性涉及的是课程目标的层次与结构问题。从系统论的角度看,两者统一于课程目标系统。纵向维度上,课程目标的设计要体现层次性。横向维度上,课程目标的设计要体现整体性和全面性。

课程目标设计的层次性既要表现为整个课程目标系统的层次化,又要表现为某一特定目标的层次化。课程目标设计的层次性要求课程目标包括一般性的总目标和具体化的分目标。课程目标设计的合理分层,有利于发挥课程目标对课程实施的有效导向、控制和评价功能。课程目标设计的整体性主要体现在课程目标不能仅考虑知识能力方面,还要进行思想品德教育和非智力因素的培养和开发,尤其是要重视学习者的感知和体验过程,使学习者在知识、能力、情感态度与价值观等方面全面发展。如我国教育部制订的2011年版的全日制义务教育各科课程标准中对各科课程目标的描述就很好地体现了课程目标设计的层次性与整体性要求。《全日制义务教育语文课程标准》(2011年版)明确提出了义务教育阶段语文课程的总体目标和分段目标。总体上看,义务教育语文课程目标从知识与能力、过程与方法、情感态度与价值观三个方面设计,三者相互渗透,融为一体。目标的设计着眼于语文素养的整体提高。根据总体目标,分别从识字与写字、阅读、写作(写话、习作)、口语交际、综合性学习五方面对四个学段的分段目标及内容进行描述。

2. 课程目标的表现形式

根据课程设置的性质和功能,课程目标设计的表现形式大体上有三大类:结果性目标、体验性目标和表现性目标。

(1)结果性目标

结果性目标,有时也被称为行为性目标或行为取向性目标,是对学习者经过一段时间的学习所达到的学习结果的描述。结果性目标是以具体的、可操作的行为形式陈述或叙写的。这种指向结果的课程目标,适合于知识、技能领域目标的表述。

（2）生成性目标

生成性目标，又称体验性目标、展开性目标等，是在教育情境中随着教育教学过程的展开而自然生成的目标，其特点是随机性、过程性。生成性目标关注的是学习者的学习兴趣的变化、学习能力的形成等。它适合于过程与方法领域目标的表述。

（3）表现性目标

表现性目标，是指学生在具体的教育情境中的个性化表现，它强调学生反应和学习结果的多元性。其特点是开放性、个性化。表现性目标关注学生的认知灵活性、创造精神、批判思维等，适合以学生活动为主的课程安排。它一般用于情感、态度及价值观领域目标的表述。

3. 课程目标设计的基本流程

一定程度上说，课程目标的设计就是根据教育目的和培养目标，结合学习者、社会和学科等方面的发展，对学校课程的要求进行分析和判断的过程。具体来说，课程目标的设计包括以下基本流程。

（1）目标分解

在课程目标设计过程中，任何下一级目标的确定必须以其上位目标为依据和来源，下位目标是为实现上位目标服务的，因而课程目标的设计过程应首先从目标的分解入手。

教育目的是学校课程的终极目的，它对课程的根本性质和方向起着决定性作用。而培养目标是各级各类学校、各专业的所担负的任务和受教育者自身的特点以及社会对受教育者的质量、规格的具体要求而提出的，它对课程目标具有直接的作用。因而，教育目的和培养目标是课程目标的上位目标。在考虑课程的宏观体系时，必须符合教育目的的根本方向，在设计课程目标时必须与培养目标的基本规格相一致。

（2）任务分析和基点确定

任务分析是对课程目标的基本来源进行分析，从而确定课程目标起点的过程。在此流程中，课程目标的基本来源分析实际上是对教育需要的分析，主要应从学习者的身心发展规律和个性特点、社会发展的现实需求以及学科知识需要等方面综合考虑，以确定教育需要的先后顺序。根据教育需要的先后顺序，明确课程与教学目标的价值取向和基点。但需要注意的是课程与教学目标的基点要科学、合理，既不能定得过高也不能过低。需要考虑学习者现有的能力和水平,同时根据学习者未来可能达到的发展水平进行综合确定。

(3)目标表述

课程目标是学校课程和教学的主要依据,因而,进行课程目标设计时,必须对学习者通过学习之后达到的行为状态作出具体、明确的表述,并将这些表述进行类别化和层次化处理。课程目标的表述以何种形式呈现,应依据课程所要解决的具体问题和学生所要达到的目标而定。一般来说,传授基础知识和基本技能的课程内容宜采用结果性或行为性目标表述,而培养学生分析和解决问题能力的课程内容则用生成性或体验性目标表述较为合理。

三、课程内容的设计

课程内容是课程的主体部分,其设计是否科学、合理影响和制约着学校教育教学和人才培养的质量和水平。一般来说,课程内容是为实现课程目标所组织的教育教学材料。随着现代学校教育的发展,课程内容的设计已成为课程设计的核心。

(一)课程内容的概念

关于课程内容(curriculum content)的概念,目前课程理论中有较大分歧。一种观点认为,课程内容是在教育机构范围内要向学生灌输的知识。[1]另一种观点认为,课程内容是一门课程中所教授或所包含的知识,也指一些学科中特定的事实、观点、法则和问题等。[2] 这两种观点从不同的学科角度来界定"课程内容",前者是从课程内容与教育目标的关系进行诠释,后者是从课程内容的设计及其构成的视角来定义课程内容。上述两种观点倾向于把课程内容仅局限于间接经验或理论知识,带有一定的片面性。

课程内容的本质是知识。知识一般通过直接经验和间接经验两种途径获得,因而,对课程内容的界定和把握也应从这两方面入手。综上所述,我

---

[1] 江三野主编译:《简明国际教育百科全书·课程》,教育科学出版社1991年版,第69页。

[2] 江三野主编译:《简明国际教育百科全书·课程》,教育科学出版社1991年版,第110页。

们认为,课程内容是符合课程目标要求的一系列系统的直接经验和间接经验的总和,是按照一定的逻辑结构组成的知识体系和经验体系。

关于课程内容的理解,需要从课程内容、教材内容、教学内容三者之间的关系进行把握。课程内容、教材内容和教学内容是课程研究的不同层面。其中,课程内容往往以课程标准的形式规定和呈现,具有相对的稳定性。课程内容规定的是学科某一阶段共同的标准或要求。教材内容包括一切有效的传递、体现课程内容的文字与非文字材料。而教学内容是教师在教学过程中根据教学目标和教学情境对教材内容进行加工处理,形成具体、有效的教学设计,也就是说教材内容是教学内容的一部分。

(二)课程内容的选择

课程内容的选择是根据特定的教育价值观以及相应的课程目标,从学科知识或教材、当代社会生活经验或学习者的经验中选择课程要素的过程。总体上看,课程内容可以分为直接经验和间接经验两种性质的内容。

1. 直接经验的选择

直接经验是指与学生现实生活及其需要直接相关的个人知识、技能和体验的总和。如社会生活体验、学生处理与自然事物关系的知识和经验与技能技巧等等。[①] 直接经验与学生的现实生活世界相关。但作为课程内容的直接经验不是学生零散的活动技巧或生活体验,而是与学生的现实生活直接相关的具有一定结构和体系的知识、技能和体验系统。

直接经验的选择应注重学生的现实生活世界和学生的发展性要求,强调学生在体验、操作、探究等过程中获得自然知识、社会知识和自我认知。从知识的形成与建构角度看,过程性知识具有生成性、过程性、开放性,具有更大的稳定性、更强的概括性和迁移性。一般来说,在课程内容的直接经验选择上,应至少涉及学生生活的三方面内容,一是有关自然事物的直接经验,如观察、体验自然界中的景观类、植物类、动物类等存在的方式及其对人的意义。二是与他人、与社会关系的直接经验。如道德伦理、社会奉献、法律法制等。三是关于自我关系的直接经验。如主体意识、自我评价、自我调节等。

---

① 王道俊、郭文安主编:《教育学》,人民教育出版社 2009 年版,第 149 页。

2. 间接经验的选择

间接经验即理论化、系统化的书本知识,它是人类认识的基本成果,间接经验具体包含在各种形式的科学中。[①] 间接经验来源于各门科学中的知识和经验,它是人类社会在漫长的发展中逐步累积起来的,其范围相当广泛。对于学生而言,掌握和吸收人类社会所认识的各门科学的全部信息是不现实的,也是没有必要的。所以,课程内容必须经过严格的、精心的选择。

间接经验的选择要注重基础性和时代性。学校学科课程内容的选择应遵循科学知识本身的逻辑和体系结构,从中选择出丰富的、优质的、基本的知识和经验,使学生有效地掌握学科门类以及各门学科的精华,以充分发展学生的各方面知识和技能,满足学生基本知识结构、智能结构和技能技巧发展的需要。由于各门科学的性质和功能作用不同,基础理论知识的选择需要正确处理理论性与应用性、知识性与工具性等方面的关系。对基础性的理解不能过于狭窄,强调学科课程内容的基础性,是引导学生把学习的重点放在牢固掌握各门学科的基础知识和经验上,并不是不让学生了解学科的新发展和新动向。当今时代,社会知识的更新速度日新月异,要使学生掌握的知识和技能不过时,就需要体现时代性,及时地吸纳具有时代特征的新知识、新技能,不断充实学科课程的内容。

(三)课程内容的组织

课程内容的组织是对各种课程要素进行合理组合,并使其形成系统的课程结构,从而保证课程目标的有效实现。早在 20 世纪 40 年代,泰勒就围绕"怎样有效组织学习经验"的问题,提出了课程内容组织的基本标准与规则:即连续性、顺序性、整合性。连续性是指直线性地陈述主要的课程要素;顺序性则强调每一后继内容要以前面的内容为基础,同时又对有关内容加以深入、广泛展开;整合性是指各种课程内容之间的横向联系。课程内容的组织除了上述三条基本标准与规则外,还应从以下方面综合考虑。

1. 课程内容组织的取向

一般来说,课程内容的组织取向主要有学科知识取向、学生兴趣与发展

---

① 王道俊、郭文安主编:《教育学》,人民教育出版社 2009 年版,第 148 页。

取向、社会问题取向等。

学科知识取向认为课程是"有组织的知识的累积传统",而知识的载体是教材,因而,课程内容就是上课所用的教材。这是以学科为中心的教育目的观的体现。学科知识取向,考虑到各门学科知识的系统性和逻辑性,教师与学生有明确的教学内容。但由于对学科知识系统性的强调,往往忽视学生的现实需要和要求,难以引起学生的兴趣和注意。

学生兴趣与发展取向强调根据学生的学习经验和心理组织课程内容,认为课程内容是学生的学习经验。这种取向,强调学生的主体性和参与性,而教师的职责是构建适合学生能力与兴趣的各种情境,为学生提供有意义的经验。这种取向的缺点是加剧了课程内容选择的难度,在实践中,容易导致学校课程以学生为主导,受学生支配。

社会问题取向通过研究成人的活动,识别各种社会需要,把它们转化成课程目标,再进一步把这些目标转化成学生的学习活动,认为课程内容是学生的学习活动。这种取向,主张学生通过参与活动习得知识,提倡课程与社会活动密切联系,有利于激发学生的学习兴趣和热情。但这种取向往往易流于形式,使学生过度关注外显的活动,而忽视深层次的探究学习。

当今的学校教育越来越倾向于把学科知识、学生的学习经验、学生的学习活动统一起来组织课程内容。

2. 垂直组织与水平组织

垂直组织,又称纵向组织,是将各种课程要素按从已知到未知、从具体到抽象、由简到繁等顺序组织课程内容。垂直组织方式是教育心理学家们从学习的一般规律出发提出的组织形式。美国教育心理学家加涅(1916—2002)认为学习是由简单到复杂依次推进的,倾向于按照学生学习的八种层次的逻辑关系进行课程内容的组织。水平组织,又称横向组织,是将各种课程要素按照横向关系组织起来的一个个相对独立的领域。如语文、数学、化学等学科领域。

相比较而言,垂直组织侧重于课程内容的体系化和知识的深度,而水平组织侧重于课程内容的综合性和知识的广度。在组织课程内容的过程中,要处理好两者的关系,要根据课程内容的性质、任务和目标要求选择适合的组织形式。

3. 逻辑顺序与心理顺序

逻辑顺序是按照有关学科知识内在的逻辑结构顺序来组织课程内容。倡导此种方式的人们认为,按照学科知识的逻辑结构组织课程内容,有利于使学生获得系统化、结构化的知识。心理顺序是依据学生的身心发展特点来组织课程内容。主张此种方式的人们认为,学科的逻辑是次要的,学生的心理发展特点是主要的。

当代课程改革越来越倾向于认为,逻辑顺序与心理顺序是统一的,一方面,课程观层面要体现学生与课程的统一。另一方面,学生观方面要体现学生的身心发展特点和规律。这两种组织形式都应该在组织课程内容的过程中有所体现。

4. 直线式与螺旋式

直线式是把课程内容直线推进、前后内容基本不重复的一种组织方式。苏联教学论专家赞可夫主张,不断呈现新内容,不利于保持学生的学习兴趣。螺旋式,又称圆周式,是课程内容在不同的年级、不同的阶段重复出现,但它的深度、广度和难度是有所变化的,是逐步扩展、层次递进的。

直线式与螺旋式各有优缺点,应根据课程内容的性质、特点和学习者接受能力的实际情况进行分析和选择。如理论性较强的课程内容,尤其是对于低年级的学生来说,使用螺旋式组织课程内容较为适合,而对于一些理论性要求不高、操作性强的课程内容,采用直线式则更为有效。

第三节　课 程 资 源

一、课程资源概述

课程资源是我国新一轮基础教育课程改革中明确提出的一个重要概念。至今为止,理论界对于课程资源的概念、分类等没有达成共识,使得人们对课程资源基础理论的探索呈现出多元化的发展态势。关于课程资源理论探讨的多元界说,一方面,从不同程度上揭示了课程资源的本质,另一方面,有助于从不同视角加深理解课程资源在教育教学实践和课程实施过程中的重要价值。

(一)课程资源的概念

与"课程"相比,"课程资源"这一术语进入人们视野的时间相对较晚。在课程理论界,最早论及"课程资源"(curriculum resources)的是被誉为"现代课程论之父"的美国课程论专家拉尔夫·泰勒。20世纪40年代,它在《课程与教学的基本原理》一书中多次提及课程资源,并论述了课程资源的相关问题,"(1)要最大限度地利用学校的资源;(2)加强校外课程;(3)帮助学生与学校以外的环境打交道。"①但他在书中没有对课程资源的概念进行明确界定。随着人们对课程资源认识的不断深入,衍生出一些与课程资源相关的词语,如教育资源、学习资源、教学资源。

课程资源是课程与教学信息的来源,是实现课程的必要而直接的条件。关于课程资源的概念,一般认为,课程资源有广义和狭义之分。广义的课程资源是指有利于实现课程目标的各种因素,如生态环境、人文景观、国际互联网络、教师的知识等;狭义的课程资源仅指教学内容的直接来源,如教材、学科知识等。本书中所要探讨的是广义的课程资源,即课程实施所需要的资源。

从课程资源的本质和功能看,课程资源不是课程本身,但对课程具有重要的作用和价值。课程资源是课程的来源和构成要素,是课程形成、发展和完善的基本前提和条件,它为课程目标的实现提供了资源上的保证。

(二)课程资源的分类

课程资源的分类形式多种多样,不同的分类形式体现了人们对于课程资源认识的不同角度和视角。目前,国内学者依据不同的标准,把课程资源大致分为以下几类。

1. 素材性课程资源与条件性课程资源

依据课程资源的功能特点,课程资源分为素材性课程资源与条件性课程资源。这是当前理论界普遍认同的分类形式。

---

① [美]泰勒著,施良方译:《课程与教学的基本原理》,人民教育出版社1994年版,第123页。

素材性课程资源是指直接作用于课程,并且能够成为课程的素材或来源,它是学生学习和收获的对象。素材性课程资源主要包括知识、技能、经验、活动方式与方法、情感态度和价值观以及培养目标等方面的因素。条件性课程资源是指作用于课程却并不直接形成课程本身的直接来源,但它在很大程度上决定着课程实施的范围和水平。条件性课程资源主要包括直接决定课程实施范围和水平的人力、物力和财力,时间、媒介、场地、设施和环境,以及对课程的认识状况等因素。

2. 有形课程资源与无形课程资源

根据课程资源的存在方式,课程资源可以分为有形课程资源与无形课程资源(或显性课程资源与隐性课程资源)。

有形课程资源是指可以直接运用于教育教学活动的课程资源,是看得见、摸得着的实实在在的物质,如教材、教具、仪器设备以及自然和社会资源中的实物等。无形课程资源是指以隐匿的、潜在的方式对教育教学施加影响的课程资源,是一切对学生的认知、态度、价值观念等产生影响的因素,如学生已有的知识和经验、学校的校风和文化建设、师生关系、家庭环境等。一般来说,有形课程资源可以直接成为教育教学的手段或内容,易于开发与利用。而无形课程资源的范围和来源相当广泛,其发生作用的方式具有间接性、隐蔽性、持久性等特点。尽管无形课程资源不能构成教育教学活动的直接内容,但由于它对教育教学的潜移默化的作用和影响,因而,在学校教育过程中,人们越来越重视无形课程资源的开发与利用。

3. 校内课程资源、校外课程资源与网络化资源

根据课程资源的空间分布和支配权限,可以把课程资源分为校内课程资源、校外课程资源与网络化资源。

校内课程资源指学校范围内的课程资源。校内课程资源大致划分为两大类:一类是人的因素,主要包括本校教师、学生的经历、生活经验以及教学策略和学习方式等。另一类是物的因素,主要包括校内各种专用教室和校内各种活动以及其他各类教学设施和实践基地等,如学校图书馆、实验室、动植物标本、教学挂图、模型、录音带、投影片、幻灯片、电脑软件、教科书、辅导资料等。校外课程资源是指除学校资源范围之外的其他课程资源,主要包括校外图书馆、科技馆、博物馆、展览馆、家长、校外学术专家或团体、上级教研机构、企业、有关政府部门、电视、广播、报纸杂志、乡土资源等广泛的社会资源及丰富的自然资源。网络化资源主要指多媒体化、网络化、交互化的以信息和网络技术为载体开发的校内外资源。

上述关于课程资源三种类型的划分大多是学校在新课程的实践中摸索和总结出来的。我们对课程资源分类标准及形式的相对科学、合理把握，有助于课程资源的整合与拓展，也有利于课程资源的开发与利用，从而使课程实施得以有效进行。

此外，也有学者根据其他视角把课程资源分为自然课程资源与社会课程资源，纸质资源与电子声像资源，人力资源、物力资源与财力资源等等。由于人们划分标准和视角的多样性，课程资源的分类会出现包含或交叉。如校内课程资源可以包括素材性课程资源和条件性课程资源，校外课程资源也同样包括素材性课程资源和条件性课程资源。

二、课程资源的特点

无论从理论还是实践的角度看，课程资源对提高学校的办学水平和教育质量、促进学生全面发展等方面具有重要的作用和价值。但在具体的实践中，由于课程资源的范围和来源极为广泛，一些学校和从事教育教学工作的人员出现了把课程资源无限扩大和泛化的倾向，这对课程资源的有效开发和利用极为不利。有鉴于此，我们有必要了解课程资源的特点，以便科学、有效地开发和利用课程资源使其更好地服务于教育教学活动。

(一) 多样性与适切性

课程资源具有多样性和适切性。课程资源的多样性主要表现在课程资源的来源、形式和功能等方面的丰富多样。课程资源不仅仅是诸如课程计划、课程标准、教科书等文本形式的材料，也不仅仅是局限于学校内部的资源，而是涉及学生学习与生活环境中一切有利于课程实施、有利于达到课程标准和实现教育目标的教育资源。课程资源的适切性则表现为课程资源的选择和开发利用要合目的性，也就是说，并不是所有的资源都能成为课程资源，而只有对教育教学活动产生积极影响和作用的资源才能真正进入课程，成为现实的课程资源。

（二）间接性与潜在性

课程资源同其他一切功能性资源一样,无论从其存在形态、结构,还是其功能和价值,都具有间接性和潜在性。在所有课程资源中,有些课程资源与课程实施有直接联系,而有些课程资源在课程设计之前就客观地存在着,具有开发利用的价值和转化为课程资源的可能性,也就是说,它的存在方式是间接的、潜隐的,还不是现实的学校课程或课程实施的现实条件,它具有待开发性,需要进行甄别、选择和开发。在间接、潜在形式的课程资源向现实的学校课程或课程实施的现实条件转化的过程中,必须注入学校、教师、学生等相关主体的主观努力的创造行为。此外,课程资源的功能和价值也呈现出明显的潜在性特点,主要体现在课程设计、课程实施、课程评价等一系列过程。

（三）具体性与多质性

课程资源的具体性主要表现在因地域、文化背景、学校以及师生等方面的差异而使课程资源的开发和利用有所不同。"不同的地域,可以开发与利用的课程资源不同,其构成形式和表现形态各异;不同的文化背景下,人们的价值观念、道德意识、风俗习惯、宗教信仰等各具独特性,相应的课程资源各具特色;学校性质、规模、位置、传统以及教师素质和办学水平的不同,学校和教师可以开发与利用的课程资源自然有差异;学生个体的家庭背景、智力水平、生活经历的不同,可供开发与利用的课程资源必然也是千差万别的。"①

课程资源的多质性是指同一课程资源对于不同课程或课程的不同方面具有不同的用途和价值。课程资源的多质性对学校和教师提出了更高的要求,在课程资源的开发和利用过程中,学校和教师要善于从不同视角挖掘课程资源的潜在价值和功能。

（四）动态性、生成性与开放性

课程资源的动态性主要表现在课程资源会随着时间、空间、开发利用主体等方面的变化而发生改变,因而,课程资源具有动态性和发展性。我们应

---

① 茹宗志、李军靠主编:《教育学教程》,西北大学出版社 2006 年版,第 96 页。

从以下层面理解:其一,时间维度上,课程资源的内涵、外延和内容等会随着时间的推移逐步丰富和发展;其二,空间维度上,一个地区的区位条件、自然环境、经济水平、民族文化和社会条件等会影响课程资源的动态发展;其三,开发主体维度上,课程资源的开发在很大程度上依赖于社会资源系统、人的主观价值系统和开发条件等,其中人的主观价值系统在此过程中发挥着重要作用。也就是说在社会资源和开发条件相同的情境下,不同的开发主体开发利用的课程资源也会有所不同。

课程资源的生成性主要表现在课程资源的开发和利用具有过程性和发展性的意义,强调课程资源的活力和潜在的创造价值。在具体的教育教学情境中,教师和学生利用已有的课程资源进行双向的互动,随着这个过程的深入,会不断生成新的认知、新的目标、新的价值等。这是课程资源的生成性在教育教学情境中的集中体现。课程资源的开放性主要表现在随着时代的发展、社会的进步和对课程资源认识的不断深化,人们的视野更加广阔,促进课程资源开发和利用的积极性更高,更多的可以利用的资源成为新的课程资源。

三、课程资源的开发

(一)课程资源的开发途径

伴随我国课程改革和素质教育的不断推进和深入,课程资源的重要性日益显现,已成为实现学校教育教学目的的重要保障。在国家颁布的各学科课程标准中都有"课程资源开发与利用"部分。在新课改的背景下,如何对课程资源进行有效的开发就成为一个不容回避的现实问题。从总体上看,课程资源的开发即有宏观层次,也有微观层次。宏观层次的课程资源开发的途径一般从六个方面进行:开展社会调查、审查学生能够获益的各种课程资源、开发和利用课程实施的各种条件、研究一般青少年以及特定受教学生的情况、鉴别和利用校外课程资源和建立课程资源管理数据库。

微观层次的课程资源开发除了以上途径外,还要根据各地区和各学校的实际情况,充分挖掘校内外的更加具体的、有针对性的课程。与宏观层次的课程资源开发相比,微观层次的课程资源开发更加强调特定群体和情景的差异性和独特性。开发这类课程资源一般从学生需要、教师资源、学校特色和社会需要等方面进行。通常情况下,这几方面有机整合在课程资源开发的全过程。

1. 从学生的现状和需要出发开发课程资源

从建构主义学习理论看,教师是课程教学的组织者,学生则是信息加工的主体和知识意义的主动建构者,教学的目标在于帮助学习者习得事物及其特征,使外部客观事物(知识及结构)内化为其内部的认知结构。因而,学生应成为课程资源开发的重要导向和出发点。从学生的现状出发开发课程资源主要是基于对学生的兴趣类型、活动方式和手段等方面的把握。有效研究学生普遍兴趣和差异性兴趣,有利于开发多样的、满足不同学生的需求。此外,对学生的现有发展基础和差异进行分析,有助于了解学生接受能力的范围和层次,从而增强课程资源开发的有效性和针对性。

2. 从教师资源出发开发课程资源

教师资源主要包括教师个体资源和教师群体资源。在课程资源开发的各个主体中,教师被认为是微观课程资源开发的中坚力量。从某种意义上说,教师对课程资源的开发起着主导和决定性作用,不仅决定着课程资源的鉴别、开发、积累和利用,也是课程资源的重要载体。对于学校而言,从教师资源出发开发课程资源,应根据教师的现有水平和特点进行。此外,也需要不断加强不同地区、不同学校教师之间的交流与协同合作,实现课程资源的共享,以便发挥课程资源开发的更大价值。

3. 从学校的特色及周边环境出发开发课程资源

学校的特色和优势是学校课程资源开发的重要来源,这种资源既可以是物质层面的,如教学设施和条件等,也可以是精神层面的,如校园文化、校风、学风、和谐的师生关系等。从现代学校教育的功能看,精神层面的课程资源开发对学生具有更深远的作用,它对学生的影响是潜移默化的。此外,学校应从其周边环境出发开发课程资源,让学生走出学校、开阔视野,接触更多的独特的地方特色和现实生活世界。

4. 从社会的现实需要和未来发展趋势出发开发课程资源

从社会的需要出发开发课程资源,不仅要从当代社会的需要进行,也要从未来社会的发展方向和趋势进行。教育的目的是向社会培养和输送合格的人才,而课程教学是学生各种知识、技能、情感、价值观等获得和形成的重要途径之一,因而,从社会的需要开发课程资源,更加能增强学生的社会适应能力。

(二)我国中小学课程资源的开发

长期以来,我国中小学课程是由国家统一开发、编制供各地区使用。随着我国新一轮基础教育课程改革的不断深入和素质教育的推进,人们逐渐认识到国家统一开发课程的弊端。为了优化我国基础教育人才培养模式,更好地适应新课程改革的要求和发展趋势,中小学根据地方特色、具体的学校情境和学生实际等进行课程资源开发就显得尤为重要。

1. 我国中小学课程资源开发的价值

(1)有利于促进学生的全面发展和个性化要求

课程资源开发的价值首先在于促进学生的发展。在我国中小学,传统的课程资源更多的是书本知识,偏重知识传授和接受性学习。这对学生的主体性发挥、个性发展、创新意识等极为不利。

课程资源的开发是以符合学生的心理特点和满足学生的需要为前提的。与传统教科书相比,新开发的课程资源丰富多样、具体形象、具有开放性,它更能引起学生的兴趣,激发学生参与的热情和动机,使学生在愉悦中增长知识,提高能力,陶冶情操。对于中小学教师而言,为学生提供丰富的课程资源,有助于逐渐培养小学生独立学习的意识、能力与习惯。同时由于课程资源具有多质性特点,因而它能满足学生的差异和个性化需要。

(2)有利于提升教师的课程资源能力和教学水平

当前,尽管人们对课程资源开发和利用的重要性达成了普遍共识,但在具体的教育教学实践中,相当一部分中小学教师的课程资源开发意识和开发能力缺乏。新课程的实施和有效推进要求有丰富的、深层次的课程资源作为支持,因此,新课程扩展了课程资源的范围,这对教师提出了更高的要求。为适应新形势,教师需要逐步转变观念,提高课程资源开发意识。教师是课堂教学的组织者和实施者,因而,教师是能够了解和掌握学生的兴趣、实际需求和能力的。在教育教学推进的过程中,教师充分发挥主体性作用,根据教育目的和教学目标选择和组织学生感兴趣的、满足学生实际需要的内容,引导和帮助学生走出教科书、走出课堂和学校。这个过程既能使学生学会主动地利用一切可用资源,为自身的学习、实践、探索性活动服务,又能增强教师识别、积累和开发课程资源的能力。同时,教师的资源开发能力的提升又会对课堂教学起到积极的推动作用,从而使教师的教学水平得到提升。

(3)有利于新课程改革的全面实施和素质教育的推进

素质教育与应试教育相对应,是以提高受教育者诸方面的素质为目标和根本取向的教育模式和教育理念。素质教育是我国教育现代化的重要体现和必然要求。素质教育取向下的新课程在课程管理体系方面倡导国家、地方、学校三级课程管理,这必然要求学校在课程管理方面不断增强课程对地方、学校和学生的适应性,体现新课程体系的综合性、实践性、有效性、灵活性等。同时,现代教育的全人理念和多元化培养目标也要求学校的课程体现地方特色和学校特色。此外,新课程改革也需要不断转变课程功能和学生的学习方式,要求改变课程过于注重知识传授和强调学科本位的倾向,加强课程内容与社会与学生生活的联系,倡导学生主动参与、探究发现、交流合作。这些都决定了科学、合理开发课程资源的必要性。无论从课程资源开发的理论还是从其实践看,课程资源的开发对新课程改革的有效实施和素质教育的全面推进意义重大。

2. 我国中小学课程资源开发的内容

课程资源开发是课堂有效教学的现实要求和重要保障。《基础教育课程改革纲要(试行)》对课程资源的开发与利用明确指出:"积极开发并合理利用校内外各种课程资源,学校应充分发挥图书馆、实验室、专门教室及各类教学设施和实践基地的作用;广泛利用校外的图书馆、博物馆、展览馆、科技馆、工厂、农村、部队和科研院所等各种社会资源以及丰富的自然资源;积极利用并开发信息化课程资源。"随着新课程改革的推进,人们对课程资源的认识逐渐深化,中小学课程应开发哪些资源并使其更好地服务于教育教学活动也成为重要的关注点。

(1)开发学科拓展类、学科综合类的课程资源

中小学课程资源的开发应不断增强课程的综合性和选择性。在具体的开发过程中,要以国家课程为主线和蓝本,不断对其丰富和发展。学科拓展类的课程和学科综合类的课程应遵循目的导向和实用性原则,也就是说在开发这些课程的过程中,要紧紧围绕教学目的进行,并体现其应用价值。

（2）优化整合实践活动资源

优化整合实践活动资源是新一轮基础教育课程改革的亮点，它突显了教师对课程资源开发的重要作用。实践活动课程以活动和体验为主，强调学生的自主性和亲身经历，要求学生积极参与到各项活动中去，在活动中发现和解决问题。因而，实践活动资源的开发应突破学科教学大纲和教科书的传统模式，从学生本身挖掘有效的教育资源。优化整合实践活动资源需要根据学生自身及周围世界，选择和学生日常生活、学校生活、社会生活、自然界等相关的领域进行。

◉ 案例

"游戏"进入中小学课程　校长体验"历奇教育"①

把玩游戏引进校园作为校本课程教给孩子，对于学校来说还是头一次。昨天，市内各区的部分中小学校长先体验了一回玩游戏的"历奇教育"模式。

所谓"历奇教育"模式，就是通过各种游戏训练、体验和适应野外环境等活动，让参与者提高自信心、自尊感以及增强团队合作精神。

昨日上午，40名中小学校长聚集在一起，接受训练导师的指挥和训练。这些平时严肃的校长们一到训练现场，都一个个放开地去"玩"了。他们在每一个游戏训练环节还不停地总结每个游戏所蕴涵的意义，以及将来放在学生身上进行教学时需要注意的问题。你看，40位校长被分成4个小组，每一个小组选出一名老师。而其他组员则用双手将绳子编织成一张网。这张网必须能拖起选出的那名老师。"必须在两分钟内完成。"训练导师下达了命令。于是，平时互相不熟悉的校长们开始齐心协力编织一张网，然后备力托起被选中的老师。

"这个游戏训练了大家的团队合作精神，对学生来说很有用。"二七区幸福路小学校长马岩说。通过几个训练游戏，校长们普遍感到虽然是小小的游戏活动，但是每个人都能从中学习到很多东西。"这种训练不是单纯地玩游戏，学生在玩中能学到不少知识并提高能力。"很多校长表示，将会逐步引进这种教育模式。

在上述案例中，通过"游戏"的方式提高学生自信心、自尊感以及增强团队合作精神。这体现了实践活动资源对于培养学生的综合能力具有独特的价值。优化整合实践活动资源实质上是要挖掘丰富的、符合学生身心发展特点的教学资源。对于中小学的学生来说，把"游戏"引入校园作为课程资源，满足了儿童与生俱来的探究和获得体验的需要。

---

① 《郑州晚报》2006年8月4日。

(3)开发区域、乡土课程资源

对于学生的身心发展而言,他们更易于接受具体的、形象的、生动活泼的课程内容。区域、乡土课程资源对学生学习、全面了解本地区现状以及未来发展趋势具有重要意义。同时,由于区域、乡土课程资源贴近学生的生活实践,因而,具有一定的实用性。

对于不同的地区、学校、教师和学生,课程资源的开发具有极大的差异性,不能简单地一概而论,而应切实从实际情况出发,扬长避短,因地制宜、因时制宜、因人制宜地进行。

第四节　课程改革的趋势与新课程改革

一、世界各国课程改革的趋势

随着教育理论和实践的深入,20 世纪 80 年代以来,随着知识经济社会的到来和科技、文化领域的加速发展,世界各国普遍认识到教育对社会经济发展的重要作用和价值,纷纷进行了大规模的教育改革。在此次教育改革中,课程改革受到世界各国政府和教育界的普遍关注。尽管各国国情和意识形态领域迥异,各国的课程改革各具特色,但我们仍然能从中发现一些共同的价值取向和发展趋势。

(一)课程行政主体从一元走向多元

课程行政主体即决定课程设置与编制的主体。世界各国依照课程行政主体之别,形成了不同的课程行政体制,如法国从拿破仑时代开始就一直由中央政府以指令性文件规定全国统一的基础课程,称为"国家本位课程";美国一向实行地方分权的行政管理体制,各州制定自己的政策,就是在同一个州的范围内,不同的城市和社区也有不同,大体上属于"地方本位课程";英国政府一向对学校课程不加以干涉,基本上由学校自主决定课程,称为"校本课程"。①

---

① 陈玉琨等著:《课程改革与课程评价》,教育科学出版社 2001 年版,第 26 页。

自20世纪80年代以来,世界发达国家在课程设置与编制的主体上出现了从一元向多元转化的趋势。无论是分权制还是集权制国家,不同的课程行政主体共同影响课程的设置和编制。分权制国家,如澳大利亚、美国等。20世纪80年代以前,澳大利亚存在着强烈反对联邦政府干预教育的传统,但是自80年代后期以来,联邦政府开始在中小学课程管理上实行集中与分权相结合。即各州教育管理部门在联邦的指导下负责制定自己的课程教学大纲。学校可以在各州课程教学大纲的指导下,根据本校情况设置课程,决定选用何种教材。集权制国家,如法国、苏联等。苏联是国家控制课程模式的代表。1992年,叶利钦签署的《俄罗斯联邦教育》,认可了课程管理的多样化,采用了十多种课程计划。1993年,俄罗斯公布了基础课程计划,把课程分为不可变和可变两个部分,不可变部分是国家核心课程,可变部分可由学校自由决定。

(二)课程结构的综合化

课程结构的综合化即学科之间的综合与渗透。从学校产生和发展的历史看,分科课程的历史较为悠久。20世纪80年代后,随着科学技术的迅猛发展和信息来源的日益多样化,学科之间的综合与渗透成为一种流行的趋势。如英国出现了"统合教学日"课程形式,学生在有多种教材、教具等教育环境中,自由地展开自主的学习活动。在德国和瑞典,从传统的乡土课程发展成新的"合科课程"。此外,各发达国家的课程改革也突出课程结构的综合实践性趋向。如德国在"新技术与学校"的课程改革中,明确提出,将新技术知识渗透到基础教育学校的教学中,使学生在所有学科中接触新技术发展给社会、个人生活带来的利弊,使学生既掌握扎实的基础知识,又能增强社会的适应能力。

(三)课程设置的信息化

20世纪80年代后,课程设置的深度和广度有了很大拓展,日益呈现信息化的发展趋势。课程设置的信息化表现在:一是信息教育列入正式课程。1985年法国国民教育部要求从1985年秋开始,把"科学技术"规定为小学开设的7门课程之一,扩展了教学内容。从1998年开始,又在"科学技术"学科课程中设"计算机入门"作为必修课。作为计算机应用课程,法国高中一、二年级开设管理和信息课程。二是课程信息资源的开发。如德国和日本是课程信息资源开发较为成功的国家。三是信息技术与课程整合等。信息技术与课程的整合是指信息技术有机地与课程内容、课程设计和课程的实施等融为一体,使信息技术成为学生获取知识和能力的重要工具。

二、我国新一轮基础教育课程改革

从系统论视角看,整个社会是一个大系统,教育是一个子系统,而课程又是教育的一个子系统。因此,课程与教育、与整个社会之间必然存在千丝万缕的联系。

(一)新一轮基础教育课程改革的背景

在新旧世纪交替之际,为全面推进素质教育、提升综合国力,我国启动了新一轮基础教育课程改革。这是我国新中国成立以来进行的第八次基础教育课程改革,此次基础教育课程改革具有独特的时代背景。

1. 经济社会发展和激烈的国际竞争的要求

经济社会发展对学校课程改革有着直接的推动和影响作用,我国新一轮基础教育课程改革的国际背景主要是知识经济、信息时代和全球化。始于20世纪40年代末的科学技术革命,对人类的生产、社会生活产生了深刻的影响,使知识和信息对推动经济和社会发展的作用日益显现。一般认为,知识经济是建立在知识和信息生产、分配、使用基础上的经济,其核心是知识生产。知识经济的出现,使拥有知识创新能力的人显得尤为重要,使学习成为一种需要。而信息化时代的到来,改变了人们的生活和学习方式。此外,信息技术的发展拉近了人们之间的距离,人与人的交往和理解变得更加容易和重要。社会信息化程度的不断提高、知识化进程的不断加快和全球化趋势的到来,必然对教育提出更高的要求。

20世纪90年代以来,国际竞争新格局的形成使每一个国家、每一个民族的生存和发展意识达到空前强化,人们纷纷关注自己的国家、民族在新的世界格局中的位置,并积极提高国民素质和综合国力,以应对日益激烈的国际竞争。在这种背景下,人才资源的竞争、开发和利用成为各国的焦点。

2. 世界基础教育课程改革的大趋势的影响

我国新一轮基础教育课程改革是在世界基础教育课程改革的大潮下提

出来的。20 世纪末,面对知识经济、信息化和全球化的新背景,世界各国积极进行基础教育课程改革。目的是通过课程改革,提高人才培养的质量。世界基础教育课程改革的理念主要表现在,强调学生的全面和个性发展,重视学生的基础知识和基本素质的提高,注重学生的创新能力和社会适应能力的培养。这些显著特点为我国的基础教育课程改革提供了有益的经验。

3. 素质教育积极推进的需要

改革开放以来,我国教育事业的改革与发展取得了令人瞩目的巨大成就,我国的基础教育和基础教育课程建设也取得了显著成就,对促进我国政治、经济、科技、文化等方面的发展作出了巨大贡献。但同时,我国基础教育总体水平还不高,原有的基础教育课程已不能完全适应时代发展的需要。如课程目标偏重认知能力,课程结构学科本位,课程内容脱离学生经验和社会实际、缺乏时代感,课程实施机械、单调,课程评价过于强调选拔功能、课程管理相对集中等。影响了青少年的全面发展,不能适应提高国民素质的需要。1999 年 6 月,第三次全国教育工作会议召开,颁布了《中共中央国务院关于深化教育改革全面推进素质教育的决定》(中发〔1999〕9 号)。这为我国的基础教育课程改革指明了方向。基础教育课程改革是实施素质教育的核心环节,不改革课程,素质教育难以落到实处。

(二)新一轮基础教育课程改革的目标

2001 年 6 月,国务院召开了我国改革开放以来第一次全国基础教育工作会议。随后,我国政府颁布《国务院关于基础教育课程改革纲要(试行)》(国发〔2001〕21 号),决定大力推进基础教育课程改革,调整和改革基础教育的课程体系、结构、内容,构建符合素质教育要求的新的基础教育课程体系。该纲要明确提出了我国新一轮基础教育改革与发展的指导思想和目标。

1. 新一轮基础教育课程改革的指导思想和培养目标

《基础教育课程改革纲要(试行)》指出,基础教育课程改革要以邓小平关于"教育要面向现代化,面向世界,面向未来"和江泽民同志"三个代表"的重要思想为指导,全面贯彻党的教育方针,全面推进素质教育。新课程的培养目标应体现时代要求,要使学生具有爱国主义、集体主义精神,热爱社会主义,继承和发扬中华民族的优秀传统和革命传统;具有社会主义民主法制意识,遵守国家法律和社会公德;逐步形成正确的世界观、人生观、价值观;具有社会责任感。努力为人民服务;具有初步的创新精神、实践能力、科学和人文素养以及环境意识;具有适应终身学习的基础知识、基本技能和方法;具有健壮的体魄和良好的心理素质,养成健康的审美情趣和生活方式,成为有理想、有道德、有文化、有纪律的一代新人。①

2. 新一轮基础教育课程改革的具体目标

一是改变课程过于注重知识传授的倾向,强调形成积极主动的学习态度,使获得基础知识与基本技能的过程同时成为学会学习和形成正确价值观的过程。

二是改变课程结构过于强调学科本位、科目过多和缺乏整合的现状,整体设置九年一贯的课程门类和课时比例,并设置综合课程,以适应不同地区和学生发展的需求,体现课程结构的均衡性、综合性和选择性。

三是改变课程内容"难、繁、偏、旧"和过于注重书本知识的现状,加强课程内容与学生生活以及现代社会和科技发展的联系,关注学生的学习兴趣和经验,精选终身学习必备的基础知识和技能。

四是改变课程实施过于强调接受学习、死记硬背、机械训练的现状,倡导学生主动参与、乐于探究、勤于动手,培养学生搜集和处理信息的能力、获取新知识的能力、分析和解决问题的能力以及交流与合作的能力。

五是改变课程评价过强调甄别与选拔的功能,发挥评价促进学生发展、教师提高和改进教学实践的功能。

六是改变课程管理过于集中的状况,实行国家、地方、学校三级课程管理,增强课程对地方、学校及学生的适应性。②

以上六方面的具体目标是围绕课程功能的改革、课程结构的改革、课程内容的改革、课程的实施、教育教学评价的改革、课程管理政策提出来的。它既是基础教育课程改革的具体目标,也是基础教育课程改革的主要内容。

---

① 教育部:《基础教育课程改革纲要(试行)》2001 年。
② 教育部:《基础教育课程改革纲要(试行)》2001 年。

三、新课程改革的基本理念

随着科学技术的迅猛发展和知识经济时代的到来,世界教育的基本理念正在发生深刻的变化。教育民主化、回归生活教育、个性化教育、创新教育、终身教育、建构主义等理念逐渐成为指导世界各国教育改革的核心思想。我国新一轮基础教育课程改革也蕴涵着这些崭新的理念。[①]

(一)全人发展的课程价值观

课程实践在本质上是一种价值创造活动,因而,必须遵循一定的价值原则和取向。我国新一轮基础教育课程改革的一个显著特征就是以学生为本,着眼于学生的全人发展。全人发展一方面指向所有的学生,另一方面指向学生的身心各方面和谐发展,即强调和重视所有学生都能获得全面的发展。这种着眼于全人发展的课程价值取向,使学校的课程目标发生了显著的变化,呈现出一些新特点和新趋势:一是重视课程的整合价值,强调学生的全面发展,重视学生基础知识和基本素质的提高,注重学生良好的道德品质和能力的培养。二是注重课程的个人发展价值,关注学生个性的发展,反对人才培养的精英主义和权威主义理念。

(二)科学与人文整合的课程文化观

科学与人文整合的课程文化视野是教育领域科学主义与人本主义沟通与融合的重要体现。伴随着科学主义教育与人本主义教育的逐步融合,课程文化开始摆脱原有视野的局限,跨入到"科学人文性"的课程文化观之中。科学人文性,是以科学为基础,以人自身的完善为最高目的,强调人的科学知识、科学素质与人文精神的沟通与融合,从而实现科学与人文的协调统一。科学人文性倡导"科学的人道主义",注重把"学会关心"、"学会尊重、理解与宽容"、"学会创造"、"学会生存"、"学会共同生活"、"学会认知"、"学会做事"等当代教育理念贯穿到课程发展的各个方面。

(三)回归生活的课程生态观

"人"的完整的意义在于人的理性与经验的统一。"回归生活"关注人的

---

① 薛彦华主编:《教育学》,科学出版社 2009 年版,第 187—198 页。

感性世界,重视人的参与性和社会性。"两耳不闻窗外事,一心只读圣贤书"是中国传统教育价值观的真实写照。在这种价值观影响下,学生课程与生活世界分离。学校课程教学与社会的隔离,不仅造成了学生的"高分低能",也使学校的教育教学工作产生了形形色色的"异化"的现象。

学校课程重返生活世界,找回失落的主体意识,形成新的课程生态观,是当代课程改革和发展的一个重要理念。回归生活的课程生态观,实质是强调自然、社会和人在课程体系中的有机统一,使自然、社会和人成为课程的最基本来源。因此,自然即课程、生活即课程、自我即课程,便成为回归生活课程生态观的基本命题。关照学生的生活世界、重视社会实践、注重学生的学习兴趣和体验成为新课程改革的重要取向。

(四)建构主义的课程学习观

从哲学角度看,建构主义植根于理性主义与经验主义的综合。建构主义的课程学习观认为,学习不只是知识由外到内的转移和传递,也是学习者在自己原有的知识经验的基础上建构知识的过程。在此过程中,学习者不是被动的信息接受者,而是积极主动地对外部信息选择、加工并内化为新的知识经验。

建构主义的课程学习观,强调学生学习的主体性,对转变学生的学习方法和教师的课程实施观念影响深远。对于学生而言,学习过程是在教师的引导下自我建构、自我生成的过程。对于教师而言,要达到良好的教育教学效果,必须建立在学生的认知发展水平和已有的知识经验的基础之上。提倡学生的自主探究、自我体验和把教师作为课程实施的引导者和设计者,是新课程改革和发展的重要策略之一。

(五)民主化的课程管理观

民主化的课程管理,意味着课程的开发和管理从统一、集中走向多元。在前文已有论述,根据课程开发和管理主体的层次不同,课程分为国家课程、地方课程和校本课程。自20世纪80年代以来,世界各国课程管理方面的改革基本都是立足本国国情,积极探寻国家课程、地方课程和校本课程之间的最佳结合。

我国新课程改革关于课程管理方面,提出对不同地区、学校、学生的要求,实行国家、地方和学校三级课程管理模式。具体说,就是要求学校在执行国家课程和地方课程的同时,应根据当地社会、经济发展的具体情况,结合本校的传统和优势、学生的兴趣和需要，开发或选用适合本校的课程。

◉ 拓展阅读

教育观念的转变①

靳玉乐《新课程改革的理念与创新》一书分为新课程改革的背景与目标、基本理念、教育观念转变、新课程改革的创新、新课程改革的实施、新课程改革的检视与展望。教育观念转变这一章提到了以下八个方面：1. 学校是教育改革的中心、科学探究的中心、课程发展的中心。2. 课程是经验。课程不仅仅是现成的教科书，而且是教师为学生提供的学习机会，是师生在互动过程中产生的经验。不仅包含了知识，而且包括了学习者占有和获取知识的主体活动课程，课程知识是在充满生机的社会性交往过程中建构生成的。3. 教材是范例。把教材视为引导学生认知发展、生活学习、人格建构的一种范例，不是学生必须完全接受的对象和内容，而是引起学生认知、分析、理解事物并进行反思、批判和建构意义的中介，是案例或范例。应该强调教材是学生发展的文化中介，是师生对话的"话题"。4. 教室是实验室。教室不是教师表演的舞台，而是师生交往互动的舞台；教室不是对学生进行训练的场所，而更应该是引导学生发展的场所；教室不只是传授知识的场所，而更应该是探究知识的实验室；教室不是教师教学行为模式运作的场所，而是教师教育教学智慧充分展现的场所。5. 教学是对话、交流与知识创生的活动。这是教学的本质。师生之间不是命令与服从的关系，而应该是平等的"你我"关系，双方互相尊重、互相信任、真诚交往，共同探求真理、交流人生经验。教学过程不只是传授知识，更重要的是通过师生之间的直接性对话，取得心灵的沟通，实现双方主体性的建构与发展。6. 教师即研究者。教师不再只是一个课程知识的被动的传递者，而是一个主动的调试者、研究者和创造者；教师不再是一个真理的垄断者和宣传者，而是一个促进者、帮助者、真理的追求者和探索者。7. 学生是知识的建构者。学习是经验的重新组织和重新理解的过程。不是被动地接受知识，而是主动地进行知识建构。通过自主建构活动，学生的创造力、潜能、天赋等得以发挥，情意得到陶冶，个性得到发展。8. 家长是教育伙伴。家长不是旁观者，而是教育的伙伴，寻求家长的有效参与和支持，已经成为本次课程改革的一个非常重要的方面。

◉ 思考题

1. 简述课程的主要类型及其特点。
2. 如何理解课程计划、课程标准和教科书之间的关系？
3. 课程目标有哪些表现形式？课程目标设计的基本流程是什么？
4. 课程资源有哪些类型？你认为当前中小学应如何开发课程资源？
5. 简述我国基础教育课程改革的目标。

---

① 靳玉乐：《新课程改革的理念与创新》，人民教育出版社 2003 年版，第 54 页。

第六章　教　学

◉ **内容提要**

　　教学是学校教育工作的中心环节,是实现一定的教育目的和人才培养目标、实施社会主义全面发展教育的基本途径。它规定着学校和教师"怎样教"。本章主要阐明了教学的概念、意义和任务,分析了教学过程的基本要素和本质,并在此基础上阐述了教学过程中应遵循的基本原则、方法,最后分析了教学组织形式、教学工作的基本环节和教学评价。

　　教学是由教师、学生、教学内容、教学策略、教学媒介等因素构成的系统。掌握教学工作的基本理论及其运用是教师有效组织教学、提高教育教学水平的基础和前提。

第一节　教　学　概　述

一、教学的概念

　　在教学理论层面,首先需要回答的问题就是"教学是什么"。在中外教育史上,人们从未停止过对这个问题的思考和探索。

(一)教学的定义

从字面看,教学是由"教"和"学"组成。按照许慎《说文解字》的解释,"教,上所施下所效也";"学,觉悟也"。从注解角度看,"教"侧重于传授和接受的行为,而"学"偏重于感受和领悟。在英文里,有关"教"和"学"的词有"teaching、learning、instruction"。20 世纪以前,教学通常使用"teaching",偏重教师的"教"。20 世纪初,随着"进步教育"运动的兴起,"instruction"逐渐代替了"teaching"。"Instruction"原意是"指导"。美国教育心理学家布鲁纳在其名著《教育过程》(1960)一书中,明确指出"instruction"指的是"教学",阐述教学过程应包括教师的"教授"(teaching)和学生的"学习"(learning)两大方面。

关于教学的定义,尽管有着多种解释,但概括起来不外乎从"教师的教、学生的学、教师与学生的相互作用"三种视角进行界定。综合已有的视角和观点,给教学下这样的定义:教学是教师的教与学生的学共同组成的一种教育活动。在这一活动中,学生在教师有目的、有计划、有组织的引导下,能动地学习、掌握系统的科学文化基础知识,发展自身的智力、体力和能力,形成一定的思想品德与美感,逐步形成全面发展的个性。

具体来说,教学的定义包括三层意思:第一,教学是教师的"教"和学生的"学"相统一组成的双边活动。教学不是"教"和"学"的简单相加,而是两者的有机结合和辩证统一。两者相互依存,相互促进,缺一不可。第二,教学是教师有目的、有计划、有组织地引导学生学习直接经验和间接经验的活动。教师是组织者、引导者,主导教学活动的方向和性质,学生是学习的主体。第三,教学所要实现的不仅仅是知识和技能的传授,它要完成的任务是全方位的,既有知识的获得、智力的发展、能力的培养和提高,又有思想品德的完善、个性特长的发展等。学生的这种全面发展通过教学得以实现。

(二)教学与相关概念的关系

1. 教学与教育

教学与教育是部分与整体的关系,两者既相互联系,又相互区别。教学只是学校进行全面教育的一个基本途径。除教学外,学校还可以通过其他途径向学生进行教育,如课外活动、社会实践等。

2. 教学与智育

教学与智育是一种复杂的交叉关系。教学包括智育,教学是进行德育、智育、体育、美育、劳动技术教育的基本途径。智育是全面发展教育内容的一个重要组成部分。但智育并不仅仅通过教学实现,还要通过课外、校外活动等其他途径才能全面实现。

将教学等同于智育,容易对智育的实现途径和教学功能产生狭隘化的认识。对智育实现途径的片面化和狭隘化的认识,容易使智育仅局限于课堂教学,而忽视其与社会生活实际的联系。对教学功能的片面化和狭隘化的认识,往往会使教学背离全面发展的方向。

3. 教学与自学

教学与自学的关系比较复杂,不能简单而论,而应根据学生自学的具体情况来确定。学生的自学一般有两种,一种是在教学过程内,是教师指导下的自学,表现在围绕课堂教学进行的预习、复习、自习、独立作业等。在这种情况下,教学与自学是整体与部分的关系。另一种是在教学过程外,学生独立自主进行的学习,其内容和范围相当广泛。在这种情况下,教学不包括自学。

4. 教学与课程

关于教学与课程的关系,争论颇多。大体上有四种不同的观点:二元独立模式、相互交叉模式、包含模式、二元互联模式。

二元独立模式认为教学与课程相互独立,互不交叉。相互交叉模式认为教学包含课程的一部分,相应地课程也包含教学的一部分。包含模式有两种观点:一是大教学论观,即大教学小课程。二是大课程论观,即大课程小教学。二元互联模式认为教学与课程既有逻辑上的区别,但同时又相互联系、相互依存。这种观点突出了教学与课程之间相互作用、相互影响的关系。教学与课程逻辑上的区别主要表现在两者各自的研究侧重点不同。课程侧重于强调学习的范围,即"教什么"的问题,而教学主要强调教师对学生的引导行为,即"怎样教"的问题。教学与课程的相互依存关系主要强调两者的内在联系。离开"教什么","怎样教"就无从谈起,而离开"怎样教","教什么"就毫无效果。

5. 教学与上课

教学与上课是部分与整体的关系。教学工作主要包括备课、上课、课外作业、课外辅导、学生学业成绩的检查与评定五个基本环节。其中,上课是教学工作的中心环节。

二、教学的意义

教学在学校的教育工作中处于中心地位。对于学校的所有工作来说,都要以服务教学和学校的发展为目的。教学的重要作用和意义主要体现在教学对社会文化的传承、社会进步的推动、促进学生个体成长和全面发展的培养目标等方面。

(一)教学是传播系统知识、促进学生发展的最有效的形式

教学是一种有目的、有计划、有组织的教育活动。通过教学,能有效地将人类积累起来的科学文化知识和基本技能传授给学生。在教师向学生传播知识的过程中,学生发挥能动性和主体意识,在较短的时间内掌握人类创造的知识成果,并将其内化为个人的知识、技能和精神财富,促进学生的身心发展,从而保证文化的延续和社会的发展。在当今信息技术迅猛发展、知识更新速度加快的时代,教学成为个体快速获取间接经验和直接经验的重要途径和手段。

(二)教学是进行全面发展教育,实现培养目标的基本途径

《中华人民共和国教育法》规定,我国现阶段的教育目的是培养“德智体等方面全面发展的社会主义事业的建设者和接班人”。这一目标的实现,在学校基本上是通过教学途径完成的。因为,德育、智育、体育、美育等各方面的发展,必须以掌握一定的科学文化知识和技能为基础。

学生获取知识的途径多种多样,但教学是学生获取知识最基本、最有效的捷径。教学通过教师组织有目的、有计划的教育活动,将德育、智育、体育、美育和综合实践活动的基础知识、基本技能和基本规范传递给学生,为学生在智力、体力、技能、思想品德、美感等方面的发展奠定基础。从教学的实践看,教学对学生全面发展尤其是个性全面发展的影响是其他途径所不

能替代的。

（三）教学是学校教育的中心工作

在学校工作中，以教学工作为中心，是教育规律的客观要求和必然结果。学校工作一般分为教学工作、党务工作、行政工作和总务工作等。而教学工作是一项长期的、影响深远的育人活动。教学工作的特点和性质决定了其他工作必须以教学工作为主，并服务于教学工作。从学校整体工作的比重看，教学工作所占比重最大，占用了学校工作的绝大部分时间。从教学工作的影响力看，对学生、对社会、对学校自身发展都具有重要价值。

教学工作的有效开展，是学生全面发展的重要保障。对学校来说，教学工作关系到学校的教学质量、人才培养质量和可持续发展。无数事实证明，学校只有重视教学工作，才能切实提高教学质量、培养出更多的适应社会需求的优质人才，也只有这样，学校才能可持续发展，才能实现社会赋予学校的使命和任务。因此，学校教育必须始终把教学作为学校的中心工作，处理好教学为主与全面安排的关系。

三、教学的任务

教学任务是由人们追求的教学价值取向决定的，表明各教育阶段、各学科教学应实现的要求。它是教育目的、培养目标和课程目标的反映和体现，并贯穿于课程与教学内容之中。教学任务是学校教学工作的出发点和归宿，也是教师教和学生学的方向性问题。教学任务的完成既是教师教和学生学的结果，也是评价与衡量学校教学质量的标准之一。总体上说，教学主要有以下几个任务。

（一）引导学生掌握科学文化基础知识、基本技能和技巧

教学的首要任务是引导学生能动地学习、掌握和运用科学文化基础知识、基本技能和技巧。教学的这项任务是其他任务得以实现的基础和前提。

知识是人类对客观事物的现象和规律的认识，是人类社会实践经验的概括和总结。包括自然科学、社会科学以及思维科学的知识。技能是运用所掌握的知识去完成某种实际任务的能力。技能经过反复练习和实践，达

到熟练的、完善的"自动化"程度就是技巧。①

教学工作中,知识、技能和技巧是辩证统一的,既相互促进又相互制约。一般来说,知识的掌握是技能和技巧的基础,而技能和技巧的形成又有助于加深对知识的理解和掌握。但对于不同学科及内容来说,在具体的教学中应根据学科的特点灵活地引导学生掌握基础知识、基本技能和技巧。如系统的科学文化课教学,一般从传授知识入手,引导学生在理解基本概念和原理的基础上,逐步形成技能和技巧。而技术性与艺术性很强的体、音、美等课程,引导学生学习时,多从技能教学入手,并根据技能的教学归纳出所要掌握的基础知识。

(二)发展学生智力,培养学生的创新能力

发展学生智力,培养学生的创新能力是现代教学必须承担的一项重要而基本的任务。

所谓智力,是指个人在认识过程中表现出来的认知能力系统。它包括观察力、记忆力、想象力和思维力,其核心成分是能够对客观事物进行分析、概括、判断和推理的抽象思维能力。智力属于能力范畴,亦称智能。② 学生的创新能力主要表现为学生能够运用已有的基础知识、基本技能、智能去探索、发现和掌握新的知识和新的技能。它是学生个人的求知欲望、首创精神与自我实现信心的综合体现,对学生知识的增长、思维方式的转变、学习能力的提升尤为重要。

现代教学不仅要求学生掌握基础知识和基本技能,而且需要发展以学生的思维力为核心的认识能力,尤其是要培养学生综合运用知识去分析和解决实际问题的能力,以适应时代发展的要求。

(三)发展学生体力,增强学生的体质

发展学生体力,增强学生的体质也是教学的一项重要而基本的任务。发展体力对人身体各部分器官及其机能的正常发育和发展尤为重要。发展学生的体力,人们存在着一种偏见,即认为发展体力只是体育教学的任务。其实,其他各门学科也同样需要发展体力。通过体育课的教学,使学生掌握

---

① 杨淑芹主编:《教育学教程》,华东师范大学出版社2007年版,第154页。
② 王道俊、郭文安主编:《教育学》,人民教育出版社2009年版,第164页。

正确的动作,以提高体育锻炼的质量,达到发展体力和增强学生体质的目的。其他科目的教学也要求学生有正确的坐姿、立姿,注意用眼卫生,保护视力,要使学生有规律、有节奏地学习和生活,保持体力充沛、精力旺盛的良好状态。发展学生体力,增强学生的体质不仅是学生顺利完成当前学习任务的重要保障,也是学生未来工作和生活的现实需要。

(四)培养学生美感,形成良好的思想、价值观和情感态度

教学不仅要发展学生的知识、智力和体力,还需要培养学生的美感,形成良好的思想品德、价值观和情感态度,这是现代教学不可或缺的重要任务。

培养学生美感,要求教师要善于挖掘教学过程中的美育因素,用美的语言、美的姿态和境界熏陶学生,使学生了解审美与欣赏美的基础知识,具有审美表现力和社会主义的审美观。

学生个人的思想、价值观和情感态度是个性的核心,制约着学生个人的学习方向与动力。思想是思想意识的观念形态,形成良好的思想和价值观是学生培养与形成高尚情感与积极态度的基础。情感态度与价值观影响着学生学习的内在动力。形成良好的思想、价值观和情感态度不仅是社会发展和素质教育的需要,也是学生全面发展的要求。

第二节　教 学 过 程

一、教学过程概述

教学过程,即教学的展开和推进过程,是教师根据教学目的、教学任务和学生身心发展的特点,借助一定的教学条件,指导学生有目的、有计划地掌握教学内容从而认识客观世界,并在此基础上发展自身的过程。教学过程是组织和实施教学的基本依据和核心活动,只有充分认识和把握教学过程的要素、本质、基本规律、基本阶段等,才能不断优化教学过程,从而进行有效教学。

(一)教学过程的基本要素

构成教学过程的要素是复杂的、多元的。因而,人们对教学过程构成要

素的探讨,有着多种多样的观点。"三要素"说认为,教学过程由教师、学生和教材构成;"四要素"说认为,教学过程包括教师、学生、教学材料和学习环境;"五要素"说认为,教学过程的构成,除了教师、学生、教材和教学手段外,还应该包括课堂教学环境。"六要素"说认为,教学过程由教学目标、教师、学生、课程、教法、教学环境构成。"七要素"说认为,教学过程包括教学目标、教师和学生、教学内容、教学方法和教学手段、教学环境、教学组织形式和教学评价。

从对教学过程构成要素研究的思路及观点看,"三要素"最为简约,而"七要素"最为全面。一般来说,教学过程的基本构成要素应具备三个特点:一是构成性,即构成教学过程必不可少的要素,缺少它则不能称其为教学过程;二是包容性,即构成的教学过程具有高度概括性,能包容所有的教学过程;三是基本性,即构成的要素本身是单一的,不能再进行划分。①

按照上述要求,教学过程的基本要素应该包括:教师、学生、教学内容和教学手段。其中,教师是教学活动的组织者和引导者,在教学过程中起主导作用,随着教育理论的进一步发展,教师在教学过程中的角色定位也发生了一系列变化;学生是受教育者和教学活动的积极参加者,在教学过程中处于主体和中心地位;教学内容是教学过程中教师和学生所指向的教学客体,是教师和学生共同的认识对象;教学手段是把教师、学生与教学内容联系起来的中介和桥梁,是教师有效传递信息,提高教学效率的保障。教学过程的各基本要素虽有各自独立的地位和作用,但它们又需要形成最佳结合,发挥各因素的整体功能。

(二)教学过程的本质

作为教学观的核心部分,教学过程的本质是人们对教学过程根本属性和根本功能的看法和态度,即教学活动不同于其他活动的内在的、稳定的基本特性。

教学过程的本质是什么? 这是教学理论研究必须回答的一个基本问题。中外教育史上,人们从不同视角、不同层面反复追问这个问题,形成了各不相同的观点。有学者把各种教学过程本质观归纳为十种观点:特殊认识说、发展说、多层次类型说、传递说、学习说、统一说、实践说、认识—实践

---

① 李宝峰主编:《现代教育学基础》,华东师范大学出版社 2010 年版,第 135 页。

说、交往说和价值增值说。① 其中,特殊认识说、发展说、实践说、交往说具有一定的典型性和代表性。综合已有的观点,我们从教学过程是特殊的认识过程、特殊的交往过程和发展性过程进行分析。

1. 教学过程是一种特殊的认识过程

教学过程是一种特殊的认识过程,它的特殊性主要体现在:第一,认识对象具有特殊性。教学过程中,学生认识的对象是人类长期积累的经验知识,主要以间接经验为主,集中体现在教学内容中。第二,认识主体、认识条件、认识任务等具有特殊性。教学过程中,学生在教师有目的、有计划的指导下开展学习活动。教师在充分尊重学生身心特点的基础上,运用一切有利的教学条件和有效的教学方法、手段等,使学生获得全面发展。

2. 教学过程是一种特殊的交往过程

教学过程不仅仅是学生个体的认识活动,也是社会群体性的有目的、有计划的认识活动。教学过程是"教师的教"和"学生的学"组成的双边活动,是发生在师生间和学生间的一种特殊的交往过程。如果离开师生在特定环境和为特定目的进行的交往,教学活动的概念就会扩大到生活教育领域。

在这种特殊的交往过程中,师生以交往、交流、沟通为主要手段和途径。在教学过程中,教学不仅运用交往的方式引导学生学习系统的科学文化基本知识和基本技能,而且运用交往的方式使学生达到全面的发展和个性化发展。

3. 教学过程是一种发展性的过程

教学过程是教师引导学生学习知识、认识世界、进行交往、促进学生身心发展的过程。其中,引导学生学习知识、认识世界、进行交往是教学活动的基本活动,而促进学生身心发展是教学所要完成的主要任务。这种本质强调了教学过程的导向作用,体现了教学的性质。尤为注重将教学过程中的知识通过交往与认识活动内化为学生的智能、思想道德、情感态度和价值观,从而把学生培养成为符合社会发展需要的人。

----

① 李定仁、徐继存主编:《教学论研究二十年》,人民教育出版社 2001 年版,第 59—76 页。

通过对教学过程本质的探讨,我们也发现了教学过程中呈现出来的显著特点:间接性、互动性(或双边性)、发展性、教育性、实践性等。

(三)教学过程的基本阶段

教学过程的基本阶段,有时也被称为教学过程的结构。科学把握教学过程的基本阶段是对教学过程规律认识深化和发展的重要体现。教学过程是教师引导学生获取相对完整的知识内容所需要经历的基本阶段。因而,教学过程基本阶段的划分一般基于学生认知的特点和阶段。现代教学过程包括六个基本阶段:激发学习动机——感知教学材料——理解教学材料——巩固知识——运用知识——检查或测评教学效果。

1. 激发学习动机

学习动机是激发个体进行学习活动,维持已有的学习活动,并致使个体的学习活动朝向一定学习目标的一种内部启动机制。[①] 教学过程应从诱发和引起求知欲望开始,不断发展学生积极参与学习的心理。学习动机是推动学生进行学习活动的内部动力,因而有教学经验的教师在教学中,往往从激发学习动机入手。

◉ 案例一:

按比例分配[②]

一位数学老师在教学"按比例分配"内容时,讲新课前向全班同学提出这样一个问题:把 12 棵树分给两个小组去栽,每个小组分几棵? 全班同学都不假思索,异口同声回答:"6 棵!"

"有没有不同意见呢?"这位老师征询道。同时目光很快地在每个同学的脸上掠过,忽然发现,一位姓孙的同学眉头紧蹙,凝视窗外,可能他有与众不同的想法。于是这位老师提醒大家说:"你们要认认真真思考一下,有的同学可能把你们的答案推翻了。"这时,学生顿时警觉起来,重新思考老师提出的问题。随即,便有几个同学举手要求发言,姓孙的学生也把手举起来了。老师立即鼓励他发言。他站起来说:"老师,每组分 6 棵不一定对。"

---

① 冯忠良等:《教育心理学》,人民教育出版社 2000 年版,第 245 页。

② 转引自王道俊、郭文安主编:《教育学》,人民教育出版社 2009 年版,第 184—185页。

"为什么?"老师赶紧插上一个问号,请大家注意。

"因为题中并没有说怎样分。如果平均分,那么每组可以分6棵。如果不平均分,就有多种分法。"

老师当即带着表扬的口吻说:"好!他说得很正确。过去我们学都是平均分,也就是等分,今天要学习的是不平均分。"然后,立刻在黑板上写出了"按比例分配"。

学生好像在朦胧中被人叫醒,顿时振作起来,就这样,老师从孩子们习惯的认识中,巧妙地把单一思维活动引申到多项思维中去。

在上述案例中,教师从学生的知与不知的矛盾入手,提出引人思考的问题,引发学生求知的欲望,使学生更有兴趣地听教师讲解,去寻求科学的方法,正确的答案。

激发学习动机的形式多种多样,根据动机的来源,学生的学习动机分为外部学习动机(或直接学习动机)和内部学习动机(或间接学习动机)。外部学习动机是由学习活动本身或学科内容的吸引性而直接引起,内部学习动机是由于领会到学习的重要意义而产生的积极学习态度和行为。因而,在激发学习动机时应根据教学任务、内容和学生的实际情况进行灵活运用。一般来说,小学低年级学生,主要依赖教学活动本身的兴趣,激起外部学习动机。在上述案例中,教师主要运用激发外部学习动机的方式引发学生思考。而小学高年级和初中学生,除了激起外部学习动机外,还需要从掌握知识、提升能力和荣誉感等方面激发内部学习动机。

学生学习动机的形成与认识兴趣、学习目的、成就动机等密切联系,教师应利用各种因素,创设问题情境来激发学生的学习动机,形成良好的学习心理状态。

2. 感知教学材料

教学过程中,学生学习的主要对象是教材或书本知识,是人们对客观世界的各种事实和现象等抽象概括后得出的理性知识。学生要理解、掌握这些知识,需要感性材料的支撑。在教学过程中,教师需要通过各种方式引导学生感知学习的材料,将其承载的抽象知识与直观、生动的事实和形象结合起来,形成清晰的表象和鲜明的观点,为理解抽象概念提供感性知识的基础,并发展学生相应的能力。

感知教学材料的方式主要有直接感知和间接感知两种。直接感知是通过和相关对象的直接接触或亲身体验,获得感性知识和直接经验,如组织实习、参与社会生活实践,进行直接观察和感知。间接感知是通过直观教具和现代化教学手段、借助教师形象化的语言描绘、引起学生的记忆表象的重现等让学生获得对相关对象的感性认识,帮助理解抽象知识。

3. 理解教学材料

理解教学材料是学生掌握和领会知识的关键,是教学过程的重要环节。学生的知识不能只停留在感性层面。理解教学材料阶段,教师要在学生感性认识的基础上,引导其运用比较、分析、综合、概括等系统化的思维方法进行加工,把握事物的概念、本质和规律,上升为理性知识。在此环节中,教师的主要任务是调动启发学生思维活动的积极性,给学生提供思路、引导学生探索。同时,也要注意培养学生的各种能力。

4. 巩固知识

巩固知识就是引导学生把所学的材料牢牢地保持在记忆中。巩固知识是由教学过程的特点和记忆规律决定的。教学过程中,学生以学习间接经验为主,不能立即应用到实践中,容易遗忘,不利于后续知识的学习,因而,教师应通过各种形式引导学生对学习材料再记忆。在巩固知识阶段,教师需要帮助学生理解和掌握记忆规律,使学生形成适合自己的记忆方法。同时,教师也要通过各种形式的复习、练习等来巩固知识。巩固知识不只是一个完全独立的环节,它往往渗透于教学的全过程。

5. 运用知识

学习掌握知识的目的在于运用,而且主要是通过教学实践活动运用。在教学过程中,运用知识是帮助学生加深和巩固书本知识,使学生把所学的知识形成技能技巧,提高分析和解决实际问题的能力和水平。教学过程中,教师引导学生运用知识的方法多种多样,如练习作业、实验等。同时,教师要根据所传授知识的特点,灵活地与社会实践、生产活动等结合,真正实现学以致用。

6. 检查学习效果

检查学习效果是依据一定标准对教学过程产生的结果进行评定和评估的行为。检查学习效果是进行有效教学、保证教学过程合理推进的重要环节。教学作为一种特殊的认识过程,需要及时了解学生对知识的理解和掌握情况,获得关于教学效果的反馈信息,以便对教学内容、教学进度等进行有效控制。同时,也有助于发现学生学习过程中的问题,及时帮助学生改进学习方法,更好地进行后续学习。

教学过程中,每个阶段都有其独特的作用,但又紧密联系,互相渗透。教学过程没有一成不变的模式,学科内容、学科性质、教学目的和教学任务、学生的年龄段不同,教学阶段也会有所不同。在教学过程中,只有合理、灵活、创造性地安排和运用这些教学阶段,才能实现教学过程的优化。

第三节　教学原则和教学方法

一、教 学 原 则

(一)教学原则概述

教学原则是根据一定的教学目的和对教学过程规律的认识而制定的指导教学工作的基本要求和准则。它既指导教师的教,也指导学生的学,贯穿于各项教学活动的各个环节和教学过程的始终。要实现教学过程的最优化,不是某一个教学原则所能完成的,需要发挥教学原则体系的整体功能和作用,教学原则的整体性功能要远远大于单一原则的功能之和。

1. 教学原则与教学目标

不同的历史时期,教育的性质不同,社会发展对教育的要求不同,教学目标也会有所不同。教学原则是为教学目标服务的,因而教学目标必然会影响和制约教学原则。也就是说,教学原则的制定要以教学目标为依据,并体现和反映教学目标的要求。

2. 教学原则与教学规律

教学规律是"教"与"学"内部矛盾运动的客观规律。教学规律是客观存在的,需要人们去认识、发现和掌握它。教学原则不同于教学规律,它是主观的,是人们在认识教学规律的基础上制定的指导教学的基本要求和准则。人们提出的教学原则可能符合规律,也可能不符合规律,甚至完全与之相悖,只有那些经过长期实践证实确实能给予教学工作指导的原则,才可能是真正反映教学规律的。①

3. 教学原则与教学实践经验

教学原则源于教学实践经验,它是人们在长期的教学实践过程中认识和遵循教学规律,并不断对教学实践经验进行概括和理论探讨的结果。人们对教学过程规律认识的不同,根据教学实践所制定的教学原则也就有所不同。

(二)基本教学原则及其运用

随着教学理论和教学实践的深入,人们越来越认识到在教学过程中,正确、灵活运用教学原则对有效实现教学目标、完成教学任务等方面的重要作用和价值。关于教学原则体系,在我国教学理论界还存在分歧。下面介绍几种常用的基本教学原则。

1. 科学性和教育性相统一原则

科学性和教育性相统一原则,是指教学既要使学生获得系统的科学文化知识,使教学内容具有严密的科学性,又要对学生进行思想品德教育,使教学具有教育性。这条原则要求正确处理教学过程中传授知识与进行思想品德教育的关系。

● **案例二**

老师,别拿承诺作秀②

《分数的初步认识》这堂课开始的时候,所有同学的目光都聚焦在讲台上那个蒙着布的大盒子上。老师慢慢撤去了盒子上的布——"生日蛋糕"!有的同学禁不住喊了起来。"这是老师为大家订做的蛋糕,待会儿老师会分给大家吃。"老师的语调不紧不慢,但同学们却激动不已,有的忍不住舔了舔自己的嘴唇。老师把蛋糕从中间分成了两半,问道:"同学们,老师是怎么分的? 一半可以用整数来表示吗? 你能不能创造一个表示半个的符号?"

---

① 劳凯声主编:《教育学》,南开大学出版社 2001 年版,第 264—265 页。

② 转引自吴云鹏主编:《教育学综合案例教学》,中国人民大学出版社 2010 年版,第 141 页。

同学们的想象力确实丰富,提出的表示方法多种多样。在同学们充分体验的基础上,教师适时引进了"1/2"这个分数。而后,教师通过把蛋糕平均分成 4 份、8 份、16 份,引导学生认识了 1/4、1/8、1/16 等分数。同学们学得有滋有味,意犹未尽。下课的铃声响了,老师把切开的蛋糕重新装进了蛋糕盒,然后端着它走出了教室……

就课堂本身和知识的传授而言,这堂课是十分成功的,教师通过巧妙的组织、引导,使学生充分发挥主体地位,极大地调动了学生参与的积极性和主动性。但从思想性和教育性的视角看,这堂课会大打折扣,甚至是完全失败的。在课堂教学中,教师的所作所为、一举一动都传递着一种价值观念,悄悄地影响着学生的人生观和价值观,并会对学生的行为产生深远的影响。

科学性和教育性相统一原则是培养德智体美全面发展人才的要求,体现了我国教学的根本方向和质量标准。一般来说,科学性是教育性的基础,把错误的知识传授给学生,就谈不上教育性。教育性又是科学性的保证。在教学过程中,只有把科学性与教育性结合起来,才能真正地"教书育人"。教师不仅要传授学生知识和技能,更要引导学生形成良好的道德和品行,塑造自身完美的人格。

在教学过程中贯彻这一原则的基本要求主要有①:

(1)坚持正确的方向

学生的认识水平和分辨能力有限,教师要主动、适时、适当地加以引导,帮助他们形成和提高辨别是非、善恶、美丑的能力。

(2)严格遵守职业道德

教师作为社会公民,享有思想和信仰的自由。但是,在教学中,教师必须通过自己的言行和人格体现国家意志和社会的主流价值观,按照国家制定的教育目的进行教育教学活动,坚持和维护社会基本的政治观点和价值观念,不能以带有个人色彩的思想观点随意地影响学生。

(3)实事求是

在教学中贯彻这一原则,特别要防止形而上学,既不能对教学内容本身的思想性、科学性视而不见,轻描淡写,也不能牵强附会,生拉硬扯。

(4)讲究教学艺术

要善于根据学生的年龄特征和教学任务的具体特点,巧妙地将思想性与科学性结合起来,使学生在不知不觉中受到教育,达到"润物细无声"的

---

① 林泽玉主编:《教育学》,安徽人民出版社 2009 年版,第 204 页。

效果。

2. 理论联系实际原则

理论联系实际原则，是指在教学中教师要引导学生将理论知识与自然、社会的实际事物和学生的经验联系起来，把理论知识的接受、理解与实际运用结合起来，引导学生注重学以致用，提高运用知识分析、解决实际问题的能力。这一原则要求正确处理教学中间接知识和直接知识、理论和实践之间的关系。

理论联系实际是人类认知或学习应遵循的重要原则，也是教学应遵循的基本原则，它揭示了"知"与"行"的关系。

我国古代教育家十分重视知与行的关系的研究，但当时知与行的探讨侧重于道德修养方面。在西方，古希腊智者派认为，没有实践的理论和没有理论的实践都没有意义。瑞士著名的教育家裴斯泰洛齐（1746—1827）很重视"知识与知识的应用"，他指出："你要满足你的要求和愿望，你就必须认识和思考，但是为了这个目的，你也必须（而且）能够行动。知和行又是那么密切地联系着，假如一个停止了，另一个也随之而停止。"①

在教学过程中贯彻这一原则的基本要求如下：

（1）书本知识的教学要注重联系实际

在书本知识的传授和基本技能的培养过程中，教师必须密切联系学生的生活、学生已有的知识、能力等方面的实际情况进行教学，让学生了解理论的实践价值。

（2）注重引导和培养学生运用知识的能力

与国外的学生相比，我国学生在创新、动手等方面有一定的差距，这与我国重知识、轻能力应用的教学传统有很大关系。要转变这种传统观念，在教学过程中，教师要重视教学实践，通过练习、作业、实验、参观、实习、社会调查等形式，引导学生重视知识，并有意识地把所学知识积极地运用到实践中去，在实践中检验和发展所学的理论知识。

3. 直观性原则

直观性原则，是指根据教学活动的需要，教师通过一定的方式引导学生

---

① 张焕庭主编：《西方资产阶级教育论著选》，人民教育出版社1964年版，第191页。

用自己的感官直接感知学习对象,丰富感性经验,形成明晰的表象,并在此基础上,进行思维活动,把生活的直观和抽象的思维结合起来。直观性原则是针对教学中概念、原理等理论知识与其所代表的事物之间相互脱离的矛盾而提出的,是正确处理教学中理性认识与感性认识关系的需要。

在教育史上,直观性原则的提出具有进步意义,它改变了中世纪以来脱离儿童实际的"经院式"教学模式,使书本知识与其反映的事物联系起来。大教育家夸美纽斯(1592—1670)曾指出:"凡是需要知道的事物,都要通过事物本身来进行教学;那就是说,应该尽可能把事物本身或代替它的图像放在面前,让学生去看看、摸摸、听听、闻闻等等。"①俄国教育家乌申斯基(1824—1871)也指出:"一般说来,儿童是依靠形式、颜色、声音和感觉来进行思维的。逻辑不是别的东西,而是自然界里的事物和现象的联系在我们头脑中的反映。"②我国现代著名教育家陈鹤琴主张,不能让六寸高、八寸高的书本世界挡住儿童的全部视野,要关注儿童的真实世界。

直观性原则反映了学生的认识规律。通过提供给学生直接经验或利用学生已有的经验,帮助他们掌握那些抽象的理论知识。随着教育手段的现代化和信息化,直观性原则的运用更为广泛。

贯彻直观性教学原则有以下要求:

(1)恰当地选择直观教具和现代化教学手段

一般来说,直观教具分为实物直观、模像直观、语言直观。恰当地选择直观教具和现代化教学手段要根据学科、教学任务、学生年龄阶段和教师自身优势,运用时要注意它与教学内容需要的契合度,慎加选择,注意典型性。

(2)直观要与讲解相结合

教学中的直观不是让学生自发地看,而是要在教师引导下有目的地观察。一般情况下,当教学内容对于学生比较生疏,学生在理解和掌握过程中遇到困难时,才需要运用直观方式辅助教学,直观只是手段而非目的。因此,在教学过程中,直观要与讲解相结合。教师通过提问、讲解等多种方式,引导学生在直观的基础上获得较全面的感性认识,从而更深刻地掌握理性知识,促进学生理性认识的发展。

---

① 张焕庭主编:《西方资产阶级教育论著选》,人民教育出版社1964年版,第49页。

② 转引自曹孚编:《外国教育史》,人民教育出版社1979年版,第255—256页。

（3）重视运用语言直观

教师用语言作生动的讲解、形象的描述，恰当的比喻，也能起到直观作用。语言直观的特点是它不受实物或模像直观所需的设备和条件的限制。但运用语言直观时，需要基于学生已有的相关经验和知识。因而，语言直观多运用高年级学生。

4. 启发性原则

启发性原则，是指在教学过程中教师应通过生动活泼、民主的教学，最大限度地调动学生学习的积极性、主动性和创造性、引导他们独立思考、积极探索、自觉掌握科学文化知识、增强分析问题和解决问题的能力。

中外教育家都很重视启发式教学。"启发"一词最早来源于《论语·述而》篇。书中一句"不愤不启，不悱不发，举一隅不以三隅反，则不复也"道出了启发式教学的精髓，即启发是建立在"愤"、"悱"的主动学习状态的基础上，强调学生学习的主体性。后来，《学记》又发展了孔子的启发式教学思想，提出"道而弗牵，强而弗抑，开而弗达"的教学要求，阐明了教师的作用在于引导、启发，而不是牵着学生走，不是强迫或代替他们学习。

在西方，古希腊著名哲学家和教育家苏格拉底的"产婆术"（也叫"问答法"、"苏格拉底法"）也是启发式教学的典范。"产婆术"，即教师在引导学生探求知识的过程中起着"产婆"的作用。德国教育家第斯多惠（1790—1866）有一句名言："一个坏的教师奉送真理，一个好的老师则教人发现真理。"①当代倡导的"发现法"或"探究学习法"，都继承了启发式教学思想。

贯彻启发性原则的基本要求是：

（1）教师调动学生学习的主动性和积极性

调动学生学习的主动性和积极性是启发性原则首要关注的问题。学生的主动性受多方面因素影响和制约，如学生的好奇心、荣誉感、兴趣爱好等。因而，教师应真正研究和了解学生的学习需要，并在课堂教学过程中把这些需要转化为学习的内在动力，才能因势利导，充分调动学生参与学习的积极性和热情。

（2）教师应巧妙地设疑解惑，引导教学逐步推进

---

① 张焕庭主编：《西方资产阶级教育论著选》，人民教育出版社 1964 年版，第 367页。

　　巧妙地设疑解惑是使学生始终处于积极的思维状态的重要前提,也是引导教学逐步推进的有效手段。教师在设置疑问时,应选择与教学任务相关的、具有一定难度的,通过他们自觉积极的思考能够得到基本正确结果的问题。

　　(3)注重在解决实际问题的过程中启发学生获取知识

　　启发不仅要引导学生动脑,还需要引导他们动手,提高解决实际问题的能力。在教学中,教师应注重为学生提供必要的资料,布置一定的任务,让学生独立思考,亲自动手。在具体的操作过程中,教师要根据任务完成的实际情况,有针对性地引导,使学生在分析、解决问题的过程中获取知识和技能。

　　(4)发扬教学民主,营造良好的氛围

　　发扬教学民主,营造良好的氛围,是启发性原则发挥最佳效果的重要条件。学生在民主、和谐的教学氛围中,才能充分发挥他们的聪明才智。这就要求教师要鼓励学生发表不同意见,允许学生向老师质疑。在权威式的师生关系中,教师是凌驾于学生之上的真理代言人和学术权威,学生很难真正做到自由、充分地提问和思考。只有当学生真正感受到教师与自己在人格上是平等的,他们的学习自觉性和积极性才可能真正地调动起来。

◉ **案例三**

面对学生的发问①②

　　一位青年教师讲秦牧的散文《土地》:文中有这样两句话:"骑着思想的野马奔驰到很远的地方","收起缰绳,回到眼前灿烂的现实"。突然,有一位学生问道:"老师,既然是野马,何来缰绳?"毫无准备的教师张口结舌。最后老师很不耐烦地说:"如果少钻牛角尖儿,你的学习成绩还会更好些吧!"老师的回答使这位学生非常难堪,学习兴趣全无。

　　北京特级教师宁鸿彬在教《分马》一课时,一个学生提出:"我认为《分马》这个标题不恰当。"宁老师问他为什么,学生说:"你想啊!白大嫂子分的不是马,是骡子;老初头分的也不是马是牛;李毛驴分的也不是马,他拉走了两头毛驴。明明牛马驴骡全有,题目却叫《分马》,不恰当。"宁老师请他重新给这篇课文拟一个标题,这个学生说:"分牲口。"宁老师鼓励并表扬了这个学生,说"《分马》是著名作家周立波的作品,你敢于向名家挑战,

———————————

① 杨玉军、王惠:《面对学生的发问》,《中国教育报》1998 年 5 月 12 日。
② 郑金洲著:《基于新课程的课堂教学改革》,福建教育出版社 2003 年版,第 187 页。

值得表扬。"话音刚落,又一个学生站起来说:"老师,您错了!课文注解1写着呢,本文标题是编者加的。他不是向作者周立波挑战,而是向编者挑战。"这个学生指出了老师的失误,宁老师不仅欣然接受,而且赞扬这个学生说:"很好!我一时疏忽,说错了,你马上给我指出来,非常好!从这一段时间看,你们一不迷信名家,二不迷信编者,三不迷信老师,这是值得称赞的。"

在上述案例中,面对学生的发问和质疑,不同的老师、不同的处理方式,对学生产生的作用和影响是完全不同的。

5. 因材施教原则

因材施教原则,是指教师教学既要面向全体学生,提出统一要求,又要根据学生的个别差异与个性特点,区别对待,使每个学生都能扬长避短,获得最佳发展。因材施教原则是针对教学中的统一要求与学生个别差异之间的矛盾关系提出的。

由于家庭环境和个人成长经历的不同,即使是同一年龄段、同一班级的学生,他们在学习成绩、学习态度和方法、兴趣和爱好、禀赋和潜能等方面也会存在很大的差异。这就要求教师应从学生的个别差异、个性特点和需要出发进行针对性的教育。我国大教育家孔子尤为重视因材施教。他通过一段时间的观察和了解,认识到不同学生有不同的特点,并在此基础上进行有针对性的教育,注重发展他们各自的专长。朱熹总结孔子的教学经验说:"孔子教人,各因其材。"这就是"因材施教"一词的由来。

在教学中贯彻因材施教原则,基本要求主要有:

(1)深入了解学生,有针对性地进行教学

了解学生个别差异与个性特点是运用因材施教原则的基础。在教育教学过程中,应多与学生接触,了解学生各自的特点、家庭背景、生活经历、学习情况、兴趣爱好、特长与不足。只有深入了解学生,才能有针对性地进行教学。

(2)采取有效措施,使每一个学生都能得到充分的发展

因材施教也需要处理好学生全面发展与发挥个人特长的关系。现代教育理念提倡每一个学生在自身发展的基础上获得全面的发展。学生的差异是客观存在的,因而,在教学过程中,应根据不同方面、不同水平的差异,采取有效措施,针对每一个学生的实际情况帮助他们获得最适宜的个性发展。

● 案例四

总有一种教育是有效的①

在教育教学中,总有一些事情出乎意料,令人终生难忘。

几年前的一天,我上第一节语文课,抱着一大摞作业本走进教室。当我把作业本放在讲台上,抽出左手的同时,突然感到一阵刺痛。低头一看,左手被讲台上的玻璃边沿划破了一道口子,鲜血顿时流了出来。

这时,坐在第一排的小琼同学迅速给我递上一叠餐巾纸。我用餐巾纸压住伤口,血仍没止住。为了不影响学生,我决定坚持上完这节课。却见小琼二话不说冲出教室,几分钟后,她气喘吁吁地跑回来,手里拿着一袋云南白药。哦,原来她是去学校门口的药店买药。她麻利地撕开袋子,帮我把云南白药敷在伤口上,血很快止住了。

我开始上课,因为这个小小的插曲,虽然手有点疼,但我情绪饱满,学生们也很投入,很认真。

小琼的细心和周到,让我既感动,又难忘。你可能不知道,小琼其实并不是一个品学兼优的学生。在班里,她一向学习不积极,上课打瞌睡,自习课喜欢讲话,经常不交作业,成绩也很糟糕。为此,我经常把她叫到办公室批评,批评多了,不但没有效果,她反而更加放纵。久而久之,我也感到无可奈何。

真没想到,在这样一个时刻,小琼竟然能一点都不计"前嫌",这样真诚地关心老师。

第二天的自习课,我把小琼叫进办公室,请她坐下,倒上一杯水,然后诚恳地说:"昨天真是太感谢你了,多亏你的帮助,老师的伤口才好得这么快。教了这么多年书,这件事让老师最难忘!"她低下头,抿嘴一笑:"尊敬老师是应该的!"这一次,她没有一点抵触情绪,我和她进行了一番倾心长谈,鼓励她不要放弃学习,为今后的人生打好基础。她听得很认真,不住地点头。

从此直到高中毕业,小琼各方面都格外积极,学习也一点一点地进步,毕业后考进了省内的一所医学院,家长逢人就讲:"我家姑娘遇上了一个好老师,真是幸运啊!"

教育真是一件奇妙的事,当你一次次地遭遇教育的挫折时,请不要埋怨学生"孺子不可教",试着去更多地了解学生,多一点新的发现,多一次尝试的机会,也许成功就在不远处等你!

6. 循序渐进原则

循序渐进原则,是指教学要按照学科课程的体系、科学理论的体系、学

---

① 摘编自卞育能:《总有一种教学是有效的》,《人民教育》2009 年第 7 期,第 28 页。

生认识发展规律的顺序进行,使学生系统地掌握基础知识、基本技能、发展能力。

我国古代教学十分注重循序渐进原则,它是我国古代儒家提倡的教学原则,主张教学既要按照内容的深浅程度由易到难,又要按照学生的年龄特征由浅入深、因势利导,进而取得好的教学效果。朱熹明确提出了循序渐进的要求:"循序而渐进,熟读而精思。"在国外,夸美纽斯主张:"应当循序渐进地来学习一切,在一个时间内只应当把注意力集中在一件事情上。"①乌申斯基、布鲁纳等也十分重视按步骤进行系统知识的学习。循序渐进原则在西方常称为系统性原则。

贯彻循序渐进原则主要有以下四点要求:

(1)按照教材的逻辑顺序和系统性教学

教师要认真学习和研究课程标准,把握教材的体系和梯度,遵循教材的逻辑线索进行教学内容的逐步推进。

(2)按照学生的认识顺序和规律组织教学活动

课程标准和教材虽然考虑了学生的认识发展,但主要是按照内容编排、制定的,因而,教师要认真研究学生的认知规律,针对他们在学习过程中的认识需要和特点,根据学生认识发展的顺序,从学生可接受的程度出发,遵循由近及远、由浅入深、由简到繁的原则组织教学。

(3)注意主要矛盾,解决好重点与难点的关系

循序渐进并不意味着面面俱到,而是要求区别主次、分清难易进行教学。注重重点,就是要把基本概念、基本技能当做教学的重点,要围绕重点进行引导、启发。而同时,也要适当增加教学内容的广度、难度,以促进学生的发展。

(4)将系统连贯性与灵活多样性结合起来

系统连贯性并不是要求教师僵化地执行课程标准和教材,而是要求教师从实际情况出发。教师在依据课程标准和教材顺序的前提下,根据不同学生的实际情况,适当地调整速度,增删内容。只有将系统连贯性与灵活多样性结合起来,才能使课堂教学取得良好的效果。

7. 巩固性原则

巩固性原则,是指在教学中要不断地安排和进行专门复习,引导学生在

---

① 曹孚著:《外国教育史》,人民教育出版社 1979 年版,第 91 页。

理解的基础上将其掌握的知识和技能牢固地保存在记忆中。这一原则是为了解决教学活动中获取新知识与保持旧知识之间的矛盾而提出的。

古今中外的教育名家都非常重视知识的巩固。孔子要求"学而时习之","温故而知新"。夸美纽斯提出"教与学的彻底性原则",他形容只顾传授知识而不注意巩固知识,就等于"把流水泼到一个筛子上"。乌申斯基认为,复习是学习之母。

巩固性原则是教学中必不可少的原则。人的记忆和遗忘是同一事物的两个方面,在学习新知识的同时必然会产生对旧知识的遗忘。因此,在学习新知识的同时,又要不断巩固旧知识,并强化新知识和旧知识之间的联系,达到融会贯通。

贯彻巩固性原则主要有以下基本要求:

(1)在理解的基础上巩固

理解知识是巩固知识的前提和基础。要使学生牢固地掌握知识,教师应当在传授知识时,尽可能使学生学会,深刻理解。只有理解了的知识,学生才能有效地巩固。

(2)采用多样化的方式复习、巩固知识

复习可以使知识在记忆中得到强化,加深对所学知识的理解。在教学过程中,应根据需要组织多样化的复习。除了常见的各种书面作业外,教师应善于利用各种不同的方式帮助学生巩固所学知识,如调查、制作、实践等。

二、教 学 方 法

传统教学理论主要从教师教的角度界定教学方法,把教学方法看成是教师的工作方法。西方进步主义教育对教学方法的解释主要从学生学习的角度出发,把教学方法当成是学生学习的方法。综合以上观点,我们认为,教学方法是指在教学过程中,教师和学生为完成教学任务、实现教学目的而采用的方法,它包括教师教的方法和学生学的方法,是教师引导学生掌握知识技能、获得身心发展而共同活动的方法。

(一)我国中小学常用的教学方法及其分类

李秉德教授按照教学方法的外部形态和在这种形态下学生认识活动的特点,从我国学校教育教学实际和有利于教师选择运用的角度出发,将中小学常用的教学方法分为五大类:以语言传递信息为主的方法、以直接感知为主的方法、以实际训练为主的方法、以引导探索为主的方法、以欣赏活动为主的方法。在我国中小学实际教学中,前四种方法的应用极为广泛。

1. 语言传递类教学方法

语言传递类教学方法,主要是通过教师运用口语,向学生教授知识、技能以及学生独立阅读书面语言为主的教学方法。这是我国目前中小学教学过程中应用最为广泛的一类方法。这类教学方法主要有讲授法、谈话法、讨论法和读书指导法等。

(1)讲授法

讲授法主要是教师通过简明、生动的口头语言系统连贯地向学生传授知识、技能以及发展学生能力的方法。它是一种最古老的,也是迄今为止在世界范围内应用最广泛、最普遍的一种教学方法。教师在应用其他教学方法的时候也都需要讲授法。讲授法有讲述、讲解、讲读、讲演等不同形式。讲述是教师向学生叙述、描绘事物和现象的方法,多用于语文、政治、历史等文科教学。讲解是教师向学生解释、说明和论证科学概念、原理、公式、定理的方法,一般用于数、理、化等自然学科教学。讲读是讲与读的结合,边讲边读,亦称串讲,一般用于语文、外语等教学,但也可以用于数、理、化等其他学科教学。讲演一般用于高年级教学,它要求教师不仅要系统全面地描述事实,而且要归纳、概括科学的概念或结论。

讲述、讲解、讲读、讲演之间没有严格的限制,教师在教学中可以根据教学内容、学生特点等进行选择、组合。讲授法的优点是可以使学生在较短的时间内获得大量的系统知识,有利于发挥教师的主导作用,有利于教学活动有目的、有计划地进行。但同时,它也容易束缚和限制学生的思维,不利于发挥学生的主体作用,此外,这种方法对教师个人的语言技能依赖较大。

运用讲授法的基本要求是:第一,讲授内容要有科学性、系统性和思想性。第二,要注意启发。第三,要讲究语言艺术。讲授语言要清晰、准确、精炼,要生动形象,要有感染力,要抑扬顿挫。第四,要注意与其他教学方法配合使用。

(2)谈话法

谈话法,又称问答法,是教师根据一定的教学要求和学生已有的知识经验,借助启发性问题,通过口头问答的方式,引导学生通过比较、分析、判断等思维活动获取知识的教学方法。根据谈话的目的和任务的不同,谈话法主要有复习性谈话、启发性谈话、总结性谈话、研究性谈话等。

谈话法的优点是能够充分激发学生的主动性,促进学生的独立思考,有利于学生智力的发展,有助于学生语言表达能力的锻炼和提高。与讲授法相比,谈话法需要更多的时间。当学生人数较多时,很难照顾到每个学生。因而,谈话法经常与讲授法等其他方法配合使用。

运用谈话法的基本要求是:第一,要作好充分的准备。教师要根据教学内容和学生已有的知识经验全面计划谈话的内容、列出谈话提纲。第二,提出的问题要明确。第三,要注意启发诱导。第四,提问的对象要具有代表性,要照顾到不同层次的学生。第五,谈话结束后,教师应及时总结。

(3)讨论法

讨论法是指在教师的指导下,以班级或小组的形式围绕某个问题发表和交换意见,通过相互启发、讨论获取知识的教学方法。其基本形式是学生在教师指导下借助独立思考和交流进行学习。

讨论法的优点是有利于激发求知欲,调动学生积极思考,加深学生对知识的理解和体会,也有利于增强学生的批判性思维能力,但讨论法的使用会受到学生知识、经验水平和能力发展的限制,运用不当容易使讨论流于形式或脱离主题。一般来说,讨论法在小学低年级不太适用,小学高年级可以尝试使用。

运用讨论法的基本要求是:第一,讨论前,教师要充分准备题目,要选择和提出有价值、有吸引力的问题。第二,讨论中,教师要启发引导,要肯定学生发表的各种意见,让学生充分讨论。第三,讨论结束时,教师要进行总结。

(4)读书指导法

读书指导法,是教师指导学生阅读教科书、参考书、课外读物等学习资源以获取或巩固知识、培养自学能力的方法。读书指导法有利于调动学生学习的主动性,培养和发展学生的阅读能力,提高学生的自学能力等。

读书指导法的基本要求:一是教师要提出明确的目标和任务,引导学生带着问题和任务投入到阅读中去,自主地调节自己的行为,以便更有效地完成任务。二是教师要教给学生或帮助学生掌握科学的阅读方法。三是教师要运用各种方法启示学生发现问题,并及时解惑答疑。四是要根据实际需要,适当组织学生交流读书心得。

2. 直观感知类教学方法

直观感知类教学方法是教师通过对实物、直观教具的演示,组织教学参观等教学活动,使学生利用各种感官直接感知客观事物、现象而获得知识信息的方法。其突出特点是形象性、直观性、具体性和真实性。直观感知类教学方法往往是一种辅助性教学方法,主要包括演示法和参观法。

（1）演示法

演示法是教师通过向学生展示实物、直观教具、示范性实验或播放有关教学内容的多媒体资源,使学生认识事物、获得知识的方法。演示法具有直观、形象的特点,有助于激发学生的认知兴趣、培养学生的观察力和抽象思维能力。随着信息技术的发展,多媒体教学手段的丰富,演示法的作用和功能得到强化。

演示法的基本要求是:第一,教师要根据教学内容,精心选择教具。第二,是演示时教师要引导学生有目的地观察,让学生知道演示的目的是什么,要向学生提出问题,适当讲解,引导学生思考。第三,演示后,教师要指导学生进行总结,让学生根据通过演示得出的感性知识与书本知识联系起来,上升到理性的高度,从中获得一些规律性的结论和认识。

（2）参观法

参观法是教师根据教学任务和教学内容的需要,组织和指导学生到校外的一些场所进行观察、调查和研究,从而获得知识的方法。其基本形式是在教师指导下获得直接经验。参观法有利于把课堂教学、书本知识与现实生活结合起来,有利于学生更好地理解所学知识,学以致用。根据参观的目的和任务不同,参观法可以分为感知性参观、并行性参观和总结性参观等。其中,感知性参观是在学生学习某种知识之前进行,目的是使学生获得必要的感性材料;并行性参观是在学习某种知识的过程中进行,目的是为了使学生更好地丰富和记忆知识;总结性参观是在学习某种知识后进行,目的是为了让学生验证或总结已学的知识。

参观法的基本要求:一是教师要根据教学目标、教学内容进行。二是教师要作好充分准备,制订参观计划,确定参观的时间、地点、目的、任务等。三是在参观过程中,教师要指导学生参观,提出具体要求。四是参观后,要及时做好总结工作,引导学生把获得的感性知识上升为理性知识。

3. 实际训练类教学方法

实际训练类教学方法是通过实践教学活动,使学生的认知向高层次发展,巩固和完善学生的知识、技能和技巧的方法。在教学过程中,实际训练类教学方法主要有练习法、实验法和实习作业法等。

(1)练习法

练习法是学生在教师指导下,运用知识去反复完成一定的操作,以加深理解、巩固知识和形成技能技巧的教学方法。练习的目的是为了学以致用,它的适用范围较广,各年级、各学科都需要进行一些练习。

练习法的基本要求是:第一,明确目的和要求,提高学生的自觉性和积极性。第二,教师指导正确的练习方法,以提高练习的效率和质量。第三,合理安排练习步骤,循序渐进、逐步提高。第四,及时反馈,让学生了解练习的结果,以便纠正错误和巩固成绩。第五,练习的形式要多样化,练习量要适度,要少而精。

(2)实验法

实验法是学生在教师指导下,运用一定的仪器设备,在控制条件下进行独立作业,以获取知识和验证知识的一种教学方法。它有利于提高学生的观察、独立思考和实际操作能力,也有利于培养学生勇于探究的科学精神、形成求真务实的科学态度和学习态度等。

根据教学的不同要求,实验可以在讲授理论之前进行,目的在于使学生获得感性知识,为理解理论知识奠定基础;也可以在讲授理论之后进行,目的在于使学生巩固或验证所学理论。

实验法的基本要求:一是要明确目的,精选内容,作好工作准备,编写实验计划。二是重视语言指导,重视教师的示范作用。三是要求学生独立操作,要及时地作好实验总结。

4. 探索发现类教学方法

探索发现类教学方法,是教师组织和引导学生通过独立的探究和研究活动发现问题、探究问题、获得结论的方法。因而,探索发现类教学方法也被称为研究法、发现法或探法。它对培养学生的研究意识、创新精神以及实践能力具有重要作用,是当前我国基础教育课程改革中积极倡导的一种教学方法。

探索发现类教学方法的一般步骤是:第一步,教师要正确选择研究课题,创设问题情境。第二步,学生通过阅读、学习与问题相关的资料,提出假设或答案。第三步,学生通过实验、讨论等形式对假设进行验证,教师在此步骤中可以根据实际情况适当引导。第四步,得出结论。

(二)教学方法的选择

教学方法是教学系统中的重要因素之一,是联系教师、学生、教学内容的中介和桥梁。科学、合理地选择教学方法,是教学工作成功的关键,对学生积极参与教与学的活动、完成教学任务、实现教学目的、提高教学效率和质量等都具有十分重要的意义。

科学、合理地选择和有效地运用教学方法,要求教师在现代教学理论的指导下,熟练地把握各类教学方法的特点,能够综合地考虑各种教学方法的优缺点,合理选择适宜的教学方法并能进行优化组合。教师选择教学方法的依据主要有以下几个。

1. 教学目的和教学任务

不同领域、不同层次的教学目的和教学任务的完成,需要借助于相应的教学方法和技术。因而,教师要根据教学目的和教学任务来选择和确定具体的教学方法。

2. 学科性质和教学内容的特点

不同学科、不同阶段、不同的教学内容具有不同的特点和要求,需要教师采取与之相适应的教学方法进行教学。学科性质和教学内容的特点要求教学方法的选择具有多样性和灵活性。

3. 教学对象的实际情况和教师的自身素养

教学是教师的教和学生的学共同组成的双边活动。因而,教师应充分了解和分析学生的特点,有针对性地选择和运用相应的教学方法。而教学方法的选择和应用很大程度上依赖于教师自身的素养,因此,教师在选择教学方法时,还应根据自己的优势,扬长避短,选择与自己能力相匹配的教学方法。

4. 教学环境条件

教师在选择教学方法时,要从实际出发,综合考虑教学环境条件,如教学的时间安排、教学效率等,选择最优化的教学方法。从而最大限度地运用和发挥教学环境条件的功能与作用,实现教学效果的最优化。

第四节　教学组织形式与教学环节

一、教学组织形式

(一)教学组织形式概述

教学总是以一定的组织形式进行的。教学组织形式是指为完成特定的教学任务,教师和学生按一定要求组合起来进行活动的结构。教学组织形式是教学活动的外在表现,与教学任务、教学内容密切相关。教学组织形式不是一成不变的,随着社会政治经济和科学文化的发展及其对培养人才要求的不断提高,教学组织形式也不断发展和改进。在教学史上先后出现了几种影响较大的教学组织形式:个别教学制、班级授课制、分组教学制和道尔顿制等。

1. 个别教学制

在古代的中国、埃及和希腊的学校大都采用个别教学形式,这是当时主要的、甚至唯一的教学组织形式。个别教学就是教师在同一时间以特定内容面向一个或几个学生进行教学。个别教学制最显著的优点在于教师能根据学生的特点包括天赋、接受能力和努力程度等因材施教,加强教学的针对性,充分地发展每个学生的潜能、特长和个性。但是,采用个别教学,不利于学生之间的交流、合作和个人的社会化。①

2. 班级授课制

随着资本主义工商业的发展,教学内容迅速增加,教育对象逐渐增多,

---

① 王道俊、郭文安主编:《教育学》,人民教育出版社 2009 年版,第 250 页。

个别教学已不能满足社会需要。16世纪,欧洲有些学校逐渐采用班级授课形式。17世纪,捷克教育家夸美纽斯在其《大教学论》中,最先对班级授课制作了论述,为班级授课制奠定了理论基础。19世纪中期,班级授课制才成为西方学校主要的教学组织形式。一般认为,我国最早采用班级授课制的是1862年清政府在北京创办的京师同文馆,并在"癸卯学制"(1903)颁布后,逐步在全国普及和推广。

3. 分组教学制

为解决班级上课时不易照顾学生差异的弊病,适应学生的个性差异,19世纪末20世纪初,分组教学在一些国家出现。所谓分组教学,就是按学生的能力或学习成绩把他们分为水平不同的组进行教学。分组教学也是集体教学的一种形式,一般可分为外部分组和内部分组两类。其中,外部分组是指打乱传统的按年龄编班的做法,而按学生的能力或学习成绩编班。外部分组主要有两种形式:学科能力分组和跨学科能力分组。内部分组是指在传统的按年龄编班的班级内,按学生的能力或学习成绩等编组。内部分组也有两种形式:一种是按照不同的学习目标和学习内容分组。另一种是按照相同的学习目标和学习内容采取不同方法和媒体分组。①

4. 设计教学法和道尔顿制

设计教学法,又称单元教学法,主张废除班级授课制和教科书,打破传统的学科界限,在教师的指导下,由学生自己决定学习目的和内容,在自己设计、自己负责的单元活动中获得有关的知识和能力。设计教学法是一种实用主义的教学制度,是由杜威的学生克伯屈(1871—1965)提出来的,强调教学的任务在于利用环境引起学生的学习动机,帮助学生选择活动所需要的教材等。

道尔顿制是指教师不再通过上课向学生系统讲授教材,而只为学生分别指定自学参考书、布置作业,由学生自学和独立作业,有疑难时才请教师辅导,学生完成一定阶段的学习任务后,向教师汇报学习情况和接受考查。道尔顿制的显著特点在于重视学生自学和独立作业,在良好的条件下,有利于调动学生学习的主动性,培养他们的学习能力和创造能力。但其缺点主

---

① 叶存洪等编著:《教育学》,大连理工大学出版社2010年版,第225—226页。

要表现在不利于学生系统知识的掌握,而且对教学设施、学生的能力和教师要求较高。

(二)教学的基本组织形式——班级授课制

目前在世界范围内,班级授课制是最普遍、最基本的教学组织形式。班级授课制是以班为单位进行的集体教学,它有规定的教学时间、教学场所、教师和学生,并要求教师根据国家规定的课程计划、课程标准的要求和教材开展教学工作。

班级授课制是一种集体教学形式,它把一定数量的学生按年龄与知识程度编成固定的班级,根据周课表和作息时间表,安排教师有计划地向全班学生集体进行教学。

1. 班级授课制的特点

课堂教学是班级授课制的基本表现形式,其主要特征体现在班、课、时三方面。

第一,班级授课制以班为单位进行教学。班级一般是按学生年龄和知识文化水平编成的,学生数量相对固定。每个教学班的任课教师也相对固定。教师同时对整个班级教学。

第二,班级授课制以课的形式进行教学。课堂教学内容按学科和学年分成许多既联系又相对独立和均衡的许多部分,每部分采用与之适应的教学方法和手段有计划、有步骤地进行教学。其中,每一部分的内容就是"一课"。

第三,班级授课制在固定的时间和场所里进行。班级授课制的课堂教学计划严格规定作息时间表。每一课都限定在统一且固定的时间内和相对固定的教学场所里进行,学生的座次也相对固定。每节课都要在固定的时间完成一定数量的知识与技能教学。课与课之间有一定的休息时间。

2. 班级授课制的评价

班级授课制是教学的基本组织形式,它既有显著的优点,也有其缺点和局限性,因此,对班级授课制要客观评价。

(1)班级授课制的优点

相对于其他组织形式来说,班级授课制的优点主要体现在以下几个方面：一是有利于提高教学效率和培养大量人才。班级授课制形式下，教师面向全体学生进行教学，大大提高了教学效率，扩大了教学规模。二是有利于发挥教师的优势和主导作用。在班级授课制条件下，班级教学按照教师的专业进行教学分工，有利于教师不断积累经验，发挥特长，提高教学水平。此外，在班级授课制形式下，教师主要依据教学目标、教学内容和学生的实际情况展开教学，有利于发挥教师的主导作用。三是有利于学生获得系统的知识。在课堂教学中，学生获取知识是在教师有目的、有计划、有组织地引导下进行的，有利于学生获得和掌握系统的知识。四是有利于发挥集体的教育作用。五是有利于更好地完成教学任务。课堂教学有统一的教学要求和目的，计划性较强，以确保教学任务的完成和教学质量的提高。

（2）班级授课制的缺点

班级授课制的缺点或局限性主要体现在：第一，不利于因材施教。它强调统一，齐步走，不利于照顾到学生的个别差异和对学生进行个别指导。第二，不利于学生学习的主动性和独立性的发挥。第三，教学领域主要局限在课堂，容易产生理论与实践脱节现象。第四，不利于实现教学的灵活性。

（三）教学的特殊组织形式——复式教学

复式教学是把两个或两个以上年级的学生编在一个班级里，由一位教师在同一节课内，对不同年级的学生进行教学的组织形式。它的主要特点是直接教学、学生自学或做作业交替进行。复式教学可以节约师资力量、教室和设备等。复式教学是由于一定地区的教育条件和经济条件落后或不平衡而产生的。

复式教学是一种特殊的教学组织形式，具有班级教学的特征，但与一般意义上的班级教学存在差别：当教师给一个年级上课时，其他年级的学生根据老师的指示进行预习、复习、练习等。复式教学具有鲜明的特点：教学对象参差不齐、讲课时间少、教学任务重，教师备课复杂，对教学过程的组织、教学时间的分配和教学秩序的处理等有较高的要求。

（四）教学的辅助组织形式——现场教学和个别教学

现代教学，除了班级授课制外，还需要采用现场教学和个别教学作为辅助形式。这对弥补课堂教学的不足、因材施教，从而更有效地完成教学目标、教学任务和促进学生的全面发展具有重要价值。

1. 现场教学

现场教学是依据一定的教学任务,组织学生到工厂、农村、社会生产、生活现场,通过观察、调查或实际操作进行教学的组织形式。在现场教学过程中,学生通过自然或社会实践获得必要的直接经验,不断提高自身理论联系实际、动手操作和独立思维能力。现场教学以社会实践为课堂,以验证、运用和巩固已有的知识为主要目的,因而,现场教学是课堂教学的延续和发展。

根据现场教学的目的和任务,现场教学分为两大类:一类是根据学校某种学科的需要,组织学生到相关的场所进行教学。另一类是学生为了从事某种实践活动,需要从实际的工作环境中学习有关的知识和技能。

这种教学组织形式增强了教学的直观性,突破了课堂教学的固定时空限制,加强了教学与生产、生活的联系,有利于加深和巩固学生已有的知识和技能,也有利于学生更好地了解社会生产、生活的现实需要,提高自己的社会适应能力。现场教学具有显著的优点,但不能泛化,需要根据教学任务来确定是否需要现场教学。

2. 个别教学

个别教学是与班级授课相对应的一种教学组织形式。它也是班级授课的一种必要的辅助形式。个别教学一般通过给学生布置不同教学任务、对学生进行个别指导实现。与现场教学一样,它也是以课程教学为基础的。

个别教学是因材施教教学原则在教学实践中的体现和应用。一般来说,课程教学主要着眼于班级的大部分中等以上层次的学生,而对于学习成绩突出和学习困难的特殊学生来说,不能照顾到他们的需要,这就需要根据这些学生各自的特点有针对性地进行个别指导,解决他们的实际问题。但同时也要注意,个别教学是在课堂教学的基础上进行的,不能本末倒置,不能过于重视和强调个别教学而忽视课堂教学的整体质量。

二、教学工作的基本环节

教学工作是一项系统工程,系统整体功能的最佳发挥,需要各个环节前后衔接,有序推进。要全面提高教学质量,实施有效教学,必须认真把握这些环节。从教师的角度而言,教学工作的基本环节主要包括:备课、上课、作业的布置与批改、课外辅导、学业成绩的考核与评定,其中上课是教学工作中心环节。教学评价另有专节在后论述,故此处省略。

(一)教学工作的准备环节——备课

备课是教师教学工作的起始环节,是上好课的前提和先决条件。一堂课的质量如何,很大程度上取决于教师是否认真备课和善于备课。通过备课,教师可以摸清学生的现有水平和学习习惯,可以更好地把握教材和教法,还可以加强教学的预见性,以保证教学任务的顺利完成。此外,在备课的过程中,教师可能会发现自己业务上的缺陷,及时补充新知识和新技能,以丰富教学经验,不断提高自己的教学理论和教学实践水平。一般来说,备课的主要内容和任务是钻研教材、了解学生和制订教学进度计划。

1. 钻研教材

(1)研读课程标准(教学大纲)

课程标准是教材编写、教学、评估和考试命题的依据,也是教师备课的指导文件。钻研课程标准,是要了解本学科的教学目的、教材体系和基本内容,明确本学科在能力培养、思想教育和教学法上的基本要求。

(2)钻研教科书

教科书是教师备课和上课的主要依据。因而,教师一定要吃透教材,熟练地掌握教科书的全部内容和知识体系,分清重点章节和各章节基本知识的重点、难点、关键点,将基本知识、基本技能进行初步排队。然后,在准备上每一节课时,再确定每段教材内容在整个学科知识体系的地位、在能力培养和思想教育方面的要求,对每一节课要讲的内容、实验和习题按教学要求进行具体安排。①

(3)阅读有关的参考资料

教师在备课时,阅读有关的参考资料也是十分重要的环节。教学参考书并不仅仅限于那些专用教学参考书,也需要阅读其他类别的图书资料以及自己平时积累的教学资源。苏霍姆林斯基在《给教师的一百条建议》中写道,"要让教学大纲和教材只成为你最基本的知识","应使教科书成为你科

---

① 叶存洪等编著:《教育学》,大连理工大学出版社2010年版,第198页。

学知识海洋中的一滴水"。这就要求教师广泛阅读,扩大自己的知识面,这样才能在课堂教学中运用自如。

2. 了解学生

教师的备课,要与学生的实际结合起来,要深入了解学生原有的知识水平、兴趣需要、学习态度、思想状况、学习方法和习惯等。在此基础上还应对学生学习新知识会有哪些困难和问题,要采取哪些预防措施等有预见性。

备课主要解决的是如何教的问题,即如何把知识传授给学生。因而,教师在备课时,需要根据教材和学生情况设计教法,主要包括:如何组织教材,如何确定课的类型,如何安排每一节课的活动,如何运用各种方法开展教学活动等。同时,也需要考虑学生的学法,包括预习、课堂学习活动和课外作业等。

3. 制订教学进度计划

制订教学进度计划是在钻研教材和了解学生的基础上进行的。制订教学进度计划具体又可分为制订学期教学进度计划、课题(单元)计划和课时计划(即教案)三类。

(1)学期教学进度计划

学期教学进度计划是对一学期的教学工作所作的总的准备和制订的总计划。它应在学期或学年开始前制订出来,内容包括:学生情况的简要分析,本学期教学的总要求,根据学科的课程标准、教科书,列出一学期教学内容的章节或课题、各个课题的教学时数和需要用的主要教具,参观、试验等重要的联系实际活动的安排,提出教学改革的设想等。

(2)课题计划

课题计划也称"单元教学计划"。一个教学课题开始前,教师必须对这个课题的教学进行全盘考虑和准备,并制订出课题计划。它的内容包括:课题名称,课题教学目的,课时划分、每课时的教学任务和内容,课的类型及其采用的教学方法等。

(3)课时计划

课时计划也称"教案",是在课题备课基础上,对每节课进行的具体深入的教学准备。一个完整的课时计划,一般包括:班级、学科名称、授课时间、教学目的、教学内容、课的类型、主要教学方法、教具、教学进程等。其中,教学进程是课时计划的基本部分,它包括教学纲要和教学活动安排、方法的具体应用和各组成部分的时间分配。

(二)教学工作的中心环节——上课

上课是教学工作的中心环节,是提高教学质量、引导学生掌握知识、发展能力的关键。

教师上课,应按课时计划进行,但也不能拘泥于教案、照本宣科,应从实际出发,灵活地加以运用。一般地说,要上好课,除必须遵循教学规律、贯彻教学原则外,还应具备以下几个条件:

1. 明确教学目的

教学目的是一节课的灵魂,是上课的出发点和归宿。是否明确教学目的,是否实现了预定的教学目的,是衡量一堂课成败的主要指标。教学目的,既包括知识与能力的目的,也包括过程与方法的目的、情感态度与价值观的目的。

2. 保证教学的科学性和教育性

教师在课堂上所讲述的内容,必须具有严密的科学性和深远的教育性。这是上好一节课的基本的质量要求。科学性方面,教师要准确地向学生传授知识,既要注重教材的系统性和连贯性,又能突出重点,分散难点,抓住关键点,从而让学生系统地掌握基础知识和基本技能。教育性方面,教师需要深入挖掘教材内在的教育性,引起学生思想上的共鸣,促进学生的全面发展。

3. 确定学生的主体地位

确立学生的主体地位,首先应当体现在有足够的时间与充分的机会让学生"动起来"。教师要使用各种各样的方法调动学生参与的积极性。在上课时,教师的责任在于引导和点拨,让学生的思维"动起来",尤其提倡让学生提出问题,从而在课堂上形成一种人人思考、个个参与讨论的教学境界,从而真正发挥其主体地位。

4. 方法恰当

方法恰当要求教师能根据教学任务、教学内容和学生的特点来选择与之相适应的教学方法。在课堂教学过程中,要使各种方法有机结合,并善于根据教学进展的情况灵活调整和变化。此外,教师还应恰当地选择和使用各种教具及现代化教学手段,以增强教学效果。

5. 师生双方积极性高

教学是师生双方共同进行的双边活动,其效果取决于教师与学生双方的积极有效互动。因此,上课时,教师要充分发挥自己的主导作用,按照计划积极实施、调控教学过程,又要发扬教学民主,形成民主合作、轻松和谐的课堂气氛。民主、和谐、平等的课堂气氛需要教师具有较强的教学组织能力。此外,教师也要及时管控课堂,使课堂教学始终保持良好的纪律和秩序。

(三)教学工作的辅助环节——作业与辅导

1. 作业的布置与批改

作业的布置与批改是教学工作的一个重要辅助环节。作业是结合教学内容,要求学生独立完成的各种类型的练习。无论是课内作业还是课外作业,其目的都在于使学生巩固和运用所学知识,使知识转化为技能技巧。通过作业的检查和批改,教师可以及时发现学生在知识或技能方面的不足,并对其进行后续学习提出有益的建议。此外,教师根据学生个体的特点科学、合理地布置作业,有利于培养学生的独立思考能力和分析、解决实际问题的能力。

作业有课内作业和课外作业两类。课外作业是由学生独立完成的,是课内作业的延续和发展。作业的内容和形式主要有书面作业、口头作业、实践作业、阅读作业等。

教师布置作业时,应体现下列要求:一是作业的内容要科学、合理。作业内容要符合课程标准和教科书要求,要有代表性、典型性和启发性,重点应该放在基础知识的掌握和基本技能的培养上。二是作业的分量要适宜,难易要适度。要按上课与自习时间的比例确定作业的分量。不搞题海战术,增加学生负担。作业的数量和难度应以中等学生的水平为依据来确定。但同时,也要体现因材施教和学生学习的自主性。除了照顾大多数学生的实际水平外,还要照顾到优秀学生和后进学生的不同程度,使每个学生都能得到锻炼和相应的提高。三是布置作业时,要向学生提出明确的要求,并规定具体的完成时间。对于比较复杂的作业,教师应给予方法上的指导,适当提示,但这些指导和提示应是启发性的,而不应代替学生的独立思考。

批改和讲评作业,是教师检查教学效果、指导学生学习的重要手段。所以,教师对学生的作业要及时收发,认真检查和批改。批改作业的方式既有全面批改、重点批改和轮流批改,也有当面批改、课堂集体批改和指导学生互相批改等。批改作业时,教师应根据课程、作业的性质和特点以及从实效出发选择批改的方式。同时,要注意学生作业中出现的错误的数量和性质,分析错误产生的原因,在批语中扼要地给学生点明,并适时地把这些错误记录下来,作为课堂讲评和改进教学的依据。对一些典型的、共性的问题,要以课堂讲评的形式进行分析、解决。

2. 课外辅导

课外辅导,是指在课堂教学规定以外的时间,对学生进行的学习指导。它是课堂教学的必要补充,可以弥补课堂教学的不足。但课外辅导不是上课的继续和简单重复,而是因材施教,是提高教学质量的重要保障。

课外辅导有个别辅导和集体辅导两种形式。个别辅导是根据每个学生学习的具体情况进行的个别辅导,个别辅导的对象主要是学生成绩特别优秀和学习成绩差的学生。集体辅导是以班级为单位或对学习上程度相当的一些同学所做的辅导。

课外辅导的主要任务和内容有:做好学生的思想教育工作,帮助学生明确学习目的,端正学习态度,掌握正确的学习方法,使他们能够独自计划学习和自我监督学习,并养成良好的习惯;指导学生掌握本学科的学习方法;解答疑难问题;给学习有困难的学生或缺课的学生补课;给优秀生和有专长的学生进行个别辅导;为有学科兴趣的学生提供课外研究的帮助;开展课外辅助教学活动,如参观、看教学影片或录像;指导学生的实践性和社会服务性活动等。[①]

做好课外辅导,教师必须做到:从学生实际出发,深入了解每个学生的特点,对不同学生,区别对待;要目的明确,采用启发式,充分调动学生的主动性;教师要营造民主、平等的氛围,使学生自主地提出问题;注意加强学生学习方法的指导,提高辅导效果。

---

① 叶存洪等编著:《教育学》,大连理工大学出版社 2010 年版,第 219 页。

第五节 教 学 评 价

一、教学评价概述

教学评价是以教学目标为依据,按照科学的标准,运用一切有效的技术手段,通过系统地收集有关教学信息,对教学过程和教学结果进行测量,并给予价值判断的过程。教学评价是学校工作评价的重点。它主要包括教师教学质量评价、学生学业成绩的评价和课程教学评价等。

教学评价具有多方面的意义。通过教学评价,对学校来说,可以从中了解师生教与学的情况,积累学生学习情况的资料,定期地向家长报告学生的情况,并作为学生升级和能否毕业的依据。对教师来说,可以及时了解自己的教学效果和存在的问题,更好地提高教学水平。对学生来说,可以及时获取学习效果的反馈信息和矫正信息,以便更好地进行后续学习。对家长来说,可以使他们及时地了解子女的学习情况,配合学校进行教育。

综上所述,教学评价在整个教学过程中起着积极作用,从总体上看,教学的作用主要表现为诊断、调节、导向、激励、发展等功能。

(一)教学评价的类型

依据不同标准,教学评价可以划分为不同类型。下面主要介绍几种常见的教学评价分类。

1. 诊断性评价、形成性评价和总结性评价

根据评价在教学过程中发挥作用的不同,可以把教学评价分为诊断性评价、形成性评价和总结性评价。

(1)诊断性评价

诊断性评价,是在教学活动开始前,对学生现有知识水平、能力发展的评价。它包括各种通常所称的摸底考试,以了解学生已有的知识和能力发展情况,学习上的特点、优点与不足之处。其目的是为了更好地组织教学内容,选择教学方法,以便因材施教。

(2)形成性评价

形成性评价是在教学过程中,为调节和完善教学活动,保证教学目标得以实现而进行的确定学生的知识掌握和能力发展结果的评价。它包括在一节课或一个单元教学中,对学生的口头提问、课堂作业以及书面测验等,使教师与学生能及时获得反馈信息。其目的是为了及时了解教学活动的效果,及时纠正行为偏差,更好地促进学生的学习和发展,改进教学过程,提高教学质量。这种评价的结果,不注重评定等级,只注重发现并解决问题。

（3）总结性评价

总结性评价是在课程实施和教学活动结束后,对学生的学习效果进行的评价,又称终结性评价。其作用是为学生评定成绩,确定学生对教学目标达到的程度,对其学习成就进行价值判断;预测学生在后续学习中成功的可能性。总结性评价结果可以代替下一阶段的准备性评价。总结性评价一般次数很少,多为一学期或一学年两三次,如期中、期末考试等。

2. 相对性评价、绝对性评价和个体内差异评价

根据参照标准不同,教学评价可分为相对性评价、绝对性评价和个体内差异评价。[①]

（1）相对性评价

相对性评价,也称常模参照性评价,是从评价对象的集合中选取一个或若干个对象基准,然后把各个评价对象与基准进行比较。相对评价法便于同一个集体内的学生在相互比较中判断自己的位置,激发竞争意识。缺点是不同集体中的个体难以比较。

（2）绝对性评价

绝对性评价,也称目标参照性评价,是在被评价对象的集合以外确定一个客观标准,将评价对象与这一客观标准相比较,以判断其达到程度的评价方法。绝对性评价设定评价对象以外的客观标准,考察教学目标是否达成,可以促使学生有的放矢,主动学习,并根据评价结果及时发现差距,进行调整。它适用于升级考试、毕业考试、合格考试等,但不适用于甄选人才。

（3）个体内差异评价

个体内差异评价是以评价对象自身状况为基准,对评价对象进行价值

---

① 赵伍、李玉峰等主编:《新编教育学教程》,中国计划出版社 2007 年版,第 268 页。

判断的评价方法。在这种方法中,评价对象只与自身状况进行比较,包括自身现在成绩和过去成绩的比较,以及自身不同侧面的比较(如将学业测验结果与智能测验结果相比较,根据二者的相关程度确定学生的努力程度等)。这种评价是对评价对象的过去和现在进行比较,有利于照顾到学生的个性差异,但由于它是基于评价对象自身状况进行的比较,既不按照一定客观标准,也没有和他人相互衡量,容易导致信度降低,学生自我满足,因此常与绝对评价、相对评价结合使用。

此外,教学评价还可以根据评价对象分为个人评价和群体评价;根据评价方法,分为定性评价和定量评价;根据评价主体,分为自我评价和他人评价。根据评价的计划性和组织者,分为正式评价和非正式评价。各类教学评价在功能上各有不同,需要根据实际情况灵活运用。

(二)教学评价的原则

要使教学评价相对科学、合理,必须遵循一定的原则。

1. 客观性原则

客观性原则是指在进行教学评价时,从测量的标准和方法到评价者所持有的态度,特别是最终的评价结果,都应该符合客观实际,不能主观臆断或掺入个人情感。这是由教学评价的目的决定的,只有对学生的学和教师的教进行客观的价值判断,才能为指导、改进教学工作提供依据。

2. 全面性原则

全面性原则是指在进行教学评价时,要对组成教学活动的各要素多角度、全方位评价,而不能以点代面,一概而论。由于教学系统的复杂性和教学任务的多样化,使得教学质量往往从不同的侧面反映出来,表现为一个多因素组成的综合体。因此,为反映真实的教学效果,必须综合运用多种评价方法,从不同层面进行评价,但同时又要把握主次,区分轻重,抓住主要的矛盾。

3. 指导性原则

指导性原则是指在进行教学评价时,要把评价和指导结合起来,要对评价的结果进行认真分析,从不同的角度找出因果关系,确定问题产生的原因,并通过及时的、具体的、启发性的信息反馈,使被评价者明确今后的努力方向。

4. 发展性原则

发展性原则是指在进行教学评价时,要着眼于学生的学习进步与动态发展,要着眼于教师的教学改进和能力提高。评价的作用不在于区分学生的优劣和简单地判断答案的对错。而是根据出现的问题,提出解决的措施,从而促进学生的发展和教师的成长。

二、课堂教学评价

(一)课堂教学评价概述

课堂教学评价是根据一定的教育目的和教学评价标准,对具体的一节课中的教与学活动和效果,以及对构成课堂教学过程各要素作用的分析和评价。课堂教学由教师、学生、教学内容、教学目的、教学手段和方法、教学环境等因素构成。这些因素对教学效果的影响既包括这些因素个体对教学效果所起的作用,也包括这些因素之间的相互作用对教学效果的影响。

传统的课堂教学评价系统往往涉及教学目标、教学内容、教学过程、教学方法、教学效果等,课堂教学评价只重评"教","以教师教学为重点",这种课堂教学评价的实施导致学生厌学、低效教学等一系列问题。基础教育课程改革纲要(试行)明确提出,"建立促进教师不断提高的评价体系。强调教师对自己教学行为的分析与反思,建立以教师自评为主,校长、教师、学生、家长共同参与的评价制度,使教师从多种渠道获取信息,不断提高教学水平。"课堂教学是教师展现教学水平的主要战场,建立适合新课程实施的课堂教学评价体系,不仅解决了确立科学评价教师教学水平和课堂教学效果的依据问题,同时,也能引导教师对自己的教学行为进行分析与反思,不断提高教学水平,为改进教学提供方向。[①]

---

① 吴华钿、林天卫主编:《教育学教程》,广东高等教育出版社 2005 年版,第 220 页。

（二）新课程背景下课堂教学评价的基本理念①

1. 关注学生发展

新课程改革的核心理念是"以学生的发展为本"。这一理念在课堂教学评价中首先体现在教学目标上，即要按照课程标准、教学内容的科学体系进行有序的教学，完成知识、技能等基础性目标，同时还要注意学生发展性目标（以学习能力为重点的学习素质和以情感为重点的社会素质）的形成。其次，体现在教学过程中，教师要认真地研究并有效实施课堂教学策略，激发学生的学习热情，体现学生的主体地位，尊重学生的人格和个性，鼓励学生发现、探究与质疑，高效地实现目标。在进行课堂教学过程中，教师应以促进学生发展为目标，成为引导者，而不是简单的知识传授者，要充分发挥学生在学习过程中的能动性。再次，在教学效果评价上，要以评"学"为重点，并以此来促进教师转变观念，改进教学工作。

2. 强调教师成长

依据新课程评价目标的要求，课堂教学评价要以促进教师不断提高教学水平、重视教师成长为方向。从这种意义上讲，新课程课堂教学评价的方向是面向未来的。其重点不在于评价教师的讲授水平，也不在于鉴定某一节课的课堂教学效果，而是诊断教师在课堂教学中存在的问题和不足，并以此来制定教师的个人发展目标，满足教师的个人发展需求。

3. 重视"以学定教"

"以学定教"即以学生的"学"评价教师的"教"。新课程课堂教学强调以学生在课堂学习中呈现的情绪状态、注意状态、参与状态、交往状态、思维状态、目标达成状态为参考，来评价教师教学质量的高低。只有树立"以学定教"的课堂教学评价观，课堂教学才能真正体现以学生为主体，以学生发展为本的教育思想。

---

① 曹莉莉:《新课程理念下课堂教学评价的标准》,《教育科学研究》2003 年第 1 期,第 46 页。

三、学生学业成绩评价

（一）教学目标与学生学业成绩评价

教学目标规定了通过教学应使学生达到掌握一定的知识、技能、发展一定的能力、品行的要求，因而，教学目标应该成为评价学生学业成绩的重要的质量标准。有效的教学评价依赖于制定科学、明确的教学目标。

在教学目标的结构上，新课程标准从"知识与技能"、"过程与方法"、"情感态度与价值观"三方面提出了要求，构成了新课程的三维目标。其中，知识与技能强调基础知识和基本技能的获得。基础知识主要包括人类生存所不可或缺的核心知识和学科基本知识。基本技能是获取、收集、处理、运用信息的能力、创新精神和实践能力，终身学习的能力；过程与方法，是让学生"学会学习"，使学生在获得知识的过程中同时获得学习方法和能力发展。主要包括人类生存所不可或缺的过程和方法。过程指应答性学习环境和交往、体验。方法包括基本的学习方式（自主学习、合作学习、探究学习）和具体的学习方式（发现式学习、小组式学习、交往式学习等）。情感态度与价值观，不仅要专注于人的理性发展，更致力于教育的终极目的即人格完善。

三维目标的实现，应以知识与能力为基点，在学习的过程和方法中，促进学生情感、态度和价值观目标的实现。三维目标是一个整体，知识与技能、过程与方法、情感态度与价值观相互联系，融为一体。它集中体现了新课程的基本理念，体现了学生全面发展、个性发展和终身发展的基本规律以及时代对基础性学习能力、发展性学习能力和创新性学习能力培养的整体要求。

（二）学生学业成绩评价的方式

学生学业成绩的评价是教学评价的核心内容。目前我国中小学对学生学业成绩的评价，主要有考查和考试两类。

1. 考查

考查是教师对学生的学习情况和成绩进行的一种经常性的小规模的检查与评定。它主要包括口头提问、检查书面作业、书面测验等方法。（1）口头提问。这是课堂教学中常用的一种检查学生学习情况的方式。教师通过口头提问,可以了解学生的知识掌握情况,及时给予口头评价,指出其优缺点,激励、教育他们进行后续学习。(2)检查书面作业。这是教师了解和检查学生学习情况与学习质量最常用的方法。通过作业检查与评定,教师可以了解学生理解和运用知识的质量和存在的问题,有助于改进教学。学生可以更清楚地了解自己的学习情况。(3)书面测验。可在一章或一个课题学习完毕后进行,也可在期中进行。测验的次数不宜太多,时间安排不能过于集中,以免学生学习负担过重。教师要及时评阅试卷,并进行讲评。

2. 考试

考试一般指对学生学业成绩进行阶段性或总结性的检查与评定。考试通常有期中考试、学期学年考试、毕业考试等。考试时要求学生全面地复习已经学过的知识,进一步理解知识,形成完整的知识体系,并牢固地掌握它。考试的方式有口头、笔试(开卷或闭卷)和实践考试等。采用哪种考试方式进行,应根据学科的特点、内容和考试的具体要求,灵活运用。考试命题要根据教学大纲和教科书的主要内容拟定,既要有理解性的题,又要有记忆性的题和检查技能性的题;既要有一般要求的题,又要有联系实际的、难度较大的题,难易适度,形成一定的梯度。①

(三)评分标准和记分法

考查和考试的结果一般都量化为分数。因而,需要熟练地掌握评分标准和记分法。

1. 评分标准

评分标准一般要注意:学生掌握知识的深度与广度;运用知识的能力,包括语言和文字表达能力;学生在口头回答、书面回答和实际操作中所犯错误的数量和性质等。成绩评定,既要有原则性,又要有灵活性。由于学科的特点不同,考试方式和试题的性质不同,因而教师在进行每次考查和考试时,还要根据一般评分标准,确定本次考试的具体评分标准,这样才能准确、客观。

---

① 贾春明等编著:《教育学》,辽海出版社 2006 年版,第 237 页。

2. 记分法

学业成绩的评定可以采用记分和评语两种形式。常用的记分法有百分制记分法和等级记分法。记分易看出学生成绩的等次,评语则能反映和表达学生学业具体的优缺点,两者应有效地结合。(1)百分制计分法。在编制试卷时,要根据各试题的难易程度分配分数,标明各试题的分数,规定各题的记分或扣分方法。阅卷时逐题评分,然后汇总得出总分。(2)等级记分法。包括文字等级记分法,如优秀、良好、中等、及格、不及格等;数字记分法,如5分、4分、3分、2分、1分。一般来说,题的数量多,便于设定小分,采用百分制适宜。题的数量不多,开卷、侧重理解和灵活运用的题目宜采用等级制。

◉ 拓展阅读

两份没有实现的预言①

1979年6月,中国曾派一个访问团去美国考察初级教育。回国后写了一份三万字的报告,在《见闻录》部分,有四段文字:

学生无论品德优劣、能力高低,无不趾高气扬、踌躇满志,大有"我因我之为我而不同凡响"的意味。

小学二年级的学生,大字不识一斗,加减乘除还在掰手指头,就整天奢谈发明创造,在他们手里,让地球调个头,好像都易如反掌似的。

重音、体、美,而轻数、理、化。无论是公立还是私立学校,音、体、美活动无不如火如荼,而数、理、化则无人问津。

课堂几乎处于失控状态。学生或挤眉弄眼,或谈天说地,或翘着二郎腿,更有甚者,如逛街一般,在教室里摇来晃去。

最后,在结论部分,是这么写的:美国的初级教育已经病入膏肓,可以这么预言,再用二十年时间,中国的科技和文化必将赶上和超过这个所谓的超级大国。

在同一年,作为互访,美国也派了一个考察团来中国。他们在看了北京、上海、西安的几所学校后,也写了一份报告,在见闻录部分,也有四段文字:

中国的小学生在上课时喜欢把手端在胸前,除非老师发问时,举起右边一只,否则不敢轻易改变;幼儿园的学生则喜欢背在后面,室外活动时除外。

中国的学生喜欢早起,七点之前,在中国的大街上见到最多的是学生,并且他们喜欢边走路边用早点。

---

① 刘燕敏:《两份没有实现的预言》,《涉世之初》2004年第3期,第35页。

中国学生有一种作业叫"家庭作业",据一位中国老师解释,它的意思是学校作业在家庭的延续。

中国把考试分数最高的学生称为最优秀的学生,他们在学期结束时,一般会得到一张证书,其他人则没有。

在报告的结论部分,他们是这么写的:中国的学生是世界上最勤奋的,在世界上也是起得最早、睡得最晚的;他们的学习成绩和任何一个国家的同年级学生比较,都是最好的。可以预测,再用二十年的时间,中国在科技和文化方面,必将把美国远远地甩在后面。

二十五年过去了,美国"病入膏肓"的教育制度共培养了43位诺贝尔奖获得者和197位知识型亿万富翁,而中国还没有哪一所学校培养出一名这样的人才。

两家的预言都错了。

◉ 思考题

1. 什么是教学? 教学的意义有哪些?

2. 简述教学过程的基本阶段。

3. 什么是教学原则? 选择某一条教学原则谈谈在教学实践中应如何运用?

4. 我国中小学常用的教学方法有哪些? 谈谈你对这些教学方法的认识和理解。

5. 教学工作的基本环节有哪些? 各环节应做好哪些工作?

6. 什么是教学评价? 教学评价应坚持哪些原则?

第七章 教师与学生

● **内容提要**

教师和学生是教育教学过程中的主体,是教育活动的主要承担者。本章阐述了教师的职业角色和劳动特点、教师的权利与义务以及教师的专业素养。分析了学生的本质特征、发展特点以及影响学生发展的因素。并在此基础上探讨了师生关系的特点、构建良好师生关系的策略和意义以及教育主体与教育影响之间的关系等。研究教师和学生是教育理论的基本内容,对教育实践有重要的指导意义。

第一节 教 师

作为教育的重要主体之一,教师是教育活动的主要承担者,是传递人类知识文化,对受教育者进行全面素质培养的专业人才。从广义上说,教师与教育者同义。从狭义的角度看,教师则专指学校教育体系内的专职教师。本书主要是从狭义的范畴上来研讨的。

教师职业的产生已有数千年,对教师职业角色的表述也非常多。《礼记·文王世子》中说:"师也者,教之以事,而喻诸德也。"《礼记·学记》中说:"能为师然后能为长,能为长然后能为君,教师也者,所以学为君也。"唐代韩愈认为："古之学者必有师，师者，所以传道、授业、解惑也。"西方的许多教育家也对教师作过精辟的论述。夸美纽斯认为："太阳底下再没有比教师这个职务更高尚的事了。"弗朗西斯·培根把教师称为"知识科学的传播者，文明之树的培育者，人类灵魂的设计者"。乌申斯基认为教师的事业是"从表面上来看虽然很平凡，却是历史上最伟大的事业之一"。但随着社会的飞速发展，对教师职业角色的要求又有了新的内涵。

一、教师的职业角色定位

（一）教师是人类文化创造性的传承者

人类社会在不断地发展和进步，人类文化也在不断地积累和丰富。如何把人类创造的灿烂文明进行保存和传递，需要有专门的途径和人员。学校就是完成这项任务的主要场所，而教师就是这项任务的主要承担者。每一代人在真正进入社会之前，都需要学习人类已有的知识经验，如果没有教师的劳动，文化将难以传承，社会也难以发展。所以，教师对于人类文化乃至人类社会的传承和发展起着重要的作用，在有限的时空内，将人类的过去、现在和未来联系在了一起。

但教师的劳动并非单纯的传递知识，更不是拷贝知识。每一次教育教学过程，都融入了教师的个人智慧和主动创造。每一个学生都是有着鲜明个性的人，有着不同的性格、情感和思想，这就决定了教师的劳动不可能像企业生产产品那样有统一的标准和方法，而需要根据教育情境的变化来选择不同的教育教学方法，所以教师的工作是有着丰富创造性的劳动。

（二）教师是学生学习的引导者和合作者

在当今的教育教学领域，教师已不再是知识的权威，教科书已不再是唯一的知识标准，那种教科书和教师一统课堂的教学方式已经改变。教师的职责现在已经是越来越少地传授知识，越来越多地激励思考；除了他的正式职能以外，他将越来越成为一位顾问，一位交换意义的参加者，一位帮助发现矛盾论点而不是拿出现场真理的人。他必须集中更多的时间和精力去从事那些有效的和有创造性的活动:相互影响、讨论、激励、了解、鼓舞。① 现在的教学过程是一种师生互动的过程,在这个过程中,教师不再只是遵循教科书的知识,而是在融入个人知识的基础上,对学生进行帮助和引导,促使学生在原来的知识基础上,"生长"出新的知识经验。在这一过程中,教师主要起到一个引导和促进的作用,引导促使学生进行独立思考,增强对自己学习的反思,提高自我认知和自我管理能力。使教育教学始终围绕学生的学为中心开展工作,而不是以教科书或教师的教为主线来进行。

(三)教师是教学活动的组织者和管理者

班级授课制仍然是当下教育实践领域普遍采用的教学组织形式,这就需要对班集体和课堂活动进行组织和管理。因此,教师的工作不仅是在于知识的传承上,而且对传承的过程还负有组织和管理的责任。这就要求教师不仅要具有专业的知识技能,还要掌握班级的管理方法和一定的领导才能。比如如何维持良好的课堂纪律;如何合理地选择学生干部;如何塑造良好的班级气氛和人际关系等,这些都需要教师的管理才能和领导智慧。

(四)教师是学生心理健康的保健者和促进者

现代社会的发展,提高了人们的生活质量和条件,但同时也带来了生活压力的增大和心理问题的加剧,并且心理问题还逐渐呈现出了低龄化的趋势,已成为影响学生健康成长的主要因素之一。教育的目的是培养人,教师要面对的是人的精神世界,所以教师的工作与学生的心理健康发展有着密切的关系。

首先教师自己要有健康的心理,要理解和宽容学生,善待有问题的学生,保护学生的自尊心。其次教师要学习心理健康教育的专业知识,对有心理问题的学生能够给出专业的帮助和引导,成为学生心理健康的保健者和维护者。并且还要将这种意识渗透到自己的教育教学中去,为学生创设良好的心理发展氛围,促进学生心理健康的发展。

---

① 联合国教科文组织、国际教育发展委员会编著,华东师大比较教育研究所译:《学会生存——教育世界的今天和明天》,教育科学出版社1996年版,第108页。

◉ **案例一**

爱是教育的起点①

我班有个长得很漂亮的女生,她的右脚先天有些跛,但不影响正常的运动。然而这点残疾却始终是她心灵上的阴影、精神上的包袱,只要老师或同学一提到"残"、"疾"、"拐"、"瘸"等字眼,她就觉得是在说自己。因此她很少与人交流,心情抑郁,成绩始终徘徊在全班的倒数行列,自认为没有一件事情能使自己抬起头来,渐渐地变得古怪,暴躁而又多疑、多虑。甚至有一天她对我说:"咱班同学都在商量如何把我挤出去。"我尽管不相信,但还是认真进行调查,结果根本没有这回事。于是我找机会非常真诚地对她说:"老师和同学们都很喜欢你,并且都很理解你,我们都认为你的笑容是全班最美丽的。看到你的笑,全世界的烦恼都会逃之夭夭。"她半信半疑地听着。然而在后来的多次活动中,她却经常和着泪水绽放她美丽灿烂的笑容。高一全班去攀岩,她在大家的鼓励下勇敢地爬到了顶点,军训中,由于她出色的表现光荣地被评为"优秀战士",高二全校运动会上她代表五班参加投掷实心球项目,取得了可喜的成绩……她在活动中的每一个精彩瞬间都被我用相机记录了下来,作为她的17岁生日礼物送给了她。我说:"这些照片就是你最为美丽、最为坚强的见证。"

暑假前夕,她得知我下学期不再担任她们的班主任了,深情款款地给我写了一封长长的感谢信,将我送给她的一张相片赠给我留作纪念,并在信中这样写道:"您的笑容是全班最美丽的,看到您的笑,全世界的烦恼都会逃之夭夭。"

(五)教师是不断的学习者

首先这是时代的要求。当代终身教育和终身学习的理念早已深入人心,作为从事教育教学工作的教师更加需要走在时代的前列,持续不断地提高自身的科学文化素质。

其次这是教师职业自身的要求。从教师的工作特点来看,教师的工作较为复杂又富于变化,仅依靠已有的知识经验难以解决新问题,这就要求教师要及时丰富自己的知识和能力结构,善于学习和反思,提升自己教育研究水平。

再次这是教育对象的要求。当今的时代信息和学习渠道四通八达,学生学习的途径已不仅仅局限于学校,各种媒体尤其是网络,让学生的学习

① http://jy.100xuexi.com/view/otdetail/20100305/4696B206-09B4-4159-B08B-71C03AC615FC.html.

资源大大增加。很多学生涉猎的知识范围和深度让教师感到了极大的压力,作为教师,只有不断丰富自己的知识结构才能使自己不滞后于学生的发展。

二、教师的权利和义务

(一)教师的权利

教师的权利主要是指法律赋予教师所享有的社会权利。因为职业的特殊性,教师除了享有普通公民所享有的各项权利外,还享有这个职业所特有的一些特殊权利,主要是指教师在履行教育职责时受到法律保障的权利。

1. 教育教学权

教育教学权是教师履行教育职责时一项最基本的权利。《中华人民共和国教师法》中规定教师有"进行教育教学活动,开展教育教学改革和实验"的权利。作为取得教师资格并已经被聘用的教师有权利在所任教的学校,自主地组织课堂教学活动;有权利依据教学大纲来确定教学内容和形式;也可以结合自身情况来开展教育教学研究。

2. 参与管理权

(1)学生管理权

《中华人民共和国教师法》第七条中规定教师有"指导学生的学习和发展,评定学生的品行和学业成绩"的权利,简称学生管理权。主要是指教师有权利根据学生自身的特点,来对学生的学习及未来的发展给予指导;有权实事求是地对学生的思想品德及行为举止等方面给予评定;有权对学生的学业成绩作出评定。但教师在行使这一权利时,必须坚持以学生为本,将这项权利作为促进学生全面发展的有利途径。

(2)民主管理权

《中华人民共和国教师法》第七条中还规定教师有"对学校教育教学、管理工作和教育行政部门的工作提出意见和建议,通过教职工代表大会或者其他形式,参与学校的民主管理"的权利,简称民主管理权。它主要是指教师有权利参与学校的管理,可以对学校或教育行政部门的工作进行监督,并提出自己的意见或建议。并可以具体通过教职工代表大会或工会等组织形式参与到学校的管理当中来,在保障自身权利和利益的同时,促进学校管理的民主化和科学化。

3. 自身发展权

(1)科学研究权

《中华人民共和国教师法》第七条中规定教师有"从事科学研究、学术交流,参加专业的学术团体,在学术活动中充分发表意见"的权利,这是教师作为教育专业人员的一项基本权利,也是一项基本要求。这意味着教师在进行教育教学工作的同时,还可以参加学术交流和进行科学研究,提高自身的专业水平和业务素质。

(2)进修培训权

教师的自身发展权还包括教师的进修培训权,即教师可以参加进修或其他方式的培训的权利。教师有权利参加各种教育培训,学校或其他教育行政部门对此要创造条件,开辟多种渠道,为教师提供继续教育或学习的机会。

4. 获取报酬权

《中华人民共和国教师法》第七条中规定教师有"按时获取工资报酬,享受国家规定的福利待遇以及寒暑假期的带薪休假"的权利。教师在完成教育教学工作后有权利获得基本工资、课时报酬及各项津贴等。享有国家规定的福利待遇,在寒暑假期间享有带薪休假的权利,任何部门不能随意改变或占用教师的休假时间,也不能随意减少教师假期的报酬。

(二)教师的义务

《中华人民共和国教师法》第八条中规定了教师应履行的义务,分别是:

1. 遵守宪法、法律和职业道德,为人师表

遵守宪法和法律是任何一个公民的基本行为准则,而教师作为一种专门化的职业,也有着专门的职业道德准则。作为人类灵魂的启迪者,教师的道德修养和人格特征对学生有着深远的影响。所以教师要热爱教育、关心学生、以德立身、学识渊博,严格遵守教师的职业道德规范。

2. 贯彻国家的教育方针,遵守规章制度,执行学校的教学计划,履行教师聘约,完成教育教学工作任务

教师在教育教学活动中,必须要清楚国家的教育方针和政策,遵守学校及教育部门规章制度,依据国家的教学大纲和教学计划,结合自己学校具体的教学安排,认真地完成教育教学任务。

3. 对学生进行宪法所确定的基本原则的教育和爱国主义、民族团结的教育,法制教育以及思想品德、文化、科学技术教育,组织、带领学生开展有益的社会活动

德育是社会主义教育的重要内容,是判断教育教学工作成效的一个重要指标。教师应将思想品德及法制教育渗透在自己日常的教育教学活动中,引导学生形成正确的人生观和世界观。这不仅仅是思想品德课程的教学任务,而且是每一位教师的义务和责任。

4. 关心、爱护全体学生,尊重学生人格,促进学生在品德、智力、体质等方面全面发展

教师在教育教学过程中要对所有的学生一视同仁,不能因学生的家庭、外貌、成绩等因素歧视或漠视学生。对待有问题的学生要有耐心和爱心,不能使用侮辱学生人格的方法惩罚学生。要关注到学生的差异,因材施教,开发学生的潜能,促使学生全面健康地发展。

5. 制止有害于学生的行为或者其他侵犯学生合法权益的行为,批评和抵制有害于学生健康成长的现象

教师不仅要做到自己对学生的关心和爱护,对于其他侵犯学生合法权益的行为也要坚决制止,对于不宜于学生健康成长的现象也要进行批评和抵制,以净化学生的成长环境。

6. 不断提高思想政治觉悟和教育教学业务水平

社会的发展与进步对人才质量的要求不断提高,作为培养人才的教师,自身的专业素质必须过硬。在保持思想的先进性的前提下,不断提升自己的教育教学的业务水平。

三、教师的职业特点

(一)教师劳动的示范性

教师劳动主要是通过示范的方式用自己的学识、德行、思想去影响学生,以达到培养人的目的。这种劳动与其他劳动最大的不同点就在于这种示范性。教师劳动的示范性不仅体现在知识技能的学习过程中,在对学生的品德修养、人格塑造方面,这种示范性的作用依然非常突出。德国教育家第斯多惠曾说:"教师本人是学校里最重要的师表,是最直观的最有教益的模范,是学生最活生生的榜样。"①所以,教师的一言一行都会对学生产生直接的影响。

教师的劳动之所以具有示范性,还在于青少年学生的模仿性。青少年学生在智力、心理、品德、价值观等方面都还不成熟、不稳定,这个时期的学生对教师有着极强的"向师性",对教师有着特殊的依赖和信任,将教师作为首要的模仿对象。因此,教师必须严格要求自己,谨言慎行,无论是学识还是品德,都要做好学生的表率。

(二)教师劳动的长期性

人才培养是一项长期而艰巨的工作,"十年树木百年树人",教育工作的效果无法立竿见影,而是需要经过一个长期的过程才能显现,有一定的滞后性。一个人才的培养,需要经历十几甚至二十几年的时间,无法像企业生产产品那样可以很快得到检验。所以教育是一个周期很长的工作。学生全面素质的培养需要教师持续不断地努力和坚持,需要不同阶段的教师的共同付出,才能完成这一过程。

教师长期而复杂的劳动会对学生产生一种长远的影响,有时会影响学生的一生。所以,教师必须有一种意识,始终要有一种长远规划的眼光,考虑学生的未来发展和终身发展。

---

① 杨兆山主编:《教育学——培养人的科学与艺术》,东北师范大学出版社 2006 年版,第 340 页。

(三)教师劳动的创造性

教师劳动的对象是具有独特个性的人,每个人成长的环境和生活经历不同,兴趣爱好、情感思想也不同,所以每个人身心发展水平和特点存在着极大的差异。这就决定了一个基本的教育原则——因材施教,教师必须针对学生的差异来选择教育教学内容和方法。没有哪种教育模式能够适用于所有的学生,教师需要在教育实践中不断地探索出适合不同学生的方法。

另外,学生在学习的过程中,并不只是被动地接受,而是能动性地参与教育教学过程。每个学生有不同的学习基础、学习理念、学习风格,在教育教学过程中参与方式也不同,这决定了教师劳动的无法复制性。所以对于教师而言,面对不同的学生,如何优质地完成教育教学任务,决定于教师劳动的创造性。

(四)教师劳动的情感性

教师劳动是一种以培养人为根本目的的活动,本质上是一种人与人的交往活动,但这种交往不同于其他职业,师生之间的交往是一种更纯粹的精神交往。教师无论是讲授知识,还是培养品格都不可避免地要融入很多的个人情感。讲解一篇优美课文时的声情并茂,解决一个问题时的谆谆善诱,无不渗透着教师强烈的个人情感。

同时,教师的情感投入会得到来自学生的情感互动。学生在教育教学过程中,会受到教师情感因素的影响,表现出不同的学习状态,"亲其师而信其道"就是对教师劳动情感特点的最好诠释。所以,作为教师必须要热爱教育,热爱学生,用自己的人格感染学生,用自己的情感打动学生。

(五)教师劳动的广延性

教师的劳动并非像人们通常认为的那样,只是局限在课堂中。虽然上课时间是固定的,但教师为课堂所作出的努力却是无法用具体的时间来衡量的。备课时资料的搜集和准备,课外知识的扩充和延伸,问题学生的启迪和疏导,都需要教师付出大量的时间和精力。

另外,学生活动的时间和空间也不仅仅限于学校,教师的劳动范围也会随之扩展。当学生出现问题时,当学生需要帮助时,教师依然有责任和义务去帮助学生。所以,教师的劳动不受时空的限制,要在尽可能大的时空里去实现教育的作用。

四、教师的专业素养

(一)教师专业素养的内容

教师自身的专业知识和教育理念,是影响教育教学效能的重要因素,也是教育教学发展的主导力量。教师的专业素养主要有这样几个方面:本学科知识素养、心理学教育学的知识素养、道德素养以及情感素养。

1. 本学科知识素养

传授知识是教师最基本的职能,教师首先必须具备丰富的学科专业知识,对自己所教学科要有全面而深刻的认识和掌握,一位专业的教师首先必须精通自己所教的学科,这样才能把握住教学的脉搏,才能游刃有余地去因材施教。同时对相邻学科的知识也要有一定的储备,学识的渊博可以使教师更加轻松地驾驭课堂,才能更有助于引发学生的思考和学习兴趣,从而使学生喜爱自己所教的学科,也才能较有余力地关心学生的需求。如果对专业本身还无暇自顾,教师将难以有余力去关注学生的心灵成长。也不可能去注意教学中每一个细节所带来的体验情境。

丰富的学识也会使课堂变得充实而生动,使学生真正体会到知识的乐趣和动力。"教师的巨大力量在于作出榜样。他们表现出好奇心和思想开放,并随时准备自己的假定将由事实来检验,甚至承认错误。传授学习的兴趣,尤其是教师的责任。"[1]

一个学科知识不丰厚的教师,在课堂教学中可能会遇到学生的质疑以及不信服,正所谓"记问之学,不足以为人师",这不仅影响着教师的个人威信,也会给课堂的管理带来很大的障碍。教师会需要花更多的精力去组织课堂,而影响教育教学目的的实现。

2. 心理学和教育学的专业素养

如果教师只具备所教学科的专业知识而不了解教育学心理学的知识,

---

[1] 国际21世纪教育委员会著,联合国教科文组织总部中文科译:《教育——财富蕴藏其中》,教育科学出版社1996年版,第138—139页。

是很难成为一个优秀的教师的。熟知教育心理学知识的教师,其教育教学过程会更加符合教育规律,在教育教学中减少盲目性的行为,会更符合学生的身心需求。也能够更加宽容地看待学生的问题,更加透彻地分析学生的心理,从而在教育教学实践中探索出更有效、更有针对性的教育策略。"如果教师不愿或不能运用教育心理学的方法和成果于教学,他就只能凭习惯、教条或纯粹猜想,也就是根据对教育过程的前科学概念的方法去进行教学。"①这样会使教育教学工作的成效大打折扣的。

● 案例二

开学的第一天②

这是开学的第一天,对于小学一年级的学生而言,他们已经不能再像幼儿园的孩子那样玩乐,真正意义的学习生活即将开始。第一天他们过得既新鲜又紧张,下午的第三节课结束了,孩子们有些兴奋。教师要求学生排好队等候家长来接,但必须要按上午教师排好的位置。这时有几个学生怎么也找不到自己的位置,场面有些混乱,教师大声呵斥:"为什么别人可以找到自己的位置,而你们没有?"几个孩子愣住了,无助地望着教师,稚嫩的眼神流露出恐惧,在教师的督促下,继续紧张地寻找着自己的位置……

这个教师的处理方法表明她在心理学知识方面是有所欠缺的,对于第一天入校的小学生,他们还没有完全从幼儿园的心理状态中调整出来,小学第一天的生活对他们很重要,会影响他们对学校的看法。所以对于刚入校的学生,过于严厉的方式很容易伤害到学生。教师如果清楚这一点,就会对学生的"错误"有更加宽容的处理方法。

3. 优良的道德素养

教师的职业特点决定了道德素质是教师必不可少甚至是最为重要的专业素养。教师这个名称从一开始就与道德有着紧密的关联,一个教师的德性、操守在教师的专业素质中应居于首要位置。在人类文化的发展中,教师不仅仅是一个职业,而且是一个崇尚神圣的事业,教师的人格成为"人师"的前提。这也是古今中外的教育家都非常重视的教育问题。也是教师专业素

---

① [美]H. 林格伦著,章志光、张世富译:《课堂教育心理学》,云南人民出版社1983年版,第20页。

② 本案例由笔者在某小学的观察笔记整理而成。

养的重要构成内容。首先教师自身的道德品质是教师道德素养的核心。"德高为师,身正为范",是历来对教师职业道德的追求。《礼记》中说:"师也者,教之以事而喻诸德也。"韩愈《师说》中说:"师者,所以传道、授业、解惑也。"教师在教学中负有强烈的传道之责。教师的言传身教对学生影响的深度和远度是难以估量的,一个德高望重的教师可能是学生一生的典范。其次,教师爱的素养。教师的爱一是对教育事业的热爱,只有热爱教育的教师才会具备高度的责任心,才能更好地将自己的丰富学识转化为促进学生发展的支柱。也才会更加耐心地去对待每一个学生。教师爱的另一个重要方面就是对学生的爱,也是教育教学目的得以顺利实现的关键要素。教师会爱自己喜欢的学生,会爱那些各方面都很出色的学生,但仅有这样的爱是远远不够的。那些游离在教师视界之外的问题学生,那些一向都默默无闻的学生,他们是否也能得到教师的爱,是对一个教师灵魂的衡量。我国学者朱小蔓教授曾强调说教师专业化的灵魂就是道德素质。在教学实践中,我们可以看到有多少学生因为教师的关怀和爱而迷途知返!又有多少学生因为教师的漠视和冷落而滑向退落!

4. 教师的情感素养

教师的仁慈不仅要求我们具有较高的道德修养,而且要求我们具有较高的教育效能感(即教育信心)。[①] 这种教育信心来自于教师完善的性格和坚定的教学信念。

首先,教师应有较高的效能感。有研究证明,"效能感高的教师相信他们有能力成功地激发学生和教育学生"。同时,"这样的教师比较自信,在课堂里表现轻松自如,与学生的互动比较积极(表扬、微笑),很少消极(批评、惩罚)。在营造课堂的有效学习气氛方面比较成功,很少被动防范,比较能接受学生的不同意见和挑战。不仅如此,教师的效能感还会直接影响学生的成就动机。研究还发现,由高效能感的老师教过一年的学生,如果第二年让一位低效能感的老师来教,学生的自信心会明显下降。"[②]

其次,教师应有良好的性格。性格良好的教师会表现出规范而稳定的

---

① 檀传宝著:《教育伦理学专题——教育伦理范畴研究》,北京师范大学出版社2000年版,第105页。

② 参见[美]古德·布曼菲著,陶志琼等译:《透视课堂》,中国轻工业出版社2002年版,第134页。

职业气质,能够及时地根据教学实际调整自己的心理定式,会更加理性地去面对教学中的突发事件,从而使自己的行为和情感表现得适度得体。教师必须善于制怒,善于控制自己的情感和行为。这样的教师往往会表现出成熟而乐观的情绪,较少受到外界的影响。会以更加积极的心态处理教学中的问题,也会对学生有更多的耐心和关心。

再次,教师自身的意志直接影响着教学。教学是一个需要持久毅力和耐心才能取得成效的工作,它不是凭借一时的激情就可以获得成功,它需要教师长久的努力和持之以恒的态度。在教育教学实践中,学生的情况千变万化,可能需要教师的反复努力才能有成效,没有坚强的意志是很难完成教学工作的。

教师在学生面前必须学会"伪装",不能将个人的喜怒哀乐随意地带入课堂,教师必须善于控制自己的情绪,在任何情况下不能冲动,相对于心理尚未完全成熟的学生,暴怒之下带来的往往是对学生的巨大伤害和师生关系的破裂。从这个角度说,教师就像是演员,在进入课堂后,心中只有教师这个角色,而不能轻易宣泄自己的情感。

◉ 案例三

儿童教育家李吉林老师的成长之路①

四十年前,我是一名师范生,走出师范的校门,便走进了小学,这一进去就是四十年。四十年来,我感受最深刻的就是:不断塑造自我,努力提高自身素质。

在自我塑造中,最重要的是心灵的塑造,这是对高尚精神境界的追求。我爱学生,学生也爱我。我热爱和学生、青年教师在一起的生机勃勃的生活……虽然青春早已逝去,但是,我觉得我的心永远是年轻的。

这样的精神世界驱动着我,鞭策着我,不敢怠惰,不肯荒废,于是,我会为寻找孩子观察的野花,在郊外的河岸、田埂专心致志地认别、挑选;我会为了孩子第一次感知教材获得鲜明的印象,在家人熟睡的时候,一个人在厨房里练习"范读课文";夜深人静之时,我进入教材所描绘的境界会为文章中的人物深深感动,从而一个个巧妙的构思如涌之泉流泻而出;课堂中,我的一举手、一投足都能使学生心领神会;一场大雪后,我又会兴致勃勃地带着孩子们去找腊梅,去看望苍翠的"松树公公",然后和孩子们在雪地上打雪仗。当孩子们把雪球扔中了我,我笑得比孩子们还要开心,仿佛一下子年轻了十几岁。

我在读师范时,认真学好各门功课,还认真学画画、练美术字、参加诗朗诵会、创作舞蹈,我也很喜欢音乐,学指挥、练习弹琴,夏天在小小的琴房里练弹琴,尽管蚊子叮,浑身

---

① http://www.doc88.com/p-29896934158.html.

是汗,却乐趣无穷,整个身心都沉醉在琴声中了。这些在我后来的工作中发挥了很大的作用。

在当教师之后,我坚持每天黎明即起,坐在校园的荷花池畔背唐诗、宋词,背郭沫若、艾青、普希金、海涅、泰戈尔等中外名家的诗篇,用优美的诗篇来陶冶自己的情操,我摘抄的古今中外优秀诗篇,就有厚厚的几本。近二十年来,为了搞教育科研,我又如饥似渴地学习教育学、心理学和美学,还阅读了许多中外教育家的论述及国外教学实验的资料,做了不少卡片。学习对一个教师来说是永无止境的追求。我常常用屈原的话来鼓励自己:"路漫漫其修远兮,吾将上下而求索。"

(二)教师专业素养发展的影响因素

关于教师专业素养发展的研究表明,教师要成为教学专业人员需要经历几个阶段,逐渐从不成熟新手教师过渡到成熟的专业教师,这是一个持续的发展变化过程。虽然入职前的教育对教师的专业发展至关重要,但许多教师的专业技能及优良品质更多形成于入职后的教育教学实践。在这一发展的过程中,有许多因素对教师的专业素养产生着影响。

1. 外部因素

任何一个人的成长都不可避免受到外部环境的影响,对教师素质的要求渗透着社会政治、经济、文化发展的需要,教师处于不同的社会发展阶段和不同的社会环境,其专业素养发展的内容、要求、任务也不相同。当代社会的教师处于社会飞速发展的阶段,相应地拥有更多更好的外部资源,有利于教师的专业发展。

学校环境是影响教师专业发展的又一主要因素。从教师入职前就读的学校到任教的学校,学校的办学条件、规章制度、管理艺术、文化氛围等都对教师的发展有着重要的影响作用。这些外部因素都对教师专业素养的发展和职业角色的认定起着重要作用。

2. 内部因素

教师职业的特点,要求成为教师的人具有良好的性格和坚强的意志等,要求教师积极主动性的充分发挥。但每个人的成长背景和知识基础各不相同,有的教师具有极强的自我发展能力,能独立地制定发展目标,规划自己的职业生涯,为自己的专业成长设计蓝图。但有的教师则是被动式的发展,缺少自主性。

五、现代教师应具有的几种意识

(一)服务意识

无论教师被定位为教育过程中的主导还是主体,教育教学的目标始终要以学生为中心,教师在教育过程中为学生提供的是一种教育服务,而不是教育主宰。教师就是要通过这种"服务"成为学生发展的促进者,教学的过程也就是教师为学生"服务"的过程。

教师要做权威的服务者。教师的权威主要来自于两个方面,一是外部的基础,教育机构或教师本身的职业性所赋予教师的地位权威。另一主要渠道是来自教师自身的知识和专业素养,这种来自内部的力量更持久,也更富有成效。教师应很好地利用这种权威为学生服务,而不是将其作为与学生保持距离的障碍。教师在教学中不是要单纯地去炫耀这种权威,将课堂仅仅看作是显示自己才智的舞台,课堂教学成了教师的独角戏。这样的课堂就会从教师的"自我"演变成了"专制"。教师提供给学生的服务不仅是自己丰富的专业知识和高超的教学能力,同时更要有对学生的关爱和尊重。教师和学生是教育教学中的共同主角,课堂是他们共同的演绎场域,这里不是教师的独自陶醉而是师生相互交流、共同成长的平台。这里需要教师的才华,但不是教师光环的个人标识,教师在课堂中提供的是体现教师专业素质能力和知识的服务,成为激发学生潜能,促进学生成长的良好基础。

教育的最高理想就是促进学生的全面发展,这也是教学目标的落脚点。"教"就是为了"学","教学—学习框架可以脱离学习是教学的直接结果或者教与学是高级—低级的关系这一因果框架,从而转向另一种方式,即教学附属于学习,学习因个体的组织能力而占主导。"①衡量教师工作成效和劳动价值的标准就是学生的学习效果和发展状况。在教育教学过程中,教师应当把自己的工作定位于为学生服务而不是主宰学生,应当更多地从学生的角度思考问题,能够关注学生的意见,关照学生的个性,关心学生的需要,为学生提供真正高质量的教育教学"服务"。

---

① [美]小威廉姆·E. 多尔著,王红宇译:《后现代课程观》,教育科学出版社2000年版,第146页。

(二)期望意识

在教育教学中,学生对教师的教导的接受程度往往与师生的情感密切相关。教师作为成熟的指导者,在与学生的交往中,理性会多于情感。但对于心智正在发展的学生,则更多的依托于感情为基础。他们期待教师的关注,期待教师的肯定,期待教师的赏识。无论他们是否愿意明确地表达,但内心对教师都有这种渴望。所以教师的期望对学生至关重要,但教师必须注意期望的程度和方式,因为教师对学生期望的程度和方式会影响学生的行为方式。

教师的期望建立在对学生能力的真正了解基础上,不同能力的学生对成功的要求不同,标准各异。教师对学生的期望要灵活而适宜,教师过高的要求和过低的目标都会挫伤学生的自尊和自信。教师对学生的期望目标应与学生的实际能力相一致,使学生能在教师的期望鼓励下,达到各自的成功。

教师的期望也建立在耐心和爱心的基础上。尤其对于学习上有困难的学生,这样的学生大都有过多次失败的经历。失败的经历会成为学生心理的障碍,也可能会因此造成师生的误解。如果教师缺乏足够的耐心和必要的爱心,会将学习的结果归因为学生的主观因素,而疏远了与学生的距离。这样的情况则导致学生的日益反感,而彻底失去信心和对教师的信任。

教师的期望值与学生的学习目标要有内在的一致性,以合乎情理、合乎实际的期望去激发学生的潜能。教师对差生的期望值往往比较低,无形中会降低对差生的学习要求和关注程度。这种低期望值就会使学生主动降低学习的目标甚至丧失学习的信心。

著名的罗森塔尔效应在教育教学实践中已被多次证明,学生的学习信心与教师的期望以及期望所带来的激励是密切相关的。如果采用一些手段使教师相信某些其实很平常的学生具有特殊的天赋和才能,教师就会对这些学生产生较高的期望并会给予特别的关注,会在无形中增加与这些学生的教学交往,结果就会使这些学生产生较高的学习动机和兴趣,真正实现了教师的高期望。

已有的研究也表明,如果教师对学生抱有较低的期望,就会在无形中降低对学生的关注程度,与该学生的交流(无论是语言的还是眼神的)也会随之减少。这样的期望带给学生的感受会降低学生的学习热情和学习兴趣,从而也会减弱对教师教育教学要求的达成度,学习成绩自然不会理想。而成绩的落后又进一步强化了教师的低期望值,反之,又再次影响学生的成绩。这样,教师的低期望就产生了一个"恶性循环"。

有人做过这样一个实验,将一只跳蚤放进一个瓶子里,并在瓶口加了一层透明的玻璃,跳蚤每次跃起时都会受到玻璃的阻挡。但出人意料的是,后来将玻璃拿下,跳蚤却再也跳不到瓶口的高度了。

作为教师应该拿下那挡在瓶口的玻璃,用自己的期望去为学生的发展创建一个广阔的天地。

(三)反思意识

"教师必须懂得,如果在工作中不作自我反省、自我救治,其教学必然沦为纯技巧,堕入理性主义的歪曲之中。"[1]教学不是 一个只需要不断练习的重复性工作而是一个需要不断反思的创造性工作。教师作为教育中的重要构成要素,对教育活动的运行过程和效果起着至关重要的作用。教师作为教育教学过程中的主体和教学活动的主导者,需要其对教学过程和进程的准确把握。教师必须具有一种不断反思的意识和能力,不断分析自己的教育教学方法和教学体会,对自己的教育教学进行持续的总结和反思,使得自己教育教学的发展和学生的发展保持同步。这种在教育工作中的反思能力也是教师要必备的学习能力,它能促使教师进行及时的自我修正和调整,对自己的教育教学方法和技巧不断地改进和提高。林崇德教授就曾用"优秀教师=教学过程+反思"这样一个公式来定义优秀教师。

这种反思是一种自我发展和自我教育,第斯多惠就十分重视教师的自我教育,认为"凡是不能自我发展、自我培养和自我教育的人,同样也不能发展、培养和教育别人"。[2] 教师无法用一成不变的方法和知识结构来开展教学工作,一个曾经很优秀的教师在若干年后可能会变得非常普通。教师的观念和思想必须是变革性的、发展性的。

它要求教师能够根据教学工作的发展及时调整自己的知识结构,及时更新和补充新的知识。比如在电脑知识的掌握方面,很多教师可能还赶不

---

① [加]大卫·杰弗里·史密斯著,郭洋生译:《全球化与后现代教育学》,教育科学出版社 2000 年版,第 206—207 页。

② 任钟印主编:《西方近代教育论著选》,人民教育出版社 1999 年版,第 367 页。

上学生发展的程度。

它要求教师能吸收符合时代需求的教育理论,及时更新自己的教育理念。比如,在课程改革的过程中,认真研究课程改革的精神,结合学生的实际调整自己的教学方法和工作重点。

它要求教师能关注学生的变化和需求,根据学生的发展情况改革自己的教学工作。

已经成为教师的人应该明白"师资培训期间所学到的教学方法,在具体的课堂教学的复杂性面前,可能是捉襟见肘;而对付这复杂性,恰恰不是要求我们开出更新的控制良方,相反,它要求我们对课堂中所发生的一切——学生的和教师本人的生活和经历——保持极端的开放态度,要求我们有能力具体问题按具体问题的独特性予以解决。"①

"课堂反思不仅要求教师从技术角度思考、质疑和评价自己教学的有效性,而且还要求教师运用反思的结果校正其不良的教学行为,并在今后的教学实践中加以运用。"②反思是教师不断提高教育教学水平的重要途径,没有反思的教育教学经验是刻板的经验,没有反思的教育教学是机械的物化教育,也是缺少先进性的教育,教师如果满足于已有的经验和知识,自身和学生的发展都会受到限制。所以教师要在反思中不断提升自身的德行,在反思中践行教育教学的价值,在反思中成为推动教育教学水平提升的主体动力。

第二节　学　　生

学生既是教育的对象又是教育的主体,从广义上讲,一切受教育的人都可以称为学生。从狭义的角度讲,学生是指在专门的教育机构,在教师的指导下,以学习为主要任务的人。这里所指的学生主要是指在校的儿童和青少年。

---

① ［加］大卫·杰弗里·史密斯著,郭洋生译:《全球化与后现代教育学》,教育科学出版社 2000 年版,第 275 页。

② 戚业国著:《课堂管理与沟通》,北京师范大学出版社 2005 年版,第 229 页。

一、学生的本质特征

(一)学生是具有独立思维的人

对于教育者而言,学生不是被动的教育对象,而是具有独立人格和思维的人。学生在教育教学过程中是作为主体存在的,学生自身具有极大的主动性,对于教学的影响,学生都会根据自己的态度、意志、思想有选择性地参与或接受。对于自己的学习,学生也可以根据自己的理解和需求进行主动的调整和控制。同时,学习过程也是一个创造性的过程,学生通过不同的学习方式来学习,将外界的信息进行内化和重构,它可以不受教师或教学内容的限制,进行一定的再加工。所以教师必须认识到这一点,理性看待学生发展过程中的多样性和差异性。

(二)学生是不断发展的人

学生的发展是一个持续不断的过程,尤其是青少年处于生理和心理发展的关键期和加速期。在这一时期的学生身上出现了很多错综复杂的矛盾现象。他们与成人已经发育成熟的身心特点不同,他们既有发展的巨大潜能和可塑性,又容易受到外界因素的影响。因此,教育必须着眼于学生的全面发展,给学生提供丰富的教育资源,创造良好的发展环境,促使学生健康的成长。教师要理解学生的未完成性,理解学生在发展过程中出现的偏差和问题,以一种宽容理性的爱促进学生更好更快地成长。

(三)学生是以学习间接经验为主要任务的人

学生的主要任务就是学习,同时学习也是学生的权利和义务。学生认识的主要对象是人类已有的文化知识经验,但学习的内容是经过认真挑选的,促进社会发展所必须的知识经验。

以间接经验作为学生学习的主要内容,可以缩短人才培养的时间,能够使学生在有限的时间内掌握人类知识的精华,提高学习的效率,使学生在智力、心理等各方面得到全面快速的成长。这些间接经验既包括自然科学、社会科学知识,也包括情感培养、品德教育等方面。

二、学生的权利及义务

学生的权利与义务取决于对学生身份的定义,而学生首先是作为公民存在的,所以学生是享有作为一般公民的权利的。国际上的《儿童权利公约》和我国的《未成年人保护法》、《中华人民共和国教育法》、《中华人民共和国义务教育法》中都对少年儿童的权利作了规定和保障。从社会法律角度看,18岁以下的人称为未成年人,所以青少年学生与成年人相比,其权利和义务又有一定的特殊性。比如《未成年人保护法》中规定:未成年人享有生存权、发展权、受保护权、参与权等权利,国家根据未成年人身心发展特点给予特殊、优先保护,保障未成年人的合法权益不受侵犯。

根据我国法律,学生主要享有以下权利:

(一)学生享有平等的受教育权

1. 平等的受教育机会

《未成年人保护法》第三条规定:未成年人享有受教育权,国家、社会、学校和家庭尊重和保障未成年人的受教育权。未成年人不分性别、民族、种族、家庭财产状况、宗教信仰等,依法平等地享有权利。《中华人民共和国义务教育法》第四条规定:凡具有中华人民共和国国籍的适龄儿童、少年,不分性别、民族、种族、家庭财产状况、宗教信仰等,依法享有平等接受义务教育的权利,并履行接受义务教育的义务。《中华人民共和国教育法》第三十六条也规定:受教育者在入学、升学、就业等方面依法享有平等权利。所以,平等的受教育机会是保障这一权利的重要内容。

2. 平等的教育资源

《中华人民共和国义务教育法》第十二条规定:父母或者其他法定监护人在非户籍所在地工作或者居住的适龄儿童、少年,在其父母或者其他法定监护人工作或者居住地接受义务教育的,当地人民政府应当为其提供平等接受义务教育的条件。《中华人民共和国教育法》第四十二条中规定受教育者有权参加教育教学计划安排的各种活动,使用教育教学设施、设备、图书资料。第五十条中还规定图书馆、博物馆、科技馆、文化馆、美术馆、体育馆(场)等社会公共文化体育设施,以及历史文化古迹和革命纪念馆(地),应当对教师、学生实行优待,为受教育者接受教育提供便利。这些规定说明任何一个学生都可以平等地使用学校和校外的教育资源。

3. 平等的教育评价

《中华人民共和国教育法》第四十二条中规定受教育者有在学业成绩和品行上获得公正评价,完成规定的学业后获得相应的学业证书、学位证书的权利。对受教育者的评价在一定程度上反映着学生的学习成果,得到公平公正的评价也是受教育者一项基本的权利。

(二)学生享有国家经济帮助的权利

《中华人民共和国义务教育法》第四十四条中规定:义务教育经费投入实行国务院和地方各级人民政府根据职责共同负担,省、自治区、直辖市人民政府负责统筹落实的体制。农村义务教育所需经费,由各级人民政府根据国务院的规定分项目、按比例分担。各级人民政府对家庭经济困难的适龄儿童、少年免费提供教科书并补助寄宿生生活费。《中华人民共和国教育法》第三十七条规定:国家、社会对符合入学条件、家庭经济困难的儿童、少年、青年,提供各种形式的资助。第四十二条中规定:受教育者有按照国家有关规定获得奖学金、贷学金、助学金的权利。这些法律规定从经济上保障了学生的受教育权,帮助了经济困难的学生,也鼓励了勤奋学习的学生。

(三)学生享有合法的申诉权

未成年人的身心虽然还不够成熟,但依然享有被尊重的权利。《未成年人保护法》第十四条规定:父母或者其他监护人应当根据未成年人的年龄和智力发展状况,在作出与未成年人权益有关的决定时告知其本人,并听取他们的意见。

《中华人民共和国教育法》第四十二条中明确地保障了受教育者的申诉权利,指出受教育者对学校给予的处分不服向有关部门提出申诉,对学校、教师侵犯其人身权、财产权等合法权益,提出申诉或者依法提起诉讼。

即便是违反学校制度的学生,学校也无权随意开除,只能予以批评教育。《中华人民共和国义务教育法》第二十七条对此也有具体规定。

权利和义务总是相互依存的,即便是未成年人也要承担一定的义务。《中华人民共和国教育法》第四十三条中规定了受教育者应当履行下列义务:(一)遵守法律、法规;(二)遵守学生行为规范,尊敬师长,养成良好的思想品德和行为习惯;(三)努力学习,完成规定的学习任务;(四)遵守所在学校或者其他教育机构的管理制度。

● **案例四**

教师强行给学生剪发①

寒假过去又开学了,初一(3)班郭老师在学生报到注册的时候,又强调了发型问题。三天过去了,班里的男生苏某还是留着长长的中分。一天中午放学后,郭老师把他叫到办公室。教师问:"老师给全班同学提的发型要求你知道吗? 这也是全校统一的要求,你知道吗?""知道。"学生低声回答。"知道? 知道为什么还不动?"声调里老师带着几分气。"我家里不让理,我也没办法。"学生理直气壮。就这样,师生对话的火药味越来越浓。最后,教师拉开抽屉顺手拿出一把剪子,嘴里说着那我替你理吧,话到手到,苏某中间的一绺头发已剪下来了。苏某一边护着,一边说:"得,得,我自己去理,行了吧。"说完跑出了办公室。

苏某回到家的时候,其父正在喝酒。看见儿子捂着头走进来便大声喝问,以为儿子又在外面打了架,惹是生非。当听完事情原委后便借着几分酒力,怒冲冲跑到学校兴师问罪。见到郭老师开始还较理智,后来便破口大骂,在场的老师都为之瞠目。

正当大家纷纷上前劝解,家长还不依不饶的时候,一位两鬓银白、马上要退休的女教师乔某走上前去,嘴里说着"让你无法无天"随手就给了苏父一个嘴巴,不知道是巴掌的功效还是苏父的酒也该醒了,反正此后骂声听不见了,只是听到苏父反复强调:"正月里理头死舅舅,又不是'文化大革命',凭什么给我孩子剃阴阳头……"此时外面已围了不少人,为了化解矛盾,年级主任便把他们带到校长室。

校长热情地接待了他们,说来也巧,校长刚刚学完有关教育法学的课程,听完大家的陈述,觉得这是个比较典型的案例,借此也是对大家进行法制教育的好机会。校长认为,化解矛盾的最好办法是学法,使他们各知其错。校长先对家长讲,您看见孩子被剃了头心里不痛快,大家都可以理解,有意见也可以反映,但跑到学校来吵闹、辱骂教师是不允许的,这是违法行为。校长说着打开《教师法》翻至第三十五条:"侮辱、殴打教师的,根据不同情况,分别给予行政处分或者行政处罚;造成损害的,责令赔偿损失;情节严重,构成犯罪的,依法追究刑事责任。"校长说完征询家长意见:"您看咱这问题在学校解决好,还是换个地方解决好?"家长赶紧表示自己错了,愿意赔礼道歉,说着站起来给郭老师深深鞠了一躬。

接着校长转过身来对郭老师说:"您对学生严格要求,对工作认真负责是好的,但采

---

① http://jy.100xuexi.com/ExtendItem/OTDetail_04DD6054-D2F6-48C9-AFEA-BD45 A34B7245.html.

取的方法不当,对学生的人格不够尊重。"校长打开《未成年人保护法》第三章找到第十五条:"学校、幼儿园的教职员应当尊重未成年人的人格尊严,不得对未成年学生和儿童实施体罚、变相体罚或者其他侮辱人格尊严的行为。"就这一点来说,郭老师应该向学生道歉。此时郭老师已为自己一时间鲁莽感到内疚,借着校长的话,诚恳地向学生和家长表示了歉意。对老师乔某,校长笑着批评她说:"您站出来主持公道,这很不容易,但是您不该用违法行为制止违法行为。如果这样下去,那不就乱上加乱了吗?"乔老师为人豪爽,当即向家长道歉,并表示校长批评得对,自己遇事不冷静,确实不应该。

三、学生的发展特点

学生发展是指学生随着年龄的增长和时间的推移,在外部环境和内部因素的共同作用下,生理、心理、知识、能力等的变化过程和结果。身体的发展体现于身体机能的成熟和增强;心理的发展体现于性格、认知、情感等方面的发展;知识技能则表现为结构的复杂化和专业化。不同的学生有着不同的发展过程和结果,但总体来看,呈现出以下特征:

(一)独特性

每一个学生都是独特的,他们有着不同的认识世界的方式、态度,对待同一事物会有不同的看法和观点,会有不同的情绪感受。即便是同一年龄阶段的学生也会千差万别。在教育实践中,我们可以看到很多这样的情况,这不仅表现在身体发育上,也表现在心理成熟上。

每个学生都是独一无二的,在发展的过程中,他们不同的主体选择,会促使他们走出不同的人生旅程,写出不同的人生故事。

(二)阶段性

个体的身心发展是具有一定的阶段性和顺序性的,比如个体动作发展是从大动作到精细动作,思维发展是从具体思维到抽象思维,情感发展是从感性到理性等。学生是一个年龄覆盖面很广的概念,不同的年龄阶段有不同的发展特点。比如在童年期思维特征是以形象思维为主,情感特征是不稳定且形于外;而在少年期,其抽象思维已有较大发展,对情感的体验开始向深与细的方向发展,但很脆弱;在青年初期,以抽象思维为主,情感较丰富细腻、深刻稳定,同时道德情感、理智感等在情感生活中占主要地位。① 这就要求教育工作者要把握不同阶段学生的特点来进行适宜的教育。

(三)能动性

学生在发展的过程中,虽然要受到多种外部因素的影响,但学生仍是积极主动的,除了接受性学习之外,每个学生都会根据自己的兴趣爱好进行独立性的选择。每个学生都是认知和实践的主体,在教育教学活动中,他们会进行自我控制与协调,会进行主动的交往和沟通,在既定的外部世界里,进行能动的探索和选择。外部因素的制约并不能掩盖学生本身的能动性。

(四)可塑性

对于成年人而言,学生是未完全成熟的人。这主要表现在学生的生理和心理两个方面。人类的身体尤其是大脑的发展需要丰富的外界刺激,所以发展首先是个体本身的需要。在适应环境的过程中,个体会表现出相应的改变,以便适应环境的变化。对于学生而言,身心的不成熟恰恰是发展的基础,所以学生往往具有极大的可塑性。对于教育者而言,要慎重地对待学生的这种可塑性,为学生的发展创造更多更好的条件。

四、学生发展的影响因素

学生的发展是综合因素作用的结果,从外部因素分析,社会是影响学生发展的大环境因素,也是一种不可控的外部因素。家庭和学校是外部因素中对学生发展有着重要影响作用的因素。从内部因素看,学生身心发展的需要是学生发展的内部动力。

影响学生发展的因素还有很多,但在学生的成长过程中有着至关重要作用的因素有以下几个方面:

(一)家庭

家庭对学生发展的影响主要表现在两个方面,一是遗传基因的作用,二

---

① 全国十二所重点师范大学联合编写:《教育学基础》,教育科学出版社 2002 年版,第 129 页。

是家庭的环境氛围。

从遗传的角度说,任何一个人都是带着先天的基因特征来到这个世界上的。每个学生都从父母那里继承了生理上的一些特点,比如个体的外貌、机体结构、身体形态等,特别是人的大脑机能的特点。而心理上的遗传特征则表现在智力、性格、情绪等方面。这些先天的遗传特征是学生身心发展的前提和基础,影响着学生发展的程度。

从家庭的环境氛围讲,家庭的经济基础、人际关系、文化氛围等都会对学生产生深远的影响,其中父母起到的影响作用尤为突出。父母的社会地位、文化修养、教养方式、人生观、价值观等会给予学生长期而深刻的影响,这种影响甚至会持续地表现在学生的一生当中。

以家庭的教养方式来说,专制型的家庭往往对孩子控制严格,孩子在家庭中只能被动地服从,这样的孩子的思维方式往往会变得刻板、呆滞,缺少创造力。溺爱型的家庭会给予孩子过多的物质享受和自由选择,这样环境下成长的孩子往往会表现出自私、缺少责任心、害怕困难等性格特征。而在民主型家庭,家长比较尊重孩子,会平等地对待孩子,允许孩子表达实践自己的想法,在这种家庭成长的孩子会表现出较高的创造力,拥有良好的人际关系,热情开朗等特点。

父母是学生的第一任老师,家庭是学生成长的基点,对于学生的发展有着重要的意义。

(二)学校

学校是专门的育人机构,它体现着社会的要求和国家的意志,有目的、有计划地对学生施加教育影响。它有着严格的制度要求,有着规范的运行程序,在学生发展的过程中,起着重要的作用。在学生进入学龄期后,学校的这种作用就会更加突出,成为影响学生发展和成长的重要因素。

学校对学生的影响是多方面的,学校的物质环境、文化氛围、管理方式以及教师的教学风格等都对学生的身心发展有着重要的影响。从物质角度看,校园与教室是学生生活生长的主要空间,优美的校园环境可以带给学生美好的心理感受和思想影响。从精神层面讲,校园文化和班级氛围及教师素质则构成了学生成长的人文环境。优良的校风、班风会对学生产生巨大的心理影响力,会让学生产生积极的情感体验,激发学生的学习动机和欲望。从人的因素看,教师对学生发展的作用是最突出的。已有的研究证明了教师的这种作用,比如专断型的教师会让学生表现出较差的合作性、爱推卸责任、缺少创造性等特点。放任型的教师管理的学生往往会在学习和道德方面都表现得比较差。而民主型教师管理下的学生会有比较融洽的师生关系和较高的学习质量等特征。

(三)社会环境

社会环境包含的内容非常多,比如社会文化、地理环境、社会风尚等,社会环境给学生的发展创造了条件,并在很大程度上影响着学生的发展。良好的社会环境会促进学生的发展,恶劣的社会环境则会制约学生的发展。跨文化的研究表明,在鼓励独立创造、主张人人平等的社会中,学生的智力发展水平比较高。而在保守的社会环境中,人们的个性发展受到限制,这种环境中的学生往往缺少创造精神。

学生的发展会随着社会的变化而改变。当代社会科技的发展和进步给学生的发展带来了更为丰富的资源和条件。电视网络等现代技术大大缩短了信息传递的时间,拓宽了信息沟通的渠道。在一定程度上加快了学生的发展,但同时,网络世界的虚拟和现代信息的繁杂却也会对学生的发展有消极的影响。

综合来说社会、学校、家庭共同作用于学生发展、成长的全过程,这三者共同构成的环境对学生的发展起着至关重要的影响作用。家庭的血缘关系让家庭教育更加富于基础性和感染性,家庭成员的言传身教对学生是一种潜移默化的作用。社会因其结构的复杂性和影响机制的多样性,在学生发展中是一种很难控制的影响因素。学生的良好发展需要家庭、学校、社会共同的努力,但学校作为专门的教育机构,有着明确的教育目的和教育内容,还有拥有专业知识、受过专业训练的教育人员,在学生的发展中应该发挥更主要的作用。

(四)同辈群体

在学生的发展中,除了家庭、学校、社会这三种明显的外部因素,还有一种以更为隐形的方式发挥作用的因素,就是同辈群体。同辈群体是指在一起相处,有着相同或相近的年龄特征和认知能力的人,他们会在某些共同的活动中彼此选择和交往,形成的一种相对平等和自由的人际关系结构。

同辈群体的结构特征使之成为影响学生心理和行为的又一重要因素。

同辈群体之间有着更相似的心理特征和认知态度,更加理解对方。所以,学
生更容易与同辈群体形成亲密的关系,也是我们通常意义上说的"好朋友"。
学生会把与成人交往中的失望和不理解,在同辈群体中找到安慰和支持。
心理学的研究表明,拥有良好同辈群体关系的学生会表现出更多积极的人
格特征,对于其日后进入成人世界的交往和发展有着重要的意义。

第三节　教师与学生及其他教育要素的关系

教育活动有多种构成要素,它们不是各自孤立地发挥作用,而是相互影
响、相互制约的。梳理教育诸要素之间的关系,有利于更好地把握教育规
律,理解教育本质。我们首先要讨论的就是两个教育主体间的关系——师
生关系。

一、师　生　关　系

(一)师生关系概述

师生关系是教师和学生在教育实践活动中,为完成共同的教育任务,结
成的社会关系。它是教育过程中一种特殊的社会关系,也是最基本和重要
的人际关系。它包括了教师与学生彼此的地位、作用和态度等。它会受到
教育规律的制约,又反映着一定的社会要求。师生关系的内容一般包括社
会关系、教育关系、心理关系、伦理关系等。

师生之间的社会关系主要是教师作为社会要求的具体实践者与学生
作为未成年的受教育者在教育实践中形成的关系。这种社会关系在各种
关系中起到了规范性的作用,是不同时代的社会关系在教育中的反映。教
师作为专职的教育人员,代表着社会父母对学生行使培养的责任,学生需
要在教师的指引下才能更好地成长和发展。师生关系的性质是由社会的
总体性质决定的,总是带有时代的特色,是人们现实社会关系在教育活动
中的折射。

师生的教育关系是指教师和学生在教育教学活动中结成的工作关系,
教师与学生分别充当一定的角色,结成相互协作的共同体。教师与学生虽
然都是作为主体出现在教育活动中,但二者的责任和地位是有差别的,主体

作用也不相同。教师作为熟知教育规律的专业人员在教育活动中担当着引导者、设计者、组织者、管理者的角色,教师要引导学生主动的学习,促进学生的发展。学生作为受教育者,在自我选择的基础上,要理解配合教师,共同完成教育活动。教师在教育活动中承担着更多的责任和义务,需要有一定的权威,但在本质上,师生之间必须保持平等,平等的人格、平等的话语权等,彼此之间相互尊重、相互理解、相互促进。

师生之间的心理关系是指师生在教育活动中自然形成的认知关系和情感态度等。教育的过程本质上也是一种人际交往的过程,师生在交往中不仅有知识的传递,也有情感的相互认知。师生通过彼此在教育活动中的言行举止、教育或学习水平而产生一种满意度上的情感体验,彼此之间或亲近或疏远、或尊重或漠视。师生之间的这种心理关系直接影响着教育关系的实现,影响着教育的质量。所以,教师必须重视师生间的心理关系。

师生之间除了教育关系和心理关系外,从伦理责任的角度看,还存在着一种伦理关系。在师生结成的共同体中,教师和学生都承担有各自的伦理责任。教师要关心爱护学生,学生要尊重理解教师,这是社会伦理道德对教育活动的要求,也是社会文明发展的标志。

(二)师生关系认识的历史演变

师生关系反映着现实的社会关系,在不同社会形态中有不同的表现。我国古代社会强调师道尊严,"一日为师,终身为父"将教师视为尊长,但这种师生关系是一种不平等的师生关系,教师在教育活动中掌握着话语权,学生不能有过多的质疑。西方的教育发展历史上,也呈现了这样的特点。到了近代,文艺复兴运动的兴起,资本主义的发展,使学生在教育中的地位得到了改变和提高,出现了以"学生"为中心的教育思想和理念。综观教育的发展史,主要出现了以下几种师生关系的论述。

1. 教师中心论

教师中心论是传统教育理念的体现。这种观点强调教师在教育教学活动中拥有绝对的权威和地位,学生必须服从于教师的安排和领导,对教师所讲授的内容不能有任何质疑。教师和学生在教育过程中是一种不平等的交往关系。

2. 学生中心论

学生中心论是针对教师中心论而提出的,它强调学生的主体地位,强调学生自己的主动性和积极性,将教师置于一种次要的辅助地位。这种师生关系虽然重视了学生本身的需求,但过分降低了教师的职责,对学生的管理采取了放任自流的态度,忽略了未成年人的心理特点,不利于教育质量的提高。

3. 教师主导论

在我国的教育发展历史上,这是一种影响深远的教育理论。这种理论认为不能绝对地以教师或学生为中心,而应在认可学生主体地位的前提下,发挥教师的主导作用。认为学生是学习活动的主体,必须考虑学生的主动性和独特性。但教师在教育教学活动中,必须处于领导地位,负责整个教育教学活动的实施,对学生的学习要起到很好的引领作用。

4. 师生主体论

现代教育理论认为师生是教育活动中的共同主体,他们之间是一种平等的"我与你"的关系。这种关系要建立在师生平等人格的基础上,相互理解和尊重。教师要有一种民主的态度来对待学生,学生要以一种理性的态度来评判教师。师生之间是一种公平、公正、真诚、宽容的人际交往,这是一种更为理想化的师生关系。

(三)师生关系的类型

1. 权威型

权威型的师生关系是一种"教师中心论"的体现,主要强调教师的主体地位及在教育教学中的作用。教师过分突出自己的教师尊严,拥有绝对的话语权,学生只能被动地服从。这种师生关系往往伴随有高压的管理,学生不仅丧失了积极性和主动性,还会对学生的心理造成不良的影响,出现紧张、低落和畏难等情绪状态。学生表面服从的背后实际蕴藏着师生之间的矛盾。学生在教师面前表现出顺从和迎合,但在内心却是对教师的不满甚至是仇恨。师生关系紧张,相互疏远,极易发生冲突,并且这种矛盾冲突还会随着学生年龄的增长而增加。在这样的师生关系下,学生的学习动机降低,学习兴趣下降,独立思维受阻,甚至产生厌学情绪,教育教学的效果很难保证。所以这种师生关系对教学危害很大。

2. 放任型

这种师生关系中的教师缺少必要的责任心,认为学生的成长与自己没有多大关系,对学生的要求较低,管理上采取一种放任自流的方式,过多依赖学生的独立性和自主性。虽然师生关系呈现出相安无事的状态,但这样的教师并不能在学生中赢得威信,甚至会产生反感,认为教师不负责任。这样的师生关系映射到教学中,就会表现出学生在学业及思想上不求上进,对自己要求松懈,班级纪律差等情况。这种师生关系实际上是忽略了教师的作用,过分夸大了学生自己的主动性,同样也无法取得良好的教育教学效果。

3. 和谐型

这种师生关系表现为教师与学生间的平等和信任。教师在尊重学生的前提下对学生严格要求,充分发扬教学民主。学生尊敬老师,积极自觉地配合教师的引导。在这种师生关系中,教师与学生对教学有共同的认知和目标,教师热爱、关心学生,学生尊重、信任教师,师生之间呈现出双向的积极交流和互动,课堂气氛融洽、活跃,教学质量较高。这种师生关系是一种理想的关系模式,但实现这种师生关系需要教师具有民主、平等的人格意识,丰富灵活的教育方式以及高超专业的教学艺术等,既要突出教师的主体作用,又要充分发挥学生的主观能动性。

4. 依赖型

在教育教学实践中还有一种介于上述几种之间类型的师生关系。这种关系中的教师有较强的责任心和认真负责的态度,也有较好的专业水平,并能采取积极的策略来管理支配学生,保证良好的学习成绩。同时,学生也表现出对教师的尊敬和认可,教师在学生中有一定的威信,师生关系也较为融洽。但这种教师往往事无巨细,对学生的学习生活过度安排,学生缺少独立锻炼的机会,对教师的依赖性很强,一旦升入高的年级或更换教师,可能就很难适应,对日后的学习产生不利影响。这就像家庭教育一样,父母过分的溺爱会造成孩子能力的低下,同样,教师过度的师爱也会影响学生的成长。

（四）良好师生关系的特征

良好的师生关系是教育活动顺利进行的基础，是实现教育目标的保证，这是教育规律的要求，也是教育本质的诉求。良好的师生关系体现在教育过程中的每一个方面，主要具有以下基本特征：

1. 师生人格平等，管理民主

民主平等是建立良好师生关系的前提，也是人类文明发展在教育中的必然体现，是现代师生关系的重要标识。教育中的平等和民主体现于师生在教育教学过程中的相互理解和平等相待，教师和学生不分主次，享有平等的人格和话语权。对教师来说，要放下师道尊严的传统思想，学会换位思考，能够倾听不同的意见，宽容并理解学生多样性的特点。要公平公正地对待所有学生。在管理上，要多听取学生意见，引导而不专断，尽可能地让学生参与到班级管理中来。对于学生来说，也要积极主动，学会表达自己的思想和观点，关心集体，帮助他人，学会合作学习。

良好和谐的师生关系离不开平等而真诚的互动，它是和谐交往关系构建的基础和平台。教师和学生之间不是一种等级关系，教师与学生在交往中是以平等的人格主体出现的，教师不是"天赋权威"，更不是居高临下的训话者。但在教学实践中，有些教师却往往忽略这一点，认为平等似乎就意味着对教师地位的否定，学生总是被当作是有待接受的无知客体。忽略了每一个学生都有质疑和表达意愿的权利，这种权利不是教育者的赐予，而是一种天赋的权利。

2. 师生彼此尊重，配合默契

尊重是人基本的精神诉求，是人之间顺利交往的保障。尊重教师早已是古老的传统，中外教育史的研究中都有过不少的论述，教育实践中也是为人所熟知的教育认知。但良好的师生关系，不仅要保障教师的尊严，同样也要关注到学生的尊重需要。这是互为前提的，教师要关心爱护学生，要尊重学生的人格，理解学生的需求，这是教师职业道德的基本要求，也是实现教育意义的重要保证。学生也要尊重教师的劳动和人格，要理解教师工作的价值和意义，要体谅教师的付出和辛苦。师生之间只有互敬互爱，互谅互让，才能在教育教学过程中配合，顺利完成教育教学任务，实现教育教学目标。

● 案例五

珍爱学生的每一份自尊①

有这样一个小故事:古代的一位官员微服私访,路过一片农田,看见一个农夫驾着两头牛正在耕地,便问农夫,你这两头牛,哪一头更棒呢?农夫看着他,一言不发。等耕到了地头,牛到一旁吃草,农夫在官员的耳边,低声说,告诉你吧,边上那头牛更好一些。官员奇怪地问,你干吗用这么小的声音?农夫答道,牛虽是畜类,但和人是一样的,我要是大声说,它们能从我的眼神、手势、声音里分辨出我的评论,那头不够优秀的牛,心里会难过的。

作为一个教师,在表扬或批评学生时,我常常想起很多年前读过的这个故事。它提醒我,自己面对的是聪明而敏感的青少年,他们更需要心灵的抚慰,更需要体贴入微的爱心。想到这些,我就会仔细审查自己的言行。

有一次,班级劳动委员告诉我,阿俊已经三次逃避值日,班委会决定罚他值日一周。可是刚一放学,阿俊就跑得没了影儿。我心想,这样的处罚未免过于草率,阿俊肯定不服。考虑到这是班委会决定的,我也不能简单否决。我说,等我跟阿俊谈谈再说。阿俊一见到我,就满腹委屈地说处罚不公平,因为别人也有忘记值日的,为什么偏偏罚他?看来,即使真的罚值日一周,也未必能使他受到教育。我提议,今天不算处罚,由我和他一道值日。阿俊答应了。

说干就干,阿俊摆椅子,我扫地;阿俊拎水,我擦黑板。我们俩配合得很默契。阿俊说,他并不是故意偷懒,那几次没值日都有原因,虽然终究是他错了,可是班委这样做,分明是要拿他"开刀"。

我想,劳动不是处罚的手段,而应成为学生自觉、自愿、愉悦身心的活动。处罚不当的结果,只会使阿俊对值日产生厌恶,把劳动当成耻辱。但是班委会的处罚也有道理,奖勤罚懒,本无可厚非。怎么办呢?经过认真思考,我觉得应该先解决阿俊思想上的疙瘩。

我召开班委会议,大家达成共识:处罚是一种简单的教育手段,不能让人心服口服。我提出,实行志愿值日。我第一个报了名,生活委员通知全班同学,欢迎缺过值日的同学参加。放学后,阿俊又留了下来,和我一起打扫教室。以后几天,参加志愿值日的学生越来越多,每一次都有阿俊。他一边劳动,一边像朋友一样跟我谈天说地,交流思想。看着他挂满汗珠的笑脸,我感到在保护学生自尊的同时,教育已经在无声无息中取得了良好的效果。

如今,以学生为本的教育理念,已越来越多地被教师接受和贯彻。我们应该学习开篇故事里农夫的那份自尊,懂得怎样去呵护这些敏感而脆弱的心灵。尊重学生,无疑是

---

① 余一鸣:《珍爱学生的每一份自尊》,《人民教育》2003 年第 6 期。

我们引导学生进行自我教育的良策。

3. 师生教学相长,共同发展

在教育教学活动中,虽然教师是受过专业训练的专职人员,学生是受教育者,但教师与学生并不是单向道的传递,而是相互促进、相互影响的关系。"教师不再仅仅是授业者,在与学生的对话中,教师本身也得到教益,学生在被教的同时反过来也在教育教师,他们合作起来共同成长。"[①]我国最早的教育专著《学记》中说:"学然后知不足,教然后知困。知不足然后能自反也,知困然后能自强也。故曰:教学相长也。"教师与学生之间是互相学习,共同发展的关系。教师在教育过程中通过与学生的互动发现自己的不足,从而进一步提高自己的能力和水平。当今社会的发展大大拓宽了学习的渠道,学生未必不如师。尽管教师闻道在先,但"术业有专攻","弟子不必不如师"。

4. 师生感情融洽,和谐相处

教育活动是一种特殊的社会活动,是以人的培养为出发点的。教育过程中不仅有知识的共生,也有情感的共融。良好的师生关系是双向的催化剂,它能促使教师以更加饱满的热情投身教育事业,实现更多的价值。同时师生之间愉悦的交往和教师积极的情感也会影响感染学生,更加积极主动地进行学习,所谓"亲其师,信其道",良好的师生关系对教育教学质量的促进有着事半功倍的作用。师生之间形成的良好感情不仅局限于教育活动中,还会蔓延至生活中,相互爱护,彼此关心。

(五)良好师生关系的作用

1. 良好的师生关系能够促进学生的健康成长

心理学的研究表明,良好的人际关系是学生健康成长的一个重要因素,而师生关系是学生学习生活中,交往最频繁的一种人际关系。良好的师生关系会营造出积极、和谐的心理环境,教师和学生之间建立起的密切关系,对学生的心理和智力的发展都有很大的促进作用。作为未成年人,得到来

---

① [巴西]保罗·弗莱雷著,赵友华、何曙荣译:《被压迫者教育学》,华东师范大学出版社 2001 年版,第 31 页。

自成年人的爱护,意味着一种认可和喜欢,可以获得一种未成年人必须的安全感。尤其是学生都有一种"向师性"的心理特征,对于教师的态度和看法格外的敏感和在意,一句话甚至一个眼神都是一种鼓励或伤害。

良好的师生关系会使双方都产生愉悦的情绪体验,会拉近彼此的心理距离,满足双方情感的需求。对于学生来说,这不仅是一种简单的工作关系,还是一种情感依靠,它会促进学生的心智成熟和发展。

2. 良好的师生关系能够保障教育教学活动的顺利实施

教育教学活动虽然有着明确的目标和规范的要求,有着严谨的制度和体系,但教师和学生作为教育活动中的主体,相互之间的积极互动和紧密配合才能真正保证教育目的和价值的实现。教育教学本质上就是一种社会交往活动,从知识、文化的传承功能看,是一个理性的认识。从道德培养、心理沟通的角度分析,教育不可避免地带有先天的感性。这种理性指引下的感性,如果在教育实践中得到了很好的实施,就会对教育活动产生强大的作用,使教育教学活动得以高质量的完成。但如果师生之间没有形成一种融洽的情感,互不信任,关系紧张,也必将会严重影响到教育教学的质量。

3. 良好的师生关系有利于培养良好的班风校风

教师和学生实际上在教育教学中构成了一个共同体,这个共同体的状态是否和谐直接影响着班风和校风。良好的师生关系会营造出温馨平等的心理氛围,师生之间互相尊重,配合默契,积极互动,这是培养良好班风的基础和保证。教师和学生是学校人员构成的主体,是学校工作好坏的重要影响因素,良好的师生关系中,教师感情充沛,工作积极,富于责任感。学生尊重教师,热爱学校,严于自律。这种良好的师生关系构建了优良的校风的基础,促进了校园文化的发展。

4. 良好的师生关系可以促进教师的专业发展

教育是一种理想化的事业,教师是一种高尚的职业。教师的职业地位不缺少社会认同和价值认定,但教师的职业荣誉感更多的则来自学生。学生作为教师工作的直接对象,对教师的工作质量拥有绝对的发言权。所以来自学生的认可是对教师最大的肯定和鼓励。良好的师生关系搭建出师生交往的有利通道,激发教师更大的工作热情,研究教育教学,不断提高自身的专业素养。这是一种良性的循环,教师专业能力的发展会使师生关系更加和谐,同时师生关系的优化又会促进教师的专业发展。

(六)构建良好师生关系的策略

师生关系是在教育教学的实践活动中形成的,会受到多种因素的影响。就教育因素而言,主要是教师和学生这两个主体因素。但在良好师生关系的构建中,教师的作用更加突出,所以在此主要从教师的角度来作探讨。

1. 进行正确的角色定位

尽管现代教育理论早已摒弃了教师的权威地位,但传统的教师角色意识依然影响着当今的教育教学实践。教师有时会形成一种心理定式,在自觉不自觉当中渗透这种权威。教师必须克服这种角色意识的影响,放下教师的权威,以一种平等的姿态去和学生沟通、交流。学生是具有主体意识的人,不是被控制和塑造的对象,教师不能仅凭自己的理解和意愿去要求学生。社会文明的发展赋予了教育更多人性化的诉求,学生更希望教师像他们的朋友,可以平等的交往和合作。已有的教育教学研究证明平等民主是最受学生欢迎的教师特质。所以,要实现和谐的交往最重要的就是教师必须正确地进行角色定位,要能"蹲下来和学生说话",站在学生的角度看问题,去除传统的思维定式,才会真正地理解学生,成为学生的良师益友。

2. 提高自身的文化道德修养

教师的自身素质是构建良好师生关系的重要影响因素。教师的知识能力、德行修养、人格特征等都会对学生产生重要的影响。首先扎实广博的专业知识是树立教师威信的前提,是教师征服学生的第一个砝码。知识渊博的教师常常会带给学生心灵的启迪和震撼,让学生在折服之余油然而生对教师的敬意和崇拜。其次教师良好的品德修养会成为学生最好的榜样,从而模仿教师修正自己的行为。再次教师积极的人格特征会感染学生的情绪和情感,培养健康的心理。所以教师必须不断地进行学习和提高,经常进行自我反思和总结,拓宽自己的兴趣范围,让自己更智慧、更宽容、更高尚,形成自己独特的人格魅力。

3. 耐心认真地研究学生

教师与学生由于年龄身份的差异,必然会有一些认识上的不同。但教师要想与学生建立良好的关系,就必须了解研究学生,找到和学生交往的共同语言。这要求教师在教育教学过程中,必须善于"移情",即站到学生的角度来思考问题,了解学生的个性、思想、需求、知识基础、能力水平等。要把这些方面都做到详尽而准确的了解,教师必须要深入细致地观察学生,把握清楚每个学生的特点,采取有针对性的教育教学策略。实践证明,越是了解学生的教师,越容易和学生建立起良好的关系,彼此也有更多的信任。

4. 公平公正地对待学生

教师一视同仁地对待学生,保证学生享受到平等的发展机会,是构建良好师生关系的关键。这种公平保证的平等是一种强大的力量,能产生巨大的向心力。教师的不公正往往是学生和教师疏离的一个重要原因,它会让学生产生忧虑、不满甚至是愤怒。学生一旦受到不公正的对待,往往会对教师乃至整个周围环境的人际关系失去信心,进而有可能对整个学校生活产生反感,丧失学习兴趣。所以,在学校这个精神成长的场域,教师必须践行教育的公正原则。这不仅有利于形成良好的师生关系,也会让学生感受到人格的尊重,激发他们的学习动力和兴趣。

5. 宽严相济地爱护学生

每个人天生就有被关心、被爱护的需要,一旦人的这种需要得到满足,人就会产生积极的心理状态和情绪体验。对于心理不完全成熟的学生,这种需要就更加突出。教师的爱心本身就是一种教育的手段。教育心理学的研究表明,学生具有明显的"亲师性"特征,特别向往来自教师的关注和鼓励。无论是知识的学习还是日常的生活,他们往往把教师当成是模仿的对象。所以教师要谨慎宽容地对待学生。但教师对学生的关心不同于父母对子女的爱,父母的爱更多是源自一种人类的血缘本能,而教师则需要更理性地去爱学生,站在促进学生长远发展的立脚点上,把严格要求和关心爱护结合起来,宽严相济地去对待学生。

● **案例六**

蛐 蛐 事 件①

　　某校年轻教师讲课正在兴头上,突然从教室的角落里传来蛐蛐叫声,停下讲课时,那声音也消失,再讲课,又会有叫声。那位青年教师原以为是教室外面的声音,也没有很在意,可向讲台下扫视一遍,却见那角落一学生埋着头,好像还在叽咕着什么。他便停下讲课走了过去。那学生根本没有注意到老师,正在下面小声喊着:"别叫! 猛男! 别叫!"原来呀,这位学生特别喜欢蛐蛐,把它丢在家里又不放心,所以就把蛐蛐带进教室了。有趣的是,因为这蛐蛐斗败过许多伙伴,故他称它为"猛男"。

　　这位学生发现老师站在自己旁边,很是害怕,赶紧把蛐蛐搂在怀里,然而那位年轻教师并没有像同学想象的那样:把学生痛斥一顿,然后撵出教室,而是问道:"是蛐蛐吗?""既然这位同学把蛐蛐带来了,那就让大家都观看一下,好吗?"就这样,同学们排着队,一一观看蛐蛐,然后教员对那位同学说:"谢谢你把它带来给同学们观看,现在我们把它放到教室门口窗台上,我给你看着,保险不会丢,好吗?"接着就继续讲课了。

二、教育主体与教育其他要素的关系

　　在教育教学活动中,除了主体性要素教师和学生之外,还有联系主体之间的载体和中介,比如像教育内容、教育方法、教育技术等,教育主体通过这些中介和桥梁,才能更好地实现教育的目的和价值。

(一)教育主体与教育内容的关系

　　教育内容是教师和学生共同作用的对象和客体,它是经过课程设置和编制而具体化了的知识、技能、思想观念、行为习惯,是教师活动、研究的主要对象之一,是学生活动所作用的全部对象。② 教育内容是经过精心选择的人类已有的文化成果,人们根据一定的教育教学规律对其进行设计,编排成一定的体系,具体到教育教学中,这就是课程。在我国今天的教育实践中,教育内容常常表现为"课程标准"、"教学材料"等,教科书是最常见的一种直观表现形式,但并不是教育内容的全部。

　　教育内容作为师生共同活动的客体,是教育教学活动中的重要载体和

---

① http://www.fync.edu.cn/ch2/yuanxiweb/education/web/81.html.

② 张乐天主编:《教育学》,高等教育出版社 2007 年版,第 33 页。

中介,始终伴随在教师和学生的交往过程中。它本身内在的规律和逻辑会影响到全部的教育教学活动,贯穿于教育过程的始终。但作为教育主体之一的教师,必须发挥引导作用,一方面要根据社会的要求和学生的特点来选择教育内容。另一方面,要为既定的教育内容选择合适的呈现方法,使其更加契合学生的实际需求。所以教育内容既制约着教师,又是教师工作、研究的主要对象。

对于作为教育主体的学生而言,教育内容是学生学习的主要对象,同样是一种客体性的存在。教育内容对于学生完全是既定的,但学生的主体能动性却决定了对教育内容的再加工,同样的教育内容会在每个学生那里得到不同的建构,被学生融合到各自的知识体系当中。所以教育内容既影响着学生的学习广度,又会在学生的主动建构中被赋予新的意义。

(二)教育主体与教育方法的关系

教育方法是教师为更好地实现教育目的,有效完成一定的教育教学任务而采取的方式、手段、策略等。"教育方法既取决于教师的教学行为,又受制于学生的学习行为。尽管教育方法直观地表现为教师的教学行为,但是,它应该是为实现既定的教学任务,师生共同活动的方式、手段、办法的总称。教育方法应是施教、受教双方活动的方法。"①所以教育方法既包括了教师教的方法,也包含了学生的学习方法,是教师教法和学生学法的一种有机组合。

任何一种教育过程都不可能只使用一种教育方法,也没有哪一种教育方法适用于所有的教育实践,所谓"教无定法"就是这个意思。教师在教育教学过程中,要根据教育内容的变化来选择合适的教育方法,也要考虑学生的实际情况去调整教育方法。没有哪一种教育方法是最好的,只有最适合的。

教育方法的选择实质上是一种创造性的活动。虽然教师在接受专业教育时会有相应的训练,但在真正的教育实践中,却必须重新思考。没有现成的章法可依,没有既定的规律可循,这在很大程度上决定了教师必须认真研究,谨慎思考,为每一个教育过程选择最合适的教育方法组合。教育方法对于学生而言也是如此,针对不同的教育内容,学生要配合教师调整自己的学

---

① 张乐天主编:《教育学》,高等教育出版社 2007 年版,第 34 页。

习方式,保持主体的一致性,才能取得良好的教育效果。

(三)教育主体与教育技术的关系

教育技术主要指的是教育教学活动中使用的媒体载体,通常认为教育技术包含有硬件和软件两大类。硬件主要是指物化在具体形态中的文化科学知识,软件则是指那些以抽象的形式表现,但对教育实践有实际功用的科学技术知识。教育技术的变化和革新推动了教育的变革和发展,也带来了教育方式的转变。

教育所依赖的技术手段经历了三个阶段的变迁:第一阶段:依赖于口授或演示向后代传递,因而文化的保存在很大程度上受人的生存过程的影响;第二阶段:依赖于文字和系统的教育传递文化,这为文化的大量积累提供了可能;第三阶段:依赖于高科技途径传递和保存文化,教育的重心已转移到帮助人们学会学习。① 在今天,高科技技术早已成为常见的教育技术。多媒体技术在教育教学领域的广泛应用,给教育教学带来了很大的便利,比如扩大了知识容量、提高了教学效率、丰富了教育方法等。多媒体技术以其全方位视听感受给师生创造了更加直观、丰富的教育教学环境,增加了学生的学习兴趣,更加便于学生的自主学习。

但同时我们必须看到现代技术的双重作用。教师对现代技术的过分依赖会影响到教师本身作用的发挥,会容易为技术所困,甚至沦为教育技术的附庸。这是需要警惕的。无论教育技术发展到了何种程度,都不能代替人的作用,否则教育教学会丧失了"人性"和"灵魂"。对于学生而言,在享受现代技术先进性的同时,必须注意它带来的负面效应。现代技术的便捷让学生可以在短时间内获取大量的信息,但同时也容易陷入虚拟世界的诱惑,而降低了学习的质量。当我们过度关注技术的炫目时,却违背了教育的基本原则,因为我们正在舍本逐末。近些年的研究表明,使用现代教育技术与传统教育技术相比,并不能使学生的学习效果有明显的区别。所以技术本身不能决定教育的效果,关键是教育主体如何借助现代教育技术实现教育的本质。

---

① 张乐天:《教育学》,高等教育出版社 2007 年版,第 35 页。

● 拓展阅读

致未来的教师①

未来的教师,我亲爱的朋友!在我们的工作中,最重要的是要把我们的学生看成活生生的人。学习——这并不是把知识从教师的头脑里移到学生的头脑里,而首先是教师跟儿童之间的活生生的人的相互关系。

儿童的脑力劳动、他在学习中的成功和失败,——这是他的精神生活,是他的内心世界,无视这一点就会带来可悲的后果。请记住:促使儿童学习,激发他的学习兴趣,使他刻苦顽强地用功学习的最强大的力量,是对自己的信心和自尊感。当儿童心里有这股力量的时候,你就是教育的能手,你就会受到儿童的敬重。而一旦这种不能以任何东西相比拟的精神力量的火花熄灭之时,你就变得无能为力了,即使有影响儿童心灵的最英明、最精细的手段,它们都会成为死的东西。

你是明天的教师,请记住:每一个儿童都是带着想好好学习的愿望来上学的。这种愿望像一颗耀眼的火星,照亮着儿童所关切和操心的情感的世界。他以无比信任的心情把这颗火星交给我们,做教师的人。这种火星很容易被尖刻的、粗暴的、冷淡的、不信任的态度所熄灭。要是我们,做教师的人,在心里也像儿童对待我们那样,把无限的信任同样地给予他们就好了!那将是一种富有人情的相互尊重的美妙和谐。

结合这一点,我想向你,年轻的朋友,提出如下的建议:正像外科医生把一些非常锐利的手术工具放在清洁的金属盒子里以备使用一样,你也有一些最精细、最有灵性、最锐利而不十分安全的工具——评分,最好让它多在盒子里放着,而不轻易使用。我认为,那种几乎学生说了每句话都要给他打个分数的习惯,是一种教育修养处于蒙昧状态的标志。以这种态度对待事情,这种最精细的工具就一会儿变成蜜糖,一会儿变成棍棒,它使这一个人陶醉,使那一个人受伤。我希望,学校里不要搞那种所谓"积累分数"的追求评分数量的事。在一个学季里,一个学生该有几个分数,让教师去掌握就可以了。

请记住,即使是成年人,白费的、毫无结果的劳动,也会使他感到羞愧难当和头脑糊涂的,何况我们接触的是些孩子。如果学生从他的学习里期待不到什么成绩,他就会失去对自己力量的信心,就会变得要么粗暴,要么灰心。

当跨进校门的时候,你不仅成为本门学科的教师,而且首先是一个教育者。你应当善于培养学生的学习愿望。并不是所有的儿童都一样思考,一样感知,一样识记的。一个学生已经弄懂了你想教会他的东西,而另一个学生还没有弄懂,但这并不说明他不愿意学习。要让他有时间再想一想,不要把他那一点渴求知识的微弱的火花吹灭。只有在学生的脑力劳动取得成绩,哪怕是微小的成绩时,再来给他作评定。你要善于从每一个

---

① 节选自[苏]B. A. 苏霍姆林斯基著,杜殿坤编译:《给教师的一百条建议》,教育科学出版社 2000 年版。

学生身上,看到和感觉出,他是一个独一无二的个性。有一次,听到某位教师说:"这个学生毫无希望,他的命运就是这样——永远当差生。"这时我想起了亨利·海涅说过的话:"每一个人就是一个世界,这个世界随他而生,随他而灭的。每一块墓碑下面,都躺着一部整个世界的历史。"

◉ **思考题**

1. 教师的职业特征是什么?
2. 教师有哪些权利和义务?
3. 学生有哪些权利和义务?
4. 结合实践谈谈影响学生发展的因素。
5. 结合实践分析师生关系的类型和存在的问题。

第八章　素质教育

◉ **内容提要**

　　提高全民族的素质,是我国当今教育的根本宗旨,全面培养学生素质,也是我国各级各类学校教育的重要使命。学生的素质可以分为生理素质、心理素质、社会文化素质(包括道德素质、科学素质和审美素质)等多个层次。本章重点分析了素质教育、心理素质教育、道德素质教育、科学素质教育、审美素质教育的内涵与培养这些素质的主要途径。

　　教育活动的根本目标是培养人,这是它与其他社会活动的质的区别,也是教育活动的根本特点。随着科学技术的发展和社会的全面进步,我国的教育目的不仅包括对人的全面发展的要求,而且还对整个民族素质的全面提高提出了要求。目前正在我国全面推行的素质教育,是以全面提高全体学生的综合素质为根本目的的一种教育,是全面发展教育的扩展与深化,也是提高整个民族素质的必然要求。本章将对素质教育、心理素质教育、道德素质教育、科学素质教育、审美素质教育进行比较全面的分析和系统阐述。

第一节　素质教育的含义与特点

一、素质教育的含义

（一）素质的含义

素质作为一个概念，其使用范围十分广泛，含义也比较复杂，人们在不同学科，从不同角度对其做出了不同界定。教育领域中广泛使用的"素质"概念有其特定的范围，专指人的素质。关于人的素质的定义也有不同表述，心理学中使用的素质一般是指人的遗传素质，《辞海》从心理学的角度对素质界定："素质，人的先天的解剖生理特点，主要是感觉器官和神经系统方面的特点。素质只是人的心理发展的生理条件，不能决定人的心理的内容和发展水平。人的心理来源于社会实践，素质也是在社会实践中逐渐发育和成熟起来的，某些素质上的缺陷可以通过实践和学习获得不同程度的补偿。"[1]教育学中素质不仅指先天的禀赋，还包括后天形成的品质和素养。《教育大辞典》指出，素质是"（1）（quality）个人先天具有的解剖生理特点，包括神经系统、感觉器官和运动器官的机能特点，通过遗传获得，故又称遗传素质，亦称禀赋。对人的能力形成和发展有重大影响。……（2）（quality）指公民或某种专门人才的基本品质。如国民素质、民族素质、干部素质、教师素质、作家素质等，都是个人在后天环境、教育影响下形成的。（3）（diathesis）指易患某种心理异常疾病的遗传因素。"[2]在素质教育中，素质是以人的先天禀赋为基础，在环境和教育的影响下形成和发展起来的相对稳定的身心组织的要素、结构及其质量水平。它既指可以开发的人的身心潜能，又指社会发展的物质文明和精神文明成果在人的身心结构中的内化和积淀；既可指人的个体素质，又可指人的群体素质。[3]

---

① 辞海编辑委员会编：《辞海》（中），上海辞书出版社 1979 年版，第 2797 页。

② 顾明远主编：《教育大辞典（增订合编本）》，上海教育出版社 1998 年版，第 1494 页。

③ 毛家瑞、孙孔懿著：《素质教育论》，人民教育出版社 2001 年版，第 26 页。

（二）素质教育的提出

素质教育是顺应时代潮流出现的一个新概念，我国高考制度恢复以后，一直到 20 世纪 80 年代中期，人们片面追求升学率，应试教育很快成为了教育的主流，同时应试教育的弊端也越来越明显。随着时代的发展和综合国力竞争的加剧，对国民素质的要求越来越高，教育改革势在必行。

自 20 世纪 80 年代以来，党和国家的许多重要文件多次把提高民族素质作为教育改革的根本任务提了出来。

1985 年 5 月，《中共中央关于教育体制改革的决定》指出："教育体制改革的根本目的是提高民族素质，多出人才，出好人才。"1986 年 4 月颁布的《中华人民共和国义务教育法》中规定："义务教育必须贯彻国家的教育方针，努力提高教育质量，使儿童、少年在品德、智力、体质等方面全面发展，为提高全民族素质，培养有理想、有道德、有文化、有纪律的社会主义建设人才奠定基础。"1986 年 9 月《中共中央关于社会主义精神文明建设指导方针的决议》强调要"培养有理想、有道德、有文化、有纪律的社会主义公民，提高整个中华民族的思想道德素质和科学文化素质"。

1993 年 2 月《中国教育改革和发展纲要》号召："中小学要由'应试教育'转向全面提高国民素质的轨道，面向全体学生，全面提高学生的思想道德、文化科学、劳动技能和身体、心理素质，促进学生生动活泼地发展，办出各自的特色。"自此，从"应试教育"转向素质教育已多次写进了教育的政策文件。

1997 年国家教委印发的《关于当前积极推进中小学实施素质教育的若干意见》指出："素质教育是以提高民族素质为宗旨的教育。它是依据《教育法》规定的国家教育方针，着眼于受教育者及社会长远发展的要求，以面向全体学生、全面提高学生的基本素质为根本宗旨，以注重培养受教育者的态度、能力、促进他们在德智体等方面生动、活泼、主动地发展为基本特征的教育。"1999 年 6 月中共中央国务院作出了"关于深化教育改革全面推进素质教育的决定"，"素质教育"进一步被确定为我国教育改革和发展的长远方针。

作为一个新的教育观念、教育思想，"素质教育"的提出并非偶然。在一定程度上它是人类社会发展到今天对学校教育提出的一种更高的要求，是对原有教育的一种否定或革新，也是当代教育对当代社会出现的一些新质所作出的一种主动顺应。①

(三)素质教育的含义

素质教育作为一个新概念出现时,不少人认为不科学,主要源于对"素质"一词理解的歧义。事实上,素质教育中的"素质"是指广义的素质,是个体在先天和后天的共同作用下而养成的基本品质。素质教育的目的是为了提高个体各方面素质。

素质教育是相对于原有教育的弊端,主要是针对风行一时且屡禁不止的应试教育而提出的一种新的教育思想,是对原有教育辩证的否定和符合规律的革新与发展,是对以往教育的"扬弃",具有鲜明的时代特征,它代表了当前和今后教育所要努力的方向。通过素质教育可以使受教育对象的各方面素质都得以发展、得以提高,主体性得以发挥。

所以素质教育是根据社会发展的规律和人的身心发展的规律,为实现既定的教育目标,以面向全体学生、全面提高学生的基本素质为根本目的,以尊重学生的主体地位和主动精神,注重开发受教育者的潜能,促进受教育者德、智、体、美、劳等方面生动活泼地发展,形成健全个性为基本特征的教育。也就是说,素质教育要面向全体学生,而不是面向少数或个别学生,使每一个学生在教育生活中享有平等的权利;要促进学生的全面发展,而不是单纯应付考试或单方面素质的畸形发展;要培养学生的自主学习能力和自我发展能力,而不是让学生被动地、机械地接受知识,使学生具有一定的创新意识、创新精神和实践能力。

《关于当前积极推进中小学实施素质教育的若干意见》对素质教育作了明确解释:素质教育是以提高民族素质为宗旨的教育。它是依据《教育法》规定的国家教育方针,着眼于受教育者及社会长远发展的要求,以面向全体学生、全面提高学生的基本素质为根本宗旨,以注重培养受教育者的态度、能力,促进他们在德智体等方面生动、活泼、主动地发展为基本特征的教育。

素质教育的内容比较广泛,对于学生来说,素质教育包括生理素质、心理素质和社会文化素质三个层次,涵盖了我们过去所强调的德、智、体、美、劳等多个方面。

---

① 陶仁等编著:《教育学》,电子科技大学出版社 2010 年版,第 66 页。

二、素质教育的特点

素质教育作为一种新的教育模式,与应试教育和传统教育有着明显的区别,具有自己鲜明的特点。

(一)素质教育与应试教育的区别

素质教育是针对应试教育而提出的新概念,它与应试教育有明显的区别。

第一,教育目的不同。素质教育的目标是提高国民素质;而"应试教育"的目标是"为应试而教,为应试而学"。虽然应试教育客观上能使部分学生的某些素质获得浅层次发展,但也只能是片面的,是以牺牲其他方面发展为代价的。

第二,教育范围不同。素质教育以提高国民素质为目标,必然要面向全体学生,面向每一位未来的国民,它的教育对象是全体学生;而"应试教育"所关心的对象仅仅是少数有升学希望的学生,对多数学生弃之不顾,大大缩小了教育关心的对象范围。

第三,教育方法不同。素质教育为了提高国民素质,根据学校和学生实际设计并组织科学的教育教学活动,采取各种方法和手段全面提升受教育者素质,促进受教育者在自主活动中将外部教育影响主动内化为自己稳定的身心素质;而"应试教育"则使教育者跟着考试指挥棒亦步亦趋,在教学方法上以灌输、说教、被动接受为基本特征。

第四,教育评价标准不同。应试教育是单纯按照高一级学校选拔新生的需要,以考试为目的、违背教育规律的一种教育训练活动。考试成为应试教育评价体系的核心因素,对学生的评价仅仅依据其学习成绩的好坏,而忽视其他方面。素质教育作为促进学生各方面素质的教育,其评价标准是多元的、全面的、科学的、合理的。在学生评价方面,考试成绩只是其中的一个要素,而同时重视学生思想品德、生活习惯、生理心理素质等方面的提高。不仅重视结果评价,而且重视学生学习过程、发展过程的评价,使学生从动态、全面的评价中发现自己的不足和长处,促进学生的全面进步。①

第五,教育结果不同。在"应试教育"下,教师只关注少数学习好的同学,忽视多数学生,使得学生个性受到压抑,自身得不到全面发展,产生厌学情绪,对自己今后的继续发展缺乏信心和能力。在素质教育下,全体学生的潜能达到充分发挥,素质获得全面提高,个性得到充分而自由的发展,使他们易于树立信心,为今后继续发展打下扎实基础。

正是由于素质教育克服了应试教育的弊端,能充分开发受教育者的潜能,促进受教育者个性的发展,全面提升受教育者的各方面素质,为社会培养合格公民,所以在我国实施素质教育是教育发展和时代发展的必然要求。

(二)素质教育的特点

素质教育作为一种新的教育改革理念,其目的在于真正落实我国全面发展的教育方针,使每一个学生各方面的素质都得到生动活泼的发展,其宗旨是提高全民族素质。因此,作为一种新的教育思想、教育模式,素质教育具有鲜明的特点。

1. 素质教育的主体性

素质教育是充分弘扬人的主体性、注重开发人的智慧潜能,提升个体精神力量的教育,它尊重学生在教学中的主体地位,强调培养学生的自主性、能动性和创造性。主体性是素质教育区别于其他教育思想、教育模式最显著、最根本的特性。

传统教育和应试教育都割裂了人的能动性和受动性的联系,片面强调教育者的能动性和受教育者的受动性。德国教育家赫尔巴特在《教育学》中指出:"学生对教师必须保持一种被动状态。……按照方法培养心智的艰巨任务,从总体上讲应留给教师。"传统教育和应试教育都过分强调教师在教育过程中的主宰作用,忽视学生的主体地位,学生的主动精神得不到有效发挥,独立人格得不到起码的尊重,不利于学生能力培养和良好人格的形成。

恰恰相反,素质教育是要唤起学生的主体意识,发展学生的主动精神,形成学生的精神力量,促进学生生动活泼的成长,帮助学生创造自信、谦爱

---

① 苏鸿、胡甲刚主编:《国内外素质教育基本理论与经验》,中国少年儿童出版社2001年版,第11页。

和朝气蓬勃的人生。

根据主体性,素质教育不是把学生视为知识的存储器,而是视为能动的人来看待,重视开发学生的智力潜能,培养学生多方面的能力。从根本上尊重学生在教育教学过程中的自觉性、能动性和创造性,尊重学生的独立人格。

根据主体性,素质教育也强调学生非智力因素的发展。注重学生精神世界的陶冶和改造,注重培养学生的公民意识、道德责任感、社会正义感。通过指导学生如何做人,使学生从自己的人生实践活动中来体验生命的价值,形成正确的人生观、世界观和价值观,培养独立人格,树立良好的精神风貌和精神力量。

根据主体性,素质教育必然要促进学生个性的发展。由于每个学生先天因素和后天环境的不同,形成了各自不同的特点。这就决定了个性化是素质教育的教学原则,素质教育应根据学生自身的特点,因材施教,使每一位学生都能获得各有特色的发展。

根据主体性,在素质教育中,教师与学生、学生与学生之间都是平等的交往个体,只有发挥各自的能动性,才能促进教育过程的有序运行,才能取得最优的教育成效。

需要特别指出的是,以主体性为本质特性的素质教育,并不仅仅关注于学生的自由发展,而忽视社会的具体需要。素质教育所谓的学生主体性的发展,是在社会需求的限度内,各有特色的发展,是学生主体的自由、个性发展与社会实际需要的结合。因此,素质教育不仅重视人的发展需要,而且重视社会的发展需要,是把二者完美结合起来的教育。

总之,主体性是素质教育活的灵魂,是素质教育思想最关键的要求和精髓所在。

2. 素质教育的全体性

素质教育的根本目的在于提高整个中华民族的素质,对于每一所具体的学校和每一位教育工作者来说,就是要面向所施教的全体学生,在教育机会平等的前提下,根据学生个性特点进行有差别的教学,使每一个学生都能认识到自身的价值,体验到学习的乐趣和成功的喜悦,形成良好的素质。

美国当代著名教育家布卢姆曾经指出,教育者的基本态度应是选择适合儿童的教育,而不是选择适合教育的儿童。素质教育作为一种以全面提高全体学生的基本素质为根本目的的教育,是与应试教育的"选拔性"和"淘汰性"相对立的。

传统教育和应试教育不能平等地对待每一个学生,按照成绩人为地把学生群体划分为三六九等,只重视成绩好的少数学生,忽视多数学生,造成师生关系的对立,学生与学生之间的矛盾,不利于学生健康个性的形成,不利于全体学生的发展。

素质教育面向全体学生,目的是使每个学生都具有作为新一代合格公民所应具备的基本素质。它并不反对英才教育,但要求平等,要求尊重每一个学生,不赞成教育上的平均主义和"一刀切"。

面向全体学生是我国教育方针和社会主义事业健康发展的要求。一方面,《教育法》规定公民"依法享有平等的受教育机会",《义务教育法》规定"国家、社会、学校、家庭依法保障适龄儿童、少年接受义务教育的权利"。另一方面,社会主义现代化宏伟目标的实现,最终取决于全体国民的基本素质。今天的教育对象,是未来社会的中坚力量,面向全体学生、为所有适龄学生提供平等的教育机会,使他们获得充分的发展,为未来培养多方面的人才,是素质教育最本质的规定,最根本的要求。

面向全体学生,努力提高新生一代的整体素质,也是促进每一个学生充分而全面发展必不可少的条件。良好的集体氛围有利于促进学生健康个性的充分发展,提高自身素质。

3. 素质教育的全面性

所谓"全面性",是指素质教育既要实现功能性的目标,又要体现形成性的要求,通过实现全面发展教育,促进学生个体的最优发展。

传统教育和应试教育在"一切为了分数,一切围绕升学"的指导思想下,其培养目标、教育内容必然具有片面性。

素质教育的根本目标是促进学生全面发展。全面发展是最优发展,也是个性的最优发展,已经列入世界上许多国家(包括发达国家和发展中国家)的教育目标之中。与应试教育和传统教育不同,素质教育要求全面发展学生的生理素质、心理素质、社会文化素质等。

首先,素质教育把学生看作是一个完整的人。所谓"完整"有两层意义。其一,学生既具有自然属性,更具有社会属性,是两种属性的统一体,只看到学生的自然属性或只看到学生的社会属性都是片面的。其二,学生的发展包括心理发展和生理发展,身心两方面是相互作用、相互依存、相互促进的。素质教育的目的就在于促进人的身心和谐、全面发展。

其次,素质教育理论认为,学生的发展过程是各方面素质协调发展的过程。某方面素质的变化、发展,必然会影响其他素质的变化发展,只有促进学生各方面素质的协调发展,才能加快个体身心发展的速度,提高学生素质的整体水平,促进学生全面发展。应试教育虽然能促进学生某方面素质的发展,但从总体上讲,这种发展是残缺不全的、片面的,抑制了其他素质的发展。

以形成完善的素质结构、提高人的整体素质水平为根本目的的素质教育,致力于每一个学生素质全面而和谐的发展,实际上是全面发展的教育理想在当代的落实。素质教育就是要培养具有良好的体质、优秀的智力、高尚的品德、健全的个性、丰富的文化素养等方面的"完人",即创造真善美的活人,使每个学生的个性得到最优发展,引导学生向符合社会发展方向的方面变化发展,最终达到个体身心和谐、自身与社会和谐的结果。

4. 素质教育的基础性

基础,是事物发展的起点。人的素质的发展也需要一个坚实的起点。所谓"基础性"是相对于专业(职业)性、定向性而言的。素质教育的基础性,就是指素质教育特别强调培养学生的基本素质,即"一般学识"(general learning),而不是职业素质或专业素质,这种素质具有再生性,能够迁移。

当前知识更新的速度加快,知识陈旧周期大大缩短,片面追求掌握知识已落后于时代发展的步伐,一个人只有具备了良好的基本素质、灵活的适应能力,以不变应万变的本领,才有可能实现向较高层次的素质或专业素质的"迁移"。当前,许多国家都重视学生基础素质的培养。布鲁纳的"结构课程理论"很重视基本知识、知识结构与基本能力,而美国"2061 计划"的前提是无须学校来教授越来越多的内容,教学的重点应集中在最基本的科学基础知识上,并且更有效地把它教好。

人类蕴涵着极大的发展自由度,这就是人的可塑性。自由度越高,可塑性越强;反之亦然。教育是塑造、培育人的事业,基础教育以发展和完善人的基本素质为宗旨,结合我国基础教育的实际和素质教育的目的,在基础教育中应着眼于打牢普通基础,培养学生各方面的基本能力,促进每一个学生形成一个社会公民所必备的基本素质,为各类人才的成长奠定基础。

5. 素质教育的发展性

脑科学研究的大量成果表明,人有巨大的潜能,现已开发的只占它很小的一部分。潜能就是每个人潜藏着的智慧才干和精神力量,被称为"沉睡在心灵中的智力巨人","每个人身上有待开发的金矿脉"。素质教育的发展性意味着素质教育对学生潜能开发和个性特长发展的高度重视。

所谓"发展性"是指要着眼于培养学生自我学习、自我教育、自我发展的知识与能力,真正把学生的重心转移到启迪心智、孕育潜力、增强后劲上来。这是强调培养能力、促进发展,是指在正确处理知识和能力之间的关系这一前提下而言的。知识与能力虽不是完全等同的东西,但是,如果学到的知识是"活化"的知识,是能够"投入运转的知识,是具有很强的生命力"的知识,那么,这种知识就能顺利地转化为能力,成为人的智慧的一部分。素质教育的"发展性"强调的是"学会如何学习,学会生存"。真正的教育是形成自我教育。而自我教育能力的直接动力是每个人的主观能动性。因此,素质教育倡导尊重、发挥和完善学生的主体性。它十分注意培养学生强烈的创造欲望、创造意识和创造能力。

从本质上说,"发展性"符合"变化导向教育观(change—oriented pedagogy)"的趋势,即把适应变化、学会变化作为教育的重要目标,从接受教学(教师奉送答案)向"问题解决"(教师引发思考)转变。教师从一名鼓励者、促进者、沟通者、帮助者和咨询者等角色发挥作用,创造各种条件,引发学生的无限的创造力和潜能,使每个学生都有机会在他天赋所及的一切领域最充分地展示并发展自己的才能。

6. 素质教育的开放性

应试教育中,学生接受教育的场所主要是课堂教学,知识和信息的来源主要是教师和课本,形成了封闭的教育空间和单一的信息来源渠道,从而,导致了应试教育的"封闭性"。素质教育由于涉及学生的全面发展,教育内容大大拓宽了,也有相应宽广的教育空间和多样化的教育渠道与之相适应。因而,从素质教育的空间和教育渠道看,素质教育不再局限于校内、课内和课本,具有开放性。素质教育的开放性,要求拓宽原有的教育教学空间,真正建立起学校教育、家庭教育和社会教育相结合的教育网络;要求拓宽原有的教育途径,建立学科课程、活动课程和潜在课程相结合的课程体系。

三、素质教育的意义

实施素质教育是时代的需要,是社会发展的必然结果。

(一)素质教育有助于提高全民族素质,加快推进社会主义现代化建设

我国是一个人口多、底子薄的发展中国家,加快现代化建设关键是要把沉重的人口负担转化为人力资源优势。《中国教育改革和发展纲要》指出:"发展教育事业,提高全民族的素质,把沉重的人口负担转化为人力资源优势,这是我国实现社会主义现代化的一条必由之路。"十五大报告指出:"我国现代化建设的进程,在很大程度上取决于我国国民素质的提高和人才资源的开发。"国民素质的提高和人才资源的开发必须依靠教育。这就要求我们,必须优先发展教育,而且必须实施素质教育。素质教育符合人自身发展的需要,有助于提高全民族的素质,为中华民族的振兴奠定基础、准备条件。

(二)素质教育为迎接21世纪科技挑战和国际竞争奠定人才基础

素质教育有利于发挥人的潜能,使人学会学习,学会自主地发展自己。当代科学技术飞速发展,转化为生产力的周期大大缩短;新领域不断增多;学科高度分化而又高度综合;科技信息传播速度加快。带来了产业结构的不断调整,增加了职业的广泛流动性。所有这些都对未来人的素质的培养和教育提出了新要求。为了更好地迎接21世纪科技的挑战,在激烈的国际竞争中取胜,每一个人都必须终身学习,不断调整、提高、发展自己,这充分体现了素质教育的要求。

(三)素质教育既符合社会要求,又符合教育领域自身的发展

我国正在实施九年义务教育。所谓义务教育,指的是依据法律,国家、社会、家庭必须予以保证,适龄儿童青少年必须接受的一定年限的教育。义务教育的实施,标志着社会教育观念从少数到全体、从权利到义务、从家庭和个人的事情到社会公务的革命性转变。义务教育的本质要求就是要使每一个人都得到应有的发展,素质教育面向全体,反映了义务教育的这一本质要求。

重视基础,重视能力培养,强调全面、和谐发展,重视非智力因素的发展,这都是世界教育改革的共同趋向。素质教育符合世界教育发展的潮流,适应了世界教育改革的大趋势。

第二节 心理素质教育

心理素质是一个人素质中的重要组成部分之一,它体现了一个人的精神力量,在个体成长和发展过程中起着重要作用。加强学生心理素质教育,有助于学生健康成长,是全面发展教育的出发点和归宿。

一、心理素质教育的内涵

一个学生的心理素质是学生心理过程、心理动力和心理特征等方面的发展水平和发展质量的综合表现,它影响和制约着个体与外部世界的互动过程。保持健康的心理素质是我们适应现代社会,迎接人生挑战,立志成才的必备条件。

(一)心理素质的概念

心理素质是一个常用术语,人们从不同方面对它进行了不同界定。在日常概念中,心理素质通常是指人们承受各种心理压力和各种挫折的品质。有人认为,心理素质是"以人的自我意识发展为核心,由积极的与社会发展相统一的价值观所导向的,包括认知能力、需要、兴趣、动机、情感、意志、性格等智力和非智力因素有机结合的复杂整体。"[1]在心理学界,一些学者对心理素质作出了不同的界定。有人认为:"心理素质是以生理条件为基础的,将外在获得的东西内化成稳定的、基本的、衍生性的并与人的社会适应行为和创造行为密切联系的心理品质。"[2]有的学者指出:"心理素质是个体人格

---

[1] 危桃芳主编:《大学生心理素质教育》,西北工业大学出版社 2009 年版,第 1 页。

[2] 张大均等:《关于学生心理素质研究的几个问题》,《西南师范大学学报(人文社会科学版)》2000 年第 3 期,第 56—62 页。

的强度与力量。"①还有人认为:"一个人的心理素质是在其自然素质的基础上通过社会化的过程而形成的综合心理能力和质量。"②一个学生的素质由生理素质、心理素质和社会文化素质构成。学生的心理素质是学生个体的心理过程、心理动力和心理特征的发展水平与发展质量的综合体现。由于人的心理是人脑的机能和客观现实的反映,所以心理素质的发展既依赖于生理素质的发展水平,又受环境、教育等外部条件影响。一方面,心理素质的培养要以生理素质为基础,尤其是以生理素质中的神经系统的成熟为前提;另一方面,社会文化素质结构中的各种素质的发展又要以心理素质为基础。心理素质是生理素质与社会文化素质之间的中介和桥梁。

(二)心理素质的要素

学生的心理素质体现了学生的精神力量,根据这种力量作用的性质可以把学生心理素质分成心理能力因素和心理动力因素;根据这种力量作用的效果可以把学生心理素质分成适应性因素和创造性因素。

1. 心理能力因素

学生的心理能力因素是心理素质的重要组成部分,包括智力因素(一般认知能力)和元认知两部分。认知活动是人的心理活动的重要内容,认知过程、情感过程、意志过程构成了人的完整的心理过程。学生的认知心理既包括以客观世界为对象的一般认知,还包括以学生自己的认知活动为对象的元认知。智力因素通常是指记忆力、观察力、思维能力、注意力、想象力等,即一般认知能力的总和,它是人们在对事物的认识中表现出的心理性,是认识活动的操作系统。元认知又称反省认知,是个体对自己认知过程与结果的自我意识。在学生的认知结构中,元认知是最高级的核心成分,它加强了认知活动的目的性、主动性,提高了认知活动的有效性,在学生的认知活动中起统摄作用。

学生的心理能力因素集中体现了学生各种认知因素的发展水平和发展速度,在学生的心理活动系统中发挥着操作性作用,学生对各种事物的认

---

① 王建军:《心理素质的概念的内涵新探》,《石油大学学报(社会科学版)》2005 年第 6 期,第 62—64 页。

② 李虹:《素质、心理素质与素质教育》,《心理与行为研究》2004 年第 4 期,第 592—596 页。

识、对概念和符号的理解、对科学知识的掌握,都离不开心理能力因素的具体操作,可以说心理能力因素是学生心理活动系统中的工作机。

2. 心理动力因素

学生的心理动力因素包括学生的情感、意志、需要、动机、兴趣和价值观等非智力因素,这些因素能够产生选择作用和动力作用,它们的发展水平从心理动力的角度体现了学生的心理素质。一方面能够影响学生选择什么对象作为自己活动的对象,另一方面影响学生在活动中的积极性和能动性。一般说来,心理能力因素发展水平高的学生,由于其智力因素和元认知能力都较强,学习成绩一般比较出色。但是,也有一些心理能力水平较高的学生,由于心理动力因素发展水平不高,导致学习成绩并不理想。因为情感是人的认识活动的动力,意志是人在实现目标过程中克服困难的心理因素,它们能激发人的潜能,使人的心理能力因素充分发挥出来。所以,在学生的学习活动以及一切活动中,既需要心理能力这种操作性因素,还需要心理动力这种驱动性因素,两者缺一不可。

● 案例

目标的威力①

哈佛大学有一个非常著名的关于目标对人生影响的跟踪调查。

对象是一群智力、学历、环境等条件差不多的年轻人,调查结果发现:27%的人没有目标;60%的人目标模糊;10%的人有清晰但比较短期的目标;3%的人有清晰又长期的目标。二十五年的跟踪研究结果显示,他们的生活状况及分布现象十分有意思。

上述占3%的那部分人,二十五年来几乎都不曾更改过自己的人生目标。二十五年来他们都朝着同一方向不懈努力,二十五年后,他们几乎成为了社会各界的顶尖成功人士,他们中不乏自手创业者、行业领袖、社会精英。那些占10%的有清晰短期目标者的人,大都生活在社会的中上层。他们的共同特点是,那些短期目标不断被达成,生活状态稳步上升,成为各行各业不可或缺的专业人士。如医生、律师、工程师、高级主管等等。其中占60%的模糊目标者,几乎都生活在社会的中下层面,他们能安稳地生活与工作,但都没有什么特别的成绩。剩下27%的是那些二十五年来都没有目标的人群,他们几乎都生活在社会的最底层。他们的生活都过得不如意,常常失业,靠社会救济,并且常常都在抱怨他人,抱怨社会,抱怨世界。

① 李静林:《目标的威力》,《教师博览》2002年第7期。

3. 适应性因素

任何一个学生都生活在一定的社会环境之中,能否适应自己所处的环境,处理好与周围教师和同学的人际关系,这对于学生的健康成长具有至关重要的作用。

适应性因素作为学生心理素质的重要组成部分,它是在学生适应外界环境和人际关系、适应自己的学习和工作、承受各种挫折和困难中的综合体现。适应性因素发展水平较高的学生,与周围的老师和同学能够和谐相处,对遇到的一些挫折和困难,能够采取积极的态度和合理的措施,不会产生不良的情绪反应。而适应性因素水平低的学生,他们在适应环境、挫折和人际交往上都存在一定困难,与周围的师生关系比较紧张,如果遇到挫折或打击,容易产生心理困扰、出现心理障碍。所以,适应性因素是影响学生成长与发展的一个重要因素,特别是对学生的心理健康水平,有着更直接的影响。

4. 创造性因素

正是由于人类的不断创造推动了社会的不断进步,"为创造性而教"已成为当前教育界盛行的一句口号。关于创造性的定义较多,人们普遍认为创造性是指根据一定的目的,运用一切已知信息,产生出某种新颖、独特、有社会或个人价值的产品的能力或特性,通常也称创造力。[1]

每个人都有创造力,但水平有高有低。学生的创造力是在自己的兴趣、发散思维和智力水平的基础上产生的,也就是说学生的创造性因素是心理能力因素与心理动力因素中一些心理成分的有机结合。

学生的创造性因素和适应性因素都不是独立于心理能力因素和心理动力因素之外的心理成分。创造性因素与适应性因素是从学生的心理活动的效果这个角度来划分的,而心理能力因素与心理动力因素是从学生心理活动作用的性质角度来划分的,因此,这几种因素既相互区别又相互渗透、相互联系,共同构成了学生的心理素质。[2]

---

① 刘华山、程刚主编:《高等教育心理学》,湖北人民出版社 2006 年版,第 516 页。
② 张乐天主编:《教育学(新编本)》,高等教育出版社 2010 年版,第 123—125 页。

(三)心理素质教育的内涵

教育实践证明,心理素质是个体素质的重要组成部分,是个体成长发展的重要基础,也是可以优化和培养的。因为心理素质的形成既源于生理、遗传因素,更取决于环境的教育和社会的影响。[①]

我国从古代开始就非常重视心理素质教育,把启发潜能、发展智能、鼓励立志、调控情感、锻炼意志与健全人格等作为心理素质教育的主要内容。随着我国素质教育的全面展开,心理素质教育作为素质教育的重要内容,其作用是其他教育所不能替代的。

心理素质教育也称心理健康教育或心理教育,简称心育。是教育者从教育对象的心理需要出发,运用心理科学的理论与方法,对其心理各层面施加积极的影响,以优化其心理素质,维护心理健康,促进社会适应的教育实践。心理素质教育的目的就是为了促进学生心理素质的提高和心理健康发展。

美国著名心理学家马斯洛认为良好的心理素质表现在以下几个方面:

(1)具有充分的适应力;

(2)能充分地了解自己,并对自己的能力作出适度的评价;

(3)生活的目标切合实际;

(4)不脱离现实环境;

(5)能保持人格的完整与和谐;

(6)善于从经验中学习;

(7)能保持良好的人际关系;

(8)能适度地发泄情绪和控制情绪;

(9)在不违背集体利益的前提下,能有限度地发挥个性;

(10)在不违背社会规范的前提下,能恰当地满足个人的基本需求。

而这些良好的心理素质是可以通过教育而达成的。

---

① 中共北京市委教育工作委员会组织编写:《心理素质:成功人生的基础》,北京出版社 2005 年版,第 7 页。

二、心理素质教育的意义

(一)心理素质教育是素质教育的基础和核心

20 世纪 80 年代以来,以全面提高学生的基本素质为根本目的,以尊重学生主体和主动精神,注重开发人的智慧潜能,注重形成人的健全个性为根本特征的素质教育在我国逐渐兴起,至今已成为一种指导我国教育实践的基本教育思想。在学生的基本素质中,心理素质是不可或缺的重要组成部分。

心理素质教育是全面发展教育的出发点和归宿,在整个素质教育里占据核心地位。1998 年,教育部在《关于进一步加强和改进学校德育工作的若干意见》中提出:"要通过多种方式对不同年龄展次的学生进行心理健康教育和指导,帮助学生提高心理素质,健全人格,增强承受挫折、适应环境的能力。"2001 年,教育部在《关于加强普通高等学校大学生心理健康教育工作的意见》中明确指出:"高等学校培养的学生不仅要有良好的思想道德素质、文化素质、专业素质和身体素质,而且要有良好的心理素质","大力加强大学生心理健康教育工作是时代发展的需要,是社会全面发展对培养高素质创新人才的必然要求"。可见,心理素质教育已经成为学校教育的重要任务,并成为教育学界和心理学界的研究热点。高等教育作为我国教育系统的组成部分,也应该成为实施心理素质教育的重要阵地。

(二)心理素质教育促进学生个性全面发展

心理素质教育具有塑造学生良好的心理素质的功能,有助于学生的健康成长,是学生个性全面发展的基础。个性是一个人心理面貌的集中反映,是心理素质的基本内容,学生任何一方面的发展都是建立在特定的心理素质之上的。心理素质教育一方面,提高学生的心理动力,培养学生优良的心理品质,塑造学生健全的人格;另一方面,心理素质教育又为学生社会文化素质提升奠定基础。

学生是否具有良好的个性,直接影响其心理健康、学习质量以及未来的发展。只有个性发展健全、人格完善的学生才能很好地适应学校、家庭和社会。因此,开展心理素质教育有助于学生提高自我认识,发挥自身潜能,学会适应环境,为完善和健全个性打下基础。学生的成长过程也是个性形成和发展的过程。通过教育引导学生心理健康发展，形成完善的人格，让学生的个性得到健康而全面的发展，是心理素质教育的目标。

（三）心理素质教育是学校教育的一项重要任务

素质教育是学校教育的总体目标，心理素质在素质结构中处于核心的地位，它对生理素质和社会文化素质的培养都有重大的影响。心理健康不仅可以促进身体健康，同时，对社会文化素质也有积极影响。高水平的社会文化素质必然有赖于高水平的心理素质；一个心理素质水平低的学生，要想养成优良的政治、思想和道德素质，要想获得高水平的知识技能与行为习惯，都是不可能的。对学生心理素质教育是其身心健康、人格健全、和谐发展以及社会适应能力发展的需要。心理素质教育从社会价值角度来看，关系到中华民族之复兴，是全面提高中华民族素质的事业；从个人价值来看，有利于促进学生个性的健全发展。因此，及时、有效地对学生进行心理素质教育既是现代教育的必然要求，也是学校教育工作中的一项重要任务。

三、心理素质教育的原则

在心理素质教育过程中，为了取得更好的成效，我们应该遵守以下原则：

（一）主体性原则

所谓主体性原则，就是在心理素质教育中，始终尊重学生的主体地位，发挥学生的主体作用，调动学生的主体积极性。也就是说，要充分发挥学生在教学过程中的主体地位，让他们表现出更多的自主性、积极性、能动性和创造性。在课堂上，改变过去灌输式的讲课传统，用启发式的教育方法激发学生的想象力和创造力，尊重、相信、理解和关心每一个学生，让学生真正参与到教学活动中，使每个学生都能发现自己的潜能和价值，并尽可能地发挥出来。

（二）激励性原则

所谓激励性原则，就是在心理素质教育中，采用种种激励手段，激发学生的动机、兴趣、情感,调动他们的内部心理机制,使他们积极地投入到各种活动中去,从而取得更好的成效。激励的方式一般有物质激励和精神激励两种。教师在不同情况下可以利用不同的激励方式,或将这两种方式有机结合起来,充分调动学生的心理动力因素,促进其心理健康发展。

(三)渐进性原则

所谓渐进性原则,就是强调心理素质教育不能急于求成,要充分考虑到学生的接受能力,循序渐进地进行。教师应针对每个学生的不同特点,制订相应的培养计划,因材施教,充分发挥每个学生的长处,一步步引导学生健全心智,完善心理素质。

(四)发展性原则

所谓发展性原则,就是指把人的心理活动看做一个动态的变化发展过程,认识到人的心理素质始终处在不断的形成和发展过程中,即使是同一素质,在不同时期也会有不同的特点和表现。苏联心理学家维果茨基提出"最近发展区"理论,强调了教学的本质特征不是在于训练和强化已形成的内部心理机能,而在于激发形成正处于成熟过程中而又未完全成熟的心理机能。教学应着眼于学生的最近发展区,为学生提供带有难度的内容,激励学生的学习积极性,发挥其潜能,超越其最近发展区而达到其困难发展区的水平,帮助学生全面发展。

四、心理素质教育的主要途径

(一)发展学生的心理能力因素

学生的心理能力因素包括记忆力、观察力、思维能力、注意力、想象力和元认知能力。这些动力因素一方面能够影响学生选择什么对象作为自己活动的对象,另一方面影响学生在活动中的积极性和能动性。在传统的教育过程中,学生心理能力中的记忆能力在学习过程中发挥着十分重要的作用。随着信息时代的到来,学生获取信息、处理信息的这种综合性心理能力在学习和未来的工作中,将发挥越来越重要的作用。在心理素质教育过程中,学生既是心理素质教育的对象,又是心理能力发展的主体。在培养学生心理能力的过程中,要根据时代特点和每个学生的实际情况,因材施教,扬长避短,以学生的心理活动为途径、以学生的大脑为载体,充分发挥学生的积极性和主动性,让每个学生的心理能力因素都得到最佳发展。

(二)提高学生的心理动力因素

学生的心理动力因素包括情感、意志、需要、动机、兴趣和价值观等,在学生的心理活动与学习活动中,它们不只是产生动力作用,同时还发挥着重要的选择作用。学生选择什么作为心智活动的操作对象,取决于学生的态度、情感、兴趣和价值观等心理动力因素。情感对于人的活动具有调节功能,积极的情感能够增强人的积极性,成为活动的动力;消极的情感会降低人的积极性,成为活动的阻力。学生只有对自己的学习产生了热情,才会有持久而强大的学习动力。兴趣是人积极地接触、认识和探究某种事物的心理倾向。兴趣具有指向性特征,学生对学习产生了兴趣,必然会对学习心向神往。兴趣还具有动力性特征,良好的学习兴趣是学习动力的不竭源泉。意志是人类所特有的心理现象,是人的意识能动性的集中体现,具有发动和制止两方面的功能,在人的活动中具有巨大的作用。意志总是和人的行动联系在一起,意志调节支配行动,并通过行动表现出来。所以心理动力因素在学生的成长与发展中具有十分重要的作用,正因为如此,教师在培养学生心理素质的过程中,要采取有效措施培养学生对于学习、工作和生活的积极情感,激发学生的学习兴趣,磨炼学生的意志。

(三)增强学生的适应性

学生生活在一定的社会环境中,能否与周围的环境相适应,体现了学生的心理素质的发展水平和心理健康水平。近年来,由于适应不良而产生心理问题的学生日益增多,引起了有关部门的高度关注,不少学校成立了心理健康教育和心理咨询机构。在开展心理健康教育和提高学生适应性因素的过程中,教师要采取各种手段帮助学生提高学习适应性;通过引导学生学会与人交际、学会与人合作,学会理解和宽容别人,提高对周围环境和人际关系的适应性;在中小学广泛开展心理健康教育活动,普及心理科学知识,帮助学生学会调控自己的情绪,宣泄自己心理压力,形成自己优良的心理品质和健全的人格。

(四)培养学生的创新素质

创新是民族进步的灵魂,是社会发展的动力。学生的创新素质是在创造性因素高度发展的基础上,与社会文化素质中的一些因素有机结合而形成的。它既不是单纯的心理素质,也不是单纯的科学素质、道德素质和审美素质,它是学生的创新人格、创新意识和创新能力的综合体现。未来社会综合国力的竞争,归根到底是知识创新的竞争,是创新人才的竞争,是教育能否有效地培养创新人才的竞争。时代向我们提出了这样的要求:教育需要以创新能力的培养为目的,以能否有效地培养创新能力为衡量教育成败的最高标准,因此,创新人才培养成为了素质教育的最高目标。① 教师要鼓励创新、重视学生的好奇心,帮助学生塑造创新人格;激发学生的创新热情,增强学生的创新意识;重视培养学生的创新性思维,提高学生的创新能力;进而全面提高学生的创新素质。

第三节 道德素质教育

一、道德素质教育的内涵

(一)道德素质的概念

道德是指一种社会意识形态,是一定社会历史时期的社会道德规范和道德要求的总称。道德往往代表着社会的正面价值取向,起判断行为正当与否的作用。道德一词,在汉语中可追溯先秦思想家老子所著《道德经》一书。在中国思想文化史上,"道"与"德"是两个不同的概念,"道"是道路、交通规则的意思,后来引申为事物运动变化的规律。从伦理学的角度看,"道"是指做人基本准则和规矩,社会交往的原则与规范等。"德"有对"道"的获得之意,在伦理学上,主要指人们实践了"道"而获得的一种内心体验,一种观念情操,一种品质境界。正如老子所说:"道者,人之所共有;德者,人之所自得也。"自荀子以后,道德一词合用,用来指一种境界。"故学至乎礼而止矣,夫是之谓,道德之极。"(《劝学篇》)现代伦理学认为,道德是一种具有丰富内容的社会现象,"是人类社会生活中所特有的,由社会关系所决定,以善恶为评价标准,依靠人们的内心信念、社会舆论和传统习惯所维系的一类社会现象"。在西方古代文化中,"道德"(Morality)一词起源于拉丁语的"Mo-

---

① 袁振国著:《教育新理念》,教育科学出版社 2002 年版,第 110—118 页。

res",意为风俗和习惯。道德由一定社会的经济基础所决定,并为一定的社会经济基础服务。人类的道德观念是受到后天一定的生产关系和社会舆论的影响而逐渐形成的。作为一种社会现象,道德是社会存在的反映,它是辨别善恶的尺度,是规范一定时期的社会行为的原则要求。道德是不依个体而存在的意识形态,是哲学、伦理学、社会学研究的对象。不同的时代,不同的阶级往往具有不同的道德观念。不同的文化中,所重视的道德元素及其优先性、所持的道德标准也常常有所差异。作为一种社会现象,道德具有较强的社会历史性。

学生的道德素质是指学生在掌握各种道德准则,并运用这些道德准则去规范自己的言行、评价各种道德现象、调节各种道德关系的过程中发展起来的一种社会文化素质。它是一定社会的道德意识、道德准则、价值观念在学生身上内化的结果。在我国教育界和心理学界,一般都认为道德素质是由道德认知、道德情感、道德意志和道德行为构成。引导学生求善至善是道德素质教育的核心。

(二)道德素质的要素①

1. 道德认识

道德认识是学生对各种道德行为、道德关系以及调节这些行为、处理这些关系的规范和准则的认识。学生的道德认识主要表现为学生所掌握的道德观念和已经形成的道德判断。道德观念就是学生所掌握的各种道德知识、道德概念。道德判断是学生运用自己所掌握的道德概念、道德准则去分析道德情境,对自己和他人的言行作出是非、善恶的判断。

道德认同对道德知识、道德概念的掌握和运用起着重要作用。只有当一个学生对自己掌握的道德观念已经达到了非常认同的程度,才能转化为道德信念。道德信念是坚信行为准则的正确性并伴有情绪色彩与动力性的观念。它是深刻的道德认识、强烈的道德情感和坚定的道德意志相结合的产物。学生的道德认识是道德情感产生的基础,当别人或自己的言行符合学生个人所认同并要求维护的道德观念时,就会引起积极的道德情感体验。否则,就会产生消极的情感体验。学生的道德认识也是道德意志产生的依据,它构成了道德意志的理智成分,对道德行为具有定向的作用。学生的道

---

① 张乐天主编:《教育学(新编本)》,高等教育出版社 2010 年版,第 138—143 页。

德认识与道德情感、道德意志相结合,形成了坚定的道德信念,能够激发学生产生道德需要,形成道德动机,产生道德行为。所以,道德认识是学生形成道德素质的重要基础。

2. 道德意志

学生的道德意志是学生自觉地确立道德行为的目的,积极调节自己的活动,克服内外困难,以实现既定的道德目的的意志过程。它具体表现为学生在履行道德义务、实施道德行动过程中表现出来的决心和毅力。学生的道德意志是一种强大的精神力量,它能排除各种干扰和障碍,使学生的道德行为顽强地坚持下去。道德意志是学生的道德认知、道德情感上升为道德信念转化为道德行为的重要心理因素。

学生的道德意志既表现在学生道德动机的产生过程中,也表现在学生实施道德行为的过程中。在这些过程中,学生的道德意志表现出以下作用:(1)对学生个人直接愿望进行控制调节。当学生个人的需要、兴趣引起的个人直接愿望与道德要求发生矛盾时,如果能按社会道德规范的要求,克制个人的欲求,就表现出学生个人的道德意志。(2)用道德的动机战胜不道德的动机。道德行动之前和道德行动过程之中,学生往往会产生各种动机斗争,能否用道德的动机去战胜不道德的动机,体现了学生的道德意志水平。(3)对道德情感的自我调节。当学生产生消极的道德情感时,能够通过道德意志使自己的情感服从理智,控制与道德准则相矛盾的道德情感,采取符合道德规范的行为方式。(4)与道德行为中的困难作斗争的精神。在道德行动中学生会遇到许多困难,道德意志坚强的学生,能够克服各种困难,达到道德行为的目的。(5)抗拒诱惑。道德意志坚强的学生,能够抗拒各种诱惑,而道德意志软弱的学生,往往在不良因素的诱惑下,滑向了错误的道路。

3. 道德情感

学生的道德情感是学生根据一定的道德需要、道德准则去认识、评价各种道德现象时产生的情绪体验。道德情感是道德认识上升为道德信念,道德需要转化为道德动机的重要心理因素。在道德素质教育过程中,学生对道德规范的掌握不只是经验积累的过程,更重要的是一种体验的过程。没有道德情感体验,学生对所掌握的道德概念难以认同、信服。教师传授给学生的道德规范,必须使学生产生相应的情感体验,学生才能信服和认同。通情是达理的前提和基础。没有强烈的道德情感,道德意志会显得软弱,道德行为会失去动力。所以,丰富学生的道德情感具有重要意义。

学生的道德情感从表现形式上看,包括以下几种情感体验:一是直觉的道德情感体验。这种道德情感是由于某种道德情境的直接感知而迅速产生的。由于产生的过程非常突然,因而往往对这个过程中的道德准则意识不明显,多受情境中的具体因素的制约。二是想象的道德情感体验。这是与道德形象相联系的情感体验,它是由对道德形象的感知,通过想象引起共鸣,由此受到感染而产生的情绪体验。三是理性的道德情感体验。这是与道德理论相联系的情感体验。它是建立在对道德规范、道德准则深刻理解的基础上,与学生的人生观、世界观相联系,并具有较强的自觉性、概括性和伦理性。它不受具体情境的影响,也不具有一时的冲动性,表现得比较深沉和持久,是一种具有强大的动力作用的情感。

4. 道德行为

学生的道德行为是在学生的道德认识、道德情感、道德意志的支配下,采取的对他人、对自己、对社会具有道德意义的行动。它是学生满足道德需要、实现道德动机的手段,也是衡量学生道德素质的主要标志。道德行为在学生道德素质的形成中具有重要作用,学生只有在实现道德目的、履行道德义务的道德行为中,才能深化自己的道德认知和道德情感,锻炼道德意志,树立道德信念,提高道德素质。

学生的道德行为包括道德行为方式和道德行为习惯。道德行为方式的掌握是产生道德行为的必要条件。一个学生如果只在道理上懂得了道德规范,但没有在实际上掌握相应的道德行为方式,往往难以实现知识的转化。道德行为习惯是与学生的道德需要、道德倾向相联系的自动化的稳定的行为动作方式。它不仅使学生获得了易于实现道德动机的行为手段,还由于它的受阻会引起消极的情绪体验,从而成为进一步激励学生道德行为的动力。

学生的道德行为千差万别,既有性质上的区别,也有水平上的高低之分。美国学者佩克和哈维格斯特曾对美国青少年的社会行为作过调查、分析和研究,他们把青少年的社会行为分为五个等级:(1)非道德性的行为型。这是指不能用道德标准衡量的行为,是一些不具备道德观念的幼儿和低智商儿童所表现的行为。(2)自我中心行为型。以自我为中心的人是自私自利的人,他们的一切行为总是从满足个人的欲望出发,以获取个人利益为目的,有时虽然也表现出道德行为,但背后却隐藏着个人的意图。(3)依从传统惯例行为型。这种行为的特点是服从权威,按习惯办事,遵从集体的决策,依随社会的风尚,自己不采取单独的主张。(4)良心主义行为型。道德规范已内化为个人的行动的指南,为了求得内心的安宁,从而出现道德行为。(5)理性的利人主义行为型。这是充分认识道德原理后表现出的最高层次的道德行为。在德育过程中,要依据学生不同的道德行为,进行有利于学生良好道德素质形成的指导。

(三)道德素质教育的内涵

道德素质教育是社会文化素质教育的重要内容之一,是学校德育的组成部分,在素质教育中占据着重要地位。通过对学生道德构成要素有意识地教育,促进学生道德素质的提高。其目的在于通过教育达到确立道德信念,提高道德认识,陶冶道德情感,锻炼道德意志,培养道德行为习惯。

道德素质教育不同于一般的教育,它有自身的特点:

1. 过程复杂

道德素质教育过程的复杂性,首先体现在有很多社会因素制约道德素质教育的过程。除了社会因素以外,还有学生的心理素质、家庭和环境的影响、班级和学校的风气、教师的教育艺术等多种因素。与其他社会文化素质相比,社会因素对道德素质教育具有更为显著的制约作用。因为,道德是社会存在的反映,作为一种社会意识,它随着生产力和经济基础的发展与变化,而随之发生变化。道德素质教育过程的目的就是把社会道德规范转化为学生的行为准则,它必然会通过道德的中介而受制于生产力、经济基础乃至上层建筑的发展与变化。随着世界教育主题的不断变化和我国经济体制的转轨,道德规范、道德准则也发生了相应的变化,给我国的道德素质教育提出了许多新的问题。

其次,道德素质教育过程的复杂性体现在道德规范、价值观念的多元化和学生接受的道德影响的多重性、矛盾性上。道德素质教育解决的是应然的问题,价值判断是构成道德认识、道德概念的基础。由于价值判断、价值观念和道德规范的多元化,造成了学生接受的道德影响具有多重性和矛盾性,对同一件事情,人们作出的道德判断存在很大的差别。这种矛盾、对立的道德影响,给道德素质教育过程带来了一定的艰巨性和复杂性。

最后,道德素质教育过程的复杂性体现在学生道德素质形成的长期性和反复性上。学生的道德素质有水平上的高下之分,也有性质上的正反之别,道德知识的积累并不一定能促进道德素质的提高。因为只有认同的道德规范学生信服了以后,才会付诸实践,但是当环境发生变化后,学生可能会放弃原来认同的道德观念。

2. 手段特殊

一个学生的道德素质是学生通过不断与社会环境相互作用而逐步形成的,活动作为学生与社会环境相互作用过程的具体体现,在道德素质教育过程中具有十分重要的作用,是道德素质教育的重要手段。

首先,学生道德规范的掌握,道德情感的丰富,道德意志的产生,道德信念的树立,都是在活动中实现的。学生的活动范围,接触的活动对象随着年龄的增长而不断扩大,通过各式各样的活动,学生不断吸取道德知识,逐渐形成了自己的道德是非观念和道德情感,磨炼了自己的道德意志。随着道德认识的逐步深化,道德情感的逐步深刻和稳定、道德意志的逐步坚强,学生开始树立自己的道德信念。

其次,学生在活动中激发了道德需要,形成了道德动机,产生了道德行为。学生道德素质提高的根本标志是大量的高尚的道德行为的出现,这些道德行为是在社会性活动、交往性活动中体现的。

不同形式、不同内容的活动,对学生道德认识、道德情感、道德意志、道德行为的训练具有不同的意义。所以,道德素质教育过程可以通过开展多种活动为开端,达到提升学生道德素质的目的。

活动是道德素质教育过程的基础,活动的对象、场所、时间等活动情境因素对道德素质教育效果有着直接的影响。道德素质教育过程中教师应根据不同的学生、不同的活动情境采取不同的教育措施。

3. 具有自我教育性

自我教育是学生为了形成良好的道德素质而进行的自觉的规范言行、转化思想的活动。学生的道德素质是在教育者的培育和外界环境的影响下,通过自身的活动形成和发展起来的。学生在道德素质教育过程中具有自觉能动性,可以把外部的道德影响和刺激内化为自己的道德需要、道德动机和道德信念,提高自我道德认识。

自我教育能力是由自我评价能力和自我调控能力构成的。自我评价能力是在学生自我意识的基础上发展起来的。它集中体现在学生的道德认识上,是学生自我教育的基础。自我调控能力是学生在自我认识、自我评价的基础上发展起来的一种心理特征,它是一种能够自觉地调节自己的情感、控制自己的思想和行为的能力。它主要体现在学生的道德意志和道德行为上。自我调控能力的不断提高可以使学生由他律阶段向自律阶段转化。

自我教育能力是道德素质教育最真实、最牢固、最可靠的效果之一,充分体现了学生的主动性、积极性,有了自我教育能力就会自觉地朝着道德修养的目标不断前进,所以,培养学生的自我教育能力,意义十分重大。

二、道德素质教育的意义

(一)道德素质教育是素质教育的重要组成部分

道德素质教育是社会文化素质的核心,是素质教育的重要组成部分。1999 年 6 月《中共中央国务院关于深化教育改革全面推进素质教育的决定》明确指出:"实施素质教育,必须把德育、智育、体育、美育等有机统一在教育活动的各个环节中。学校教育不仅要抓好智育,更要重视德育,还要加强体育、美育、劳动技术教育和社会实践,使诸方面教育相互渗透、协调发展,促进学生的全面发展和健康成长。"道德素质教育是整个素质教育体系中一个有机组成部分,并且是最活跃的部分,起着导向和促进的作用,其终极目的是促进人全面发展。道德素质教育培养人们的科学的世界现、人生观、价值观,培养人们的科学方法论,这些对于人们获取知识、运用知识、创新知识有着极其重要的作用,道德素质教育培养人们良好的个性心理品质,培养健全人格,培养高尚的审美情操,促进人的全面发展。

(二)道德素质教育有助于学生全面发展

道德作为一种社会意识形态,不仅具有社会价值,同时具有个体价值。道德素质教育能够传递一定社会的意识、观点、规范、准则,为社会培养所需要的人,同时具有非常强的培养个体道德的功能,对挖掘学生的潜能,实现个体的全面发展,具有十分重要的意义。

学生处在道德逐步形成时期,可塑性很大,他们的道德修养不是先天就有的,也不是自发形成的,而是在社会生活条件影响下,逐步形成和发展起来的。如果没有社会、家庭、特别是学校向学生进行道德素质教育,他们不可能自发地形成社会所需求的那种优秀道德素质。由于学生缺乏道德判断力,会受到社会上一些不良风气的影响,这就要求教师要因势利导,因材施教,加强对学生道德素质教育,提高他们的道德认识能力,培养他们高尚的情操,塑造他们美好的心灵,促进其全面健康发展。

(三)道德素质教育有助于社会的发展和进步

道德素质教育通过对学生道德素质的各个方面进行教育,全面提升他们的道德水平。社会的意识形态不仅影响个体的道德素质,同时个体的道德素质反过来影响社会的意识形态。对学生进行道德素质教育多是正面的教育,教育的内容一般符合社会发展的要求和趋势。通过倡导和传播一定社会所需要的思想意识与道德观念等,影响社会的发展。道德素质教育通过自身道德素质的养成对社会的政治、经济、文化、社会等方面发生全面的影响,这种影响虽然不是直接的,但却通过间接的方法影响社会的进步和发展。

三、道德素质教育的原则[①]

德育原则是教师在对学生进行德育时必须遵循的基本要求和基本准则。它是学校德育经验总结,是学校德育规律的具体化,对学校德育工作具有重要的意义。

根据学校教育的规律性和我国社会改革与发展的客观要求,我国学校德育的基本原则主要是:从学生实际出发原则、知行统一的原则、正面疏导为主的原则、教育影响的一致性和连续性原则、激发积极因素克服消极因素原则和严格要求与尊重爱护相结合的原则等。

(一)从学生实际出发原则

从学生实际出发原则是指在德育工作中要根据学生的年龄特征、个性差异和思想状况,提出不同程度和层次的教育要求,选择恰当的教育内容和

---

① 陶仁等编著:《教育学》,电子科技大学出版社 2010 年版,第 229—232 页。

方法,有的放矢,因材施教。这一原则是根据学生生理、心理发展规律,以及道德形成规律提出的。学生的道德发展水平受其身心发展所制约,道德素质教育的要求、内容和方法,必须适合学生的年龄特征、个性差异和思想状况。贯彻这一原则,一方面要客观、全面、深入地了解和研究学生;另一方面要考虑学生的年龄特征,掌握其个性差异,认识到各年龄阶段学生的道德认识、道德情感、道德意志、道德行为的特点各不相同,教师要针对学生的个性特点,选择最恰当的内容,运用最合适的方法,使之发展到可能达到的最好境界。

(二)知行统一原则

知行统一原则是指在德育过程中,把道德知识的传授与道德行为习惯的训练有机地结合起来,晓之以理,导之以行,培养学生知行统一,言行一致的品格。知是行的先导,对学生进行道德教育的目的,不仅让学生掌握道德知识,提高道德认识,更重要的在于知道学生的道德行为。这一原则要求教师既要重视对学生进行道德理论教育,使其内化为自身的道德信念,也要重视引导学生将内化的道德知识、道德信念外化为良好的道德行为和习惯。教师不仅要导之以行,更要以身作则,率先垂范,以身立教,言行一致,真正做到学高为师,德高为范。

(三)正面疏导为主的原则

正面疏导为主的原则是指在德育过程中,坚持用正确的理论、科学的事实和先进的榜样来引导和教育学生,疏通学生思想障碍,形成健康的思想、良好的行为习惯。道德的培养不能用强制压服的方法,只有正面教育,启发自觉,疏通引导,才能获得良好效果。正面疏导是由教育过程的性质决定的,反映了学校教育的目的要求,符合青少年思想品德发展规律。

(四)教育影响的一致性和连续性原则

教育影响的一致性和连续性原则,是指在德育过程中各方面教育影响要相互配合协调一致,前后连贯,以保障学生品德按社会要求发展。学生品德是在学校、家庭、社会等各方面因素长期作用下形成和发展的。多方面教育影响的一致性是一定思想品德形成和发展的重要条件。如果各方面的影响不一致甚至矛盾,就容易带来思想上的混乱,影响思想品德的形成和发展,降低德育的效果。因此,协调各方面的影响,并使之形成合力,是学校德育工作的基本要求。

(五)激发积极因素,克服消极因素原则

该原则是指在德育过程中,要充分调动学生自我教育的积极性和主动性,因势利导,长善救失,依靠学生自身的积极因素去克服其消极因素,实现品德发展的内部矛盾转化。

教育就是发扬学生长处,克服学生短处,促进学生人格完善的过程。学生思想品德的形成过程就是他们自身的积极因素和消极因素的斗争过程。当积极因素得到增强,并成为矛盾的主导方面时,消极因素就会受到抑制或是被消除,人的思想品德就会向健康的方向转化和发展;反之,积极因素就不能很好地主导思想品德向健康的、良好的方向发展,因此,在德育过程中要注意激发学生的积极因素,以积极因素克服消极因素。

(六)严格要求与尊重爱护相结合原则

该原则是指在道德教育过程中教育者既要尊重、信任、爱护学生,又要按照社会主义思想准则和品德规范严格要求学生,使教育者对学生的影响与要求转化为学生的品德。

严格要求尊重爱护学生,是实现民主、平等的社会主义师生关系的必然要求,也是教师应有的工作态度和职业道德。

对学生严格要求和尊重爱护,是制约道德教育效果的两个相辅相成的必要条件。一方面,没有尊重爱护的严格要求,容易使学生产生情感障碍,而缺乏严格要求的尊重爱护也容易造成学生行为上的放任。尊重爱护是严格要求的情感基础,各种要求常常是伴随对学生的尊重爱护的情感而被学生所接受。另一方面,实事求是地严格要求,又是尊重爱护学生的真诚体现。两方面的相互影响,有利于增强道德教育的效果。

四、道德素质教育的主要途径

(一)提高学生的道德认识

学生的道德认识主要表现为学生掌握的道德观念和已经形成的道德判断。教师的言传身教对学生具有示范作用,有助于学生把道德判断内化为

道德信念。所以,学校、家庭、社会三者要做到道德教育的一致性;教师要发展学生的思维,丰富学生的道德概念。通过这些途径使学生能够顺利掌握道德概念。

其次,教师要发展学生的道德评价能力。道德评价是学生运用自己掌握的道德标准,对别人或自己的言行所做出的道德判断。道德评价能力是在道德判断过程中发展起来的。在培养学生的道德评价能力的过程中,教师要通过组织学生积极参加各种道德问题的讨论与评价,来逐步提高学生的道德评价能力。

最后,教师要帮助学生树立坚定的道德信念。道德信念是道德认识、道德观念的最高形态,是道德认识、道德情感和道德意志的"合金",也是最强大的道德动机。道德信念的确立是培养道德素质的关键。为了帮助学生树立坚定的道德信念,教师要引导学生广泛地参与道德实践活动,培养学生的道德理想,使道德信念获得进一步的发展。

(二)锻炼学生的道德意志

要锻炼学生的道德意志。首先教师要组织学生参加各种各样的现实的道德活动,积累道德意志锻炼的经验,让学生在活动中磨炼自己的道德意志,提高道德"免疫力"。

其次,教师要根据道德意志品质上的差异因材施教。针对学生的不同特点,对他们的道德意志的自觉性、道德意志品质的果断性、道德意志的坚持性有重点的培养。

最后,教师要通过道德榜样来激发学生道德意志锻炼的自觉性。青少年学生模仿性强,可塑性大,教师要利用一些表现出坚强道德意志的优秀人物及其事迹来教育学生,激发学生锻炼道德意志的愿望。

(三)丰富学生的道德情感

要丰富学生的道德情感,首先,教师要成为学生情感生活的典范。因为学生对教师容易产生信赖心理,所以教师的优良品行,能够激发学生产生道德情感。

其次,教师要采取各种有效措施丰富学生的道德情感体验。教师要引导学生参与道德实践活动,置身于各种道德情境之中,丰富学生的直觉性道德情感,教师还可以运用生动的典型的道德形象和道德事例来感染学生,使学生产生强烈的道德情感的共鸣,激发学生的想象性道德情感。教师还要注意引导学生把道德情感体验不断概括,不断深化,培养学生稳定的深刻的伦理性道德情感。

最后,教师要教育学生学会调控自己的情感。要用同情心、友谊感、信任感等积极的道德情感,克服和取代消极的道德情感,使学生逐步成为一个乐群好助、情操高尚的人。

(四)训练学生的道德行为

学生的道德行为是在道德动机的支配下产生的,它表现为道德行为方式和道德行为习惯。教师要训练学生的道德行为,首先,要帮助学生形成稳定的强大的道德动机。学生道德动机的确立,需要教师努力提高学生的道德认识,丰富学生的道德情感,磨炼学生的道德意志,帮助学生树立坚定的道德信念。

其次,教师要引导学生掌握合理的道德行为方式。道德行为方式有助于学生道德动机和道德愿望的实现。教师要通过各种渠道和途径提高学生组织和选择道德行为方式的能力。

最后,教师要培养学生的道德行为习惯。训练学生的道德行为,不仅要靠道德行为方式的指导,还应当指导学生通过道德行为方式的不断练习来养成。道德行为方式的练习可以使学生的道德行为方式得到强化、巩固,也可以帮助学生形成稳定的态度和行为倾向,这种态度和行为倾向在不同的道德情境中可以迁移,引起学生更多的道德行为。

● 道德教育案例

建立文明校园①

现象之一

课堂上吃早点及零食现象。课堂是"传道授业"的严肃场合,学生应该把全部精力用在听课和思考问题上。可是不知从何时起,不少学生上第一节课时,将早点带进教室,一边听讲,一边"大快朵颐",好不快活!而教师,出于对学生的爱护心理,不忍其饿肚子听课,多数是睁只眼闭只眼,于是乎,学生像是得了默许,纷纷将餐厅移到教室,弄得教室里香气扑鼻,形成了一道不雅的"景观"。课堂上吃早点现象,老生多于新生,毕业班尤为严

---

① 白君堂主编:《素质教育案例分析与指导》,河南人民出版社2006年版,第66—67页。

重,其实只要提前起床半个小时,问题就能迎刃而解。

现象之二

课堂上的手机频响现象。学生带手机本无错,错就错在不应该在上课时开机,试想,课堂上老师正兴高采烈、神采飞扬地讲课,学生也聚精会神地听,突然一阵手机铃声骤响,该是什么场面呢?必然是,大多数同学面带愠色或哑然失笑;"肇事者"羞愧难当,书包里、口袋里乱抓一通;教师的思路被打断,很难"恢复状态"。若第一次,教师尚批评一下,若连续出现几次,只有无奈,总不能浪费大家的时间跟几个同学斗气。

现象之三

校园里的师生"陌路"现象。教师职业"传道、授业、解惑",担负着为国家培养人才的重任,理应得到全社会、特别是学生的尊重。曾几何时,昔日的尊师重教之风,在校园里越来越"濒临灭绝",融洽的师生关系也似乎渐渐成为令人怀念而不敢奢望的东西。在校园里,学生见到老师,多数情况下,会三三两两谈笑自若与你擦肩而过,教师不能得到应有的尊重,又如何能希望社会尊重知识、尊重教育!

现象之四

乱扔垃圾,教室里地上总是一片狼藉——瓜皮、果壳、饮料瓶、瓜子壳等垃圾满地都是。其实扔到垃圾筒里,就可改变目前校园"脏乱差"现象。因此,我们每个人都要为他人多想想,不能只图一时的方便。只要人人都付出一点小小的劳动,我们就会享有一个更清洁更美丽的环境,也会有一个更好的心情。

大学生是社会结构中受教育程度较高的群体,理应承担更多的社会道义责任,在公民道德建设中,也应该发挥更多的表率作用。在学校都如此不遵守道德规范,那么在社会上就更难说会自觉遵守。更重要的是这些连小事都不注意的大学生今后都要踏进社会挑起重担的。因此大学生应加强自身的公德意识,在小事中完善和提高自身的道德素质。

第四节　科学素质教育

一、科学素质教育的内涵

随着社会的发展与科学技术的进步,人类的教育观念已发生了巨大的转变,新老教育观念处在更替交叠之中。三百多年前现代实验科学的始祖弗兰西斯·培根提出"知识就是力量",强调学校应传授百科全书式的知识,将"知识教育"放到首位。这种教育思想风行了二三百年,时至今日仍然有许多人的教育观念停留在单纯强调知识的固有模式中。20世纪初,一些著名的科学家就已经提出"重要的不是获得知识,而是发展思维能力"(劳厄),"想象比知识更重要"(爱因斯坦)等论调,强调"能力教育"的重要性。这种思潮到20世纪中叶成为教育思想的主流,尽管有的人还停留在知识教育上,然而更多的人则已经转而探索新思想——科学素质教育了。

进入20世纪80年代,世界各国的教育都在科学技术迅猛发展的挑战中迎来了改革的新机遇。1985年美国提出2061计划,超前规划美国公民需要进行科学扫盲,出现了STS(科学、技术、社会)式的中学教科书。英国中学课程也出现了与过去的学科式大纲完全不同的,以社会热点为中心的大纲。从世界教育思潮的发展,我们有理由相信,科学素质教育是一种新的教育观念,是人类对知识的认识发生根本性的转变引发的变革,是科技发展提出的新人才观的折射。

世界经济的变革和科学技术的迅猛发展,加速了各个学科的相互渗透与融合,使各门基础知识发生了根本性的变化。教育思想由单纯知识教育向综合素质教育的转变,既适应了世界教育思潮,又符合当前经济和科技变化发展的新形势。

(一)科学素质的概念

20世纪80年代,米勒认为科学素质有三个方面:一是掌握科学术语和概念,二是理解科学处理现实问题中的过程和方法,三是理解科学、技术与社会的关系。到了90年代,人们又增加了第四个方面,即对科学的情感态度与价值观的基本理解。2006年,中国国务院颁布的《全民科学素质行动计划纲要》(简称《科学素质纲要》)指出:科学素质是公民素质的重要组成部分。公民具备基本科学素质一般指了解必要的科学技术知识,掌握基本的科学方法,树立科学思想,崇尚科学精神,并具有一定的应用他们处理实际问题、参与公共事务的能力。《科学素质纲要》将科学素质概括为"四科、一能力"(或"四科、两能力")。《科学素质纲要》提出了全民科学素质行动计划的阶段性目标和长远目标:到2010年,公民科学素质明显提高,达到世界主要发达国家20世纪80年代末的水平;到2020年,公民科学素质在整体上有大幅度的提高,达到世界主要发达国家21世纪初的水平;到21世纪中叶,我国成年公民具备基本科学素质。①

(二)科学素质的要素

学生的科学素质教育是学生在掌握科学知识,运用科学知识去认识、改造自然、社会,探索真理等过程中发展起来的一种社会文化素质,是由科学知识、科学方法和科学精神构成的统一整体,对于引导学生追求真理起着重要作用。

1. 科学知识

科学知识是构成学生科学素质的首要因素,是发展学生科学素质的基础,其本身就是关于自然、社会和思维的知识体系,是人类智慧的结晶。它既包括人类认识自然的成果,也包括人类对自身的认知和对社会的认识,是真理的集中体现。

从现代认知心理学角度来说,无论是自然科学知识、人文科学知识还是社会科学知识,都是学生通过与环境相互作用后所获得的信息及其组织,这些信息及组织作为储存在大脑中的知识,都是构成学生科学素质的基础。因为无论是科学方法的掌握还是科学精神的培养,都与这些科学知识紧密相连。

科学知识是发展学生科学素质的基础,但科学知识总量巨大,所以我们应该选择那些对学生认识世界、面向社会,以及自身发展来说是必不可少的、最基本的、最典型的关键性知识让学生学习。这些知识主要包括最基本的科学现象和事实、最普遍的科学常识及科学史知识;科学计量系统、科学用语、命名法;最重要的科学概念和最根本的科学原理;以及科学与社会、科学新进展、科学的未来发展方向,包括科学在日常生活与生产中的重大应用以及与当前社会发展与生活密切关联的问题。唯有强大的科学知识作为基础,才有可能谈及科学素质的培养及其他。

2. 科学方法

科学方法是人们认识改造自然、探索真理以及获取科学知识所必须遵

---

① 《公众科学素质和科学素质教育》,中国文明网,http://hxd. wenming. cn/blog/ 2010 - 10/09/content_170602. html.

循的程序和步骤,它能够帮助学生进一步探索真理、认识世界。如果说科学知识的掌握让人们以结果的形式懂得了世界是什么,那么,科学方法则是以过程的形式向人们展示了大自然的科学之谜。

科学方法不同于非科学、反科学的方法,而是实证的方法论。科学的方法很多,集中的体现是实验。科学实验是自然科学中各门类课程的一个重要的教学环节,没有实验也就没有科学。

实验教学是学生在教师的指导下独立自主地获取知识的学习过程,与课堂教学相比,学生在实验教学中具有更大的独立性、自由性和探索性,在实验教学中可以培养学生的观察能力、独立操作能力、分析判断能力以及对研究过程和结果的表达能力。同样的,科学实验与科学知识体系之间存在一个辩证的关系。科学实验总是要以原有的科学概念或观念为基础的,科学实验的目的是验证或发展科学的概念、概念体系或观念。

除此之外,观察法、调查法等也是科学研究常用的方法。实验法、观察法是自然科学研究方面必不可少的方法,而调查法则主要应用于人文社会科学。这些方法都是人类认识、改造世界,探索真理强有力的武器,更是构成科学素质不可或缺的重要组成部分。

3. 科学精神

科学精神包括学生的科学兴趣、科学态度以及科学意识,是学生热爱科学、追求真理、勇于探索、渴求知识等品质的统称。科学精神和科学价值的教育有助于培养学生的独立精神、求实精神、克服困难的勇气,有利于培养学生正确的世界观和价值观,在学生认识自然探索真理的过程中起着发动机的作用。

良好的科学精神能使人们乐于参与科学的学习与实践活动并从中得到乐趣和满足,能使人们有坚强的意志,表现出高度的自觉性、顽强性和自制性,能坚持实事求是的作风,谦虚谨慎、勤奋努力。在中学科学教学中,通过多种生动活泼、丰富多彩的科技活动,逐渐培养学生的良好品质,对发展学生的科学素质具有重要意义。

科学兴趣作为科学精神一种重要表现形式,是学生求职欲望的集中体现,是学生在探索自然获取知识过程中一种特殊的认识倾向。良好的科学兴趣应该具有广阔性、稳定性及效能型,能够引导学生对各门学科的知识都有着强烈的兴趣,并且对真理的探索、对知识的渴求能够做到持之以恒,坚持不懈,同时亦能够激发学生努力学习科学知识的兴趣与信心。

科学态度则是指学习科学知识,探索真理过程之所表现出的工作品质及工作作风。科学史上那些严谨务实、虚心求真、无私奉献的科学家,如爱因斯坦、居里夫人,无不赢得了世人的尊敬与赞美。相反,那些弄虚作假、沽名钓誉的学者则为人们所不齿,遭世人唾弃。因此,培养积极的科学态度在学生的科学素质培养过程中占有极其重要的地位。

科学意识,是指在深刻认识科学的本质、功能、发展规律和机制的基础上形成的一种社会观念,它能够促进人们投身科学事业或积极响应科学活动,并对参与科学活动的价值取向提供合理性指导。

典型的科学意识有:科学本质是创新的认同、科学技术是第一生产力的认同、科教兴国战略的认同等,也包括崇尚科学的意识、投身科学的意识、主体—栋梁意识、危机—竞争意识和领先—创新意识等。对这些科学的价值有了全面的了解和正确的认识,对促进学生树立强烈的献身科学的意识起着重要的作用。

二、科学素质教育的原则

学生科学素质是学生的科学认知水平、认知能力、实践能力以及创新能力的综合体现。教育要承担起对学生科学技术知识掌握、科学方法和科学精神培养、处理实际问题能力提高的重任。

科学素质是素质教育的重要组成部分,在培养过程中应注意以下原则:

(一)实践性原则

学生只有在教师指导下参与实践活动,才能对原先的"经验体系"质疑,作出修正,才会进行积极的思考,形成正确的概念。

这个活动包括课堂内的活动,例如动手实验,讨论问题,提出不同的看法;包括课堂外的活动,例如科学的游戏,模型或实物的制作和各类活动竞赛;还包括社会实践,例如问卷调查,查阅资料、访问专家、参观工厂、农田。这些活动需要"动脑、动手、动口",有利于培养创造精神,对学生掌握真理的过程起到重要作用。

(二)科学性原则

科学素质教育不仅仅是传授知识,更重要的是培养学生的科学态度和科学方法,这就要用到科学性原则。

科学起源于观察、思考和实验。对自然现象的观察,可以引发人的思考活动。如果以科学知识为基础去进行实验,去观察实验中的事实和现象,再根据这些事实进行思考,可以培养科学的方法与研究问题的态度。只有遵循科学性原则,科学素质培养才能在正确的道路上引导学生追求、探索真理。

(三)兴趣性原则

学生对学习的兴趣和学习习惯是决定学习的效果的重要因素,通过一些具体的活动能引起他们观察、思考的兴趣。例如让全班学生同时观察一个固定的目标,各人说出自己观察的结果,和他人的观察结果进行比较,在争论的气氛中学习。类似的活动,可以是搜集某些事实来比较,或各自分工去处理某些东西,或讨论怎样表述实验的结果(不是下结论)。此类活动能在不知不觉中唤起学习的兴趣和养成良好的学习习惯。

对一次学习的成功,会引起后面学习的兴趣,而良好的学习习惯,则会帮助学生在活动中不断地获得成功。

三、科学素质教育的主要途径

(一)授给学生系统的科学知识

系统的科学知识是学生形成科学素质的基础,也是培养科学素质的首要任务。根据科学素质教育过程中学生掌握知识的简约性原理,教师在授给学生系统的科学知识的过程中,要坚持以课堂教学为主要途径,以教材中系统的书本知识为主要内容的原则。但是由于教材是教育者按照科学的逻辑而编写的不是学生自己选择的,所以,在各门学科教材中,不可能所有的内容都能符合学生的兴趣,因而,在教材内容与学生兴趣之间存在着一定的矛盾。在授受科学知识的过程中,必须坚持以学习教材中的科学知识为主的原则。只有这样,才能引导学生走捷径,以最短的时间、最快的速度、最高的效率掌握系统的科学知识。

由于学生是通过学习教材上的理论知识来认识世界的,没有经过实践的检验,所以学生在掌握书本知识的过程中,容易出现脱离实际的弊端。因此,在传授科学知识的过程中,教师要注意引导学生把科学理论与实践相结合。要让学生懂得,科学理论既来源于实践,又必须接受实践的检验,为实践服务。同时,组织学生参加必要的实践活动,也是丰富学生的感性经验,加深对科学知识的理解,使书本知识与实际相结合、理论与实践相结合,让学生掌握完整的科学知识的必要手段。由于学生是通过走捷径的方式来掌握科学知识的,因此,学生虽然学得多、学得快,但也忘得多、忘得快。这就需要教师必须对学生所掌握的科学知识进行专门的巩固工作,要不断地检查、复习,强化科学知识在学生大脑中的印象,从而使学生牢固地掌握科学知识。

学生掌握知识的目的在于运用知识,进以改造世界。在科学素质教育过程中,教师要注意引导学生运用自己掌握的科学知识,把书本知识与实践联系起来,进一步理解知识、巩固知识。从科学知识本身的角度看,学生运用知识就是把一些陈述性知识转化为程序性知识。只有在自己理解的基础上,才能更加灵活有效地将知识运用在生产生活当中。

(二)引导学生掌握科学方法和学习策略

科学方法也是人类的智慧成果,它的掌握与科学知识的学习,既有相同之处,又有不可忽视的差别。从学习的内容上看,显性的学习内容如陈述性知识还有程序性知识,都是非常明确地显示在各门学科的教材之中,与课程有着直接的联系。但科学方法与各科课程却没有十分密切的联系,它们是科学探索过程中的研究程序和操作步骤,不能以概念、公式、定理、命题等认识成果的形式出现在教材中,所以,它们属于一种隐性的学习内容。其次,从学习方式上看,接受学习的方式能加快科学知识的掌握,但不利于科学方法的学习。发现学习的方式是学生在学习情景中通过自己的探索而获得问题答案和形成观念的一种学习方式,学生在探索中自然掌握了基本的科学方法,在掌握知识上可能要花较多的时间,但有利于科学方法的掌握。学习策略与科学方法有着密切的联系,科学方法是人类在探索世界、发现真理、获取科学知识的策略,而学习策略是学生个体提高自己的学习效率、独立掌握知识所采用的方法和措施。掌握科学方法是掌握学习策略的基础,而学生的学习策略的提高,则是已经掌握的科学方法在学习过程中产生的积极作用。

(三)培养学生执著的科学精神

科学精神是科学素质中的动力系统,因此,培养学生的科学精神就显得尤为重要。首先,教师要引导带领学生树立强烈的科学意识。早在三百多年前,英国学者培根就讲过"知识就是力量"。在培根生活的16、17世纪,科学知识就显示了自身的威力。在21世纪,科学知识将会发挥更大的作用。教师要通过各种教育措施让学生知道科学技术是人类认识世界、改造世界、创造财富的最有力的武器。一个学生要成为能够为祖国现代化事业作出贡献的有用的人才,就必须努力学习科学,用人类最宝贵的精神财富——科学知识来武装自己。否则,在未来高度科技化的信息时代里,将寸步难行。其次,教师要努力培养学生的科学兴趣。科学兴趣不仅激发学生努力学习科学,产生渴求知识的动机;同时还能使学生在学习科学的过程中,伴随着愉快的情绪体验,有利于学生产生进一步学习科学的求知欲。教师要培养学生的科学兴趣,必须注意以下几个问题:第一,要引导学生明确学习科学的重大意义。学生的科学兴趣是由直接兴趣和间接兴趣构成的,对学习科学的结果所产生的兴趣是间接兴趣,对学习科学的过程所产生的兴趣是直接兴趣,了解科学的重大价值有利于学生形成间接兴趣。第二,要让学生在掌握科学知识和方法的过程中体验到成功的愉快和学习的欢乐,培养学生的直接兴趣。第三,要努力提高课堂教学的艺术性,注意用"发现学习"、"创设问题情境"等方式激发学生求知欲。第四,要广泛开展各种各样的课外校外科技活动,成立各种科技活动小组,让学生动脑动手,亲自参与科学探索活动,让学生从科学探索的实践中体会到科学的奥妙与趣味。第五,教师要引导学生形成严肃的科学态度。培养学生严肃的科学态度,不仅是教会学生如何做事,同时也是教会学生如何做人。教师要向学生介绍许多科学家的精益求精、实事求是、锲而不舍、勇攀科学高峰的事迹,尤其是那些为了祖国的强盛在科学的道路上艰苦跋涉、呕心沥血的优秀科学家的光辉业绩。教育学生以他们为榜样,逐步形成自己的脚踏实地、严肃认真的科学态度。同时,教师还要以自己的兢兢业业、踏踏实实、一丝不苟的工作态度和敬业精神影响学生,言传身教,为学生形成良好的学习态度和严肃的科学态度作示范。①

---

① 张乐天主编:《教育学》,高等教育出版社2010年版,第137—138页。

第五节　审美素质教育

审美素质是素质中的基础性因素之一,作用于人性和情感之中,在素质教育中占有不可替代的独特地位。通过素质教育中的美育,可以使审美素质"内化",审美潜能得到开发,并形成对学生发展极为重要的美感和想象力。

审美素质作为人的基本素质之一,其作用还不仅仅在于审美活动本身,即提高人的艺术鉴赏力,美化人的仪表着装、言谈举止;它更重要的作用还在于对人的德、智、体等各方面的素质或能力的发展产生深刻的影响,使人成为全面发展的人才。正如黑格尔所指出的:"理性的最高行动是一种审美行动,我深信,真和善只有在美中才能水乳交融。"

一、审美素质教育的内涵

(一)审美素质教育的概念

一般来说,审美素质教育离不开美和美感,因为它是通过对自然界的、社会生活中的、或艺术作品中的美的事物或现象的感动来进行教育的,既不同于一般的政治思想和道德品质的教育,也不同于专门传授文化知识和技术技能的教育,更不同于崇奉虚幻的神灵的宗教信仰。它是培养人们感受美、认识美、鉴赏美、创造美的能力的教育。美育能够通过培养学生学习品味艺术,品味人生从而形成对生命的热爱。

学生的审美素质是学生在掌握审美经验,发展审美能力,并运用已有的审美经验和审美能力去欣赏美、创造美的过程中发展起来的一种社会文化素质。它是一定历史时期的审美意识、审美观点在学生身上内化的结果。

(二)审美素质的要素

审美素质是由审美需要、审美经验、审美观念、审美能力、审美情操、审美趣味和审美理想等因素构成的。①

----

① 张乐天主编:《教育学》,高等教育出版社 2010 年版,第 148 页。

1. 审美经验

审美经验是学生在欣赏和创造各种美的事物、美的现象、美的作品时所产生的愉悦的心理体验，是内在的心理生活和各种审美对象之间相互作用所产生的结果。一般说来，审美经验具有直觉性、愉悦性、超越性的特征。审美经验是学生审美素质结构中的一个最基本的因素，是审美素质结构中其他因素形成的基础。审美经验表现为学生对于审美对象的形象记忆和审美活动时的情绪记忆。审美经验总是一种直接的感性经验，但在感性直接认识中，又能够把握到对象的本质。只有积累大量的审美经验，才能在审美活动中产生丰富的情绪体验，激发学生的审美情趣，欣赏到艺术和生活的美。

2. 审美能力

审美能力是人们认识美、评价美的能力。包括审美感受力、判断力、想象力、创造力等。审美能力的提高，有助于以美的规律和美的理想去改变世界，发展文明的、健康的、科学的生活方式。

审美能力的发展一定程度上受到遗传因素的影响，但对其发展起决定性作用的还是教育、环境和个人实践等外在因素。因此在教学过程中，教师需要引导学生积累审美经验，使审美能力得到进一步提高。

3. 审美情趣

审美情趣指人在审美过程中的一定审美倾向，反映了人对审美对象的态度以及审美对象与人的审美需要之间的关系。审美情趣的形成是以审美经验和审美能力为基础的。但是，审美情趣也在通过制约审美活动来影响审美经验的积累以及审美能力的发展，因此三方面是相互影响作用的。

二、审美素质教育的意义及作用

审美素质使人充满生机和活力，从而也就使人具有创新能力的可能性。审美素质的作用，主要表现在以下四个方面：

（一）有助于学生精神境界的提升

当美育促进素质结构的"内化"，形成审美素质时，使人产生一种审美内驱力,摆正物质与精神的位置,不让物质欲望压制精神,也不让精神萎靡、自甘堕落,从而能够自觉地向往和追求真、善、美,鄙视和抵制假、恶、丑。这也是审美素质在当前社会具有特别重要作用的原因。它对青少年的作用更为明显,使青少年摆脱现代人的心灵迷茫和感性刺激,建构新人文精神,并以生命意识为起点,激发他们对生命的感悟,对爱和情感的需求,对心智和灵性的认知。接受过美育的学生,和没有接受过美育的学生明显不一样,内化的审美素质形成了他们正确的审美观、人生观和价值观,对他们人生的发展有积极的影响。

(二)有利于学生的人生发展

审美素质包括了审美的先天性禀赋,又包括了后天习得的、相对稳定的审美发展可能性,因此是人可能而且应该实现的发展审美素质潜能的总和。现实社会中,应试教育等巨大的社会压力延误了审养素质潜能的开发,或者说抑制了这种潜能的发展和实现。如果我们能够创造条件,充分开发这种潜能,它就能使审美活动的数量和质量达到一个新的层次。举办审美活动,有助于学生形成新思维、新表达、真体验的审美境界,有利于学生以后的人生发展。

(三)有助于激发学生的创新能力

创新能力的形成因素很多,其中一个基础性的因素,就是至今还没有引起人们重视的审美素质之一的美感。应试教育使许多学生埋头读书,对事物的美没有兴趣、没有反应,因而变得死气沉沉、迂腐僵化,不能不令人担忧。人类发展史证明,美不仅能引善,使人的道德品质净化和优化,还能启真,导致人对客观事物规律性的探索,这就是创新能力的培养和发挥。因此,很多杰出人物都高度关注美感这种审美素质。达尔文在自传中曾经说失去艺术趣味和能力就意味着失去了幸福,而且还能进一步损害理智,甚至可能会因为本性中情感成分的退化而危及道德心。① 达尔文的话,从今天看来真切地揭示了美育的功能、审美素质的作用,令人深思和警觉。

创新能力的另一个基础性因素是想象力。同时这也是一种审美素质。想象力不仅是高级思维能力,而且是充满灵性的智慧,表现人类的所有文明

---

① 滕守尧主编:《审美心理描述》,中国社会科学出版社 1985 年版,第 352 页。

创造,都体现了想象力的无穷魅力。想象力作为一种审美素质,必须通过多种形式的审美活动才能形成和发挥作用。要发挥审美素质的作用,培养创新能力,就得通过美育孕育和激活学生的想象力。因此,应该大力提倡素质教育中的美育,不失时机地培养学生的审美素质,使之充分发挥作用。

三、审美素质教育的原则

审美素质教育,是为了挖掘和发展人的审美潜能,提高和完善人的审美素质结构的一种教育,同时它也是美育的有机组成部分,从而和素质教育、美育都相互交叉、渗透和融合。由于审美素质教育具有自己的特殊性,主要是通过人的内在审美心理效应起作用,因此它具有以下三个基本原则:

(一)感性原则

这个原则要求挖掘和发展感性的审美素质潜能,使具有审美功能的视觉、听觉、触觉等感官,对客体世界感性的审美感知,灵敏而不迟钝,丰富而不贫乏,热烈而不冷漠,活泼而不呆板,提高和完善人的审美素质结构。这也就是激活人的感性,使感性呈现鲜活状态。这个原则不仅符合德国美学家鲍姆嘉通对美学的"感性认识的科学"定义,而且具有将现代人的感性从理性的压抑下解放出来的现实意义。

(二)内在性原则

这个原则要求挖掘和发展内在性的审美素质潜能,使人从内在需要出发,自然而然地追求美和创造美,而不是勉强地接受美的教育,强制性进行美的教育。这也就是高度重视人的审美自由性,不受任何限制,使审美活动始终处于自觉自发自主的良性状态,给审美主体最为宽广的自由空间,以符合席勒的《美育书简》中所说的"通过自由去给予自由,这就是审美王国的基本法律"。另一方面,这也是高度重视人的审美情感线,因为人只有通过内在的喜怒哀乐的情感活动,才能发现美和体验美,也只有通过内在情感的潜移默化,才能使内在的人格、情操审美化,促成审美主体的升华。因此,这个原则是充分发挥审美的内在教育功能,把人的审美需要内化为人的审美素质,以促进审美个性的形成和发展。

(三)艺术性原则

这个原则要求挖掘和发展艺术性的审美素质潜能,使人能以艺术的眼光发现客观事物的审美意义,能以艺术的心灵创造精神世界的审美价值。须知审美心境十分重要,它能使人具有良好的生存状态和生命现象,保持人与自然、社会的和谐和协调,随时得到美的滋润和美的享受,还能为思维能力、创新能力等一切潜能,提供全面开发和高度发展的基础。

总之,上述基本原则可以显示审美素质教育的特性和功能,表现审美素质教育的地位和作用,使审美素质教育更好地贯彻和实施。

四、审美素质教育的主要途径

(一)丰富学生的审美经验

审美经验是形成审美素质的基础,因此审美素质教育的培养离不开丰富学生的审美经验,通过审美经验的积累,进而提高审美能力,形成审美情趣。审美经验是在审美活动中产生的,因此要丰富学生的审美经验,就需要引导学生通过开展欣赏艺术感受自然之美,通过实践感受社会之美等丰富的审美活动,为学生积累更为丰富完善的审美经验。

(二)发展学生的审美能力

审美能力包括审美感受力、审美鉴赏力、审美创造力等。

审美感受力是指人们发现美、感知美的能力,在审美素质教育中,掌握正确的审美观点,通过对美的事物的欣赏、创造和想象,训练提高学生的审美感受力。审美鉴赏力是比审美感受力更高一个层次的审美能力,它是在审美感知的基础上对审美对象的理解能力和判断能力,是对美的本质的理解和评价问题,教师可以通过开展丰富的审美活动和授给学生一定的美学知识,使学生形成自己的审美鉴赏力。审美创造力是将感受美、鉴赏美运用于实践的过程,教师要因材施教提高学生的审美创造力。

(三)培养学生的审美情趣

塑造学生良好的审美素质,同样离不开正确健康的审美情趣的培养。要培养学生健康、正确的审美情趣,需要对审美活动进行正确引导,在审美教育内容上做到思想性与艺术性的统一。

◉ **思考题**

1. 素质教育与传统教育有什么区别?

2. 你认为采取什么方法有利于提高学生的心理健康水平?

3. 分析学生道德素质要素中的道德认识、道德情感、道德意志与道德行为之间的辩证关系。

4. 培养学生科学素质和审美素质有什么意义?

第九章 班级管理与班主任工作

● **内容提要**

　　班级是学校教育活动的基本单位,班级管理是学校管理的基本组成部分。本章界定了班级组织的概念,系统分析了班级组织的特点和功能;在此基础上,提出了现代中小学班级管理的主要内容,包括班级组织建设、制度管理、教学管理和活动管理四个方面;对班主任工作和内容进行了详尽的阐述。其中主要包括:了解和研究学生、组织和培养班集体、指导学生学会学习、做好个别教育工作、协调和统一各方面教育力量。本章列举了优秀班主任的案例并对其加以分析,做到理论与实践相结合。

第一节 班 级 组 织

一、班级组织的历史发展

(一)班级组织教学模式的形成:班级授课制

　　班级组织是随着班级教学的产生而形成的。在上古和中世纪,教学都是个别进行的,间或有集体讲解的形式,也只是偶尔为之。中世纪末期,一些欧洲国家出现了班级教学的萌芽,尤其在各新教教派的学校中相当流行。17 世纪捷克伟大的教育家夸美纽斯(1592—1670)总结了当时的新的教育组织的经验,推动了教育组织的班级化。他确定班级是学校教育工作的基本单位,并据此制定了学年制,各级学校均为六个学年,每个学年分为四个季节,各班同时开学,同时结业。① 夸美纽斯关于班级授课制的论述,为彻底改革过去个别教学的形式提供了理论基础。

对班级教学的实施产生重要推动作用的是"导生制"。"导生制"也称"贝尔—兰卡斯特制",是英国国教会牧师贝尔(1753—1832)和公谊会教师兰卡斯特(1778—1838)所创的一种教学组织形式。导师制是为了适应资本主义生产的需要而产生的。它的具体做法是,一个大教室里安排许多排课桌,每排约 10 名学生,其中有一个导生,教师首先教会这些导生,再由他们教会其他学生。导生制缓解了当时教育对象增多与师资力量匮乏之间的矛盾,在客观上促进了英国及其他国家初等教育的发展。

19 世纪德国教育家赫尔巴特(1776—1841)提出了教学形式阶段理论,使教学组织形式更加明确和规范。他将教学过程划分为明了、联合、系统和方法四个阶段。后由他的弟子,即赫尔巴特学派加以改造和发展,成为著名的"教学五步法",对欧美等国家的教学理论和教学实践产生了深远影响。后来,苏联教育家凯洛夫在此基础上提出了分科教学,强调教师在教学中的主导作用,构筑了班级授课制的教学论模式。

(二)班级组织的改造

班级授课制在扩大教育对象、提高教学效率等方面功不可没,替代了数百年来主要的教学方式——个别教学,对近代教学方式的变革产生了巨大影响。然而到了 19 世纪 70 年代,对这种班级教学模式的批评之声也不绝于耳,适应个别教学的班级教学组织的改造运动以美国为中心开始活跃起来。

最早提出对班级教学进行改造的是由美国帕克赫斯特所创的"道尔顿制"(Dalton Plan)。道尔顿制主张改善传统教授法几乎不顾及儿童本身特点的弊端,使学习者能够按照自定的步调学习;针对传统教学法中各科的课程表不分优劣生一律平等的弊端,依据每个儿童学习各学科的难易度,适当分

---

① 滕大春主编:《外国教育通史(第二卷)》,山东教育出版社 2005 年版,第 313—314 页。

配课程时间。① 还有"圣路易编制法"和"巴达维亚法"对传统的班级教学组织都进行了富有成效的改造工作。

20 世纪五六十年代以后,教育改革的浪潮在世界各地风起云涌。西方各国在重点进行课程改革的同时,也进行了教学组织形式方面的改革尝试。改革的主要目标是:(1)进一步完善班级授课制,实现以班级为基础的教学组织形式的多样化,为每个学生提供适合其特点的教学活动形式和学习环境;(2)探索能最大限度利用现有技术手段的教学组织形式,提高教学活动的效率;(3)寻求既不失集体影响又有个人独立探究的教学组织形式。②

此后,在改革班级组织的尝试中,主要包括特普朗制、活动课时制、开放课堂、个别教学、小队教学等。特普朗制采用大班上课、小班讨论和个人独立研究相结合的灵活教学方式。大班课把两个或几个平行班结合在一起,使用现代科技手段,由优秀教师主讲。大班课后是小班课,一般是 15—20 人,最后是学生个人研究。诸如此类的教学组织形式改革不胜枚举,这样不仅可以发挥教师的专长,而且也可以唤起学生的学习动机,提高教学效果。

班级教学与个别教学的比较表③

	个别教学	班级教学
师生关系	教师只同个别学生发生联系,难以形成学生集体	教师以班为单位进行教学,班级成员的人数相对固定,学生在集体中学习
学生来源	学生年龄和文化程度参差不齐,学习内容与进度缺乏计划性与系统性	学生年龄相同,文化程度相近,学校以"课"为教学单位,学生的学习循序渐进、系统完整
教育管理	教学活动和学习时间没有明确规定,学生入学、毕业、退学等学籍管理没有制度化	教学内容按学校和年级分成许多既有系统又相对独立和均衡的部分,每部分采用相应的教学方法和手段,有计划有步骤地展开教学活动;学籍实行制度化管理。

---

① 全国十二所重点师范大学联合编写:《教育学基础》,教育科学出版社 2002 年版,第 237 页。

② 李秉德主编:《教学论》,人民教育出版社 2001 年版,第 229 页。

③ 全国十二所重点师范大学联合编写:《教育学基础》,教育科学出版社 2002 年版,第 239 页。

虽然新的教学组织形式不断涌现,各有所长,但各国采用的主要教学组织形式仍然是班级授课制。班级授课制虽存在一些弊端和缺陷,但其优越性也是不容置疑的,在许多方面都优于个别教学。这也是班级组织教学模式被广泛采用而经久不衰的原因所在。

二、班级组织的概念及特点

(一)班级组织的概念

从班级组织的历史发展可以看出,班级组织的职能本是开展教学活动的集体。发展到现在,教育理论和教育实际工作者为了开发班级的多种功能,更倾向于把班级看作是教育性的学习集体和生活集体。

由此,可以把班级组织定义为:班级组织是学校为实现一定的教育目的,将年龄相同、文化程度相近的学生按一定的人数规模建立起来的教育组织。班级既是教学活动的基层组织单位,又是学生生活及开展活动的集体单位,也是学校教育管理工作的基本单位。

班级组织的发育一般要经历三个阶段:个人属性之间的矛盾阶段、团体要求与个人属性之间的矛盾阶段、团体要求架构内的矛盾。班级组织形成之后,主要是通过其基本成员(班主任、任课教师和学生)之间的相互影响的过程来达到预定的教育目标。班级组织一旦形成,就具备了相应的组织结构,如班级的正式组织与非正式组织、班级组织的角色结构、班级组织的信息沟通结构、班级组织的规模等。

(二)班级组织的特点

班级组织具有一般社会组织的共性,还是一种教育性组织,是学生在学校中学习、成长和开展各种活动的基本场所。它的个性特点表现为:

1. 班级组织的目标是促进所有学生的发展

班级管理的过程不同于企业管理,它是以育人为目标的,学生既是班级组织教育过程的主体又是班级组织管理的对象。班级管理的结果体现在是否使每一个学生的身心获得了全面而和谐的发展。而且,班级组织是一个动态生长着的有机体,这个有机体功能的大小、价值取向等都与它的每个成员的发展具有密切关系。本着培养人、塑造人的目标,班级管理的过程与教育过程应该紧密配合,从而为学生的发展创造一个优化的微观社会环境,使班级组织成员获得智力、能力和个性的充分发展。

2. 班级组织中师生之间是一种直接的、面对面的互动

班级组织是学校开展教学工作的基本单位,其活动本身要求班级中的教师和学生、学生与学生之间的互动是直接的、面对面的。教师只有在认识到学生的特性、当前的心理状态和对教学内容的理解之后,才能对学生施加有针对性的教学和影响。班级组织的健康发展在很大程度上取决于班主任和任课教师对班级成员的认知和理解程度,因此,在师生之间、学生之间建立和谐、互动、相互信任的人际关系是至关重要的。

3. 情感是班级组织中师生建立和谐关系的纽带

班级组织成员之间首先是一种人际关系,一种情感之间的互动。积极的情感体验能够成为一种巨大的教育力量,引起共鸣,起到潜移默化的作用。让学生在班级里获得更多的情感体验,可以唤起学生的学习动机,从而巩固和深化教学内容。情感之所以在班级组织中具有如此大的作用,这是因为:首先,中小学生由于心理和意识发展的程度不高,情感就成为他们认识事物的一种非常重要的形式;其次,班主任和教师在教育教学活动中,为了促进学生的全面发展,充分利用情感的力量,会起到事半功倍的效果。班主任和教师的教育艺术就在于使班级组织对学生产生巨大的吸引力,让学生对班级产生向往感、荣誉感、友爱感,使学生的良好个性也能在班级组织中得以培养和生成。①

4. 师生交往的多面性

在班级活动中,由于班级组织中存在着各种交往中的情感因素,因此,班主任、教师和学生之间,学生与学生之间的交往不是单一的,而是具有多面性和多层次性,既有知识传授和接受的交往,也有情感方面的交流与分享。因此,在班级交往中,其成员的个性可以得到充分的发展,感情投入也比较深厚。良好的班级组织不仅可以满足学生社交和归属的需要,还可以

---

① 全国十二所重点师范大学联合编写:《教育学基础》,教育科学出版社 2002 年版,第 246 页。

满足他们自尊和自我实现的需要。班主任及任课教师应该通过各种渠道，如教学、课外活动、社会实践活动、个别交流等与学生广泛交往，满足学生发展过程中的多方面需要。

5. 班主任和教师需要用自己的人格力量来组织班级活动

班级工作的成败，在很大程度上取决于班主任和教师的人格魅力。班级作为一个正式的基层组织，为了完成教育目标，必须制定相应的规章制度来维持。但由于班级中互动的直接性、全面性以及强烈的情感色彩，班级中的非正式方式和手段的采用就显得尤为重要。事实证明，只有那些人格高尚、知识渊博、能力出众、关心爱护学生的班主任和教师才能在实践中得到学生的信任、敬仰和爱戴。因此，班主任和教师作为班级中的主要管理者，一方面需要通过纪律来维持正常的教育教学秩序，另一方面更需要增强自身的人格力量和道德感召力以及情感的联系来开展班级活动。

三、班级组织的功能

班级是一种社会组织，并且是由不同的个体组成的群体，这就决定了它既具有社会化功能，又具有个体化功能。

(一) 班级组织的社会化功能

1. 传递社会价值观，指导生活目标

班级组织是按照社会的需要和教育目标，在组织学生学习、交往、劳动和社会实践中，向其进行世界观、人生观、道德观、知识观和审美观的教育，引导学生正确处理个人目标、集体目标和社会目标的关系。通过班级活动使学习者在社会主体价值观的引导下，将个人的兴趣、爱好、需要升华到符合社会和国家期望的生活理想、职业理想，使学生成为爱国爱民的集体主义者。

2. 传授科学文化知识，形成社会生活的基本技能

教育者通过班级组织将人类社会长期积累的科学文化知识和经验传递给学生，让学生在系统而规范的学校教育中获得社会生产和生活所需要的知识和技能，并为进一步发展科学文化知识奠定基础。虽然学生通过其他方式也能获得生活技能,但毕竟是不系统的、零散的,班级组织教学是学生获取知识和技能的最主要、最有效的途径。

3. 教导社会生活规范,训练社会行为方式

学生通过班级组织与他人交往,必然会形成相应的社会规范。学校以及班级组织的制度、传统、舆论和风气,直至学生之间所使用的语言、行为方式,教师的言谈举止、仪表仪态,都会向学生隐性地传递一定的社会规范,对学生产生同化力和约束力,使其受到潜移默化的影响,从而培养他们的社会态度和社会行为方式。

4. 提供角色学习条件,培养社会角色

班级组织为学生的角色学习提供多方面的条件,这是学生将来取得社会成员资格并扮演相应角色的有效途径。班集体的目标、规范和人际关系结构对每个学生提出了明确的角色期望,学生的学习态度、成绩以及教师、同伴的评价决定了他们在人际关系中的地位。在师生交往、同伴交往以及各种班集体活动中,学生不断积累经验,提高充当角色能力,还可以获得不同的角色体验。

(二)班级组织的个体化功能

1. 促进学生发展的功能

班级组织可以为班级成员个体提供发展的机会,这种发展是全方面的:(1)知识与认识的发展。包括知识的增长、认识的深化、观点的扩大以及对自我和他人理解水平的提高等。(2)情感的发展。包括各种积极的和消极的个体情感的产生和深化。(3)兴趣态度的发展。包括对自己、他人与社会的关心与态度等方面。(4)社会技能的发展。包括自我控制能力、决策判断能力、人际沟通能力、解决社会问题的能力等。

2. 满足学生需求的功能

学生处在一定的班级组织中,对这个班级组织必定有所需求,比如安全感、归属感、发展和自我实现的需求等。班级组织既能为学生提供满足其归属、依存等基本需求的机会,也是创造满足自我实现等高级需求的途径。

3. 诊断和矫正的功能

学生在班级组织中,其人格和能力上存在的缺陷也会显现出来,如社会技能缺乏、情绪不稳定、自我控制能力差、过度利己主义和极端主义、过于内向或外向等。这些缺陷的暴露,为班主任和教师开展有针对性的教育,矫正学生的不良倾向创造了便利条件。

班级功能由其结构和特点所决定,但它并不会自动地发挥作用,而必须形成积极的团体规范才能发挥作用,否则,就无法发挥所期待的功能。班组组织功能发挥具有方向性,并不总是发挥正向功能,如在竞争激烈的气氛中,对学生的评价过于依赖于学生的个人学业,忽视对其他方面的考察,那么,在班级中就容易形成利己主义。这样,既不利于班集体的健康成长,也会对学生个体发展造成不良的影响。当班级功能发挥正向作用时,在班级中就会形成正确的舆论和班风,对优秀班集体的培养极为有利。

第二节　班级管理的内容

班级管理就是班主任和教师通过对班级教育条件的理顺,采取适当的方法,建构良好的班集体,从而有效地推进有计划的教育行为过程。① 班级管理主要包括四个方面的内容:班级组织建设、班级制度管理、班级教学管理和班级活动管理。

一、班级组织建设

(一)班级管理的三种风格

班集体是学生学习、生活和成长的重要场所。班级管理是以班集体为基础展开的,因此建设良好的班集体是班级管理的核心,也是班主任工作成果的重要体现。班集体的好坏,对学生的成长至关重要,甚至能影响他们的一生。没有良好的班集体,学生就会成一盘散沙,无法凝聚成一种相互激

---

① 全国十二所重点师范大学联合编写:《教育学基础》,教育科学出版社2002年版,第249页。

励、相互影响的力量。

全国优秀班主任魏书生依靠科学民主的管理方法,极大地调动和培养学生自我教育、自我管理的自觉性和能力,即使在他社会兼职和社会活动频繁的情况下,也丝毫没有降低班级的管理水平,反而使班集体的凝聚力和战斗力更强了。这说明,建设良好的班集体需要科学的先进的教育理念来指导。在现实班级管理中,存在着三种不同的风格:专制型、放任型和民主型。

1. 专制型

这种类型的班级管理,就是班主任喜欢采取高压、专制的手段来对待学生。他的话就是命令,学生只能顺从而不能有所反抗,否则就会遭到班主任严厉的批评,甚至惩罚和谩骂。在学习和生活上,专制型教师都会尽量限制学生的自由,让他们跟着自己的思路走,管理和支配学生的一切行为,而且在无形中压抑学生的独立思考和创造性的发挥。在这种管理模式下,学生成为循规蹈矩的服从者,在恐惧中学习和生活。学生的竞争意识不断被强化,竞争代替了合作,从而会导致一些负面的结果产生。

2. 放任型

这种类型的班级管理,基本上属于无为而治,甚或是一种不负责任的表现。放任型班主任是有其名而无其实,他们"宽容"学生的一切言行,不论对错,致使学生错误地以为自己可以为所欲为,而不必承担任何责任。"在这样的班级中,班主任与学生、学生与学生之间不过是物理空间上的集聚,在精神上则完全是疏远的、离散的。"①这种班级管理模式只会使学生各行其是,分崩离析,变得毫无生机与活力。班主任既无法把握班级的实际情况,又对学生形形色色的要求应接不暇,无能为力,最后只能听之任之。

3. 民主型

这种类型的班级管理,首先是班主任把学生放在一个与自己平等的地位,他们善于倾听学生,并积极地面向学生。在班级管理中,班主任一般不以直接的方式领导,而是把班级交给学生管理,自己作为指导者的姿态出

---

① 全国十二所重点师范大学联合编写:《教育学基础》,教育科学出版社 2002 年版,第 250 页。

现。学生在这样的班集体氛围中可以畅所欲言,充分展示自己的聪明才智,体验成功与快乐。民主型的班主任既非专制,亦非放任,他们立足爱的教育,在尊重学生的同时也深知自己身上的责任。

上述三种类型的班级管理模式,对学生发展的影响各不相同。前两种类型都是比较极端的表现,不利于学生健康成长。民主型的管理模式能够灵活地适应学生的个别差异,促进学生思想交流和行为合作。值得注意的是,学生的身心发展一直处于变化之中,班主任和教师应以发展的眼光看待学生,其指导内容和指导重心也应视学生发展水平的不同而有所改变。

(二)班级组织的设计与建设

良好的班集体不会自发形成,而是在班主任和班级成员的共同努力下而形成。只怀揣一腔热情不一定能达成愿望,它更需要班主任的智慧和科学的理念。

为了实现班级组织的奋斗目标,首先必须对班级的发展进行设计,以便于班级活动的开展有所依据。班级组织建设的设计主要考虑两方面因素:一是社会的政治、经济、文化发展对青少年提出的要求,具体表现为按照教育方针的要求;二是班级群体现有的发展水平。班主任在对班级周围的环境、学生的家庭及社会中潜在的教育因素及教育功能进行调查的基础上,在主客观条件允许的范围内,充分发挥学生的主动性、积极性,在充分酝酿的基础上提出相对理想的班级模式。

其次,要指导班级建设,发挥好集体的教育作用。班主任不仅是班级组织的设计者,而且也是班级组织建设的指导者。班级组织深受班主任指导风格和方式的影响。在现代班级组织建设中,应尽量避免专制型和放任型班级管理模式,而应积极建构民主型的班级管理模式。培养和建设良好的班级组织,要充分发挥班集体的教育作用:1. 培养学生集体意识,使全体班级成员能够自觉地按照集体的目标信念、价值标准和行为规范要求自己,正确处理个人与集体的关系。2. 培养学生集体主义情感,引导学生在集体中友好合作、乐于助人,相互团结,形成热爱集体的荣誉感、自豪感和责任感。3. 培养学生组织和管理集体的能力。4. 培养学生自觉遵守纪律的行为习惯。5. 培养公民意识。

二、班级制度管理

(一)成文的制度

成文的制度指的是学校教育工作的基本规范要求,即实施常规管理。在宏观上,它反映国家的教育方针、政策、法令、条例等内容;在微观上,它又反映学校拟定的规章制度等内容。对学生而言,主要是指学生守则。

常规管理具有基础性、强制性和实际操作性等特点。它一方面可以调节团体与个人的行为,保证共同的活动目标得以实现;另一方面保护团体成员在团体中的利益,促进个体的发展。班级成员都应遵守和服从规章制度,这是衡量和评价班级工作的基本标准。班主任和教师可以借助规章制度去约束学生,但绝对不能对学生实行思想和行为控制,更不可以把集体和个人对立起来,束缚学生的发展。

(二)非成文的制度

除了规章制度以外,班级的传统、舆论、风气、习惯等即为不成文的、约定俗成的非常规管理。由于每一位班主任的管理风格以及学生的个性特征和行为方式不同,由此所形成的班级具有特定的文化时空,诸如班风、传统等。它是一种隐性的、由学生长期生活、学习在其中而逐渐形成的一种共同生活方式,通过这种共同的生活方式,群体和个体都能得到相应的发展。

成文的制度管理和非成文的制度管理在班级组织建设中发挥着不同的作用。前者是学校中每一个班级都必须遵守的,具有普遍舆论性和约束性,在班级建设中发挥着引导、评价、调节和规范的作用,属于刚性管理;后者是班级组织在形成过程中班级自身建立的规范,是班级个性的体现,具有个别性和针对性,属于柔性管理。班级组织的建设应该将两者结合起来,尤其是后者在很大程度上影响着前者的管理程度和效果。

三、班级教学管理

教学是学校的中心工作。班级教学管理的主要内容包括:

（一）明确班级教学管理的目标和任务

传统的教学理论仅仅把课堂教学看做学生个体活动的复合体，而不是一种群体的共同活动，只一味地向学生传授知识和技能，而忽视课堂教学对于形成班级组织、促进师生个性社会化的重要功能，更没有把课堂教学看成是一种集体的力量。

现代教学理论主张教学活动应该使学生学习目标共有，并在学习活动中学会合作。虽然教学目标一般由班主任和教师制定，但目标的共有意味着它是师生合作的目标，学习内容的价值一旦共有，就会产生合作性学习观，从而让每个学生都拥有成功的体验。

（二）建立有效的班级教学秩序

教学目标制定之后，接下来就是教学活动的开展。由于教师和学生之间、学生与学生之间存在着知识与经验的差异，因此教学活动必须在一定的教学秩序中才能够被完成。有效的班级教学秩序，应该超越每个学生所拥有的知识的量与质的差异，以及学生理解和学习速度的差异，在教师的引导下充分发挥学生的主体作用。有序的教学秩序是开展教学活动的保证，相互支持的班级氛围有助于学生在轻松愉快中掌握知识和技能，培养良好的学习态度和个性。

（三）建立班级管理指挥系统

建立班级管理指挥系统对于班级教学而言是非常必要的。这个指挥系统由上而下包括三个层次：一是以班主任为核心的班级任课教师群体。班主任要调动全体任课教师的积极性、主动性与创造性，互相尊重，取长补短，协调好彼此的关系，形成教育合力。任课教师也应主动协助班主任做好班级工作，为实现班级教学管理工作而尽心尽力。二是以班委为骨干的教学沟通系统。虽然班主任是班级建设和发展的掌舵者，许多工作离不开班主任的亲力亲为，但个人的力量毕竟是有限的，而且有些工作完全可以交给班干部去做，让他们在教师和学生之间架起一座沟通的桥梁。三是以学习小组为中心的执行系统。可以根据学科或者兴趣将班级分成几个小组，开展小组讨论、互相提问、收发作业等活动。

四、班级活动管理

班级活动是班级成员为满足彼此的需要,有目的地作用于客观事物而实现的相互配合的动作系统。组织、开展相关活动构成了班主任工作的重要内容。根据班级活动的时间分布,可分为日常性班级活动和阶段性班级活动两大类。日常性的班级活动如晨会、班会、执勤、办板报等;阶段性班级活动通常与全校性的集体活动有关,它包括工作型和竞赛型两类。

(一)日常性班级活动管理

日常性班级活动就是班级每天或者每周都要进行的、为维持班级"有机体"正常运转所必须的活动以及班级内自发进行着的活动。晨会和班会实际上具有"滴水穿石"的功效。从一个班级的晨会、班会的质量和风格往往可以看出这个班集体的面貌和发展水平,看出班主任对待班级工作的基本态度。比如晨会或执勤,班主任可采用轮流值班制的方式,由小组或小队来承担任务,每组或每队值日一周,这不仅有利于学生个体的锻炼,而且有利于小组集体的形成。再如班会,班主任在开班会之前要做好充分的准备,班会的内容应体现和触及班集体及成员生活中的兴奋点,否则班会就会在学生心目中黯然失色。除了注重班会内容和形式外,班主任还要鼓励学生多参与到班会活动中,进行自我教育。

(二)阶段性班级活动管理

工作型的阶段性班级活动是指全校每个班级在学期不同阶段都必须完成的班级活动。如学期初班级活动计划的制定、班干部的选举或改选、学期末优秀班集体和先进人物的评选等。在此类活动中,班主任要注意通过多种渠道和采取多种方式,广泛听取学生的意见,在意见发生分歧时还要引导学生认真开展讨论,分析产生分歧的原因,寻找可能实现的统一。①

竞赛型的阶段性班级活动一般有学科竞赛、艺术比赛、体育比赛、班级卫生评比和广播体操评比等。这些竞技比赛和评比除了起到挖掘人才和活跃学校生活的作用外,还能起到促进班集体的形成和班级之间相互影响的

---

① 叶澜主编:《新编教育学教程》,华东师范大学出版社 2006 年版,第 281 页。

作用。发挥竞赛的作用,班主任应充分认识到:1. 正确地对待胜败。取胜是参赛的目的,但不是唯一的,甚至不是主要的目的。2. 使更多的学生有参赛的机会,并充分感受到班集体的温暖。3. 通过竞赛,提高参赛者的心理素质。4. 以参赛带动班级的日常活动。5. 增强班级的集体荣誉感,并处理好班级与班级之间、班级与学校之间的关系。

第三节　班主任工作

班主任是班级的组织者、教育者和指导者,是学校领导实施教育、教学计划的有力助手,班主任的工作关系到年轻一代的健康成长。班主任是一个班级的灵魂,"一个好的班主任就是一个好的班集体"。一个班级学生思想觉悟的高低、组织能力的好坏、学习成绩的优劣、学生素质的高低,多半与班主任的工作态度、教育的艺术水平、组织管理能力以及自身修养有关。

一、班主任工作的意义与任务

(一)班主任工作的意义

班主任是教师队伍的重要组成部分,是班级工作的组织者、班集体建设的指导者、学生健康成长的引领者,是学生思想道德教育的骨干力量,是各种教育力量的协调者和联系纽带,是学校实施素质教育的主力军。① 班主任工作的成功与否对学校的教育教学质量和对学生的身心发展都有着重要的意义。

1. 班主任工作关系到学校的教育教学质量

班级是学校的基本单位。班主任是班级的教育者和组织者,是学校领导进行教育工作的得力助手。它对班级工作全面负责,组织学生的活动,协调各方面对学生的要求,对一个班集体的发展起主导作用。班主任工作质量的好坏,在很大程度上决定着一个班级的精神面貌和发展趋势,深刻影响

---

① 王彦才、郭翠菊主编:《教育学》,北京师范大学出版社 2010 年版,第 409—410页。

着每个学生德智体的全面发展。实践证明,不少的"差班"、"乱班"在优秀班主任的辛勤培育下,可以转变为"好班"、"优秀班集体"。反之,再好的班级在不负责任的班主任管理下,也会变成一个自由散漫的落后班。

班级是学校的细胞,学校的教育质量归根结底要落脚到每一个班级身上,不同的班集体会造就不同的学校。因此,班级建设关系到一个学校的存在与发展,教育教学质量的好坏与班主任自身素质和能力有着密不可分的关系。班主任既是党的教育方针和学校教育目标的执行者,是学校教育第一线的骨干力量,又是负责班级成长的组织者和领导者。社会上"择校"、"择班"的现象已充分证明了这一点。没有家长愿意选择教育教学质量低的学校,即使在同一所学校,好的班级、好的班主任也是家长的首选,从家长的角度来说这关系到孩子今后的学习与发展。从国家的角度来讲,学校教育关系到国家的长治久安与繁荣富强。班主任,一个普普通通的角色,在普通的教育岗位上发挥着不容忽视的重要作用。

2. 班主任工作关系到年轻一代的健康成长

在学校日常生活和学习中,与其他教师相比,班主任与学生接触和交往的机会最多,关系最为密切,对其影响也最大。适龄儿童和青少年正处于身心发展的关键期,品德和个性也在人生的这个阶段逐渐形成,但毕竟学生个体发展还不够成熟,可塑性很强,如果缺乏正确的引导也极易沾染不良习气,甚至偏离人生的轨道而走上歧途。作为班主任,学生人生道路的主要引领者,既要从"爱"出发,全面关心和爱护学生,又要保持冷静和理智,利用各种机会对学生进行政治思想、道德品质等方面的教育,促使每个学生德智体全面、和谐地发展。

做到这一点十分重要。教育实践已多次证明,不尊重学生身心发展规律,想当然地以成人的标准来要求学生,势必对学生的身心发展造成伤害。班主任工作的出发点和落脚点是学生,丧失理智的做法不足取,更应摒弃。不能因为学生考试成绩不理想而归咎于学生,而应该从自身寻找原因,更不应该以成绩作为评价学生优劣的标准。

"春蚕到死丝方尽,蜡炬成灰泪始干"是对教师奉献精神的真实写照。班主任工作平凡而琐碎,但却责任重大、意义深远。

(二)班主任工作的任务

班主任工作的基本任务是:依据我国教育目的和学校的教育任务,按照德、智、体、美、劳全面发展的要求开展班级工作,全面教育、管理、指导学生,使他们成为有理想、有道德、有文化、有纪律、体魄健康的公民。①

班主任工作的任务具体包括以下几个方面:

1. 对学生进行思想品德教育

对学生进行思想品德教育是班主任工作的首要任务,也是班主任工作的重心。班主任应以《中共中央国务院关于进一步加强和改进未成年人思想道德建设的若干意见》、《中学生守则》、《中学生日常行为规范》、《公民道德行为规范》的要求为指针,加强对学生的爱国主义教育、理想信念教育、安全法制教育、职业道德教育、心理健康教育以及行为养成教育等,引导学生树立正确的世界观、人生观、价值观和择业观,使学生养成良好的学习和生活习惯、学会尊重他人,做遵纪守法的好公民。

2. 提高全班学生的学习质量

学习是学生的主要任务,提高全班学生的学习质量也是班主任工作的重要职责。班主任一方面要立足学生学习的基本情况,团结、协助任课教师做好各科教学工作,另一方面要引导学生确立学习目标、端正学习态度、遵守学习纪律、掌握科学的学习方法、激发学生学习动机和培养良好的学习习惯。此外,还要配合任课教师做好后进生的个别教育工作,使每一个学生在原有的基础上都有所进步,有所提高。

3. 组织开展丰富多彩的活动

班集体的形成与发展是在班级成员的积极活动中实现的,班主任的教育思想和教育行为对其产生直接的影响。在教育思想上,班主任应树立使班级活动真正成为学生自主活动的观念,使学生在自主活动中开展自我教育。班主任要给予学生的力量以充分的信任和尊重,让学生在活动中得到锻炼,发挥潜能。在教育行为上,班主任要积极组织、指导学生参加学校组织的各项活动,如体育活动、公益劳动等社会实践活动以及有益身心健康的科技、文娱活动,以发展学生兴趣,培养学生特长。

---

① 王彦才、郭翠菊主编:《教育学》,北京师范大学出版社2010年版,第410页。

4. 注重学生心理健康教育

近年来资料显示,目前的儿童和青少年表现出越来越多的心理健康问题。少年因学习压力过重,不堪重负导致自杀或伤人的事件时有发生。全国 22 个省市青少年心理健康的数字表明,我国有 3000 万青少年处于心理亚健康状态。[①] 21 世纪是一个竞争激烈、瞬息万变的世纪,既给青少年提供了施展手脚的广阔舞台,也使他们面临着前所未有的困难与挑战,承受着巨大的升学和就业压力。班主任身负重担,其任务已不仅仅是教会学生知识和技能,同时还要关注学生的心理健康问题,在当代这一点显得尤为重要。

5. 建立班级日常管理规范

班主任的工作千头万绪,如果没有建立班级常规管理,就可能出现焦头烂额、顾此失彼的现象。一个优秀的班主任不会让自己整日淹没在日常班级管理的琐事当中,而是要从这些繁杂的事务中解脱出来,以便有更多的时间和精力着手更为有意义和创造性的工作。此外,班级日常管理规范的建立,可以让学生的行为有所依据和约束,这对形成良好的班风是非常必要的。

6. 协调校内外各方面教育力量

家庭和社会是学校教育的有力合作者,而班主任工作是连接学校、家庭和社会的桥梁和纽带。学校作为社会系统的一个有机组成部分,与社会其他系统相互依存、相互作用,已不再是游离于社会之外的"孤岛"。尤其是家庭、社区作为学校教育资源的有益补充,更应引起学校和班主任的重视。班主任可以通过家访、召开家长会、成立家长联合会等多种方式加强与家长及社会等方面的联系,形成学校、家庭、社会三位一体的教育合力,以取得良好的教育效果。

二、班主任工作的内容与方法

班主任在班级建设中行使着多种职能,扮演着多种角色。班主任既是

① 王彦才、郭翠菊主编:《教育学》,北京师范大学出版社 2010 年版,第 411 页。

学生全面发展的关护者,又是班级的领导者。班主任工作复杂而又富于创造性,班主任工作的艰巨性和复杂性决定了班主任工作内容的广泛性和工作方法的多样性。

(一)了解和研究学生

了解是教育的起点,全面了解和研究学生是开展班主任工作的前提和基础。《学记》说:"学者有四失,教者必知之。……知其心,然后能救其失也。"卢梭在《爱弥尔》一书中写道:"你必须好好了解你的学生之后,才能对他说出第一句话。"俄国教育家乌申斯基也说道:"如果教育学希望从一切方面去教育人,那么就必须首先从一切方面去了解人。"班主任工作的对象是学生,一个个具有鲜明个性的活生生的人,学生在认识、情感、意志、兴趣、需要等各方面千差万别,班主任只有在充分了解学生的基础上,才能使工作具有针对性和实效性,才能做到有的放矢。

1. 了解和研究学生的内容

了解和研究学生包括两个方面,即学生个人和学生集体。了解学生个人情况,主要包括学生个人德智体的发展,学生的兴趣、爱好、特长、品质、性格,以及学生在家庭生活中的地位和他的社会交往情况等。了解学生集体情况是在了解学生个人情况的基础上进行的,主要包括全班学生的年龄、性别、家庭等一般情况以及学生德智体发展的全貌,还有班风、传统等。

了解学生个人具体包括:(1)一般作息时间与生活习惯;(2)集体观念如何,与哪些学生比较要好;(3)对各门学科的看法、态度,学习方法和学习成绩;(4)在家里最听谁的话,与家里人的关系,每月零用钱及其用途;(5)课余生活是怎样安排的,爱看哪些书刊;(6)气质如何;(7)初具的性格怎样;(8)能否自觉遵守纪律,在公共场所有无文明习惯;(9)思想政治状况,心目中崇敬哪些人;(10)最尊敬的教师是谁,最喜欢什么样的教学方法。①

了解学生集体具体包括:(1)学生总人数,男、女人数;(2)学生家庭地址,家长职业状况(从事脑力劳动与体力劳动的百分比);(3)学生在家庭中排行情况,独生子女在全班学生中所占的百分比;(4)学生家庭类型:复杂型(如三代同堂)、一般型和特殊型(如父母缺一)的百分比;(5)学生家庭物质

---

① 王道俊、王汉澜主编:《教育学》,人民教育出版社1999年版,第533页。

条件:居住面积、平均生活费;(6)学生身体素质:基本健康的、有各种慢性病的、与残缺的百分比,近视眼的百分比和发病率;(7)团员人数,团支部思想状况和工作状况;(8)班集体有哪些兴趣、爱好;(9)与兄弟班的关系;(10)集体的是非观念,有无正确的集体舆论。①

班主任了解和研究学生,既要以整个班级为背景来了解每个学生,又要在深入了解和研究每个学生的基础上把握整个班集体的情况,两者兼顾。班主任在了解和研究学生时,应坚持全面性、发展性和客观性的原则,为建设良好的班集体打下坚实的基础。

2. 了解和研究学生的方法

了解和研究学生的常见方法有以下几种。

(1)资料分析

资料分析不受时间和地点的限制,班主任可以随时随地通过资料上比较系统而详细的信息获得对学生的了解。它是班主任初步了解班级和学生情况的最简便、最常见的方法。有关学生的书面资料很多,大致有三类:一是学生档案资料,如学籍卡、历年的考试成绩和操行评语、体格检查表、有关奖惩记载等;二是班级记录资料,如班级日志、班会和团会记录等;三是学生个人写的资料,如作业、作文、日记等。通过资料分析,班主任可以掌握学生德智体各方面的发展情况,了解学生的家庭状况、社会交往情况,以及学生所处的道德认识和心理发展水平等。但这些资料记载的是学生的过去,班主任还应通过其他途径更全面地了解学生,并用动态的发展的眼光看待他们。

(2)日常观察

观察是了解和研究学生的重要手段,班主任通过在自然状态下对学生有目的、有计划的观察,可以获得学生多方面的真实情况。在对学生的日常观察中,班主任首先要注意选择好观察点,要在学生不知情而无外界干扰的情况下,表现出其最真实、最自然的一面,这样获得的信息才真实可靠;其次,班主任对学生的观察应该做到细心、敏感和警觉,不仅要明察秋毫,而且要深入到学生内心分析其细微变化的原因,关注其心理动态。如一向外向开朗的学生为何突然变得沉默?一向遵守纪律的学生为何迟到旷课?等

---

① 王道俊、王汉澜主编:《教育学》,人民教育出版社1999年版,第531—532页。

等。最后,班主任还要通过学习、劳动、课外活动等来观察学生的言行举止,形成对学生客观而公正的评价。

(3)谈话

谈话法是班主任了解和研究学生的一个基本方法。谈话不但是信息的交流,更是情感的交流,它可以拉近师生间的心理距离,谈话还能起到"润物细无声"的独特效果。班主任与学生谈话的方式很多,大体上可以分为个别谈话、集体谈话和对话三种。班主任必须掌握好与学生谈话的艺术,才能达到预期的效果。

首先,谈话的态度要真诚。相互信任是班主任与学生谈话顺利进行的前提条件,学生只有"亲其师"才能"信其道"。其次,谈话要作精心准备,知己知彼。在与学生谈话之前,班主任一定要充分了解学生的心理特点和个性特征,设计出科学的谈话内容与方法。第三,谈话要目的明确,并把握好谈话的进程。谈话不能漫无目的地谈,而是要尽量围绕主题进行。不能操之过急,也不能蜻蜓点水,做到适可而止,让学生有意犹未尽之感。最后,班主任要做好谈话的总结工作,以备日后研究。

(4)调查访问

调查访问是深入了解和研究学生的一种间接的方法。调查的对象一般是学生,也包括一些相关人员,如学生的家长、亲友、任课教师、原来的班主任等。根据调查目的和任务,可采用家访、家长会、座谈会、问卷调查及访谈等形式。既可进行综合调查,也可进行专题调查。综合调查是为了在新形势下了解学生德智体各方面的发展规律、特点及存在的优劣与问题,以便制定班主任工作计划;专题调查是为了了解学生个人或集体中发生的某个问题,深入而全面地掌握有关情况,以便采取有效措施,正确处理。

(二)组织和培养班集体

组织和培养班集体是班主任工作的中心环节。班集体不是自发形成的,而是班主任精心组织和培养的结果。一个真正的班集体,"有明确的奋斗目标,健全的组织系统,严格的规章制度与纪律,强有力的领导核心,正确的舆论和优良的作风与传统①"。班集体一旦形成,就会成为班主任开展工作的有力助手,并产生巨大的教育力量。建立一个优秀班集体,需要班主任

---

① 王道俊、王汉澜主编:《教育学》,人民教育出版社 1999 年版,第 520 页。

做好以下几个方面的工作。

1. 制定班级奋斗目标

制定班级奋斗目标是组织和培养班集体的重要手段。共同的奋斗目标不仅可以使班级产生凝聚力,而且为班集体的发展指明方向。班级是全班师生共同生活的精神家园,班主任在制定班级奋斗目标时,应结合本班学生的思想、学习和生活的实际全盘考虑,并充分体现学生的意志、愿望和要求,做到共同讨论、集体决策。

班集体的目标一般包括:近期目标,如搞好课堂纪律;中期目标,如成为优秀班集体;长期目标,如使学生在原有基础上有所进步、有所提高。制定班集体目标应遵循由易到难、由近及远、逐步提高的原则,目标要具体明确、切实可行,具有针对性和鼓舞性,推动班集体不断向前发展。

2. 建立班级组织机构

建立班级组织机构是班主任开展班级工作的第一步。班级组织机构一般由班委会和团委会两部分组成。班委会负责全班的日常工作,机构成员通常包括班长、副班长、学习委员、生活委员、体育委员、文艺委员等,副班长和各委员团结在班长周围,协助班长工作;团委会主要负责班级的共青团工作,由团支书、组织委员和宣传委员组成。

班干部在班级中的作用非常重要。他们是班主任的左膀右臂和得力助手,在班集体良好班风的形成中发挥着核心作用和榜样作用。培养一批素质高、责任心强的班干部,是实现班集体有效管理的重要保证。因此,班干部的选拔和培养就显得十分重要。具体来说,选拔班干部时要综合考虑以下因素:一是德才兼备、全面发展;二是关心集体,有一定的组织管理能力;三是情商发展比较好,在学生中有一定的影响力、感召力、凝聚力;四是有较强的自制力,严于律己、以身作则、率先垂范。[1] 班干部确定之后,班主任就可以从以下几个方面着手培养:一是激发班干部的工作热情,帮助他们在同学中树立威信;二是创造条件,帮助班干部在工作实践中接受锻炼,不断提高工作能力和管理水平;三是协调好班委会和团委会的关系,各司其职,又相互配合和支持;四是严格要求,赏罚分明。此外,班主任在帮助班干部成

---

[1] 王彦才、郭翠菊主编:《教育学》,北京师范大学出版社 2010 年版,第 419 页。

长的同时,还要善于发现和培养新的积极分子,不断壮大班干部队伍,以巩固和发展班集体。

3. 完善班级管理制度

建立和完善班级管理制度是班主任搞好班级工作的重要保障。俗话说:"没有规矩,不成方圆。"班主任在管理班级时,既要"以德服人",又要"依法治班"。只有建立健全班级管理制度,才能提高班级的管理效率,改善班级整体精神面貌。班级管理制度大致包括以下几类:一是学生在校学习的常规制度,如学生守则、班级公约等;二是课堂纪律、评比制度,如考勤制度、竞技制度等;三是学生作息制度;四是清洁卫生制度。

制定严格规范的班级管理制度,班主任应做到:从班级实际出发,简洁明确地告诉学生应该做什么和不应该做什么,使学生心中有衡量的标准;保持班级管理制度的相对稳定性、权威性,切忌朝令夕改,半途而废,造成管理上的混乱。在确保制度稳定的前提下,要有一定的灵活性和创新性,切忌保守和僵化;提倡学生参与班级管理,共同为班集体的发展出谋划策、发挥主人翁作用。

4. 有计划地开展集体活动

班集体的形成和发展离不开丰富多彩的集体活动,这些活动也是学生心灵成长的重要营养素。只有在为实现共同目标的活动中,全班学生才能充分交往、增进了解和加深友谊,奠定良好班集体的感情基础。只有通过活动中的相互配合、分工合作,才能培养和增强全体学生的集体荣誉感、自豪感,学会正确处理个人与他人、个人与集体、个人与社会的关系,加速学生个体社会化的发展。

学校集体活动多种多样,如运动会、文艺演出、演讲比赛、主题班会、社会实践等。实现集体活动的教育功效最大化,班主任需要考虑以下几点:一是活动主题与形式的选择要符合时代特点和学生自身发展的需要;二是活动要有目的性、计划性,并有组织地开展;三是活动的宣传和准备工作要到位,鼓励学生参与,争取学校、家庭和社会力量的积极配合;四是寓教于乐,把活动的趣味性、知识性、思想性有机结合,让学生在玩中获得教益。

5. 培养正确的集体舆论和良好的班风

集体舆论就是班级中占优势的、为大多数人所赞同的言论和意见。正确的集体舆论对班级每个成员都是一种教育力量,也是学生自我教育的有效手段。① 只有形成正确的集体舆论,才能够弘扬正气、抵御歪风邪气,帮助学生识别是非、善恶、美丑,激发学生"班兴我荣,班衰我耻"的集体荣誉感和责任感,培养积极向上的良好班风。

良好的班风是在正确的集体舆论基础上形成的。当集体舆论持久地在班级发生作用,就形成了一种风气,这种风气被巩固和保持下来,就逐渐成为学生自觉遵守的规范或习惯,即班风。因此,班风是指一个班级具有自身特点的稳定的班集体作风,它是班级大多数成员的思想认识、情感意志、言论行动和精神状态的反映,是班级文化建设的核心和精髓所在。② 班风对学生的思想和行为都产生重要影响,这种影响甚至比规章制度更有约束力。良好的班风是经过班主任长期不懈的教育和培养而形成的。

(三)指导学生学会学习

《学会生存》一书中指出,"科学技术的时代意味着:知识正在不断地变革,革新正在不断地日新月异。所以大家一致同意:教育应该较少地致力于传递知识,而应该更努力地寻求获得知识的方法(学会如何学习)。"③ 现代建构主义教育理论认为,学生的学习活动就是在教师指导下的知识建构活动,在这种学习过程中,教师的作用不是向学生讲授书本上不懂的地方,并测验他们对知识的掌握程度,而是要让学生参与学习的过程,引导学生掌握探究的方法,学会如何学习,形成主动探究的精神和态度。④ 21 世纪是知识经济的时代,知识经济需要高效学习的方法。21 世纪的文盲不再是不识字的人,而是那些不会学习的人。因此,指导学生学会学习是班主任工作的一项重要内容。

1. 端正学习态度,让学生自动自觉地学习

学生自动自觉地学习既是知识经济时代的要求,也是素质教育的要求,

---

① 王彦才、郭翠菊主编:《教育学》,北京师范大学出版社 2010 年版,第 422 页。
② 王彦才、郭翠菊主编:《教育学》,北京师范大学出版社 2010 年版,第 422 页。
③ 联合国教科文组织国际比较教育发展委员会编著,华东师大比较教育研究所译:《学会生存——教育世界的今天和明天》,教育科学出版 1996 年版。
④ 续润华著:《我国中小学课程与教学改革的若干热点问题探究》,中国档案出版社 2006 年版。

更是学生身心和谐发展的需要。"自动自觉"就是不用别人来督促和要求，自己就能主动地而且出色地完成学习任务。为使学生能够自动自觉地学习，班主任在班级管理中应采取多种方式和手段来培养学生正确的学习动机和浓厚的学习兴趣，引导他们在知识的海洋里尽情地畅游，变"被迫式学习"、"被动学习"为"自动式学习"、"自觉学习"。

2. 增强学习能力，让学生轻松高效地学习

任性的孩子背着沉甸甸的书包，每天准时上学时，家长和教师都会感到无比欣慰。这是学校和班主任辛勤教导的结果，在他们看来，遵守纪律是学生学习和提高成绩的保证。虽然现代教育理论极力主张改变学生的学习方式，素质教育一再强调要"减负"，但"应试教育"现象始终得不到彻底根除，学生被淹没在题海中，成为学习的机器。实际上，轻松高效的学习才是真正提高学习成绩的关键。班主任和任课教师应该培养学生的学习能力，比如专注的意志力、敏锐的观察力、高超的记忆力、敏捷的思维力和丰富的想象力，以及良好的学习习惯。

3. 优化学习方法，让学生自由舒展地学习

教育实践证明，学习成绩最好的学生并不是那些学习最用功的学生，而是那些在学习中摸索出一套最适合自己的最佳学习方法、学习效率高的学生。优化学习方法，帮助学生掌握科学的学习方法和途径，是班主任义不容辞的责任。因此，不能把成绩的高低简单地归结在学生智力优劣和用功程度上，而应帮助学生分析学习中的不足，找出适合他们自己的方法。班主任有针对性地引导、帮助学生排除学习障碍，使他们逐步掌握认知策略，改进学习方法，自由而舒展地学习。

（四）做好个别教育工作

个别教育是相对于班级集体教育而言，也属于班主任工作的重要组成部分。个别教育和集体教育是相辅相成的，班主任在教育集体时，实际上也是在教育学生个人，而对学生个人进行教育时，也要立足于班集体。班主任应该有大局观，能够掌控整个班级，同时也要顾及每个学生的具体情况，因为学生存在个别差异性。从学生学习和道德状况来看，学生大致上可以分为三类：优等生、中等生和后进生。作为班主任，应该承认和尊重学生之间的差异性,根据不同的学生,采用不同的教育方式,做好个别教育工作。

个别教育不同于集体教育,也不等同于后进生的教育,它既包括后进生,也包括对优等生和中等生的教育。

1. 做好优等生的培养教育

优等生一般是指在班级中德智体美劳各方面发展都比较好的学生。这类学生就是教师心目中品学兼优的好学生,他们德才兼备、有着极强的自尊心和荣誉感,有较强的进取精神和强烈的竞争意识,在同学们中间具有较高的威信和影响。但人无完人,优等生身上也存在着缺点和不足,需要班主任给予帮助和指导。

针对优等生的特点,班主任要做好对他们的培养教育。一方面,要用发展、全面的眼光看待他们。既要肯定他们的长处,又要及时指出其不足,使他们扬长避短,长善救失。另一方面,要坚持高标准、严要求。班主任不仅不能放松对优等生的要求,更应该以高标准来激励他们,使其百尺竿头更进一步。此外,班主任还要以优等生为龙头,加强对其培养力度,形成以优等生带动班级发展的良好局面。

2. 做好后进生的转化教育

后进生一般是指智商水平正常,但在学习或行为习惯方面落后于一般学生的那部分学生。这类学生在班上虽然人数不多,但破坏性很强,影响面比较大,不能忽视他们的存在。后进生一般身上都有这样那样的缺点,这往往是他们落后的重要根源。做好后进生的转化工作,需要班主任针对他们的特点和缺点,有的放矢、对症下药。这是班主任个别教育工作中的重中之重,也是难度最大的。

后进生大致可以分为三类:一是行为习惯后进生。这类后进生在学习成绩方面基本不存在问题,但却不能遵守社会行为规范,从而产生不良行为,如说谎、行为暴力、扰乱公共秩序等。他们往往是人们眼中的"捣蛋生"。二是学习后进生。这类学生在品德方面没有什么问题,能够尊敬师长、团结同学,对班级活动也很热心,但由于智力或其他方面的原因致使成绩不好。他们也被称为"学习困难生"。三是行为习惯学习后进生。这类学生在行为习惯和学习两方面都达不到基本要求,从而成为班主任和任课教师眼中最为头疼的那部分"后进生"。

做好后进生的转化工作需要班主任花费大量的心血,给予更多的关怀与爱护。首先,班主任要树立正确的教育观念。那就是,班主任要认识到后进生不是负担和累赘,而是一个尚未开发的宝藏。[①] 多元智能理论告诉我们,每个人都或多或少具有七种智能,由于其组合和发挥程度不同使得每个人都拥有自己特殊的优势发展领域。其次,班主任要有足够的耐心和爱心对待后进生。后进生的形成往往是有多种原因的,既有家庭和社会方面的,也有学校、教师和学生方面的,班主任要有充分的思想准备对待后进生的转化工作。这种转化工作不是一蹴而就的,常常会有所反复,爱与期待是学生不断前进的动力。三是班主任要以欣赏的眼光看待后进生身上的闪光点,唤醒他们的自信心。这种闪光点就是学生身上的智能优势,比如一个爱做小动作的学生可能身体运动智能比较发达。如果细心的班主任发现了这一点,就会为他创造条件来展示他的长处,让"奇迹"发生。

3. 做好中等生的促进教育

中等生是指那些在品德和学习方面基本上达到培养目标所提出的阶段性要求的学生。这类学生在班级中占绝大多数,由于其学业和品德表现平常,优点和缺点都不太明显,往往被班主任所忽视。班主任在兼顾两端的同时,应给予这部分学生一定的关注,因为这类学生心态一般比较复杂,大多缺乏自信,心理失落而甘愿中庸,随大流。

做好中等生的促进工作,班主任可以做以下努力:一是充分发挥班级舆论的作用,激发中等生的竞争意识和对成功的渴望。二是挖掘中等生身上的积极因素,帮助克服从众心理,树立自信心。三是尊重学生,珍视学生,与他们在感情和思想上产生共鸣。

学生是发展中的人,班主任在教学和管理中不能厚此薄彼,而应一视同仁;学生是独特的人,"世上没有完全一样的两片树叶,也不会有完全相同的人"。班主任必须在尊重学生个体差异的前提下开展班级工作。

(五)协调和统一各方面教育影响

一个人的成长和发展是学校、家庭和社会三者综合作用的结果。班主

---

① 刘雪飞等著:《教育学博士写给中学班主任的信》,中国人民大学出版社 2012 年版,第 152 页。

任作为学校与家庭、社会的桥梁和纽带,他不仅需要学校领导、同事的支持与配合,而且也需要家庭和社会有关人士的通力合作。只有把学校内外的教育资源形成合力,才能真正地促进学校和学生的发展,国家的未来才有希望。

1. 统一校内教育影响

统一校内教育影响包括做好三个层面的工作。首先,班主任要统一学校领导的教育影响。尊重、支持、配合领导的工作,自觉地将本班的工作置于领导的监督之下,主动争取学校领导的关心、指导与帮助。其次,班主任要统一班级任课教师的教育影响。经常与任课教师沟通、交流,针对班级或学生存在的问题取得共识,并寻求解决问题的策略、办法。班主任还可以在任课教师和学生之间架起桥梁,邀请任课教师参与班级管理,协调任课教师之间、任课教师与学生之间的关系。最后,班主任要统一本班班委会、团委会以及共青团、少先队的教育影响。要经常与班干部沟通思想、交换意见,充分发挥他们的先锋模范作用,使班级齐心协力、共创辉煌。

2. 争取校外支持配合

学校之外的教育力量在教育所取得的成效上越来越发挥重要的作用。一方面,学校与社区的双向参与和相互沟通是学校发展和社区发展的必然要求。"学校有组织地与外部公众进行交流,既能增加学校获得外部公众支持的机会,也能减少学校遭受批评的次数,有助于获得社区的肯定和支持,还能获取有助于更好地教育学生的一些合理化建议。"[①]在学校和社区的关系网络中,家庭是一个至关重要的环节。尽管学校承担了更多的教育责任,家庭仍然是孩子的第一任教师,因为正是通过家庭,孩子们才学会了如何在这个世界上生活。而且,家庭成员之间存在着复杂的互动关系,渗透在家庭成员中的知识和价值体系也会影响到孩子的认知、态度和情感,尤其是父母的关系直接影响着孩子的发展。

无疑的,在学校和外界联系和沟通方面,班主任起着纽带作用。通过家访、家长会、电话、网络、社会实践等形式,班主任可以向家长和社区宣传国

---

①　[美]培根等著,周海涛等译:《学校与社区的关系》,重庆大学出版社2003年版,第129页。

家的教育目的和学校的培养目标,传递正确的教育观念和科学的教育方法,也可以广泛听取家长、社区的意见和建议,使家庭教育、社会教育与学校教育配合一致,发挥富有成效的教育合力。此外,班主任也可以充分利用社会教育机构和丰富的校外教育资源,指导学生如何面对复杂的社会环境和多变的社会生活,组织学生广泛接触社会、参与社会生活,在社会这个大课堂中得到锻炼,得到发展。

除了上面谈到的班主任工作的主要方面外,还有其他诸多内容,比如班主任要对学生做好操行评语,以及班主任工作的计划与总结。在新的历史时期,对班主任素质的要求更富有时代气息。

总之,班级管理是一门艺术,班主任对学生的教育蕴涵着无穷的智慧。只有善于学习、对教育事业和学生充满无限爱的人,才能到达教育理想的美好彼岸。

三、优秀班主任个案分析

(一)班主任权威的树立

● **案例一**①

初次当班主任,我担心、恐惧,总害怕学生出事,常常噩梦不断。我无法排除这种紧张情绪,只好自己一边教学,一边处理班级日常事务。特别令我头疼的是:班级里男生居多,他们组织纪律性较差,打架、闹事、捣乱时有发生。尤其是在数学课上,学生不能很好地与老师配合。为此,我没少操心,但也许是缺乏经验,处理这类事的办法不是很恰当,班级状况始终不见好转。一段时间内,我非常苦恼,学生的积极性调动不起来,学校举办的大小活动、比赛,我们班都榜上无名。

人都是希望进步的,同学们不愿这样默默无闻,我也反省自己原来的教育方法,认识到"同心协力"对于一个集体来说是多么重要。于是我便利用一切可以谈心的机会,晓之以理,动之以情,做同学们的思想工作,关心他们,爱护他们,了解他们每个人的特点与爱好,使他们感觉到老师既像父母,又像朋友。慢慢地,他们开始信任老师,开始尽自己的努力配合老师办好班级工作。由于我和学生们的思想沟通了,劲儿也使到一块了,班级工作开展比较顺利。

---

① 刘雪飞等著:《教育学博士写给中学班主任的信》,中国人民大学出版社2012年版,第12—13页。

有了学生们的热情支持,我做班主任的工作也更有信心了。我认真分析并思考初中生的心理特征,清醒地认识到,初中生正处于成长发育时期,自我控制力不强,遇事冲动,不冷静,辨别是非的能力也不够,但模仿能力强。这就需要班主任做耐心细致的说服教育工作。例如,注意和那些爱惹事、性格孤僻、暴躁的学生进行交谈,从而了解他们的思想状况,并及时与他们的家长取得联系,共同帮助学生克服心理上的障碍,改正不良习惯。又如,在学校政教处的安排下,我班举行了一次题为《善小为之,玉汝于成》的主题班会,旨在教育全体学生从小养成良好的行为习惯。班会开得很成功,受到校领导的认可和表彰。这样一来,更增强了同学们的凝聚力,班里逐渐形成了良好的风气,互相帮助、取长补短、共同进步成为了大家的奋斗目标。一些所谓的差生不再感到自卑,而是热心地把精力投入到班级活动中来,为班级服务;一些成绩优秀的学生也伸出友谊的双手,帮助基础差的同学去克服学习上的困难。

看到学生的这些进步,我由衷地感到欣慰。虽然作为一个经验还不够的班主任我所面临的考验还很多,但我一定要勇敢地面对,接受挑战。

● 案例二①

我是主动请缨当高一(3)班的班主任的,当时的我踌躇满志,准备大干一番。在选拔班干部时,我给了学生充分的自由,让他们毛遂自荐,竞争上岗。我对新组建的班委会是比较满意的,班长是一个非常负责的男生。可是,我的"苛刻"却在无意中伤害了他。那天早上,学生吃过早饭后开始在清洁区打扫卫生。当我来到学校去清洁区检查卫生时,见到的情形让我很是气愤,整个清洁区居然只有班长一人在打扫。我问值日的小组怎么没来,他却告诉我他们没干完活就回教室了,留下的工作只好让他这个班长来做。我顿时勃然大怒道:"把工具放下! 我让你当班长,不是整天拿着扫把打扫卫生的!"班长吓得怔住了,头埋在胸前,说不出一句话。

事情过去之后,我冷静下来,开始觉得对班长的批评过分了。他的责任心和表率作用我视而不见,只是一味要求他做我心目中的"领导者",可我并没有教他该怎么做呀!过错在我,是我错怪了他。后来,我写了一封长信亲手交到他手里,他很感动,工作更加地尽心尽力。从那以后,我每次在阅读学生周记时,都会把它当作与学生心与心交流的平台,字里行间都是自己的肺腑之言,越来越多的学生喜欢与我谈心,师生间多了份信任与真诚,我们班在各方面都取得长足的发展。我还大胆任用有些争议的学生为班干部,虽然他不断给我惹来麻烦,但我没有放弃。当我得知他的父亲不幸病故时,主动带领全班同学为他捐款,向他伸出友谊之手,助他渡过难关。直到多年之后,早已参加工作的他依然忘不掉这份师生情、同窗谊。

---

① 根据教学实践案例整理而成。

上面的案例一让我们看到了一个班主任的成长过程,同样也是一个班主任权威的树立过程。这位班主任由最初的诚惶诚恐到后来的由衷欣慰,是现实生活中许多班主任树立威信的写照。这位年轻的班主任除了很注重与学生的情感沟通以外,还特别注意良好班风的形成,为此用心良苦,功夫不负有心人,付出终于换来回报。案例二也是一位新班主任威信树立的过程,由最初的武断到最后成长为一位颇受学生信任和敬重的班主任,与她对学生的责任心和善于学习是分不开的。

(二)后进生的转化

● 案例一①

我班有个学生叫晶晶。六年级上学期时,上课情绪低落;下课胡乱打闹,同学间经常闹矛盾,同学们都嫌弃他;不做作业,各门功课都不太好,是班级有名的"捣蛋鬼",真让我头痛。于是,我找他谈话,希望他在学校遵守各项规章制度,以学习为重,自我调节,自我改进,做一名合格的学生。但经过几次努力,他只在口头上答应,行动上却毫无改进。看到他不思进取,我的心都快凉了,算了吧,或许他就是那根"不可雕的朽木"。不理他的那几天,他便变本加厉地闹起来!

此时,我觉得逃避不了,必须正视现实!为了有针对性地做工作,我决定先专程深入到他家去家访,进行详细了解,然后设法接近他,清除隔阂,拉近关系,并提示他多参加有益的文体活动,这样对身体有好处。通过几次的接触,与他慢慢交上了朋友,但他的纪律性并无多大好转。

后来,我便加强攻势:一边与他玩一边与他交流讨论生活,进而讨论学习。不动声色地教他遵守纪律,尊敬师长,团结同学,努力学习,做一名好学生。在路上遇到他,有意识地先向他问好;只要他的学习有一点进步时就及时给予表扬、激励……使他处处感到老师在关心他,信赖他。他也逐渐明白了做人的道理,明确了学习的目的。

通过半学期的努力,他上课开始认真起来,作业也能及时上交,各科测试成绩都能达到及格。与同学之间的关系也改善了,各科任课老师都夸奖起他来。

由于他纪律表现不断进步,学习成绩也不断好了。趁着良好势头不断加强巩固,我安排班长和学习委员与他交流讨论学习生活。通过我和科任老师几个月的共同激励、启发及同学们的共同帮助,奇迹出现了:午休及自习课,他不仅自己遵守纪律,还主动去规劝那些不遵守纪律的同学。在良好纪律保证之下,他的学习成绩得到迅速的提高。

这个学期开学之初,他主动找到我,表示这学期将更加努力学习,在以后的日子里,

---

① http://jinzhou. foredu. com. cn/web/jyjx/7963. html.

相信经过不断的努力,他将会更上一层楼!

● 案例二[①]

李莹是初中一年级张老师班上的学生,智商处于中等水平,但是她在学习上缺乏自觉性,上课还爱与周围的同学说话,对读书满不在乎,经常不交作业,即使交来了,作业质量也很差,字迹潦草,格式紊乱。开始时,张老师曾经批评过她,强令她补做作业,还与她的家长沟通过,但这一切似乎并不奏效。后来,百般无奈,只好把她调到了一个偏角的座位,以免影响其他同学。

一天自习课,张老师在班上监督学生的自习情况。当走到李莹座位前时,老师看见她并没有看书,而是在剪纸。张老师伸手就想去没收她的工具,突然发现她剪的蝴蝶花样新颖、刀法干脆,张老师笑着问她:"这花样是从那儿学的?"她似乎感到这一次又要挨批了,吞吞吐吐地说:"是从……'七巧板'中学的。"从她胆怯而又对抗的眼神中,张老师突然醒悟到自己以前对这个孩子太缺乏关心了,自己应该让她认识到,她也有能力得到老师的欣赏。想到这里,张老师温和地对她说:"你还会剪些什么花样?明天带给老师看看好吗?"她点了点头。第二天,张老师把她剪的花样给办公室里的老师看,所有人都称赞不已,有的还说这孩子好聪明呀。张老师又把她的剪纸拿到班上展览,同学们也都流露出羡慕的眼神,还有同学说:"李莹的手真巧呀!"看到同学们的表情,听到同学们的夸奖,李莹第一次感到一种自豪和骄傲。之后的几天,李莹上课似乎比以前认真了,有时还会主动和张老师说几句话。张老师不失时机地对她说:"你很聪明,只要努力,学习成绩一定会和你的剪纸水平一样出色。"

一段时间过后,班上正好要布置后面的墙报,张老师就想到让李莹来剪一些贴花贴上去,一方面可以发挥她的特长,增强其自信心;另一方面又可以考验她是否会守信做好这件事。当张老师把这项工作交给她时,她还有点退缩,不太想做,于是张老师就对她说:"给你两天时间,你一定可以做好的。"谁知,第二天一早上自习时,李莹就把一幅色彩鲜艳、美观实用的剪贴画交给了张老师,教室里发出一片啧啧的赞叹声。后来,张老师了解到,李莹为了完成这项任务,晚上做到很晚才睡觉。张老师因势利导地对她说:"这么难的事情你都能这么快完成,证明你有能力做好每一件事。世上无难事,只怕有心人。"李莹坚定地点了点头。后来,张老师经常在李莹的作业本上写下一些鼓励性的评语。慢慢的,她的各科作业都能及时交了,上课听讲也比以前认真了,学习成绩也在逐渐提高。

以上的案例一中,班主任在面对后进生时,没有选择逃避、放任自流的做法,而是采取主动的方式接近学生,通过家访了解学生,通过做朋友敞开

---

① 刘雪飞等著:《教育学博士写给中学班主任的信》,中国人民大学出版社 2012 年版,第 158—159 页。

学生的心扉,最后在任课教师和同学的共同帮助下,使其树立起自信心,学习取得了进步。案例二中的张老师在做后进生工作时,以一种欣赏的眼光发现了后进生李莹在剪纸方面的特长,因势利导,让学生体验到成功的喜悦,激发了成就动机,从而带动了全面智能的发展。

(三)突发事件的处理

● 案例一①

一天下午,一位班主任在离上课还有五分钟时准备到班上去看看。正在这时,班长从教室出来悄悄告诉他:"王强、李飞他们搞恶作剧,准备把扫帚平放在半开的教室门上,再用半盆水放在扫帚上,上面再放上簸箕,等英语老师来上课,一推门就全泼在老师身上,你快去看看吧。"班主任老师急忙走进教室,见他们正在行动,心里十分气愤:怎么如此不尊敬教师呢? 他真想把他们揪出教室,狠狠地训斥一顿。但又一想,这样做不能解决问题,于是他装着不知道的样子,一句话也没批评他们,而且微笑着说:"同学们,你们的教室太脏了,本来应该在下午由值日生打扫,现在王强他们做好事,打来了水,找来了扫帚、簸箕,那我们就破例耽误几分钟,希望大家协助他们用最快的速度打扫完再上课。"于是一次有特殊意义的清扫工作开始了,王强洒水,李飞扫地,大家帮忙,一会儿便把教室打扫干净了。当大家回到座位上坐好以后,他还有意表扬了他们。看得出来,当班主任表扬的时候,他俩低垂着头,有点神色不安。这场恶作剧就这样被制止了,而且收到了积极的教育效果。课后,这两位同学主动向班主任承认了错误,并保证今后不再搞恶作剧了,一定要尊敬老师,努力学习。这位班主任在处理这一恶作剧时,一不批评,二不训斥,而是以装糊涂的办法,随机应变地将之巧妙地转化为一次有特殊意义的公益活动,使学生不露痕迹地、自然而然地接受了教育。比起那些生硬的批评、训斥,效果不知好了多少倍。

● 案例二②

那几个全校有名的淘气大王也异乎寻常地静静坐在各自的座位上,似乎在等待什么。我慢慢地走向讲台,心里不免有些紧张。忽然不知为什么,脚下一滑,摔了个仰八叉。"哈哈哈……"那几个学生首先大笑起来。不少学生也随声附和。我低头仔细一

① 刘雪飞等著:《教育学博士写给中学班主任的信》,中国人民大学出版社 2012 年版,第 244 页。
② 刘雪飞等著:《教育学博士写给中学班主任的信》,中国人民大学出版社 2012 年版,第 245 页。

看,原来地上有块西瓜皮,显然这是个陷阱。我不禁怒火中烧,想大声呵斥。随即又想:大发雷霆、暴跳如雷恐怕正中淘气包的下怀,以后这壶醋可就难喝了。可是怎样下台呢?我灵机一动,计上心来。于是慢慢地站起来,走到讲台旁,语重心长地说:"同学们,这就是我给你们上的第一课:一个人可能摔倒,但他仍然可以再站起来!"那笑声顿时停止,教室里出奇的静。停了停,我又借题发挥说:"在人生道路上,不会没有崎岖,跌倒在所难免。跌倒并不意味着失败。从哪里跌倒,就从哪里站起来,勇敢地走下去,就会获得成功。"在动情的话语中,全班鸦雀无声,接着是一阵热烈而持久的掌声。那几个搞恶作剧的淘气鬼也不好意思地鼓起了掌。我知道,自己的一席话打开了学生的心扉。我看到了班级的希望,也备感欣慰地笑了。经过反复努力,这个班旧貌换新颜,甩掉了"乱班"的帽子。

● 案例三①

那是一个傍晚,我匆匆忙忙从家里赶到学校上晚自习。刚进校门,就撞上了正要回家的刘华,只见他鼻青脸肿,正伤心地哭着。他平时在班上表现不错,怎么会跟别人打架呢?我心里有点犯疑惑,该怎么办呢?他这个样子回家肯定会让父母很担心,也可能会把事情闹大。我好言相劝,把他带到了办公室。我拿给他一条毛巾,让他擦把脸,再让他把事情经过告诉我。原来,课外活动时,班上有几个男生在宿舍打扑克,他就一个人在那儿拍球。王超嫌他吵就阻止了几次,他没有停下来,结果惹恼了王超,把他打了一顿。刘华说完后,心中的委屈得到了释放,情绪也慢慢冷静下来。我一言不发,让他把经过写下来,并对王超平时表现评价一番,自己就上楼找王超去了。我把王超叫出了教室,又让他将经过说了一遍,没有批评他,也没有训斥,就让他回班把这件事写下来,然后再对刘华的平时表现作了评价。这两份《检讨书》,我让他们交换看,看完后他们就握手言和了。因为在《检讨书》上,他们都承认了各自的错误,并对对方作出了很中肯,甚至很善意的评价。由于错过了晚饭时间,自习课后,我给他们买了面包、火腿肠送到了宿舍。一场冲突就这样在无声无息中解决了。后来,王超在离校时还特意给我送来了一件特殊的礼物:一只可爱的米老鼠玩具。

从以上案例可以看出,在面对突如其来的情况时,三位班主任都能快速地作出反应,果断决策,及时采用灵活而有效的教育措施,正确机智地处理突发事件。在面对突发事件时,班主任首先要保持冷静,凭借敏锐的观察力和高度的责任心,在不伤及学生心灵的前提下,采用灵活的方式巧妙地化干戈为玉帛,促成积极的教育效果。

---

① 根据教学实践案例整理而成。

（四）集体荣誉感的培养

● 案例一①

　　为了培养学生的集体荣誉感,杨老师准备以组织全班同学参加学校田径运动会为突破口。经过老师与全班同学的共同努力,这届运动会杨老师班上取得了团体总分初一年级第一名、全校第二名的佳绩。能够取得这样的好成绩,大大出乎同学们的意料,因此大家欢欣鼓舞,强烈的集体荣誉感油然而生。为了使其得到升华,杨老师上了一节主题为"团结力量大"的班会课。杨老师首先提出了这样一个问题:"我们班缺乏体育尖子,为什么能取得这样的优异成绩?"同学们在欢快的氛围中展开了热烈的讨论,然后同学们归纳出了这次校运会取得成功的原因:首先是参赛人数多,本班是所有班中参赛人数最多的一个班,这与老师赛前的报名动员工作,以及解决各种不利于参赛的思想情绪有关;其次是后勤拉拉队的大力支持,不管运动员取得怎样的成绩,都能相互鼓励;再次是班中每日战况报道的宣传工作,大大鼓舞了运动员和其他同学的士气。校运会期间,同学们为班争光的精神得到了充分的发扬。在热烈的气氛中,杨老师将一根筷子给了一个班中力气最小的同学,她毫不费力地把它折断了;杨老师又拿了十双筷子给一个力气最大的男生,他费了九牛二虎之力,而筷子却丝毫无损。杨老师这时总结道:"我们知道个人的力量是微弱的,但是我们也知道团结就是力量,'团结力量大'。不但在体育比赛中如此,在学习上、思想上同学们也应该互相支持和鼓励,希望大家今后关心班集体,为班集体争光,把校运会精神在其他方面发扬光大!"

● 案例二②

　　三年前,我接了一个特殊的班。说他特殊,是因为无论是在学习、体育活动、文艺活动中,这个班级的女生都占有绝对的优势。男生很被动,什么活动都不愿意参加,做什么都没有信心,加上班中的几个老大难也都是男生。于是,男生们对集体不关心了,自己也不上进了。怎么办呢? 我是一名男老师,绝不能让二十几个男子汉就这样萎靡不振下去。

　　在连续的几年校运动会中,班级的女生一直是班级的得分主力,但苦于男生的弱势,女生一直是孤军奋战,班级始终也没有得到年级组第一。五年级时的运动会前,我把班级的实际情况和同学们作了详细的分析。经过男子汉教育,男生们都积极踊跃地参加,很快几个平时活跃分子都有了自己的角色,并很认真地训练了起来。比赛那天,

---

　　① 刘雪飞等著:《教育学博士写给中学班主任的信》,中国人民大学出版社 2012 年版,第 137 页。

　　② http://blog.sina.com.cn/s/blog_51b014c00102e05g.html.

男生和女生都非常卖力,比分一直咬得很紧。最后一项是接力,一名男生主力摔倒了,全班同学都着急得站了起来,我也着急了,只见他在全班的呐喊声中站了起来。虽然没能取得接力项目的第一名,但是他却得到了全班同学最热烈的掌声。运动会结束了,在放学前,我作了深情的总结,表扬了全班同学的表现。一个月后的篮球赛,出乎了我的预料。赛前,男同学们竟然和我开起了玩笑。"老师,我们要是赢了一班,请我们吃饭啊!""行啊!""一言为定!"比赛场上,这些男子汉们真像是换了个人似的,生龙活虎,流畅自如。比赛结果是男女生双双获得了年级组第一名。捧着奖状,同学们哭了,我也哭了。他们为了这次比赛竟然还找了师傅专门训练了两个星期。我也兑现了我的承诺,请全体队员吃了一顿。这次活动后,我感觉学生们更加热爱班级了,主人翁意识明显得到了升华。六年级的运动会和篮球比赛,我们班已经是无人能敌了。

以上两个案例,都是在活动中培养学生集体荣誉感的成功例子。体育比赛是将个人特长与班集体荣誉感自然而然地融合在一起的一种重要方式。在案例一中,杨老师抓住了比赛前、比赛中以及比赛后不同阶段的机会,使学生的集体荣誉感经历了从形成到升华的过程。在案例二中,班主任通过激励班上男生参加校运会、篮球赛,改变了班级以往阴盛阳衰的不利局面,让从不关心集体的男生在比赛中体验到了胜利带给他们的喜悦,从而产生了强烈的集体荣誉感。

(五)与学生家长的沟通

● 案例一①

一天放学后,一位叫魏冉的同学来到班主任袁老师的办公室,吞吞吐吐地说:"袁老师,您……您还是给我多布置一些书面作业吧。""为什么呢?"袁老师觉得很奇怪。上星期班上实施了一项"作业改革",要给学生"减负",难道有什么不对的地方吗?"我爸爸说,学生哪有一回家不先做作业光看电视的理。他嫌我的作业太少,非要自己再布置一些。现在,我不仅看不到电视,做的作业比以前还多。您去帮我说说吧!"听到这里,袁老师沉思了一会儿,拍拍魏冉的肩膀,说:"你今天回家还是按你爸爸的计划行事,晚上我到你家去一趟。"

为了让学生开阔知识面,袁老师对家庭作业进行了改革,要求学生每周都要收看中央电视台的《第二起跑线》节目,做好知识摘抄,并且每星期根据从节目中学到的东西,进

① 刘雪飞等著:《教育学博士写给中学班主任的信》,中国人民大学出版社2012年版,第195—196页。

行一次知识竞赛。由于这项改革没有与家长沟通，使得魏冉的爸爸认为看电视会影响学习，不仅不让孩子看，反而自己给孩子增加了额外的作业。

晚上，袁老师带着一份学生从《第二起跑线》中摘抄的资料来到魏冉家。寒暄了一番后，袁老师并没有马上谈作业问题。倒是魏冉爸爸先问道："袁老师，我家魏冉是不是在学校惹麻烦啦？""瞧您说的，老师哪有上门专告状的理？况且，魏冉在各个方面一向表现得都挺好。听了这话，魏冉爸爸把心放了下来。袁老师接着说："但魏冉这段时间学习似乎退步了。"魏冉爸爸立刻又紧张起来。"昨天班上举行的小组知识抢答赛，魏冉被推选出来作为代表，但表现并不好，这些知识都是从学生每天的家庭作业中选出来的，看来魏冉的家庭作业完成得不怎么好。"袁老师接着说道。

"魏冉的学习我一向管得很严，每次家庭作业我都要检查，怎么会答不出题呢？"魏冉爸爸很疑惑。"抢答题的题目有很多在课本上找不到，但又很有用。"袁老师边说边将学生摘抄的资料递过去。魏冉爸爸仔细看了一下，笑着说："还挺全面的，魏冉每天的作业中怎么没有这些内容呀？""有的，"袁老师很肯定地说，"我们班近期进行了'作业改革'，还没来得及通知您，责任在我。这项改革要求学生每周观看《第二起跑线》电视节目，并做好知识摘抄，看来魏冉收看节目不够认真啊。"魏冉爸爸似乎意识到了袁老师此行的目的。袁老师接着说："魏师傅，咱们培养孩子不能老是让他们在几本书上啃，要让他们扩大知识面，您说是吧？魏冉的家庭作业还得由您来监督，让他既很好地完成书面作业，又要在《第二起跑线》中获取知识。""行！袁老师，您说的有道理，我支持。"

◉ **案例二**[①]

张博是白老师班上一名不错的学生，平时成绩一般处于中上水平，尊敬老师，能与同学友好相处。然而，近些天来，白老师注意到，张博的学习成绩下滑得很快，并且做什么事都有点心不在焉的感觉。后来，白老师就找张博谈话，并与其家长进行沟通，家长表示要配合老师把张博的成绩提上去。但一段时间过去了，张博的学习成绩没有很大起色，学习状态也没有明显好转。白老师反思了一下这一段时间的工作，猜测导致张博学习成绩下滑的根本原因是家庭方面的。那么张博的家庭里发生了什么矛盾，张博的家长显然不愿意让老师知道。如何让家长打开心扉，共同面对学生目前存在的问题？白老师沉思了好久。

为了找出影响孩子学习的根本原因，白老师决定先从孩子身上入手。白老师给予张博特殊的关心和照顾，利用课余时间帮助张博补习功课，并经常跟张博谈心。张博的父母对白老师为其孩子所做的事情深受感动，渐渐地愿意与白老师进行沟通。在与家长交谈的过程中，白老师一再跟家长表明其态度，他所做的一切都是从学生的发展考虑，并无

① 刘雪飞等著：《教育学博士写给中学班主任的信》，中国人民大学出版社2012年版，第202—203页。

意窥视学生家庭的隐私,最终打消了家长的顾虑。在不断交流的过程中,张博的母亲陆续道出了实情。原来是夫妻之间出现了感情危机,张博的父亲现在从家里搬了出去,这事情被张博知道了,在上课时经常为父母的事情分心,从而影响到了学习。通过单独与张博的父母交谈,白老师了解到他的父母并没有走到要离婚的程度。作为学生的班主任,要想找到解决问题的根本方法,只有通过劝解这对夫妻重归于好,使张博有一个良好的家庭环境。于是白老师不断地与张博的父母沟通,从多方面来劝解他们,再加上他们亲戚朋友的劝解和努力,最终夫妻重归于好。在此之后不久,张博的学习成绩也逐渐跟上来了。

在案例一中,由于班主任袁老师没有及时地将班上的"作业改革"告知家长,使得家校之间的信息沟通堵塞。当问题出现时,班主任立即家访,并勇于承担责任,取得家长的谅解。袁老师在与家长沟通的过程中,没有采取直接的方法,而是巧妙地利用沟通技巧,抓住家长望子成龙的心理,因势利导,使问题得到了很好的解决。在案例二中,当一向学习不错的学生成绩出现下滑时,班主任白老师首先分析出原因在家长而非学校,通过多次与家长沟通,在面对涉及家庭隐私时,白老师没有退缩,用真诚换来了最终满意的结果。

◉ 思考题

1. 什么是班级组织? 班级组织有什么特点和功能?
2. 班主任工作的主要内容有哪些?
3. 结合新课程的实施,说说班级管理的重要意义。
4. 班主任如何组织和培养良好的班集体?
5. 联系实际,谈一谈班主任怎样才能做好个别教育工作。

第十章 当代教育改革与发展

◉ **内容提要**

当代教育随着社会政治、经济、文化等方面的变化，也在不断变革当中。教育在改革中发展，在发展中改革。本章回顾了当代教育改革与发展的历程、当代教育思潮的演变，对 21 世纪教育发展趋势进行了展望。

教育改革就是要对教育发展过程中旧的、不合理的部分或内容进行革新，使之变得更能适应客观情况。随着社会的不断变革，教育作为社会结构的重要组成部分，必然随着社会政治及经济需求的变革而不断进行改革。教育既在改革中发展，又在发展中改革，同时教育自身发展规律又要求其发展相对稳定。

第一节 当代教育改革与发展的历史回顾

一百多年以来，在追求国力强盛、社会发展、经济繁荣、文化昌盛的现代化进程中，世界各国掀起了此起彼伏的教育改革浪潮。特别是 20 世纪 50 年代以后，科学技术的进步推动世界教育进入到了一个新的阶段，60 年代以后教育改革的浪潮席卷全球,80年代世界各国新一轮教育改革运动兴起,90年代人们对教育改革运动开始了反思,21世纪重新开始了对教育的期望和探索。可以说当代世界教育改革的步伐从未停止,并一直在曲折中前进。教育不断改革,促进了教育的现代化、民主化、终身化和国际化,从而大大推动了教育的繁荣发展。在当代教育发展的历程中,无论是教育理论创新,还是教育实践探索,都给人类留下了宝贵的遗产和财富,同时也提供了丰富的历史经验,为21世纪的教育改革和发展提供了强有力的基础与借鉴。

一、20世纪50年代中期——70年代的教育大发展

20世纪50年代以后,第二次世界大战,已经结束,各国把主要精力投入到发展本国的经济和技术上,社会生产现代化进一步提高,对技术工人特别是高技术人才的需求数量急剧上升,极大地刺激了教育的发展。该时期科技的进步成为了世界教育发展的动力,同时以美苏为代表的两大阵营的国际竞争也成为改革和发展教育事业的重要动力。1957年,苏联成功地发射了第一颗人造地球卫星,使各国认识到了教育和人才的重要性,教育改革在各国迅速展开。

(一)教育投资及规模大幅度提升

第二次世界大战后,各国都把恢复经济并取得经济的迅速发展作为国家发展的主要目标。对人才和技术的需求让人们认识到了教育的作用,教育也因此被看成是促进经济发展的最富有潜力的因素。“教育先行”成为许多国家的重要战略。20世纪60年代,美国经济学家舒尔茨和贝克尔创立了人力资本理论,指出教育具有提高劳动生产率的功能,把教育视为一种教育投资活动,并在理论上确认了教育对经济增长的意义。人力资本理论很快被各国所接受,成为他们扩张教育、加速国民经济增长政策的理论基础。

对教育的重视,使得各国加大了对教育的投资,以美国和日本为例。第二次世界大战后至现在,是美国教育大发展和大改革的时期。战后美国成为“世界霸主”,为保持其地位,要求教育能为其在各方面增强实力服务。这就是战后美国不断进行教育改革的原因和宗旨。战后五十年美国教育发展和改革的总体框架是:发展数量以满足社会需求,实现“教育民主化”;同时,大力提高教育质量和国民素质,培养第一流的人才。

1958 年 9 月美国国会通过了《国防教育法》,中心内容是由联邦政府增拨大量教育经费,加强国民教育和人才培养,从 1959 年到 1962 年,联邦政府每年拨款八亿多美元援助各级学校教育。该法案的有效期于 1964 年和 1983 年两次被延长,范围亦有所扩大。

重视教育已经成为日本国民本身具有的特点。早在德川幕府时期,日本教育事业就较为发达。第二次世界大战结束后,日本国民进一步认识到"要使日本复兴,除教育别无他途"。日本政府和经济界极为重视教育投资,把其当作关系国家命运和前途的重大问题。20 世纪 50 年代末至 60 年代,日本经济高速增长,而教育投资大幅度增加并高于国民经济增长速度。至1975 年,日本教育经费居发达国家第二位,其教育发展速度和水平仅次于美国。

教育投资的增加带来了教育规模的扩大和速度的增长,最主要的表现是在校学生人数激增。据统计,美国 20 世纪 70 年代初,适龄儿童的入学率已达 99%。1975 年,日本不仅完全普及了中小学义务教育,而且基本普及了高中教育,92% 的初中毕业生升入高中。1960—1970 年,世界平均小学入学率由 72.0% 上升至 83.7%,中学入学率由 21.3% 升至 33.3%,大学入学率由 4.4% 上升至 7.1%。发达国家基本上普及了中等教育,少数国家的高等教育已经走向大众化。

(二)教学内容及手段更加先进

这一时期的教育重在改革教学内容中的陈旧部分,增加大量的科学知识,同时还特别注重天才教育及各级各类职业技术教育的扩充,以应对经济发展和高科技竞争的紧急需要,尤以美国为代表。《美国国防教育法》是美国国会在 1958 年 8 月 23 日制定颁布的,其目的在于培养美国青少年的爱国主义精神,使他们掌握必备的军事技术,从而有助于加强国防建设,保证国家安全。在《国防教育法》的影响下,20 世纪 50 年代末和 60 年代美国教育的改革由生活适应教育转向重视自然科学、数学和外语教育,中小学教育得到较快的发展。20 世纪 50 年代末,美国出现了课程改革运动,旨在全国范围内重新形成整个课程内容。根据心理学家布鲁纳的结构主义教育理论对中小学课程进行改革,并编制了新教材。与此同时,欧洲主要国家和日本也进行了相应的课程改革,其核心都在于充实基础学科、提高科学技术教育,反映出这一时期社会政治经济发展的要求。

　　科学技术的飞速发展也带来了教学手段的变革,收音机、录音机、电视、电影、幻灯等现代教学手段开始在工业化国家的各级学校运用。借助科学技术成果进行的正规学校之外的各种业余教育,特别是远距离的开放大学也发展起来。

　　20 世纪 50 年代后期的世界性教育改革运动在发达国家和发展中国家都产生了不同程度的影响,但在中国由于帝国主义的封锁和我们的自我封闭,没有及时跟上这一改革步伐。1958 年,我国提出了"教育为无产阶级政治服务,教育同生产劳动相结合"的教育方针,掀起了教育大革命。缩短学制,各地自编教材,但很快发现教材使用混乱,教育质量下降。1960 年,开始编制全国统一的十年制和十二年制教材。这套教材重视基础知识和基本技能,注重知识的系统性,一定程度上反映了现代科学的要求。但 20 世纪 60 年代中期至 70 年代中期"文化大革命"使我国教育更落后了。

二、20 世纪 80 年代至今的教育改革

　　20 世纪 80 年代是第二次世界大战后世界形势变化最深刻的时刻,全球范围内各种矛盾的加剧和新技术革命的兴起改变了世界基本力量的对比,促进了世界格局的根本转折。面对全球范围内经济和科技的激烈竞争,各国都加快了教育改革前进的步伐,纷纷制定本国的教育发展战略。进入 90 年代后,面向 21 世纪进行教育规划成为教育改革最大的特征。从此,教育不再是被动追随时代,而是主动顺应时代发展。在这个时期,虽然各国教育改革的重点和方法有所不同,但在反映时代特征的教育改革上仍有一些共同的特点。

(一)高度重视教育改革,教育的战略地位突出

　　20 世纪 80 年代后,各国都将教育改革放在战略地位,教育改革成为决定国家民族命运的大事。1983 年,美国高质量教育委员会发表《国家处在危险之中:教育改革势在必行》的报告,全面总结了 20 世纪 50 年代末以来美国教育发展的状况,提出了一系列旨在提高教育质量的建议,要求进行一次全面的教育改革。该报告也成为 80 年代美国教育改革运动兴起的标志。英国政府颁布了战后最为重要的教育立法——《1988 年教育改革法》(Education Reform Act 1988),以推进全面的教育改革。日本于 1985—1987 年相继发表

了日本临时教育审议会的四个咨询报告。面对世界性教育改革的大潮,中国教育开始主动参与。1983 年,邓小平指出"教育要面向现代化、面向世界、面向未来";1985 年,中共中央颁布了《中共中央关于教育体制改革的决定》,明确了"教育为社会主义建设服务,社会主义建设要依靠教育"的基本方向。

进入 20 世纪 90 年代后,教育的战略地位进一步加强。1992 年,联合国教科文组织把"为 21 世纪做准备"列为当前教育的两大战略优先之一;1994 年,第四十四届世界教育大会上"面向 21 世纪的教育"是其讨论的主题之一。

发达国家的政府首脑纷纷将教育改革作为一项重要的政治举措。在 1991 年颁布的《美国 2000 年教育战略》中,时任美国总统的老布什正式提出了面向 21 世纪美国的四项教育战略和六条国家教育目标,其中科学教育被列为教育目标之一,并宣称到 2000 年"美国学生在自然科学和数学方面的成绩要在世界上名列前茅"。1994 年,克林顿又签署了在此基础上发展的《美国 2000 年教育改革法案》。1993 年美国教育部提出了《1998—2000 年战略方案》。该方案提出了三大目标及其具体目标和方案,其中三大目标是:帮助所有学生达到富有一定挑战性的学业标准,以使他们为成为有责任感的公民和为进一步学习以及富有产出性的就业做好准备。为所有儿童的学习打下坚实的基础。保证所有学生享受中学后教育和终身教育。

2001 年,基于美国全国对"教育的重要性和教育部在国家教育目标中的领导地位"的认识,美国联邦教育部发表了《2001—2005 年战略规划》,提出了美国教育发展的使命和四大战略目标。但由于半年后"9·11"事件的发生,促使美国国家战略发生了一些重大变化,最终终止了《2001—2005 年战略规划》的实施。

布什政府于 2002 年 1 月 8 日签署了《不让一个儿童落后法案》。为了全面贯彻该法案,教育部重新编制并发布了《2002—2007 战略规划》。它对美国教育新战略框架进行了更为精细的构建。教育的战略目标从之前的四项变为六项:创建一种成就的文化、改进学生的成就、发展安全学校培养学生坚定的品格、把教育转变为基于证据的领域、提高接受中学后及成人教育的机会与质量、建立卓越的管理。"9·11"后美国教育战略的走向更为清晰也更为完整。

时任韩国总统的金泳三上任以后自称"教育总统",并于 1994 年成立了由 25 人组成的并且直接受总统领导的教育委员会;时任日本首相的桥本龙太郎 1997 年提出将教育改革与行政、财政、社会保障、经济、金融改革并举,使之成为内阁实施的六大改革之一。

与此同时,发展中国家在教育改革的浪潮中也不甘落后。巴基斯坦于 1992 年制定了涉及整个教育体系具体目标的十年国家教育规划。1994 年马来西亚颁布了 2000 年主要教育目标。我国于 1993 年颁布了《中国教育改革和发展纲要》,明确提出"必须把教育摆在优先发展的战略地位,努力提高全民族的思想道德和科学文化水平,这是实现我国现代化的根本大计",进一步深化教育改革;为彻底落实 1995 年制定的科教兴国战略,1998 年新一届政府把实施科教兴国战略作为任期内最大的任务。1999 年,我国批准了教育部《面向 21 世纪教育振兴行动计划》,颁布了《中共中央国务院关于深化教育改革全面推进素质教育的决定》;2004 年,教育部颁布了《2003—2007 年教育振兴行动计划》,规划了我国各类教育发展,进一步研制出《2020 年中国教育发展纲要》。2011 年 12 月 23 日,"北京大学新年教育论坛系列活动"之"中国教育改革与发展 2012 年新年论坛——教育规划纲要落实与 2020 年教育展望"在北京大学举行。与会各方共同就《国家中长期教育改革和发展规划纲要(2010—2020 年)》实施一周年的落实贯彻情况及未来展望进行探讨。论坛主要围绕协同创新联盟的构建及意义、文化的繁荣与教育的使命、高等教育规划与高等教育改革发展新动态及我国人才培养体制改革思考等主要议题展开讨论。

(二)课程改革是教育改革的核心

课程改革是基础教育改革的核心内容。近年来,世界许多国家特别是一些发达国家,无论是改革教育的弊病,还是对教育发展提出新的目标和要求,往往都从基础教育课程改革入手,通过改革基础教育课程,调整人才培养目标,改变人才培养模式,提高人才培养质量。这些国家都把基础教育课程改革作为增强国力、积蓄未来国家竞争实力的战略措施加以推行。

20 世纪 80 年代以来,各国的课程改革主要有以下三个特点:第一,为培养人的合理素质结构调整改革课程结构,注重科学教育课程与社会科学、人文科学、体育、艺术课程之间的平衡,呈现出多样化、实用化、个性化和综合化的特点。第二,为适应社会发展和科学技术进步的要求,增删调整课本内容。第三,强调基础学科的教学。

新中国成立以来,我国先后进行了八次课程改革,每次都取得了明显的成就。我国新一轮基础教育课程改革于 1999 年正式启动,新课程改革的根本任务是:全面贯彻党的教育方针,调整和改革基础教育的课程体系、结构、内容,构建符合素质教育要求的新的基础教育课程体系。总目标是:基础教育课程改革要以邓小平关于"教育要面向现代化,面向世界,面向未来"和江泽民同志"三个代表"的重要思想为指导,全面贯彻党的教育方针,全面推进素质教育。核心理念是:"一切为了每一位学生的发展",它包含着三层含义:第一,关注每一位学生。关注的实质是尊重、关心、牵挂。第二,关注学生的情绪生活和情感体验。要求教师精心设计教学内容、教学过程,使教学过程成为学生一段愉悦的情绪生活和积极的情感体验,帮助学生树立学习的自信心。第三,关注学生的道德生活和人格养成。教师不仅要充分挖掘和展示教学中的各种道德因素,还要积极关注和引导学生在教学活动中的各种道德表现和道德发展,从而使教学过程成为学生一种高尚的道德生活和丰富的人生体验,帮助学生建立爱心、同情心、责任感。

(三)道德教育成为教育改革的重点

教育是社会的一个子系统,社会每一个细胞的变化都会对教育产生很大的影响。而教育,作为一项崇高的社会公益事业,本身就蕴涵了深刻的道德意义。反过来,道德对于维持社会秩序的稳定有重要作用。所以,任何一个国家或社会要正常发展,都会重视道德建设,重视教育。20 世纪 80 年代以来,西方国家出现了道德教育的复兴,各国都将加强青少年道德教育作为教育改革的一个重要目标。许多国家在教育改革中明确提出要加强道德品质教育,并制定了一系列管理条例。

美国提出中小学要坚强反吸毒教育和性教育;英国强调要教育儿童尊重他人,公正、诚实守信;日本颁布了《道德教育指导提纲》作为教育教材;中国先后颁布《小学德育纲要》(1993 年)、《中学德育大纲》(1995 年)、《中国普通高等学校德育大纲(试行草案)》(1995 年)、《公民道德建设实施纲要》(2001 年)等文件,有力指导了我国的道德教育。

加强传统的道德价值观教育,注重弘扬本民族文化和历史的优良传统,根据新形势更新德育内容,正在成为世界各国道德教育的重点。

(四)提高教育质量成为教育改革的重心

20 世纪初和战后发达国家的教育发展,非常关注教育数量的增长、义务教育普及化、中等及中等以上教育的大众化,但却忽视了教育质量。20世纪70年代末期以来,西方国家出现了经济衰退、失业率上升和劳动力素质下降等问题,这些问题与教育质量下降有很大联系,当时的教育质量令人担忧,要改变现状必须把教育改革的重点转向提高教育质量。美国的《国家处在危险中:教育改革势在必行》报告,英国《1988年教育改革法》规定的全国统一课程以及日本临时教育审议会的报告等,都始终强调了教育质量的重要性。法国、德国等发达国家也将中小学教育改革的重点放在提高教育质量和办学效率上。而对于许多发展中国家而言,由于教育基础薄弱,人口基数大,因此如何在数量上满足广大青少年的教育需求,同时又提高基础教育的质量,成为摆在这些国家面前一项艰巨而迫切的任务。

国际21世纪教育委员会向联合国教科文组织提交的报告《教育——财富蕴藏其中》提出了教育的"四个支柱":"学会认知,即获取理解的手段;学会做事,以便能够对自己所处的环境产生影响;学会共同生活,以便与他人一道参加人的所有活动并在这些活动中进行合作;最后是学会生存,这是前三种学习成果的主要表现形式。"四个支柱实际上阐述了一种新的教育质量观。

(五)重视师资水平的提高

"人才是兴校之本,强校之源",教师是教育发展的第一资源,师资队伍建设是学校持续发展的基础,是提高学校内涵的重点工程。随着世界性教育改革浪潮的掀起,人们愈来愈认识到:没有高质量的教师,就不可能有高质量的教育水平。各国对师资的培养提出了更高的要求,要求教师不仅要有娴熟的教育教学知识与技能,还应有高深的学科专业知识和广博的科学文化知识。

为提高教师素质,各国采取的改革措施有以下方面:第一,提高教师的聘用标准,完善教师资格证书制度。各国都提高了对教师学历的要求和教师资格审定标准。美国建立了优秀教师全国认定性制度,英国的教师资格必须由英国大学或国家学历颁发委员会授予。第二,改善教师待遇。英国在1996年两次提高教师工资,德国、日本等国也一再强调要大幅度改善教师待遇,保证教师职业的魅力。第三,改革教师培训制度。在终身教育思想的指导下,许多国家把师资培养的职前教育和职后培训有机地结合起来,完善教师在职进修制度,满足教师在其专业成长与发展方面的特殊需要。第四,发挥优秀教师的主导作用。美国建立了教学责任制,设立"优秀教师总统奖金",用以表彰和鼓励取得优异成就的教师。

(六)教育公平逐渐成为教育改革的主题

在 2007 年经济合作与发展组织(OECD)有关教育公平的报告中,教育公平的定义为:"教育公平有两个含义。第一个含义是公正(fairness),就是要保证性别、社会经济地位和种族等个人和社会因素不妨碍人达到其能力所允许的教育高度。第二个含义是覆盖(inclusion),就是要保证每个人都受到基本的,最低标准的教育例如,每个人都应该能读,写和做简单的算术。"进入以知识经济为特征的 20 世纪 90 年代,人们已经认识到国家的强弱、民族的前途和人类的命运,并不仅仅取决于少数精英及其所掌握的尖端知识,全民的知识水平和综合素质才是更加根本的决定性因素。而在 20 世纪 80 年代时,教育权作为一项基本人权的重要地位得到了空前的重视,教育公平的问题在教育改革过程中也成为了一个十分突出的改革主题。

联合国教科文等国际组织 1990 年 3 月在泰国召开"世界全民教育大会",发表了《世界全民教育宣言》,并宣称"每一个儿童、青少年和成人,都应能或得教育机会以满足其基本的学习需要"。在此后的历次世界全民教育大会上,"满足所有人的基本学习需要"这一理念不断加强,其意义从一般的普及基础教育逐步扩展到在种族、性别、年龄等方面所有人都平等地享有受教育权利,扩展到了面向所有人的终身教育体系和学习化社会的建构。

首先,联合国将 1990 年定为"国际扫盲年"并发表了致力于扫盲教育和运动的"乌兰巴托宣言"。指出"基础教育和全民扫盲的规定是可以为世界儿童发展作出的最为重要的贡献之一"。

联合国教科文组织、联合国儿童基金会以及联合国人口基金会联合发起,于 1993 年 12 月在印度首都新德里召开了"九个人口大国全民教育首脑会议"。呼吁"各国社会与我们一起重申承担实现全民教育目标的责任,并积极努力在 2000 年或尽可能提前实现这一目标"。

教育强国美国在 20 世纪 90 年代初就表现出了教育公平的改革主题。在建设和谐社会的战略思想指导下,中国也非常关注教育公平问题。2007年 10 月召开的党的十七大报告明确指出:"教育是民族振兴的基石,教育公平是社会公平的重要基础"。

20 世纪 80 年代以来的世界教育改革具有持续性、整体性的特点。改革的持续性体现在各国都在不断推动教育改革,将改革目标着眼于 21 世纪。改革的整体性体现在 20 世纪 80 年代以前的教育改革主要局限于教学内容、教学方法的改革,较少涉及整个国家的教育体制,但 20 世纪 80 年代以后的教育改革则是全面的和整体的,涉及初等教育、中等教育和高等教育各个层次,与整个国家经济发展状况、社会保障机制相联系。

无论是发达国家还是发展中国家,都面临着新世纪的诸多教育问题,都在致力于探索建立适应新世纪经济社会发展需要的教育体制。这场发轫于 20 世纪末的教育改革仍将持续下去。

第二节　当代教育思潮的演变

所谓教育思潮,是指某个时期流传较广、影响较大的思想倾向。由于政治、经济、科学文化等方面的原因,某种教育思想或理论在人们的思想上引起广泛的共鸣,得以普遍流行。其特点是:(1)有一定的见解或主张;(2)有较大的声势和影响;(3)有产生、发展和衰落的过程;(4)有盛衰的社会原因。① 第二次世界大战后是世界教育的大发展与大改革的时代。由于科学技术突飞猛进,物质生产飞速发展,再加上国际间日趋复杂的政治、经济竞争,使教育既充满希望又面临极大的挑战,教育不再被视为一个单纯的学校教育问题,而成为一个与国家的生存和发展生死攸关的重大问题。当代世界教育的大发展不仅体现在教育实践的改革上,更多的体现在教育思潮的宏观演变上。

一、从注重物质转向注重精神

"学会生存"与"学会关心",是第二次世界大战后相继出现的具有国际意义的迥然不同的两种教育思潮,既相互联系、又互为补充,既是第二次世界大战后教育发展的总结,又是 21 世纪教育理论的先导。表明了第二次世界大战后教育发展与改革的方向。它们的产生和发展是历史和逻辑的高度统一。

---

① 顾明远主编:《教育大辞典(第 1 卷)》,上海教育出版社 1990 年版,第 41—42 页。

第二次世界大战使不少国家政治和经济都濒于崩溃的边缘,"生存"问题成为世界各国人民的头等大问题。20世纪50—60年代科学技术日新月异、知识激剧增长、科技发明从生产到应用时间大大缩短。战后的国际充满了激烈、尖锐的政治斗争、经济竞争和科技竞争,从一定意义上说,也就是教育的竞争。教育成为关系国家前途和命运的重大问题。

正是在这种特殊的历史条件下,1972年,以法国前总理埃德加·富尔(1908—)为首的国际教育发展委员会编著了《学会生存——教育世界的今天和明天》的报告,提倡"学会生存"。该报告公诸于世,立即引起巨大反响,报告中诸多建议及意见被各国政府和教育部门采纳,成为20世纪下半叶的具有指导性质和广泛影响的纲领性教育文献,标志着世界教育的发展进入了崭新的历史阶段。该报告对科技革命的影响进行了审视,指出一方面,科学技术给人们的物质生活和社会发展带来了巨大的变化,人类正处于科学技术时代;科学技术的发展对教育提出了新的要求,因为在科学技术时代,知识正在不断地变革,所以教育应该较少地致力于传递和储存知识,而应该更努力寻求获得知识的方法;另一方面,科学技术产生的有害结果破坏着人与环境之间、自然与社会结构之间、人的生理组织与个性之间的平衡状态。无可挽回的分裂状况正在威胁着人类。而应付这许多危险的责任大部分落在了教育上面。教育要承担这个新任务,即提醒人们去认识这种危险。它要求教育担负起传授年轻一代在当今社会激烈变化条件下求生存的各种知识以及能力,这是"学会生存"理论思潮的最基本宗旨。

《学会生存》一书把注意力过多投向教育与社会物质文明之间的关系,产生了诸多精神道德方面的社会问题,比如精神文明落后于物质文明、个人个性全面发展不适应社会的迅速进步、学校过多重视智育而忽视人的素质提高、经济竞争对生态环境的破坏等。上述情况引发了世界各国学者的再次思考,"学会关心"的思潮应运而生。

1989年11月联合国教科人组织召开"面向21世纪教育国际研讨会",提出21世纪教育的主题——学会关心。报告再次对科技革命和现代化工业生产的影响进行了反思,提出了关心价值观。一方面,科技发展带来了社会的进步,而新的技术革命还将不断发生,财富和繁荣越来越依赖于知识和技能。世界正变得越来越小,各国在经济上更加相互依赖,一些地区形成了经济共同体。另一方面,科学技术的发展也带来了危害,世界正面临着新的威胁。首先,人类正面临着非常严重的生态问题,如大气变化、臭氧层破坏、酸雨、水污染、土质下降、动植物物种的急剧灭绝等,这些问题威胁着地球上的生存;其次,工业化导致了世界许多地方传统家庭的结束,越来越多的人受利益的驱使,缺乏为社会服务的意识和维护社会利益的责任感,许多优良的民族传统正在丧失。此外,人口剧增、国家之间的贫富差距继续扩大、妇女权利与地位的亟待改善等,也是令人忧虑的问题。所以,人类在迈向 21 世纪之际,需要调整教育目的以适应 21 世纪的需要。

总之,"学会关心"力图弥补"学会生存"的缺陷与不足,致力于解决物质高速发展而精神相对薄弱的问题,努力培养出个性全面发展的人,体现了第二次世界大战后国际教育战略重心的转移。从"学会生存"到"学会关心"表明了人们对社会、教育及自我认识的完善和深化,是促进世界物质生产和精神生产和谐发展的有效措施。

二、从注重教育的科学、经济功能转向推崇教育的社会价值

科学主义是对立于人本主义的一种哲学思潮,随着第二次世界大战后新的科技革命时代的到来,科技不仅是一般的独立生产力要素,而是堪称第一生产力,科技的生产力作用空前提高,成为教育科技取向思潮产生的重要背景之一。其次,随着科学领先,技术继后,生产尾随科学与技术的顺序的出现,教育作为科技与生产间的中介作用空前提高,也体现出教育的科技取向的重要性。第三,世界各国都借助于教育的科技取向来达到各自的目的,增强各自实力,尤其是军事实力。正是这三个重要背景引发了教育的科技取向思潮。

在当代,未来主义学派和联合国教科文组织这两个潮源对教育的科技取向的影响最为巨大。20 世纪 70 年代以来,美国未来主义学派的代表人物如丹尼尔·贝尔、赫尔曼·卡恩等人纷纷著书立说,预测未来。他们的理论基础是科技统治论,宣扬由金融寡头统治转向工程技术管理专家及企业经理的统治,无限地赞美科学和技术。

与未来主义学派的科技取向思潮相呼应,联合国教科文组织召集了众多关于教育改革与科技革命问题的国际研讨会,发表了大量涉及教育的科技取向问题的文章和著作,如《学会生存——教育世界的今天和明天》以及《世界教育危机——80 年代的观点》。

教育的经济主义思潮是现代世界教育思潮中最基本和最具影响力的思

潮,兴起于20世纪60年代,其最早的代表作是美国经济学家舒尔茨的《人力资本投资》和《教育的经济价值》。

第二次世界大战以后,世界各国教育发生了重大的历史性变革,教育实践的发展取得了以往几个世纪的总和都难以比拟的惊人进步,使现代教育拥有了新的历史性特征。第二次世界大战后,特别是20世纪60年代以来世界各国的教育发展和改革,同教育的经济主义思潮有着密切的关联。换言之,教育的经济主义思潮推动了教育的发展和改革。

教育的经济主义思潮包括两个最基本的方面,一是对教育与经济的关系的认识;二是对教育的经济性质的认识。前者涉及作为社会基本部件的教育同作为社会基本活动的经济之间的函变内容,强调教育对经济的作用以及经济对教育的反作用;后者涉及对教育基本属性的评定,强调教育自身的经济成分。作为一种教育思潮,它既包含了人们对教育与经济的关系的合乎规律的认识,也包含了在这个问题上的夸大、偏颇和极端之谈。其正面和负面的影响都远远超出了教育的范围。

教育的经济主义思潮把经济需要作为审视教育的视角,很大程度上决定着或影响了当今人们对教育的认识以及教育的改革和发展,把经济与教育的关系作为研究教育价值的出发点,以凸显教育的经济功能为目的,具有积极意义。但是,这种理论往往孤立地看待教育与经济之间的关系,缺乏广阔的视角,表现出思维的狭窄性,淡化了人文精神,很大程度上,教育成为了经济的附属品。这为以后世界教育思潮注重教育的社会价值取向埋下了伏笔。

教育的社会价值取向思潮,根植于第二次世界大战后西方社会教育学中的功能论学派和冲突论学派。①

功能论代表人物为美国的帕森斯。他曾经指出,制约教育行动系统的由社会系统、文化系统、人格系统,并提出社会系统的四功能要素:适应、目标达成、整合、模式维持。功能论学派从维护当代资本主义社会制度出发,认定教育的功能之一在于使个体社会化,并且相信学校是选择人才的合理机构,认为学校教育的终极目的是使社会的功能协调、价值统合、体制稳定。但是现实社会的动荡与冲突否定了它的和谐、统和、稳定的思想,使其失去

---

① 全国十二所重点师范大学联合编写:《教育学基础》(第2版),教育科学出版社2008年版,第391页。

了影响力,冲突论学派取而代之。

冲突论学派从批判资本主义社会制度的立场出发,揭露其社会关系的强制性、社会变迁的普遍性、社会冲突的必然性以及这些性质在教育中的鲜明体现。冲突论学派分两支:一是"新韦伯主义"冲突论,二是"新马克思主义"冲突论,后者更具典型性。新马克思主义冲突论的基本观点是,资本主义学校教育的作用不仅在于劳动力的再生产,而且在于资本主义劳动分工关系、阶级关系以及资产阶级政治思想、意识形态、文化价值的再生产。新马克思主义冲突论又分三支:(1)以法国阿尔都塞、美国鲍尔斯等人为代表的经济再生产理论(即直接再生产理论)认为,资本主义学校中的社会关系直接体现着资本主义生产关系、等级制劳动分工关系,学校为此提供相应的知识技能、塑造相应的个性品质、养成不同身份和阶层意识,从而使资本主义统治合法化。(2)以法国布迪厄等人为代表的文化再生产理论(即间接再生产理论)认为,资本主义学校是以文化为中介,即通过"文化资本"的传授、分配和再生产来实现社会关系的再生产。(3)以英国威利斯、美国阿普尔等人为代表的"抵制论",于20世纪70年代末从新马克思主义流派中分立出来。他们认为,学校生活充满抵制、冲突和斗争,社会和文化的再生产是在抵制的过程中发生的;主张学校对社会"相对自主","创造性适应"社会的需要,学校作为抵制资本主义制度的场所发挥作用。

由上可见,不论是功能论学派还是冲突论学派,都承认教育的社会价值功能,只不过前者从维护现存社会制度出发,从正面推动着教育的社会价值取向。后者则从批判现存社会制度出发,从反面刺激着各国教育改革大力强化教育的社会价值取向。但两者对西方各国教育改革的提示作用客观上是一致的。

三、从教育本土化转向教育国际化

作为传承文化和培养人才的重要组织形式,教育具有民族性、本土性的特点一直为人们所认同。自文艺复兴和宗教改革运动以后,伴随着近代民族国家的形成,为配合民族国家在政治、经济、文化各个方面的发展,在教育领域兴起国家主义教育的一股新思潮。到19世纪末20世纪初,随着世界各国初等教育的普及、教育国家化的完成,特别是伴随着各国国家教育制度的确立和完善,国家主义教育思潮也正式确立。

国家主义教育思潮强调民族、国家的利益,推崇教育在促进国家和社会发展中的作用。但同时,国家主义教育还存在着深刻的历史局限和尖锐的现实冲突。从哲学上看,它存在着线性思维和思维空间的狭窄性特点;从价值取向和对象上看,它强调本位主义的相对性和地区性,强调局部利益,割裂当前与长远、个体与整体的联系;在教育上鼓吹国家利益高于一切,强调整齐划一,用一个模式教育学生,扼杀学术和学生、教师的个性、积极性和创造性。

20世纪以来,特别是第二次世界大战以后,由于科学技术迅猛发展,世界经济日益朝着区域化和国家化的方向发展。在哲学思潮上出现了相互依存论,在社会学方面出现了"地球村"理论,在文化学上出现了世界文化圈理论,这一切都对当今世界的教育产生了巨大影响,国际化教育思潮应运而生。

教育国际化思潮常常又被人们称为"国际教育"、"国际理解教育"或"全球教育",是国际化教育在教育方面的体现。教育国际化是指一个国家将本国教育置于世界教育发展的系统之中来确定发展方向,并通过与其他国家进行教育交流与合作,从而使本国教育成为世界教育体系的有机组成部分的过程。根据联合国教科文组织1991年的《世界教育报告》(World Education Report),教育国际化思潮包括如下内容:(1)了解和尊重各民族及其文化、文明、社会准则和生活方式,包括国内民族的文化和其他国家的文化;(2)认识各国和各民族间日益增大的全球范围的相互依赖;(3)理解国际团结与合作的必要性;(4)既认识个人、社会集团和国家各自的权利,亦认识相互承担的义务;(5)各级各类教育应具有国际的内容和全球的视野;(6)个人愿意参与解决所属社区、国家和整个世界的问题。

国际化要求的要义是:(1)贯彻和平、平等、全人类道德原则;(2)理解、宽容和尊重异国文化、多元文化;(3)能够和外国人一道顺利开展工作、研究;(4)掌握外语;(5)教育达到很高水平,能够和外国进行学校和文化交流,接纳留学生、访问学者等;(6)为国际社会做出贡献。由此可知,教育国际化包括两方面的含义:一是教育为社会国际化发展培养人才;二是教育本身对外开放,加强国际交流。20世纪90年代以来,许多国家的教育政策对教育国际化特别是高等教育国际化问题给予了高度关注。

四、从注重阶段性教育转向注重终身教育

传统教育是由一个个相对独立的教育阶段组成的教育系统,体现出浓

厚的阶段性特征。阶段性教育认为个体的教育可以一次完成,无须终身学习。

阶段性教育重视和强调学校教育,认为学校教育对社会的发展以及人类的发展起到决定性作用,认为学校教育是整个社会教育的主体,但却不够重视社会教育,对社会教育与学校教育之间的衔接、配合不够重视。

最初,"终身教育"观点是针对第二次世界大战后的成人教育。自从1965 年联合国教科文组织在巴黎召开的"第三届国际成人教育促进会"上法国学者保罗·朗格朗首次正式提出"终身教育"一词之后,终身教育、终身学习、学习社会的概念便在全世界范围内迅速传播开来。1972 年联合国教科文组织发展委员会又出版了《学会生存》,从此终身教育在整个世界范围成为改革成人教育和学校教育的基本指导理论,在许多国家的教育改革中占据重要地位。终身教育、终身学习的思想很快成为各国教育界乃至思想界的热门研究课题之一,构建终身教育体系、创建学习社会也逐渐成为联合国及世界各国指导教育改革和社会发展的基本理念。

自 20 世纪 60 年代以来,终身教育作为一种最有影响的教育思潮引起世界各国的注意,被无论是东方抑或西方,发达国家抑或发展中国家普遍接受。更是把它作为教育领域活动的指导原则,并组织了一系列国际会议和地区会议。

终身教育的思想起源于成人教育的实践,但是它与成人教育有着明显的区别,即终身教育是将各种不同的教育类型统筹起来,使之成为一种连贯的体系,而成人教育和终身教育不仅指导思想不同,并且所涵盖的范围也更加狭隘。1973 年法国"巴黎全国讨论会"对终身教育的定义是:从幼儿期到死亡的不间断的学校以及校外教育,不存在青少年、成年之间的区别,与培养人合格职业生活的训练相结合。终身教育观念和理论,以战后科学技术、经济的迅速发展以及国际民权运动高涨为历史背景,完全应和了人们充分发展个性、创造能力和学习能力的要求以及人道化的要求,将人生一个阶段的教育改变为终身教育,将制度化教育转变为个性化教育,将学校化教育转变为社会化教育。

终身教育的目标:从个体发展的角度看,在于帮助个人不断适应社会生活的变迁和完成其社会化的过程,使每一个社会成员成为一个完善的人;从社会发展的角度看,终身教育的目的在于完成社会的改造与发展,使社会在全体成员不断学习的基础上更加快速、有效、和谐和圆满地得到发展。

终身教育的基本原则或原理:连续性——整体性("一体化")。这一原则要求人从摇篮到坟墓的一生都变成接受教育的过程,整个社会变成有体系的教育场所。前半句是指教育的终身化,后半句是指"教育的社会化"或"社会的教育化"。两者互为前提。

终身教育的方法:首先,重视作为教育基础的个人和小组,学习的主体是个人、小组,而不是课程和教师。其次,要求教育遵循兴趣原理——支配人类活动的重要规律。再次,广泛应用小组学习法。最后,广泛采用创造性、非指导性教育方法。

终身教育的意义:终身教育作为与战后革新时代经济、科技、文化、社会的迅速变化相适应的现代教育思想,能够推动社会持续高速地发展;它能够保证人的真正个性的发展和自我实现;能够真正地实现教育机会均等,使教育成为实现社会平等和民主的一种强有力的手段。

总之,终身教育是能够适应现代化社会、适应人的需要和发展的教育,其观念能够使近代教育发生本质的变化。

第三节 21 世纪教育发展趋势

一、教育全民化

教育全民化也称为全民教育,是当今国际教育领域最具影响力的一种思想。其思想的萌芽可以追溯到很远,但人们习惯以 1990 年 3 月在泰国召开的"世界全民教育大会"作为其正式产生的标志。该会议由联合国教科文组织、联合国儿童基金会、联合国开发计划署和世界银行共同发起,150 多个国家的政府官员和教育专家、20 个政府间组织和 150 个非政府组织的 1500 名代表参加。会议讨论通过了《世界全民教育宣言》和实施宣言的《满足基本学习需要的行动纲领》两个划时代的文件,从而发展全民教育成为了世界绝大多数国家教育发展的重要目标。

全民教育思想的产生是与人类的发展、社会的文明进步分不开的。人们在追求公平、摆脱贫困、寻求共同发展的实践中,深刻认识到教育的重要作用,要使人人得到全面发展,充分享受其拥有的基本权利,摆脱贫困,消除困扰全人类的一些重大问题,就必须让所有人接受最起码的、基本的教育。

　　全民教育提出的另一个现实因素是,20世纪90年代世界教育在蓬勃发展的同时,又存在一些严重问题,这些问题的解决随着21世纪的到来显得更为迫切:约占学龄人口20%的1.28亿儿童未能接受初等教育,其中至少包括一半以上的女童;尽管文盲的比例在下降,但当时仍有9.48亿成人属于文盲,其中三分之二是妇女;九个人口最多的发展中国家的成人文盲人数占9.48亿的72%,而印度和中国两国就分别占到总人数的30%和23%;①一亿多儿童和不计其数的成人未能完成基础教育计划,更多的人虽满足了上学要求但并未掌握基本的知识和技能;功能性文盲(意味着一个人所掌握的书面文字和一般基础知识还明显地不足以使其在越来越复杂的社会中"行使功能")已成为包括工业化国家和发展中国家在内所有国家的严重问题。

　　除教育本身所存在的问题之外,世界正面临着一些令人生畏的问题:人口的迅速增长、环境的普遍恶化、贫穷的持续加剧、战争暴力的不断发生,等等。这些问题阻碍了教育的发展,而教育的落后又反过来制约了社会问题的解决。

　　以上因素的共同作用促使国际社会提出全民教育的概念,以通过提高所有人的受教育水平这一途径来应对社会的危机。

　　全民教育是一个全新的概念,它不同于以往任何教育目标。它的范围非常广泛,基本含义是:(1)全民教育既是经济发展的需要,又是道德发展的需要;(2)全民教育是广义的,它的范围从学前教育到继续教育、终身教育;教育不仅是投入更是产出,教育有各种传送体系,包括正规教育、非正规教育和不定型教育,学校应当与丰富的学习环境结合在一起;(3)全民教育是一项新的社会责任,赞助者、家庭和非政府组织都要贯彻这一政策。

　　"全民教育"的目标是满足所有人(包括儿童、青年和成人)的基本学习需要。"这些需要包括人类能够生存、作出有知识依据的决策、有尊严的生活以及继续学习所要求掌握的基本学习工具(如读写、口头表达、数字、解决问题等)和基本学习内容(如知识、技能、价值观念和态度)。"

　　全民教育对于个人和社会的发展具有极其重要的意义。对个人而言,接受能够满足生活所需要的教育是一项基本人权,是个人在现代社会得以有尊严地生存和发展的必要条件。对社会而言,全民教育的发展有助于确保一个更安全、更健康、更繁荣的世界,同时有助于社会、经济和文化的进步

① UNESCO,EFA2000,No.12,July\Sept.1993:7.

以及国际合作的加强。全民教育通过提高各国人民的素质,从而对和平、环境、人口和可持续发展等国际社会面临的严峻挑战作出贡献。

为实现全民教育的目标,许多发展中国家进行了不懈的努力。许多国家如今已经建立了全国性的全民教育机制,制定了全民教育的计划,增加了对全民教育的经费投入,加强了与国际援助机构的合作。占世界人口一半、成人文盲占70%的发展中国家中的九个人口大国(中国、印度、印度尼西亚、巴基斯坦、孟加拉,埃及、尼日利亚,巴西、墨西哥)在1993年专门召开了"九个人口大国全民教育首脑会议",共同商议全民教育的实施问题。九个国家的首脑都作出了郑重的承诺,将全力推进全民教育的实施,通过普及初等教育和扩大儿童、青年和成人的学习机会来满足本国人民的基本学习需要。

为了实现目标,巴西将把实施全民教育,作为今后教育发展的最大优先领域,并具体制定了"全民教育十年计划"。印度在1992年修订的"国家教育政策",提出了具体的教育行动计划,其中对初等教育和成人扫盲给予了优先考虑。

1994年,由联合国教科文等国际组织在西班牙召开了"世界特殊需要教育大会"。在这次会议上首次提出了"全纳教育"的思想。全纳教育的思想认为:每个儿童都有其独特的特性、兴趣、能力和学习需求,学校应全面接纳所有有各种需求的学生,学校教育要考虑到学生特性和需求的广泛差异,学校要消除歧视,不排斥任何人。儿童的特殊需要教育对全民教育产生了深刻的影响。

作为世界上人口最多的国家,我国积极参与世界全民教育进程,率先承诺普及"全民教育"。为此,中国政府始终把教育放在优先发展的战略地位。政府不仅重视全民教育的推进速度,而且更重视全民教育的质量。20世纪90年代中后期以来,为了让每一个儿童少年都能健康成长、全面发展,中国政府面向全体学生开展了提高教育教学质量的素质教育。

在各国政府的努力下,全民教育的思想已成为所有发展中国家教育改革和发展过程中的重要的指导思想。可以说,全民教育的思想在教育机会、普及教育、提高教育质量、消除教育差异、关注残疾人教育、改善学习环境、加强教育与社区的联系、调集资源、教育组织与管理、教育计划制定、教师培训、教育技术等方面均产生了巨大的影响。其成绩主要表现在入学人数的增长,失学人数的下降,儿童早期教育顺利的进展等几个方面。

尽管取得了巨大的成就,但是这些是远远不够的。全民教育目标的实现,需要各个国家采取实实在在的行动,在人员、经费上予以保障,切实把普及初等教育和成人扫盲排在社会发展的优先地位,否则,全民教育由思潮变为现实,会成为一项严峻的挑战和艰巨的使命。

二、教育全球化

20世纪60年代以来,随着"经济全球化"现象,包括生产全球化、市场全球化、投资全球化等各个方面的建立,教育资源的跨国界流动显得日益频繁。随着各国陆续签署《服务业贸易总协定》,教育全球化的趋势更加明显。

世界各国虽然社会制度、文化传统、发展水平、意识形态各不相同,但关于教育的基本观念却越来越趋于一致。比如教育宗旨,正在形成以"促进学生健康发展"为核心的"人本主义"共识;在其他方面,由生理科学、心理科学、行为科学和社会科学各分支以及自然科学各相关领域的研究进展,正在构筑起关于教育活动的核心观念。这些无不为教育全球化创造了有利条件。

教育全球化是一个多层次、多阶段、内涵丰富的历史过程。对教育全球化进行准确的定义比较困难,但"教育全球化"的特征包括:各国的教育交流与合作日益增强;相互借鉴其教育发展和改革经验的自觉性日益提高;各国相互承认学历和学位证书的趋势日益加强,并由此带来各国之间学历、学位教育水平大致衔接;各国都日益注意培养能使本国经济、科技与世界接轨的人才等。[①]

"教育全球化"有三种基本的表现形态:第一种形态是教育资源的跨国界流动,日益壮大的留学生潮是其典型表现;第二种形态是全球性的佳偶现象,如义务教育制度;第三种形态是全球教育,基于互联网的现代远程教育使得独立的跨国教育体系成为可能。其中,第一种形态和第三种形态与WTO的《服务业贸易总协定》中的四种服务贸易提供方式——跨境支付、境外消费、在服务消费国的商业存在、自然人的流动是相契合的。[②] 在教育资源(要素)的跨国流动中,留学(留学生)是此类"教育全球化"现象的典型

---

① 顾佳峰:《教育全球化:对抗还是对策》,《外国教育研究》2006年第9期,第38页。

② 吴华:《在全球教育体系中定位——21世纪中国教育发展的战略选择》,《人民教育》2002年第6期,第21—23页。

代表。

"教育全球化"为各国教育实现快速健康的发展提供了许多新的机会，主要表现为：第一，外国资本在本国投资办学，这种方式的优点主要是可以增加国内的教育资源供给、增加就业、促进经济增长、改善教育系统的整体素质等；第二，到国外接受教育，派出留学生是其主要途径；第三，接受国外教育机构基于互联网的远程教育；第四，在全球聘请优秀的教师；第五，利用国外知识产权；第六，争取各种国际捐赠和项目融资；等等。

留学生在教育全球化趋势中扮演了重要角色，这种角色不只是派出，也包括引入。目前，各国或地区都在积极开拓留学市场，抢夺国际人才。20世纪90年代末，美国、英国、德国、法国、荷兰、瑞典、挪威等欧美发达国家以及日本、新加坡、新西兰、澳大利亚等国纷纷来华，频频举办各种"教育展"，受到媒体广泛关注。新西兰教育部长宣布，新西兰政府将通过一项关于建立200项国际学生奖学金和200项留学奖的预算案，以提高新西兰的国际教育质量。日本政府决定拨款100亿日元建立中日留学基金，以吸引大批中国留学生。另据官方统计，改革开放二十年，中国赴美留学生超过三十万，去其他国家留学人员数量也相当可观。

近几年，欧共体所有国家都可以互认学历。我国也已与26个国家和地区签订了学历学位互认协议。这些措施无不使教育全球化趋势更加明显。

三、教育信息化

教育信息化有两个含义：一是教育培养适应于信息化社会的人才，二是教育把信息技术手段有效应用于教学与科研。教育信息化是指在教育领域运用计算机多媒体和网络信息技术，促进教育的全面改革，使之适应信息化社会对教育发展的新要求。教育信息化，要求在教育过程中较全面地运用以计算机、多媒体和网络通讯为基础的现代信息技术，促进教育改革，从而适应正在到来的信息化社会提出的新要求，使学生学会创造信息，进一步建立信息库、信息网络等。它是实现教育现代化的基础和条件，是教育现代化的重要内容和主要标志，以教育信息化带动教育现代化是当今世界教育改革与发展的共同趋势。

教育信息化主要表现在国家把信息教育课程列入正式课程以及注重教育信息资源的开发利用两个方面。

法国教育部长阿莱格尔 1998 年初宣布,法国制定三年教育信息化发展方案,重点放在教育信息化大发展对相应信息教育师资的培训上,重点倾向于应用多媒体教学和微机操作水平的提高,旨在发挥现有信息设备的使用效率,使法国由当时初中学生 32 人 1 台微机、高中学生 12 人 1 台微机的水平,提高到初中学生 16 人 1 台微机、高中学生 6 人 1 台微机的标准,这一标准 2000 年要在全法国实现。①

1998 年 7 月 29 日,日本教育课程审议会发表了题为"关于教育课程基本走向"的咨询报告书,进一步明确了信息教育课程的运作细则。首先是在小学、初中、高中各个阶段的所有学科都要使用微机进行教学。小学在"综合学习时间"课上要适当地运用计算机等信息手段,初中要把现行的"信息基础"选修课改为必修课。

英国 1998 年以立法形式规定,信息教育课在全体中小学中由原来的选修课全部改为必修课,并拟定中学信息技术课评价的九项标准。在国拨教育经费中,法定的 6% 必须作为学校专款专用的微机购置费,以保证英国 20% 的中小学校上因特网,其中中学占 85% ,小学占 5% 。

近年来,我国相继出台了一系列推进教育信息化的政策和措施,或在相关的文件中对教育信息化提出了明确的要求,其内容涉及现代远程教育、中小学信息技术教育、中小学"校校通"工程、教育信息化发展纲要、教育信息化技术标准、西部中小学现代远程教育项目及教育部现代远程教育扶贫示范工程、西部大学校园计算机网络建设工程、教师教育信息化建设、高校现代远程教育试点工作、高校网络教育学院管理、现代远程教育校外学习中心(点)的管理、软件学院等教育信息化的各个方面。

中共中央办公厅、国务院办公厅于 2006 年印发的《2006—2020 年国家信息化发展战略》中指出,"加快教育科研信息化步伐",必须实现优质教育资源共享,促进教育均衡发展。

在教育信息资源的开发上,表现最为突出的为德国和日本。在理论上,德国的考夫曼模式和日本的松田模式呈现出当代信息资源开发的世界级水平。依据德日理论,教育信息化的根本在于资源的开发和创新,符合知识经济条件下知识不断创新和信息增值的发展趋势。修筑"信息路"和"信息车"

---

①　全国十二所重点师范大学联合编写:《教育学基础(第 2 版)》,教育科学出版社 2008 年版,第 397 页。

都是为了装运"信息物资",开发信息资源就是在"货源"上重视各类教学软件和数据库的开发数量和质量。日本京都任天堂会社自1983年7月推出微机,截至1990年国内推销1466万台。为了适应如此迅猛的信息化发展,20世纪60年代以来,日本、美国、法国、英国等国家全力加强和普及了电子计算机教育,美国甚至把计算机科学列入"五项新基础学科"。

信息化已经把文化推进到"语言文化"、"文字文化"之后的"映像文化"。映像文化在其直观性、形象性上有着传统教育不能比拟的优势,对于培养学生的创造能力以及认知能力提供了有力的条件。但是,信息化的过度膨胀也使得人际关系疏远等问题日益突出,需要我们加以平衡避免。

四、教育民主化

教育民主化首先是指教育机会均等,包括入学机会的均等,教育过程中享有教育资源机会的均等和教育结果的均等;其次是指师生关系的民主化;再次是指教育活动、教育方式、教育内容等的民主化,为学生提供更多的自由选择的机会。联合国在20世纪70年代对此给出了一个总的概括:教育民主化既涉及入学机会均等,又涉及学业成功机会均等,还涉及教育形式的多样化等等。20世纪80年代以后,教育民主化和现代化的内涵又得到发展,教育的民主化不再仅仅只是教育机会均等,而进一步发展为追求每一个儿童都获得高质量的教育。

20世纪以来,随着人类社会的发展和世界各国高等教育取得了较大进展,高等教育的大众化使整个社会显示出高学历的特征,为建立学习化社会创造了条件。

说到教育民主化,我们不得不提及民主教育。教育民主化与民主教育有一定联系,但是也有区别。两者的目的是相同的,都是为了培养民主社会的公民。但是从实施的内容和范围来说,民主教育只是整个教育的组成部分,是针对学生进行民主素养的教育。而教育民主化则涉及除政治教育以外的其他所有教育的内容,涉及学校的日常生活和管理,甚至涉及教师的教育观念和学生的学习观念。从另一个角度而言,教育民主化旨在创造"民主的教育"或"民主的学校"。从某种意义上,我们可以将教育民主化看成是实施民主教育的一种途径,一种通过民主实践而对学生进行民主教育的途径。

教育民主涉及的主要内容是:(1)加强地方分权、地区自治权、学校自主权;(2)家长、居民、教师、科研人员、学生、社会各部门参与教育管理,任何一个利益代表都不占优势;(3)参与项目扩大,包括经费、课程、教学法、人事、决策等;(4)工商界、科技界、政界、新闻界、文艺界、法学界等社会各界参与重大教育决策及科研决策。总而言之,把人吸收到生活的所有过程中来,这是社会一切工作的中心。不活跃人的因素,既不考虑人的各种劳动集体、社会团体、社会集团的不同利益,又不把他们吸收到积极的创造活动中来,就不可能完成任何一项任务。这种参与、自治的思想,就是上述教育民主化思想的精髓。

教育现代化最重要的标志就是受教育者的广泛性和平等性。教育平等观念的要点是:(1)教育平等不仅是发展教育所需,而且也是实现社会平等的必由之路,即"教育作为一种相对变动的社会结构,对提高(人们的)社会地位仍然是一种重要手段",[1]因而可以说,"教育是通向平等的入口"。(2)平等原则和能力原则是互补的,不应使一个目标屈从于另一个目标。(3)教育平等对个人,对社会、民族、国家皆有益而无害。(4)"任何一个孩子,只要受过训练,都能取得成功"[2],或者说,只要教育方法得当,几乎所有的人都可以学到同样的知识,都可以得到发展。

教育民主化作为一种教育改革的行动或过程,须遵循一些基本的原则。

平等原则。是指教育资源的配置、利用的平等。例如"教育机会均等"和"教育条件的均等"。从教育关系的建构来讲,平等原则意味着"学生受到同样的教育关怀",以及"师生关系平等"。可见教育民主化所要求的平等原则不仅有着"量"的要求,更有"质"的要求(是否受到同等教育关怀问题)。

补偿原则。这个原则主要是针对那些处境不利的儿童或人群提出的。教育民主化作为一种过程,并不是要给予不平等人以同样的资源,而是针对不利的人群给予特别的教育补偿,关怀和关注。

参与原则。主要是指在教育实践的各个环节——决策、咨询、制定目标、教学组织、发展评估、学校管理等方面,最大限度地调动各个社会机构、组织、家庭以及个人的积极性,使更多的人成为教育改革,发展和评价的主体,使教育事业真正成为一种由绝大多数人参与的公共事业。

---

① 奥恩斯坦著,刘付忱等译:《美国教育学基础》,人民教育出版社 1984 年版,第 313 页。

② 让-雅克·塞尔旺-施赖贝尔著,朱邦造等译:《世界面临挑战》,生活·读书·新知三联书店 1984 年版,第 216 页。

民主原则。是指在教育实践过程中,要充分尊重教育或学校的相对独立性,充分尊重校长,教师和学生在教育教学以及管理活动中的主体地位。

宽容原则。主要是指在教育实践中,多样的观点,制度和行为方式,如果没有威胁多样性本身,就应该得到允许、尊重、鼓励和保护。其实宽容原则主要是对自主原则的进一步说明和支持。

五、教育个性化

教育个性化的思潮最先涌现于第二次世界大战后的资本主义世界,后蓬勃于社会主义国家苏联。西方资本主义世界的教育个性化思潮来源于众多教育哲学流派,他们中的每一个都拥有各自的教育个性化观点。

个性化教育是引导个体生命独特性发展的教育,它以尊重差异为前提,以提供多样化教育资源和自主选择为手段,以促进个体生命自由而充分的发展为目的。在迎接社会转型的关键时刻,未来学家奈比斯特指出:"我们必须解放思想,展望未来。我们必须认识信息化社会和它带来的变化。我们必须重新考虑国家和世界的目标,以适应新的信息化社会发展的需要。"[①]社会的发展要求新一代具有创造性,自己的个性以及广泛的适应性,这也成为了教育个性化的社会基础。

从个体的角度看,人的发展既有共性又有个性,它们都受到社会各种因素的制约。共性更多地体现了社会的要求,个性则较多地体现了个体的要求。未来学家托夫勒(1928—)认为,工业社会的特点是标准化,信息社会的特点是个性化、多样化。教育也不例外。教育是培养人的活动,随着科学的发展,特别是脑科学和心理学的发展,对人及其成长的认识越来越深刻。受遗传基因的影响,人的先天素质有多种差异,人出生后即生活在一定的环境中,预定的环境(包括教育)对儿童的发展具有决定性的影响,但这种影响也是多种多样的,每个个体所处的具体环境不同,接受的影响也会不同。这一切使得世界上每个个体犹如每一片树叶的脉络一样各不相同。教育需要根据不同的个体施以不同的教育,才能使他们潜在的能力(智力和体力)得到比较充分的发展。

科学技术的发展使世界变得五彩缤纷,社会需要各种各样的人才。同

---

① 季羡林等:《大国方略——著名学者访谈录》,红旗出版社1996年版,第367页。

时,社会中的激烈竞争也需要培养有个性、有创造能力和开拓精神的人才。

　　教育个性化也是为了克服目前教育中存在的划一性、僵化和封闭性,树立尊重个人、发展个性、培养自我责任意识的需要。发展个性,并非放任自流、不负责任、自由无序,而是尊重每个人的个性特长,充分发挥和培养他们的个性特长,同时让每个学生真正地认识自我个性,在认识自我个性的同时,认识他人的个性、尊重他人的个性。发展个性是为了培养创造性人才。未来社会是一个高科技的社会,是激烈竞争的社会,无论是科技发展还是社会竞争都需要创造性人才。

　　在始于 20 世纪 80 年代中期的日本教育改革中,日本临时教育审议会在第四份报告中大量披露了有碍教育个性化的弊端,如"过多培养了以死记硬背为中心的、缺乏主见和创造性能力的、没有个性的模式化人才,这些人才往往缺乏作为日本人的责任感……所有这些,都是由于教育制度和教育管理僵硬、刻板所造成的。"又说"教育荒废"(指入学考试竞争激烈,欺侮弱小同学,逃学,校内暴力,青少年道德行为不良等——引者注)……学生的创造性思维欠缺、尊重学生的个性特点不够……这些,都是由于教育制度划一和不灵活所派生出来的弊病……在完善人格、尊重个性等方面存在许多不足之处。还说,第二次世界大战后的日本教育改革一方面"强调尊重个性,提倡自由,而另一方面在复杂的社会因素下,没有充分贯彻尊重个性与提倡自由"。① 主张培养人格健全、富于人性的青少年;提出实现教育多样化,重视发展每个人的个性,实现教育个性化。日本对当今世界流行的各种教育个性化思潮作出了合乎国情的扬弃,使之更加符合日本国情。

　　巴西在《全民教育十年计划(1993—2003)》中规定实施教育策略要满足各个学生的特殊学习需求,确保优质教育要充分尊重学生,促进儿童或青少年形成特殊的个性。墨西哥在 20 世纪 90 年代基础教育改革的官方文件中也反复重申,教育应"通过重视知识财富和培养创造力,不带任何偏见地促进人类各种潜能和各个方面的发展"。

　　美国教育改革是根据当前国家教育中的危机倾向作出导向抉择的,它在学生的个人价值观基础上,在学校价值目标和学校课程设计基础上淡化个性而强化共性,而在不同的学术目标上强调个性化原则。美国国会于

---

　　① 国家教育发展与政策研究中心:《发达国家教育改革的动向和趋势(第 1 集)》,人民教育出版社 1986 年版,第 158、160、161 页。

1976 年通过了《终身学习法》，以显示教育"个性化"的意向之所在。

中国教育改革立足于我国基本国情，于 1993 年公布《中国教育改革和发展纲要》，旨在进一步转变教育思想，发掘学生的特长与个性，但是受统一化束缚仍然较为严重，想要真正实现个性化、灵活化、多样化，可谓是任重而道远。

国际教科文组织的教育调查报告《学会生存》一书也指出，教育者的任务在于"培养一个人的个性并为他进入现实世界开辟道路"。显然，培养学生丰富多彩的个性、使学生获得全面和谐的发展，是 21 世纪世界教育的又一发展趋势。

● **思考题**

1. 终身教育理念对我国教育发展有何影响？
2. 今天世界全民教育面临着哪些挑战？
3. 如何看待教育国际化？

参 考 文 献

1. 袁振国主编:《当代教育学》,教育科学出版社 1998 年版。

2. 杨兆山主编:《教育学——培养人的科学与艺术》,东北师范大学出版社 2006 年版。

3. 李帅军主编:《教育学》,北京师范大学出版社 2011 年版。

4. 钱焕琦等著:《学校教育伦理》,南京师范大学出版社 2005 年版。

5. 王天一等编著:《外国教育史》,北京师范大学出版社 2004 年版。

6. 田本娜主编:《外国教学思想史》,人民教育出版社 2001 年版。

7. 任钟印主编:《西方近代教育论著选》,人民教育出版社 1999 年版。

8. [美]约翰·杜威著,王承绪译:《民主主义与教育》,人民教育出版社 1990 年版。

9. [德]雅斯贝尔斯著,邹进译:《什么是教育》,三联书店 1991 年版。

10. 联合国教科文组织、国际教育发展委员会编著,华东师大比较教育研究所译:《学会生存》,教育科学出版社 1996 年版。

11. 国际 21 世纪教育委员会著、联合国教科文组织总部中文科译:《教育——财富蕴藏其中》,教育科学出版社 1996 年版。

12. [加]大卫·杰弗里·史密斯著,郭洋生译:《全球化与后现代教育学》,教育科学出版社 2000 年版。

13. [美]内尔·诺丁斯著,于天龙译:《学会关心——教育的另一种模式》,教育科学出版社2003年版。

14. [捷]夸美纽斯著,傅任敢译:《大教学论》、教育科学出版社1999年版。

15. [巴西]保罗·弗莱雷著,赵友华、何曙荣译:《被压迫者教育学》,华东师范大学出版社2001年版。

16. 张乐天主编:《教育学》,高等教育出版社2007年版。

17. 全国十二所重点师范大学联合编写:《教育学基础》,教育科学出版社2002年版。

18. 扈中平主编:《现代教育理论》,高等教育出版社2005年版。

19. 罗伯特·金·默顿著,何凡星等译:《论理论社会学》,华夏出版社1990年版。

20. 吴康宁著:《教育社会学》,人民教育出版社1998年版。

21. 王彦才、郭翠菊主编:《教育学》,北京师范大学出版社2010年版。

22. [美]约翰·S. 布鲁帕克著,吴元训主译:《教育问题史》,安徽教育出版社1991年版。

23. 石中英著:《教育哲学导论》,北京师范大学出版社2004年版。

24. 厉以宁:《教育经济学》,北京出版社1984年版。

25. 郑金洲著:《教育文化学》,人民教育出版社2000年版。

26. 范国睿著:《教育生态学》,人民教育出版社2000年版。

27. [美]菲利普·库姆斯著,赵宝恒等译:《世界教育危机——八十年代的观点》,人民教育出版社1990年版。

28. 叶澜主编:《新编教育学教程》,华东师范大学出版社2006年版。

29. 叶澜著:《教育概论》,人民教育出版社1999年版。

30. 滕大春主编:《外国教育通史(第二卷)》,山东教育出版社2005年版。

31. 李秉德主编:《教学论》,人民教育出版社2001年版。

32. 王道俊、王汉澜主编:《教育学》,人民教育出版社1999年版。

33. 刘雪飞等著:《教育学博士写给中学班主任的信》,中国人民大学出版社2012年版。

34. [美]培根等著,周海涛等译:《学校与社区的关系》,重庆大学出版社2003年版。

35. [英]怀特海著,徐汝舟译:《教育的目的》,生活·读书·新知三联书店2002年版。

36. 瞿葆奎主编:《教育学文集·教育目的》,人民教育出版社 1989 年版。

37. 李晓燕主编:《义务教育法律制度的理论与实践》,华中师范大学出版社 2010 年版。

38. 叶存洪等编著:《教育学》,大连理工大学出版社 2010 年版。

39. 蒲蕊编著:《教育学原理》,武汉大学出版社 2010 年版。

40. 柳海民主编:《教育学原理》,高等教育出版社 2011 年版。

41. 励雪琴著:《教育学是什么》,北京大学出版社 2009 年版。

42. 但武刚主编:《教育学案例教程》,华中师范大学出版社 2006 年版。

43. 吴云鹏主编:《教育学综合案例教学》,中国人民大学出版社 2010 年版。

44. 李宝峰主编:《现代教育学基础》,华东师范大学出版社 2010 年版。

45. 瞿葆奎主编:《教育学文集·教育制度》,人民教育出版社 1990 年版。

46. [美]泰勒著,施良方译:《课程与教学的基本原理》,人民教育出版社 1994 年版。

47. 施良方著:《课程理论:课程的基础、原理与问题》,教育科学出版社 1996 年版。

48. 冯忠良等:《教育心理学》,人民教育出版社 2000 年版。

49. 陈玉琨等著:《课程改革与课程评价》,教育科学出版社 2001 年版。

50. 李定仁、徐继存主编:《教学论研究二十年》,人民教育出版社 2001 年版。

51. 劳凯声主编:《教育学》,南开大学出版社 2001 年版。

52. 靳玉乐著:《新课程改革的理念与创新》,人民教育出版社 2003 年版。

53. 郑金洲主编:《基于新课程的课堂教学改革》,福建教育出版社 2003 年版。

54. 王家奇主编:《教育学基础与应用》,哈尔滨工业大学出版社 2004 年版。

55. 林泽玉主编:《教育学》,安徽人民出版社 2004 年版。

56. 王策三著:《教学论稿(第二版)》,人民教育出版社 2005 年版。

57. 茹宗志、李军靠主编:《教育学教程》,西北大学出版社 2006 年版。

58. 杨淑芹主编:《教育学教程》,华东师范大学出版社 2007 年版。

59. 薛彦华主编:《教育学》,科学出版社 2009 年版。

60. 王道俊、郭文安主编:《教育学》,人民教育出版社 2009 年版。

61. 李宝峰主编:《现代教育学基础》,华东师范大学出版社 2010 年版。

62. 毛家瑞、孙孔懿著:《素质教育论》,人民教育出版社 2001 年版。

63. 陶仁等编著:《教育学》,电子科技大学出版社 2010 年版。

64. 苏鸿、胡甲刚主编:《国内外素质教育基本理论与经验》,中国少年儿童出版社 2001 年版。

65. 危桃芳主编:《大学生心理素质教育》,西北工业大学出版社 2009 年版。

66. 刘华山、程刚主编:《高等教育心理学》,湖北人民出版社 2006 年版。

67. 中共北京市委教育工作委员会组织编写:《心理素质:成功人生的基础》,北京出版社 2005 年版。

68. 袁振国著:《教育新理念》,教育科学出版社 2002 年版。

69. 白君堂主编:《素质教育案例分析与指导》,河南人民出版社 2006 年版。

70. 滕守尧著:《审美心理描述》,中国社会科学出版社 1985 年版。

71. 毕淑芝、王义高主编:《当今世界教育思潮》,人民教育出版社 2002 年版。

72. 王鸿江主编:《现代教育学(修订本)》,上海教育出版社 2001 年版。

73. 邢永富主编:《现代教育思想》,中央广播电视大学出版社 2002 年版。

74. 顾明远主编:《教育大辞典(第 1 卷)》,上海教育出版社 1990 年版。

75. 奥恩斯坦著,刘付忱等译:《美国教育学基础》,人民教育出版社 1984 年版。

76. 让－雅克·塞尔旺－施赖贝尔著,朱邦造等译:《世界面临挑战》,生活·读书·新知三联书店 1984 年版。

77. 季羡林等编著:《大国方略——著名学者访谈录》,红旗出版社 1996 年版。

78. 国家教育发展与政策研究中心编:《发达国家教育改革的动向和趋势(第 1 集)》,人民教育出版社 1986 年版。

责任编辑：王世勇

封面设计：徐　晖

图书在版编目（CIP）数据

教育学 ／ 梅宪宾等著． —— 北京：人民出版社,2012.7
ISBN 978-7-01-011188-9

Ⅰ．①教… Ⅱ．①梅… Ⅲ．①教育学 Ⅳ．①G40

中国版本图书馆CIP数据核字(2012)第211002号

教育学

梅宪宾等　著

人民出版社 出版发行
(100706　北京朝阳门内大街166号)

北京海石通印刷有限公司印刷　新华书店经销

2012年7月 第1版　　2012年7月 第1次印刷
开本：710毫米×1000毫米　1/16　印张：23.75
字数：383千字　印数：00,001-10,000册

ISBN 978-7-01-011188-9　定价：49.90元

邮购地址：100706　北京朝阳门内大街166号
人民东方图书销售中心　电话：(010) 65250042　65289539